U0639068

国家出版基金项目
NATIONAL PUBLICATION FOUNDATION

"经学与理学"丛书 何俊 主编

"十四五"国家重点出版物出版规划项目

《孝经》与《四书》

宋明儒学的意涵新辟

张天杰 申绪璐 等

著

天津出版传媒集团

天津人民出版社

图书在版编目（ＣＩＰ）数据

《孝经》与《四书》：宋明儒学的意涵新辟 / 张天
杰等著. -- 天津 : 天津人民出版社, 2023.11
（"经学与理学"丛书 / 何俊主编）
ISBN 978-7-201-19928-3

Ⅰ.①孝… Ⅱ.①张… Ⅲ.①儒学-研究-中国-宋
代②儒学-研究-中国-明代 Ⅳ.①B222.05

中国国家版本馆 CIP 数据核字(2023)第 206826 号

《孝经》与《四书》：宋明儒学的意涵新辟
《XIAOJING》YU《SISHU》:SONG MING RUXUE DE YIHAN XINPI

出 版	天津人民出版社
出 版 人	刘 庆
地 址	天津市和平区西康路35号康岳大厦
邮政编码	300051
邮购电话	（022)23332469
电子信箱	reader@tjrmcbs.com
责任编辑	林 雨 郭雨莹
装帧设计	卢炀炀
印 刷	河北鹏润印刷有限公司
经 销	新华书店
开 本	710毫米×1000毫米 1/16
印 张	24
插 页	4
字 数	320千字
版次印次	2023年11月第1版 2023年11月第1次印刷
定 价	139.00元

版权所有 侵权必究
图书如出现印装质量问题,请致电联系调换（022-23332469）

总　序

　　这部"经学与理学"丛书是我主持的国家社会科学基金重大项目"'群经统类'的文献整理与宋明儒学研究"(13&ZD061)的最终结项成果的重要组成部分。整个项目的研究成果,除了我编著的《马一浮论学书信选读》(四川人民出版社,2020年),以及课题组成员各自撰写发表的数十篇论文等中期成果以外,最终结项成果包括了"马一浮编选《群经统类》整理丛书"与"经学与理学研究丛书"。项目于2020年结项,经专家组评定,并最终由全国哲学社会科学工作办公室审核,给予优秀。

　　文献整理丛书从2017年起陆续由上海古籍出版社刊行,如王宗传的《童溪易传》(2017年)、敖继公的《仪礼集说》(2017年)、陆淳的《春秋集传微旨》与孙复的《春秋尊王发微》(2019年)等。马一浮先生编选的"群经统类"所列著作虽然全部完成了整理,但是考虑到文献整理与出版近年来取得了很大推进,目录中的许多文献已经刊行,因此为了避免重复浪费,经与出版社商议,这套文献丛书的后续出版,将尽量选择尚未刊行的文献,同时兼顾释经文献的种类齐全,总数达二十余种。

　　研究丛书共五种,即此次刊行的四种论著与先行出版的《从经学到理学》(上海人民出版社,2021年)。我撰写的《从经学到理学》具有整部丛书的导论性质,与整部丛书构成有机的整体,但同时也是一项专题研究。因此，在项目结项以后，考虑到整部丛书还有待增补完善，以及出版的相关事宜，同时为了及时向学界同行反映研究的进展，听取意见，遂将《从经学到理学》先行出版。同年，"经学与理学"丛书经由天津人民出版社林雨编辑的申请，获得了"十四五"国家重点出版物出版规划项目，于今年刊行。

这次刊行的"经学与理学"丛书包括张涛、任利伟合撰的《〈易〉与〈春秋〉：宋明儒学的全体大用》，马强才、姚永辉、范立舟合撰的《〈诗〉〈书〉〈礼〉〈乐〉：宋明儒学的性道神化》，张天杰、申绪璐等合撰的《〈孝经〉与〈四书〉：宋明儒学的意涵新辟》，朱晓鹏撰写的《马一浮与现代新儒学：宋明儒学的传承创新》。由书名即可知晓，前三种论著是一个相对紧密的整体，构成了这部丛书的主体，最后一种与先行出版的《从经学到理学》相似，既是整部丛书的有机组成部分，也是可以相对独立的专题研究。只是对于整个课题而言，马一浮先生"六艺论"的研究具有更紧密的关系，因为整个研究是基于六艺论儒学思想展开的；经学之转出理学的问题则更独立一些，因为这是属于宋明理学的一个基础性的专门问题。

"经学与理学"丛书四种对各自的论题与结构都有详尽的阐述，毋须赘述。整个项目的初衷与考虑，我在《从经学到理学》的引言中作了说明，这里也就不重复了，故只简述这套丛书与整个项目的关系，以为序。

何　俊

2023 年 10 月 28 日

目 录

《孝经》与《四书》——宋明儒学的意涵新辟

目

录

引 言

　　早在《汉书·艺文志》中，《论语》《孝经》就已被列于"六艺"之后，实则以二书为"六经"之传。汉文帝时，《论语》《孝经》《孟子》《尔雅》皆置博士，亦称"传记博士"，为后来《论语》《孝经》与《孟子》一起进入"十三经"之列奠定了基础。宋初的邢昺作有《论语注疏》与《孝经注疏》，司马光说："《孝经》《论语》，其文虽不多，而立身治国之道，尽在其中"，但朱熹却怀疑《孝经》是凑合之书，不可尽信，于是直到明代，随着阳明学的发展，因对孝道的重视而纷纷注解《孝经》，发生了《孝经》学思潮。至于《大学》与《中庸》，本为《礼记》中的篇目，从六朝到隋唐再至于宋代，因其思想主旨之特别而越来越受重视，然而真正独立被诠释为"章句"并进入《四书》体系则是宋儒的成果，其中朱熹（1130—1200）的《四书章句集注》真正确立《四书》这一新经典体系的典范之作。《孝经》又与《礼记》之中的《大学》《中庸》等篇一样，属于同一时期内形成的经典，都是对孔子言行的诠释。故《孝经》与《四书》有着共同的社会政治背景与共同的义理指向。

　　我们对于《孝经》与《四书》的关注，与马一浮"群经统类"收录的《孝经》与《四书》两大类所体现的学术观念有着密切的关联。在"群经统类"的选目之中，《四书》类包括了皇侃《论语义疏》、张九成《孟子传》、朱熹《论孟精义》、赵顺孙《四书纂疏》、戴溪《石鼓论语答问》、袁甫《蒙斋中庸讲义》共计六种;《孝经》类则仅列黄道周《孝经集传》一种。但是马一浮"群经统类"最初的选目设想拟为三百余种,后来精选为现在的五十二种,而其三百余种的选目之中又会包括哪些《孝经》与《四书》类的著作则无从考察,故有必要根据《孝经》与《四书》的经典诠释史研究的实际需要,在"群经统类"选目涉及的书目作为研究主体的基础上,兼及其他相关书目,特别是明代与清代的《四书》学流变,都是马一浮所未曾论及,然讲述宋明儒学与《四书》的关系则必须将此流变之中的代表性经典著作加以讨论。

因此本书所关注的主要问题有二,一是作为宋代理学家所建构的新经典《四书》的形成、演进,及其与宋明儒学意涵新辟的关系;二是《孝经》在宋明儒学发展历史中的特殊意义,及其与《四书》及"六艺"的义理关联。前一问题所涉及的方面较多,故又可以分解为三个小问题,其一,《四书》的形成是儒学与佛、道思想交锋的结果,与魏晋以义理解经有密切的关系,其形成更是宋代多种义理之学与多重政治因素交错影响的结果,其演变过程又是学术与政治交错之下主动与被动的发展;其二,在宋明儒学发展中的思想延异,为什么在北宋的诸多不同学派之中选择了程朱一系的理学,这一选择与《四书》之间存在什么关系;其三,宋明儒学自身思想的延异在《四书》诠释的理论与方法之中如何体现。至于后一问题,因为《孝经》倡导"本性立教,因心为治",故而与《四书》有着密切的联系,特别是《四书》之中的《论语》,更影响了《孝经》学的发展,故而有必要将《四书》与《孝经》结合起来呈现宋明儒学的意涵新辟。

本书的第一、二章,作为讨论宋明《四书》与《孝经》意涵的背景,先交代《四书》升格运动的历程,以及《孝经》与《四书》的关系,再以《论语》诠释为例,概述魏晋南北朝经学的玄学化及其所开创的义理解经,对宋明经学的理学化,以及《四书》经典体系的影响。第三、四、五、六章则讨论《四书》的诠释与宋学的形成过程,特别是以朱熹《四书》理论体系的建构作为重点加以研究,南宋后期至元、明、清三代,则是《四书》的普及,以及诠释的僵化再至于多元化的时期,心学思潮、考据学思潮最终导致了《四书》体系的解构。第七章则集中讨论作为明代《孝经》学的典范性著作的《孝经集传》,黄道周以《孝经》为经,以《礼记》《仪礼》《孟子》相关内容为大传,再以己注为小传,其结合生命体验的《孝经》诠释体现宋学独特的思想特色。第八章则结合《孝经》与《四书》讨论马一浮的"六艺论"思想体系,集中于《论语》与《孝经》二书如何该摄"六艺"并且进行意涵新辟等问题。

至于本书的创新探索,则主要有以下五点:其一,为宋明《四书》诠释史的溯源,需要重点说明魏晋南北朝经学的玄学化,以义理解经的诠释方法对于《四书》学的影响。魏晋时期,儒学遭遇到了所谓异学的思想冲击,其经典地位有所动摇,其诠释方法亦发生了诸多的变化,以玄学、佛学诠释儒家经典,从魏晋一直到南北朝时期都较为普遍,促进了义理解经的发展,也促进了儒、道、佛三教的会通,其积极的思想成果最后形成了宋代新的经典及新的经典诠释方法。也就是说,《四书》的形成、升格其实是儒学与佛、道思想交锋的结果,故魏晋南北朝这一阶段经学的玄学化,其实是宋明理学形成的一个关键性的因素。在此阶段,特别重要的经学著作则是何晏《论语集解》与皇侃《论语义疏》这两部《论语》诠释史上的典范之作,故我们主要通过分析此二书如何吸收玄学、佛学进入儒学,以及"集解""义疏"二体例之特点,来探讨他们以义理解经的方法论对儒家经典诠释的具体影响。

其二,以《四书》为对象,探讨宋明儒学发展过程中的思想延异问题。为什么在北宋的各种学派之中最后选择了程朱一系的理学?宋明儒学自身思想的延异在《四书》诠释的理论与方法之中如何体现?与魏晋的义理解经相关然而又有极大的不同,宋代多元的义理之学,也是其中多重的政治文化因素交错影响的结果,其演变过程又是学术与政治交错之下主动与被动的发展。宋代的《四书》诠释与宋学的形成,其中的重点自然是朱子的《四书》理论体系的形成过程,北宋的《四书》研究在关注朔学、蜀学与新学的经典诠释的同时,更关注二程一系的《四书》诠释成就;南宋的《四书》研究关注朱子时代《四书》诠释的互动,以及朱子之后的分合走向。至于元、明、清《四书》体系的演变,则必须注意与朱子《四书》的关系。再看《四书》学史上的经典著作,对于朱子《四书》体系的认识,《论孟精义》一书朱子"自视甚重",然而后人以为不如《四书章句集注》与《四书或问》精要而忽视了《论孟精义》,其实《论孟精义》比《四书章句集注》更为详尽,一方面体现了朱子在转型期的独特思想观念;另一方面其所收录的十二家解说非常精到,且对于理解从二程到朱子的宋学发展极有价值。至于对朱子时代前后的张九成(1092—1159)、戴溪(1141—1215)、袁甫(1216 前后在世)等学者的《四书》学说的关注,则有必要注意到宋学的多个学派及其互动;而对朱子后学赵顺孙(1215—1277)的《四书》诠释也有必要重视,则是因为赵顺孙的《四书纂疏》属于对朱子《四书》体系的发展,对于之后的朱子《四书》走向普及化有重要的影响。还需要指出的是,朱熹的《四书章句集注》标志着儒学思想中《四书》体系的正式建立,这一体系的酝酿则始于北宋程颢、程颐兄弟,朱熹在整理归纳二人思想的基础上最终建立起《四书》体系。围绕二程语录中《大学》《中庸》《论语》《孟子》相关材料,分析二程对于《四书》的探索,则对《四书》体系发展过程的解明有所助益,正是在对二程及其后学分析批判的基础上,朱熹正式确立了《四书》体系。

其三,研究南宋后期及元、明、清三代《四书》体系和诠释方法的演变,重在看宋明儒学之意涵如何发生延异,最终《四书》体系遭到解构。这一阶段其实就是朱子《四书》学的普及,以及《四书》诠释重新变得多元化的一个过程,故而需特别关注其中的《四书》诠释方法流变及与朱子《四书》学之间的关联问题,其中作较大展开的问题则为清初《四书》诠释之多元化。当时致力于朱子《四书章句集注》及科举时文的学者较多,最著名的是吕留良与陆陇其,其《四书》学虽然都学宗朱子,思想上也多有互动,然却在诠释方法上有着较大的差异,身后的地位则更是天差地别,问题的关键在于义理与考据的转变,以及如何看待义利之辨。当时也有彻底摆脱科举时文,甚至朱子《四书》学的影响的学者,比如毛奇龄与颜元,他们都可以说是从批评朱子起家,然而各自的学术理路却大不相同,毛走向考据辨疑,而颜则走向实学实行;他们都希望回归孔子的原旨,但什么才是真正的原旨,则其中的认识亦多有不同。清初《四书》诠释的多元化,已经包含了后来的考据之学、经世致用之学的发端了。到了清代中后期则在《四书》诠释领域出现了"去《四书》化"的思潮,因为考据学的发展,汉学家摆脱了《四书》体系的束缚,较有成就的著作多以"单经"的《论语》《孟子》为诠释对象,而《大学》与《中庸》则回归于《礼记》。汉学发展则又经历了古文、今文两个阶段,代表性的著作则有惠栋的《论语古义》与宋翔凤的《论语说义》;同时还有汉宋之争,然在《四书》诠释中较有成就的学者大多采取汉宋兼采的立场,更有戴震、焦循等学者,则开出了新义理学。

其四,以黄道周《孝经集传》为例来看《孝经》在宋明儒学经典诠释史上的独特意义,探讨《孝经集传》与先秦经典及宋明儒学的关系,特别是《孝经集传》的时代特色对其经典诠释的影响。黄道周以《孝经》为经,以《礼记》《仪礼》《孟子》中的相关内容为大传,又在经文、大传以下加以己注,作为小传。黄道周分大传和小传的经典诠释方法,极大地扩展了《孝经》的义理,成为明代《孝经》学的典范之作。更重要的是,由于黄道周以《孝经》为"六经"之总会,以《孝经》与《春秋》相表里,所以他认信《孝经》为孔子所作,且目的都是为后世立法,这一态度显然与今文《春秋》学的立场一致,从他以《孟子》为《孝经》之传的做法也可体现出来。以立场来看,《孝经》也必然如《春秋》一样,其中伏藏了孔子作经之微言大义,故黄道周对《孝经》"五大微义"与"十二显义"多有独到的阐发。

其五,关于马一浮的"六艺论"与《孝经》《四书》的关系,尚未引起学界的关注。马一浮提出"六艺统摄于一心"与"六艺该摄诸学",然少有人注意到在"六艺"与"心"之间还有一个由《孝经》《四书》组成的该摄构造,正是因为有了《孝经》与《四书》这一最高层的构造，才使"六艺该摄诸学"有了坚实的学理支撑。马一浮指出："《孝经》总摄，《论语》散见""言为《论语》，行为《孝经》"，可见在其"六艺论"体系之中，《论语》与《孝经》正好相辅相成。至于《论语》与《孟子》的关系，在马一浮看来，其实只是"简"与"详"的关系，而《大学》与《中庸》亦为马一浮特别重视的《礼记》之中最为重要的篇目。所以说，在马一浮所诠释的宋明儒学思想体系之中，《四书》与《孝经》正是意涵新辟最为关键的两种经典。对朱熹所创立的《四书》学，马一浮也推崇备至，指出："《四书》必以朱子《章句集注》为主。"而在其《四书》系统之中，则《论语》是必然的统领，而《孟子》之"道性善"与"言王政"正好补充《论语》，再加之《大学》与《中庸》，于是《四书》便成了"万世不可易"的经典组合。所以说，有了《孟子》《大学》《中庸》的辅翼，《论语》对"六艺"完全该摄，《四书》起到了"判教"的作用。

至于我们在研究方法上的探索，所涉主要因素，也即经典、诠释、思想、延异，主要则是把握历史的维度，结合多重的社会政治文化因素来看经典诠释与思想学术关系，以马一浮"群经统类"所列经学著作为主要探讨对象，以《四书》学史的梳理为核心，附论晚明《孝经》学的经典作者，从而阐明宋明儒学完型与延异的内在规律，见证宋明儒学具体的演化过程。

总之，本书是以宋明时期具体的《四书》《孝经》之经典著作来看宋明儒学在思想延异中所面临的困境及其自我调适。北宋时期的各个义理学流派，以及南宋、元、明、清时期的各个道学流派，分别有其特别的《四书》或《孝经》的诠释方法，其中既有内在的学术因素的影响，又有外在的社会政治因素的影响，对其中的经典与诠释问题进行深度的考察，对于思考文化传统的传承与创新，当会有诸多启示。

第一章　《四书》升格运动及《孝经》与《四书》之关系

"四书"之名本为后起,《论语》《孟子》与《孝经》虽在汉代就受到重视,然而逐步从"经"之"传"或"子书"逐步升格为"经"也经历了一个发展运动的历程,且《论语》《孟子》二书的遭遇也各不相同。至于《大学》与《中庸》,则原文为《小戴礼记》之篇目,分别得到后世学者的重视而加以单独诠释,其中的过程及异同则更为复杂。还有《孝经》与《四书》学中各书之间也有着微妙的关系,且与朱熹对于这些经典的认识有着密切的联系。唯有对于这些宋明儒者特别关注并加以反复诠释的经典,在儒学史上的地位之变迁有一个大概的认识,才能够更好地把握其内涵如何会在宋明时代得以新辟。

第一节　从先秦到唐宋的《四书》升格运动

《四书》即早已成书的《论语》《孟子》,以及到了唐宋之际方才逐步从《礼记》之中独立出来的《大学》与《中庸》。故而"四书"这个名称比较晚起,直到朱子《四书章句集注》方才最终确立,后来成为科举考试的重要教材,影响中国数百年。事实上，从汉唐经学到宋明理学，或者说从汉学到宋学，其中所发生的经典诠释之转型，关键就在于《四书》这一新经典体系的形成，《论语》《孟子》及《大学》《中庸》摆脱"传"或"子书"而成为"经"的过程尤为关键。因此早有学者指出，要解决宋学发生学这个大问题，必须把汉学向宋学的转型同经学中《四书》学的兴起结合起来研究。①

一、《论语》与《孟子》的作者、成书及升格

首先来看《论语》一书，其中孔子提出的政治、伦理、教育思想，奠定了儒家学说的思想基础。《汉书·艺文志》说："《论语》者，孔子应答弟子时人及弟子相与接闻于夫子之语也。当时弟子各有所记。夫子既卒，门人相与辑而论纂，故谓之《论语》。"②故《论语》为孔子的弟子所编，记录了孔子本人的言行，这一点无疑义，至于哪些弟子所编，则有较多说法。如郑玄认为是由孔子弟子仲弓、子游、子夏等人撰定，但到了唐代，柳宗元则专门作了《论语辨》，认为《论语》乃出于曾子的门人③；宋代朱熹也说："《论语》之书，成于有子、曾子之门人，故其书独以二子以子称。"④若再考虑到《论语》的版本史，最早流行的是所谓今文经的《鲁论语》与《齐论语》，随后孔壁出土的《古论语》则为古文经，然后方才是综合今古文的《张侯论语》，等等，则《论语》从编订到逐渐形成定本，当是一个漫长的过程，其文本首先来自孔门高弟，如仲弓、子游、子夏及有子、曾子等人，其次则是再传弟子的编辑，后代儒生的修订及诠释。

---

① 束景南、王晓华：《四书升格运动与宋代四书学的兴起——汉学向宋学转型的经典诠释历程》，《历史研究》，2007 年第 5 期。

② 班固：《汉书》卷三十《艺文志》，中华书局，1962 年，第 1717 页。

③ 柳宗元：《柳宗元集》卷四《论语辨二篇》，中华书局，1979 年，第 110 页。

④ 朱熹：《四书章句集注》，中华书局，1983 年，第 43 页。

《孟子》一书,一般认为是孟子本人及其门人所著。司马迁说:"孟轲,邹人也。受业子思之门人,道既通,游事齐宣王,宣王不能用。适梁,梁惠王不果所言……退而与万章之徒序《诗》《书》,述仲尼之意,作《孟子》七篇。"①然而赵岐《孟子题辞》却说:"此书孟子之所作也,故总谓之《孟子》,其篇目则各自有名。"②朱熹也说:"《论语》多门弟子所集,故言语时有长长短短不类处。《孟子》疑自著之书,故首尾文字一体,无些子瑕疵。不是自下手,安得如此好?"③类似的说法还有清代阎若璩之类,但都是根据《孟子》一书的语言风格来判断,并未有文献上的充分依据。还有韩愈等人则说是门人所记:"孟轲之书,非轲自著,轲既殁,其徒万章、公孙丑相与记轲所言焉耳。"④此外,还有学者提出了更有说服力的理由:

> 今考其书,载孟子所见诸侯皆称谥,如齐宣王、梁惠王、梁襄王、滕定公、滕文公、鲁平公是也。夫死然后有谥。轲无恙时所见诸侯不应皆死。且惠王元年至平公之卒,凡七十七年,轲始见梁惠王,目之曰叟,必已老矣,决不见平公之卒也。后人追为之,明矣。⑤

其实,无论是《论语》还是《孟子》,其文献都有一个流传的过程,其中门人或门人之门人的补充修订,都极为正常。所以说《孟子》一书大体为孟子本人所著,门人等亦有参与加工则较为合理。另外值得注意的是,《孟子》流传的版本为七篇,然而另有十一篇之说,赵岐《孟子题辞》中也提到了《外书》四篇的篇名,后人认为系后世伪托:"又有《外书》四篇:《性善辨》《文说》《孝经》《为正》。其文不能弘深,不与《内篇》相似,似非《孟子》本真,

---

① 司马迁:《史记》卷七十四《孟子荀卿列传》,中华书局,1982 年,第 2343 页。
② 《孟子注疏》,阮元校刻:《十三经注疏》,影印清嘉庆刊本,中华书局,2009 年,第 5790 页。
③ 黎靖德编:《朱子语类》卷十九,中华书局,1986 年,第 433 页。
④ 韩愈:《韩昌黎文集》卷二《答张籍书》,上海古籍出版社,2014 年,第 147~148 页。
⑤ 马端临:《文献通考》卷一百八十四,中华书局,1986 年,第 1583 页。

后世依放而托之者也。"①所谓《外书》早已亡佚,故值得关注的只有《孟子》七篇本身。

《论语》与《孟子》二书早在汉代就受到极高的尊崇,被作为"五经"之"传",西汉之时还被列为官学,设置博士。赵岐说:

> 《论语》者,"五经"之管辖,"六艺"之喉衿也。孟子之书,则而象之。卫灵公问陈于孔子,孔子答以俎豆;梁惠王问利国,孟子对以仁义。宋桓魋欲害孔子,孔子称:"天生德于予!"鲁臧仓毁鬲孟子,孟子曰:"臧氏之子焉能使予不遇哉!"旨意合同若此者众。……汉兴,除秦虐禁,开延道德,孝文皇帝欲广游学之路,《论语》《孝经》《尔雅》《孟子》皆置博士,后罢传记博士,独立五经而已。②

此处将孔子、孟子二人,以及《论语》《孟子》二书相互比拟,强调其作为"五经"的辅助,在中国学术史上有着特别的地位。此处还指出汉朝兴起,二书便引起重视,即便后来不设置博士,其明显高于其他诸子之书的特殊地位,则一直未曾变过。焦循《孟子正义》就说:

> 《孟子》虽罢博士,而论说诸经,得引以为证。如《盐铁论》载贤良文学对丞相御史,多本《孟子》之言,而郑康成注《礼》笺《诗》,许慎作《说文解字》,皆引之。其见于《史记》《两汉书》《两汉纪》……亦当时引以明事之证。③

还有汉代以来注释《论语》《孟子》者众多,比如郑玄之注《论语》、赵岐之注

① 《孟子注疏》,《十三经注疏》,第5793页。
② 《孟子注疏》,《十三经注疏》,第5792~5793页。
③ 焦循:《孟子正义》卷一,沈文倬点校,中华书局,2017年,第19页。

《孟子》影响最为深远;到了魏晋南北朝则出现了何晏《论语集解》、皇侃《论语义疏》,以及綦毋邃《孟子注》,等等,这些都说明此二书有着特殊的学术地位。此外,赵岐《孟子章句》多有据《论语》以解《孟子》的情况,关于《孟子》一书,赵岐还说:

> 包罗天地,揆叙万类,仁义道德,性命祸福,粲然靡所不载。帝王公侯遵之,则可以致隆平、颂清庙;卿大夫士蹈之,则可以尊君父、立忠信;守士历操者仪之,则可以崇高节、抗浮云。有风人之托物、二雅之正言,可谓直而不倨、曲而不屈,命世亚圣之大才者也。①

将孟子尊为"亚圣",将孔、孟并称,赵岐其实为《孟子》一书升格为与《论语》同等地位的经典,成为"'五经'之管辖",起到了极为关键的作用。

到了唐代开始科举考试,其中明经科以经义取士,所定的经书就包括了《论语》,而在开成二年(837)所刻的《十二经》石经之中也包括了《论语》。至于《孟子》一书,宝应二年(763)杨绾上疏建议将《孟子》与《论语》《孝经》并立为一经;咸通四年(863)皮日休上疏说"《孟子》之文,粲若经传",故要求设科取士。②他们的建议虽然没有结果,然而对于后世却依旧影响深远。

北宋时期,《论语》依旧为科举的重要经书,邢昺在何晏《论语集解》的基础上,删除了皇侃《论语义疏》中的佛、老之学,重作义疏而成为《论语注疏》,也即《论语正义》,该书则训诂与义理并重,《四库》馆臣说:

> 今观其书,大抵翦皇氏之枝蔓,而稍传以义理,汉学、宋学兹其转

---

① 《孟子注疏》,《十三经注疏》,第5791~5792页。

② 《新唐书》卷四十四《选举志上》,第1166~1167页;皮日休《皮子文薮》卷九《请〈孟子〉为学科书》,《四库全书》第1083册,第212页。

关。是疏出而皇疏微，迨伊洛之说出而是疏又微。故《中兴书目》曰：其书于章句、训诂、名物之际详矣，盖微言其未造精微也。然先有是疏，而后讲学诸儒得沿溯以窥其奥。祭先河而后海，亦何可以后来居上，遂尽废其功乎？①

邢昺此书当为后世汉学、宋学《论语》诠释的关键，因为此书不像皇侃《论语义疏》那样枝蔓，故而在宋代风行一时，直到朱熹《论语集注》出现才逐渐衰微，则因为其在义理上不如朱熹精微，但此书在汉、宋二学发展的过程中，特别是对程朱一系《论语》诠释的发展来说，亦有着指示义理诠释的方向性意义。

《孟子》一书也在此时得到了升格，特别是王安石、王雱父子，以及龚原、张载、程颐等不同学派的儒者，都有《孟子解》等书，政见不一的学者都重视《孟子》一书的诠释，极大地提升了《孟子》一书的地位。熙宁四年（1071），在王安石变法之中，《孟子》首次作为兼经，被列入科举考试科目："于是改法，罢诗赋、帖经、墨义，士各占治《易》《诗》《书》《周礼》《礼记》一经，兼《论语》《孟子》。每试四场，初大经，次兼经。"②变法失败之后，《孟子》作为兼经的地位则一直未变。到了宣和年间（1119—1125），《孟子》也被刻入《十三经》，其经学化的过程最终完成。当然若从儒家"道统"的角度来说，则对于孟子本人地位之"升格"，影响最大的自然还是韩愈的《原道》：

> 尧以是传之舜，舜以是传之禹，禹以是传之汤，汤以是传之文、武、周公，文、武、周公传之孔子，孔子传之孟轲，轲之死，不得其传焉。③

---

① 永瑢：《四库全书总目》经部卷三十五《四书类一》，《景印文渊阁四库全书》第1册，台湾商务印书馆，1986年，第709页。

② 《宋史》卷一百五十五，中华书局，1977年，第3618页。

③ 韩愈：《韩昌黎文集》卷一《原道》，第20页。

韩愈另外还说："孟轲师子思,子思之学盖出曾子,自孔子没,群弟子莫不有书,独孟轲氏之传得其宗。"①他真正表彰的是孟子拒杨墨之功,因为正好与其拒佛老、崇正学之举可以呼应;他还将荀子、扬雄等都排除在外,孟子在儒家"道统"中的特殊地位也就凸显出来了。所以说,唐代是《论语》《孟子》二书进入经学体系的关键时期,而孟子之"升格"则以韩愈尤为关键。

二、《大学》与《中庸》的作者、成书及升格

《大学》与《中庸》则原为《小戴礼记》中的两篇,而《礼记》则本为周秦之间孔门后学关于"礼"学的专论的汇编。《汉书·艺文志》说:"记百三十一篇,七十子后学者所记也"②,戴德编成《大戴礼记》八十五篇,戴圣编成《小戴礼记》四十九篇。《大学》《中庸》二篇直到宋代《四书》体系形成以前,主要就是随着《小戴礼记》而流传,自从郑玄为《小戴礼记》作注之后,该书摆脱了论"礼"学之"传"的依附地位,由"记"而为"经",从汉代到唐代,其地位越来越高,从皇侃《礼记义疏》,再到唐代孔颖达《礼记正义》,《小戴礼记》被简称为《礼记》,取代《仪礼》《周礼》而成为"五经"之一,成为科举考试之教材。在此期间,《大学》与《中庸》之身份、地位也随之发生变化。

至于《大学》的成书年代与作者,也是众说纷纭,最重要的说法则来自朱熹,他说:"经一章,盖孔子之言,而曾子述之;其传十章,则曾子之意而门人记之也。旧本颇有错简,今因程子所定,而更考经文别为序次。"③因为朱熹所处的南宋相距孔子等所处的东周近二千年,故后人对此推定多有怀疑,最著名的就是戴震,少年时读《大学》便有此发问:"此何以知为孔子

---

① 韩愈:《韩昌黎文集》卷四《送王秀才序》,第 292 页。
② 班固:《汉书》卷三十,第 1709 页。
③ 朱熹:《四书章句集注》,第 4 页。

之言，而曾子述之？又何以知为曾子之意，而门人记之？"①再如今人郭沫若就从"性善"与"修齐治平"而认为是孟子后学中的乐正克所作②；冯友兰则认为《大学》之"格致诚正"与"修齐治平"在《荀子》中皆有所见，《大学》与《荀子》之《解弊》《君道》《大略》等篇接近，故属于"荀学"③。然而值得注意的是，近年来的出土文献，有利于朱子的说法，如李学勤就认为《大学》的传应认为曾子作品，而经的部分就一定是曾子所述孔子之言。④

　　至于单独成篇，一般认为直到宋代，《大学》方才真正从《礼记》中独立出来，司马光作有《大学广义》与《致知在格物》，朱彝尊《经义考》有按语指出："取《大学》于《戴记》，讲说而专行之，实自温公始。"⑤当然对于《大学》一书用功更多则是二程，在《二程遗书》中就有《明道先生改正大学》与《伊川先生改正大学》这两篇，因为在他们看来，《大学》是"孔氏之遗书，而初学入德之门也"⑥，但有着先后失序的问题，也即"错简"，故需要调整文句的先后次序，于是二人就大胆地改经了。⑦二程的改经，以及对于"格物"等《大学》关键处的诠释，后来加之吕大临、杨时等程门后学的进一步推演，最终汇集成朱熹的《大学章句》，作了重新分章分节及《格物致知补传》。后人对于程、朱的改经、补传多有诟病，然而正是以《大学章句》为核心的新诠，方才建构起新经典体系。杨儒宾也指出，理学的经学运动不管在文献学意义上犯了多少错误，它的存在是中国思想史上极伟大的精神冒险，震古烁今。它是《易经》所说真正的"事业"。⑧

　　① 江藩：《国朝汉学师承记》，中华书局，1983年，第85页。
　　② 郭沫若：《十批判书》，东方出版社，1996年，第131~143页。
　　③ 冯友兰：《中国哲学史》，中华书局，1947年，第437~446页。
　　④ 李学勤：《从简帛佚籍〈五行〉谈到〈大学〉》，《孔子研究》，1998年第3期。
　　⑤ 朱彝尊：《经义考》卷一百五十六，林庆彰等主编：《经义考新校》，上海古籍出版社，2010年，第2854页。
　　⑥ 《程氏遗书》卷二上，程颢、程颐：《二程集》，王孝鱼点校，中华书局，1981年，第18页。
　　⑦ 《河南程氏经说》卷五，《二程集》，第1126~1132页。
　　⑧ 杨儒宾：《从〈五经〉到〈新五经〉》，上海古籍出版社，2019年，第65页。

关于《中庸》的作者,《史记》说:"子思作《中庸》",郑玄也说:"孔子之孙子思作之,以昭明圣祖之德。"①朱熹也指出:"《中庸》何为而作也? 子思子忧道学之失其传而作也。"②还有认为《中庸》当分为两部分,如宋代王柏(1197—1274)指出,《中庸》第二十一章为分界线,分为《中庸》与《诚明》二篇。③今人如冯友兰、徐复观等也有类似的说法,只是分界线稍有变动。如为两篇,则前者为子思所作,而后者为子思之门人所作。但今人根据郭店、上博楚简,认为确实当分为两部分,只是前者为《论语》之佚文,后者为子思所作,并且成书于孟子之前。④

事实上,中国的经子典籍大多在秦汉之间陆续写定,《大学》为曾子学派之作品,而《中庸》则为子思学派之作品,这两种书主要为曾子、子思根据孔子之思想而作,而他们的门人亦有部分修订,那么传统的说法并无问题。此处再补充一段胡适的话:

> 大概《大学》和《中庸》两部书都是孟子、荀子以前的儒书。我这句话,并无他种证据,只是细看儒家学说的趋势,似乎孟子、荀子之前总该有几部这样的书,才可使学说变迁有线索可寻。不然,那极端伦常主义的儒家,何以忽然发生了一个尊崇个人的孟子? 那重君权的儒家,何以忽然生出一个鼓吹民权的孟子? 那儒家的极端实际的人生哲学,何以忽然生出孟子和荀子这两派心理的人生哲学? 若《大学》《中庸》这两部书是孟子、荀子以前的书,这些疑问便都容易解决了。⑤

---

① 《礼记正义》卷六十,郑玄、孔颖达正义,吕友仁整理,上海古籍出版社,2008 年,第 1987 页。
② 朱熹:《四书章句集注》,第 14 页。
③ 《中庸论》,王柏:《鲁斋集》,丛书集成初编本,中华书局,1985 年,第 22~26 页。
④ 郭沂:《〈中庸〉成书辨正》,《孔子研究》,1995 年第 4 期。
⑤ 胡适:《中国哲学史大纲》,上海古籍出版社,1997 年,第 203 页。

若再补充新出土竹简之《性自命出》《五行》等篇，那么胡适当年从儒家学说的发展趋势而作的判断，也是极为合理的，确实在孔子与孟、荀之间，还有一大批七十子后学及思孟学派的著述，其中有着丰富多彩的思想，而《大学》与《中庸》则是其中之二种而已。故将他们判为孟、荀之后学所作，从发展趋势看则时间太晚，且文献根据不足。

再说《中庸》之单独成篇，其情况较为复杂，其实在《汉书·艺文志》中就有《中庸说》二篇，《隋书·经籍志》记载了南北朝时期的戴颙《礼记中庸传》与梁武帝萧衍《中庸讲疏》，到了宋代，则又有司马光《中庸广义》等书。也就是说，《中庸》单独成篇，并引起儒、佛两家义理阐释的兴趣较早，相关的著述也较为丰富。

韩愈《原道》以"传曰"而引用了《大学》"古之欲明明德于天下者，先治其国；欲治其国者，先齐其家；欲齐其家者，先修其身；欲修其身者，先正其心；欲正其心者，先诚其意"一段，并进行推论说："然则，古之所谓正心而诚意者，将以有为也。今也欲治其心，而外天下国家，灭其天常，子焉而不父其父，臣焉而不君其君，民焉而不事其事。"①通过《大学》的文本强调了正心诚意的重要性，并与佛学论心性处比较，说明《大学》之正心诚意乃是修身而治国平天下，与佛学"外天下国家，灭其天常"，则完全不同。也就是说，韩愈以《大学》文本为依据，倡导儒家伦常，倡导身心修养以至于天下国家这一路径的意义。陈寅恪指出：

　　退之首先发见《小戴记》中的《大学》一篇，阐明其说，抽象之心性与具体之政治社会组织可以融会无碍，即尽量谈心说性，兼能济世安民，虽相反而实相成，天竺为体，华夏为用，退之于此已奠定后来宋代

① 韩愈：《韩昌黎文集》卷一《原道》，第18~19页。

新儒学之基础。①

可见韩愈作为中唐时期发掘《大学》之核心观点的第一人，也就奠定了他在道学史上的特殊地位。韩愈之后还有李翱，其《复性书》对《大学》《中庸》及《易传》都有重要的阐发，然其核心思想则来自《中庸》，他说：

> 人之所以为圣人者性也，人之所以惑其性者情也。喜怒哀惧爱恶欲，七者皆情之所为也。情既昏，性斯匿矣。……道者，至诚也，诚而不息则虚，虚而不息则明，明而不息则照天地而无遗，非他也，此尽性命之道也。②

《复性书》之上篇从"性"与"情"的关系出发来讨论心性问题，并且将"诚"与"道"的关系作了进一步的发展。而其中篇则对《大学》的"致知在格物"等作了阐发。韩愈严辨儒佛不同的是，李翱的阐发多有援佛入儒的情况发生。他们对于《大学》与《中庸》的地位提升，并引起儒者义理方面的兴趣，有着重要的影响。

到了宋代，宋儒之中对于《中庸》加以诠释的，首推周敦颐。周敦颐《通书》之思想与《周易》有着密切的关系，然而其目的却是重新诠释《中庸》，也即以"诚"翻新《中庸》的道理，刘宗周说："《通书》一编，将《中庸》道理又翻新谱，直是滴水不漏。"③影响《中庸》地位的一个道学史上的重要事件，就是范仲淹劝张载读《中庸》，"儒者自有名教可乐，何事于兵？ 因劝读《中

---

① 《说韩愈》，陈寅恪：《金明馆丛稿初编》，生活·读书·新知三联书店，2001 年，第 322 页。

② 李翱：《李文公集》，上海古籍出版社，1993 年，第 6~7 页。

③ 黄宗羲、全祖望：《宋元学案》卷十一《濂溪学案上》，中华书局，1986 年，第 483 页。当然《易传》与《中庸》原本就有密切的关系，大约都是七十子后学所作，故在诠释之际可以互通，这一点也必须说明。

庸》",于是后来的张载之学"以《易》为宗,以《中庸》为体,以孔、孟为法"。①张载还说:"学者用心未熟,以《中庸》文字辈直须句句理会过。"②在张载的《正蒙》一书中,诸如"天命之性"与"太虚之气"及"太和"等理论的阐发,就与其对于《中庸》的诠释,有着密切的关系。周、张对于《中庸》的重视及重新诠释,进一步深化了《中庸》的内涵,并直接影响了二程及朱熹,二程"观喜怒哀乐未发前之气象"的法门,就来自《中庸》,程门对于"中和"的参悟也特别重视。程颐还说:"善读《中庸》者,只得此一卷书,终身用不尽也。""《中庸》之书,学者之至也。"③显然,二程及其后学对于《中庸》的态度,后来成为朱熹将《中庸》列入《四书》的重要依据。

三、《四书》体系的建构

最终使得《论语》《孟子》《大学》《中庸》获得超越"五经"的儒家新经典地位,将孔子、孟子及曾子、子思等先秦最为重要的儒家学者的代表作联结为脉络分明的一体,则还是因为朱子学及《四书》体系的建构。

《四书》体系的确立,与张载、二程有着密切的关系。张载将此四种书联系起来,他说:"要见圣人,无如《论》《孟》为要。""学者信书,且须信《论语》《孟子》……《礼》虽杂出诸儒,亦若无害义处,如《中庸》《大学》出于圣门,无可疑者。"④二程兄弟"表章《大学》《中庸》二篇,与《语》《孟》并行"⑤,程颐还说:"无所不读,其学本于诚,以《大学》《论》《孟》《中庸》为标指,而达于《六经》。"⑥张载、二程及他们的弟子,也对此四种书投入更多的精力,

① 《宋史》卷四百二十七《道学传》,第 12723 页。
② 《经学理窟》,张载:《张载集》,中华书局,1978 年,第 277 页。
③ 《程氏遗书》卷十七、卷二十五,《二程集》,第 174、325 页。
④ 《理学经窟》,张载:《张载集》,第 272、277 页。
⑤ 《宋史》卷四百二十七,第 12710 页。
⑥ 《宋史》卷四百二十七,第 12720 页。

多有相关的注释类著述。

当然最终《四书》体系的确立则是朱熹《四书章句集注》的编撰及出版，也即淳熙九年(1182)，朱熹首次将其以二程及其门人为主，兼摄汉、唐、宋各代儒者相关注释之精华，而作的《大学章句》《中庸章句》与《论语集注》《孟子集注》合为一集，刊刻于婺州，于是真正确立了《四书》之名。①而朱熹的相关议论，则进一步说明了此四种书相互之间的先后、主次的逻辑关系：

> 学问须以《大学》为先，次《论语》，次《孟子》，次《中庸》。……某要人先读《大学》，以定其规模；次读《论语》，以立其根本；次读《孟子》，以观其发越；次读《中庸》，以求古人之微妙处。《大学》一篇有等级次第，总作一处，易晓，宜先看；《论语》却实，但言语散见，初看亦难；《孟子)有感激兴发人心处；《中庸》亦难读，看三书后，方宜读之。②

朱熹认为，《大学》可以确定为学的规模，其中也有着等级次第，方便把握；而《论语》也讲做人的根本，但语言较为散见，故而放在《大学》之后；至于《孟子》可以激发人心，《中庸》又涉及人心之微妙处，故此二种放在最后面。于是经过以唐代的韩愈、李翱与宋代的周、张、二程以及朱熹为主的宋儒的集体努力，最终《四书》这一儒家的新经典体系便真正建构起来了。当然，其地位的巩固则还是因为被列为科举考试之教材所产生的广泛影响。

---

① 关于《四书》建构的过程之中，周敦颐、张载、二程及湖湘、象山、考亭等学派具体的诠释等问题，参见朱汉民、肖永明：《宋代〈四书〉学与理学》，中华书局，2009 年。

② 《朱子语类》卷十四，第 249 页。

第二节 《孝经》义理与《四书》之关联

《四书》之名为后起，而《孝经》之名则甚早。依清儒阮元、曹元弼等人之说，《孝经》为最早称经之典籍，早于"六经"之称经。而《大学》《中庸》《论语》《孟子》合称《四书》则在宋代。朱熹为理学之集大成者，撰作《四书章句集注》，《四书》成为新的经典。随着理学之立于学官，《四书》之地位无与伦比，为《孝经》所望尘莫及。谈论《四书》与《孝经》之关联，在很大程度上需要回应朱熹对二者的认识及对二者关系的处理。

一、《论语》与《孝经》

宋代《四书》地位之提高，并不意味着《论语》《孟子》《中庸》等单篇文献在此前地位便不高。比如，《汉书·艺文志》以《论语》《孝经》列于"六艺"之后，以二者为"六经"之传。东汉赵岐曾谓《论语》者，'五经'之管辖，'六艺'之喉衿"①。据赵岐所述，汉代孝文帝时，"《论语》《孝经》《孟子》《尔雅》皆置博士"，此为"传记博士"。②宋邢昺作《论语注疏》与《孝经注疏》，亦颇以二书为重，并无高下之别。司马光《再乞资荫人试经义劄子》中以《孝经》《论语》并提，言：《孝经》《论语》，其文虽不多，而立身治国之道，尽在其中"③，故其作《孝经指解》。

就《论语》和《孝经》具体内容而论，宋以后多有议二者内容相悖者。朱

《孝经》与《四书》——宋明儒学的意涵新辟

---

① 赵岐：《孟子题辞》，载焦循：《孟子正义》，《雕菰楼经学九种》，陈居渊主编，凤凰出版社，2015 年，第 697 页。

② 赵岐：《孟子题辞》，第 702 页。

③ 转引自陈澧：《东塾读书记》，载《陈澧集》，上海古籍出版社，2008 年，第 13 页。

熹谓:"《孝经》,疑非圣人之言。……如《论语》中说孝,皆亲切有味,都不如此。"①"《孝经》亦是凑合之书,不可尽信。"②朱熹对《孝经》内容之质疑,对后来者有很大影响。古史辨派王正己《孝经今考》认为,《孝经》言"鬼神著矣",而《论语》却言:"敬鬼神而远之","祭神如神在",孔子是"否认鬼神的存在";③《论语》言:"事父母几谏,见志不从,又敬不违,劳而不怨。"而《孝经》言:"父有争子,则身不陷于不义。故当不义则争之。从父之令,又焉得为孝乎?"比较二者,"这两种态度相反到极点。《孝经》主张积极的抗争,不达到目的不止,时时对他爹爹不合法的行为要提出抗议,不然就不是孝子。《论语》主张消极的婉劝……绝不许争,仍然要孝顺,做孝顺的儿子"④。此表明《孝经》之思想与孔子不合。王正己持论多所不稳:第一,《孝经》"谏争"之"争"即是"诤",并非争斗之争。第二,《孝经》并非不言顺从父志,《谏争章》的开端即已言"若夫慈爱、恭敬、安亲、扬名,则闻命矣。敢问子从父之令,可谓孝乎?"慈爱、恭敬、安亲即是所谓"敬不违"。《谏争章》要说明的正是若不谏而从是否真孝的问题。第三,从《论语》所载孔子的鬼神言论并不能得出孔子否认鬼神存在的言论,最多是将鬼神是否存在的问题悬置了起来,而非截然否定。概言之,以《论语》与《孝经》相较而由此断定《孝经》与孔子思想相悖,甚至判其为伪书,此论不妥。我们能够看到,二者内容更多的是相合而非相悖。

《论语·学而》第二章载,有子曰:"其为人也孝弟,而好犯上者,鲜矣;不好犯上,而好作乱者,未之有也。君子务本,本立而道生。孝弟也者,其为仁之本与!"而《孝经》言:"夫孝,德之本,教之所由生也。""五刑之属三千,而罪莫大于不孝。要君者无上,非圣人者无法,非孝者无亲。此大乱之道

① 黎靖德编:《朱子语类》,岳麓书社,1999年,第1922页。
② 黎靖德编:《朱子语类》,第1922页。
③ 王正己:《孝经今考》,载《古史辨》第4册,海南出版社,2005年,第106页。
④ 王正己:《孝经今考》,第107页。

也。"其意若合符节。皇侃《论语义疏》正是引"夫孝，德之本"以解此章，元行冲《孝经注疏》则反其道而行之，以《论语》有子之言释"夫孝，德之本"①。另外，《三才章》言"人之行莫大于孝"，元行冲疏提道："郑注《论语》云：'孝为百行之本，言人之为行，莫先于孝。'"②则此条郑注显系对有子之言的注解。而《孝经》"自天子至于庶人，孝无终始，而患不及者，未之有也"的句式也和有子之言类似。有子孝悌之言，在汉儒的认识中即是孔子之言，西汉刘向《说苑》、东汉延笃《仁孝论》在援引时均直接作"子曰"。③而汉唐之际士人注解《论语》与《孝经》往往以《孝经》首章与《论语》有子之言互释，亦足见在汉儒思想中《论语》与《孝经》思想为一体。

后世在批评《孝经》时往往以其"移孝作忠"之思想为对象，《广扬名章》言："君子之事亲孝，故忠可移于君；事兄悌，故顺可移于长；居家理，故治可移于官。"然《论语·为政》已有"临之以庄则敬，孝慈则忠，举善而教不能则劝"之说。朱熹《集注》谓："临民以庄，则民敬于己。孝于亲，慈于众，则民忠于己。"④《孝经》言天子之孝云："爱亲者，不敢恶于人；敬亲者，不敢慢于人。爱敬尽于事亲，而德教加于百姓，形于四海。盖天子之孝也。"正与《论语》一致。更重要的是，后来者批评"移孝作忠"，认为《孝经》将孝政治化了，这不符合孔子论孝之本旨，朱熹谓《孝经》言孝不亲切亦有此意。但事实上，《论语》言孝最多处正是《学而》之后的《为政》篇。最著名的一章为"或谓孔子曰：'子奚不为政'？子曰：《书》云：'孝乎惟孝，友于兄弟，施于有政。'是亦为政，奚其为为政？"此即含孝友为政治之本之义。而后来的《大学》《中庸》《孟子》言孝亦何尝不就政治发论。

① 元行冲疏：《孝经注疏》，北京大学出版社，1999 年，第 12 页。

② 元行冲疏：《孝经注疏》，第 19 页。

③ 此点，清儒阮元有分析，见阮元：《论语解》，载《揅经室集》，中华书局，1993 年，第 49 页。

④ 朱熹：《四书章句集注》，第 58 页。

二、《大学》与《孝经》

《大学》之三纲领八条目，自内圣而外王，自明明德而推及于亲民平天下，可视作儒家的"整体规划"。宋明理学家重视此书，正是以其为内而修德、外而治国的纲领所在，凡正心诚意、理财正辞的具体节目皆可自《大学》推演而出，故先后有《大学衍义》《大学衍义补》之作。在此意义上，理学家以《大学》"平天下"的理想取代了汉唐时期的"以孝治天下"。从《孝经》到《大学》这一经典文本的转变，其中一个原因是理学家主张复兴师道而以道抗势，由此即反对将事亲之孝与事君之忠挂钩，这是理学家屡屡批评唐明皇《孝经御注》之根本原因。理学讲求"格君心之非"，而《大学》言修身之节目甚详，格物、致知、诚意、正心，即构成了"格君心"的工夫次第。反观《孝经》，其中并无专就内在修身的详细论述，难怪朱熹会批评《孝经》"且如'先王有至德要道'，此是说得好处。然下面都不曾说得切要处，但说得孝之效如此"[1]。也即，《孝经》所言主要是孝之效应，却并未言及如何成就孝的方法、途径、工夫。朱熹的这一批评正与其批评汉唐政治无内圣工夫是同样的理致。

但不能不承认，《大学》言修身、齐家、治国、平天下亦是紧扣孝德立说：

> 所谓治国必先齐其家者，其家不可教而能教人者，无之。故君子不出家而成教于国。孝者，所以事君也；弟者，所以事长也；慈者，所以使众也。《康诰》曰："如保赤子。"心诚求之，虽不中，不远矣。未有学养子而后嫁者也。一家仁，一国兴仁；一家让，一国兴让；一人贪戾，一国作乱，其机如此。……是故君子有诸己而后求诸人，无诸己而后非

---

[1] 黎靖德编：《朱子语类》，第 1922 页。

诸人。所藏乎身不恕，而能喻诸人者，未之有也。故治国在齐其家。《诗》云："桃之夭夭，其叶蓁蓁。之子于归，宜其家人。"宜其家人，而后可以教国人。《诗》云："宜兄宜弟。"宜兄宜弟，而后可以教国人。《诗》云："其仪不忒，正是四国。"其为父子兄弟足法，而后民法之也。此谓治国在齐其家。所谓平天下在治其国者，上老老而民兴孝，上长长而民兴弟，上恤孤而民不倍，是以君子有絜矩之道也。

此与《孝经·圣治章》"故不爱其亲而爱他人者，谓之悖德；不敬其亲而敬他人者，谓之悖礼。以顺则逆，民无则焉。不在于善，而皆在于凶德，虽得之，君子所不贵。君子则不然，言思可道，行思可乐，德义可尊，作事可法，容止可观，进退可度，以临其民。是以其民畏而爱之，则而象之，故能成其德教，而行其政令。《诗》云：'淑人君子，其仪不忒。'"之文如出一辙，二者皆引《诗经·曹风·鸤鸠》"淑人君子"之诗，亦均以忠恕之道论修身齐家和治国平天下之关联。尤其是"孝者，所以事君也"和《孝经》"君子之事亲孝，故忠可移于君"之说完全相同。为何事亲的孝德却被说成是事君呢？对此，"未有学养子而后嫁者"一语作了非常通俗的解释：女子不可能先学如何生养孩子才去嫁人，同样的道理，君子也不可能先学如何治理国家然后再去出仕为官，私德和公德并不可分开，而是内外贯通的。正如舜之孝德闻于尧而被征擢一样。清末曹元弼以为："曾子之学纯乎《孝经》，故《论语》所载曾子之言，皆与《孝经》相表里。《大学》论诚意，以一诚贯明明德、亲民、止至善，而止至善之实在仁敬孝慈信，齐家治国之要在孝以事君、弟以事长、慈以使众，平天下絜矩之道在使民各遂其兴孝兴弟不倍之愿。"①可谓直揭二者之内在关系。

此外，《大学》首章言："自天子以至于庶人，一是皆以修身为本。"而

① 曹元弼：《孝经郑氏注笺释》卷一，国家图书馆藏活字本。

《孝经》与《四书》——宋明儒学的意涵新辟

《孝经》首章亦言"自天子以至于庶人,孝无终始,而患不及者,未之有也"。以修身为本,以孝为德之本,二书正相呼应。此外,后人往往谓《孝经》分五等之孝,此孝分阶级之说与《论语》论孝不同。①此说亦颇无理致,孔子对季康子问政明言"子率以正,孰敢不正",未闻以此要求施于庶人。份位之别,即是礼制,《孝经》之区分五等之孝亦是如此。民国大儒宋育仁指出,《孝经》言五等之孝,于天子、诸侯、卿大夫、士四等之孝末尾皆引《书》《诗》作结,于庶人之孝则未引,是因为"教庶民者,不必文言之也"。"不能责庶人以德教加于百姓,亦不得诏以富贵不离其身,且无望其以孝事君之忠。"②同理,《大学》言:"所谓齐其家在修其身者,人之其所亲爱而辟焉,之其所贱恶而辟焉,之其所畏敬而辟焉,之其所哀矜而辟焉,之其所敖惰而辟焉。故好而知其恶,恶而知其美者,天下鲜矣。故谚有之曰:人莫知其子之恶,莫知其苗之硕。此谓身不修,不可以齐其家。"此段文字"引谚不引《诗》《书》,因就庶人立说,故与他章不同"③。《大学》言"此谓修身在正其心""此谓治国在齐其家"等,唯于此处言:"此谓身不修不可以齐其家",从正结变为反结,其因亦载于:"正见君子欲齐其家,必先自修其身也。若在庶人本位,多属未学,义当受教于君子,身不修,非不修身,其在家庭社会,只须守普及教诫……已是处家庭社会之教……亦不责庶人以齐家。"④据此可见,《大学》《孝经》论人之修身、齐家亦有阶层份位之分,非一律等观也,强调德与位之相称,此当为儒家典籍之通义。

---

① 蔡汝堃:《孝经通考》,商务印书馆,1937 年,第 9 页。
② 宋育仁:《孝经正义》,《宋育仁文集》第 1 册,国家图书馆出版社,2016 年,第 45 页。
③ 宋育仁:《诸经说例》,《宋育仁文集》第 3 册,第 466 页。
④ 宋育仁:《诸经说例》,第 466 页。

三、《中庸》与《孝经》

　　《大学》一篇之地位，在汉唐之际并不凸显。《汉书·艺文志》记载《礼》类凡十三家，共五百五十五篇，其中有《中庸说》二篇。可见《中庸》之单行在西汉已然，其在汉儒心中地位之重要亦显然可见。而《中庸》地位在汉代之高，正与《孝经》有关。此点可于郑玄《中庸注》中窥得消息。

　　郑玄注解《中庸》"唯天下至诚，为能经纶天下之大经，立天下之大本，知天地之化育"谓：

　　　　"至诚"，性至诚，谓孔子也。"大经"，谓六艺，而指《春秋》也。"大本"，《孝经》也。①

　　以"至诚"对应于"大经""大本"，"大"即含"极致"之意。此处体现的是汉儒"《春秋》与《孝经》相表里"的观念，认为孔子晚年作《春秋》之后，复作《孝经》。何休亦言："昔者孔子有云：'吾志在《春秋》，行在《孝经》。'此二学者，圣人之极致，治世之要务也。"②徐彦解释说："学者，《春秋》《孝经》也。极者，尽也。致之言至也，言圣人作此二经之时，尽己至诚而作之，故曰圣人之极致也。"③如此，则徐彦对何休的解释正是依循了郑玄之意。郑玄对《中庸》的理解很可能受到何休的启发。《中庸》言："仲尼祖述尧舜，宪章文武，上律天时，下袭水土。"《汉书·艺文志》继承了这一说法，以此表述儒家学派的特质，此足可见《中庸》在汉代儒者心目中的重要性，而郑玄以《中庸》为子思所作也在表明：在两汉儒者看来，《中庸》就是儒家学派中表达和接

　　① 孔颖达：《礼记正义》，北京大学出版社，1999年，第1460页。
　　② 徐彦：《春秋公羊传注疏》，上海古籍出版社，2014年，第2页。
　　③ 徐彦：《春秋公羊传注疏》，第2页。

《孝经》与《四书》——宋明儒学的意涵新辟

续孔子思想的不二之作，因为《中庸》是"子思作之，以昭明圣祖之德也"①。以《孝经》为"大本"，也就意味着在郑玄看来，子思也正是以《孝经》为孔子所作，是理解孔子思想的重要文本，甚至是最根本的文本。后世皆知孔子作《春秋》说源出孟子，但依郑玄之意，实可上溯于子思之《中庸》。

对于《中庸》"仲尼祖述尧舜，宪章文武，上律天时，下袭水土。辟如天地之无不持载，无不覆帱。辟如四时之错行，如日月之代明"，郑玄即以孔子作《春秋》与《孝经》解之：

> 此以《春秋》之义说孔子之德。孔子曰："吾志在《春秋》，行在《孝经》。"二经固足以明之，孔子所述尧、舜之道而制《春秋》，而断以文王、武王之法度。《春秋传》曰："君子曷为为《春秋》？拨乱世，反诸正，莫近诸《春秋》。其诸君子乐道尧舜之道与？末不亦乐乎尧舜之知君子也。"……又曰："王者孰谓，谓文王也。"此孔子兼包尧、舜、文、武之盛德而著之《春秋》，以俟后圣者也。律，述也。述天时，谓编年，四时具也。袭，因也。因水土，谓记诸夏之事，山川之异。圣人制作，其德配天地，如此唯五始可以当焉。②

以《春秋》之义说孔子之德，意味着子思继承了孔子之《春秋》学。郑玄的这段注文，无一处不显露出他对公羊学思想的吸收，也与何休之说基本相合。何休注以为，孔子与尧舜"道同者相称，德合者相友"，徐彦疏谓："孔子爱乐尧舜之道，是以述而道之。"③则"君子"即是孔子，也即《中庸》中至诚的圣人、祖述尧舜的孔子。而郑注《论语·述而》云："发愤忘食，乐以忘忧，不知老之将至"，即"我乐尧舜之道，思六艺之文章，忽然不知老之将至云

---

① 孔颖达：《礼记正义》，第1422页。
② 孔颖达：《礼记正义》，第1460页。
③ 徐彦：《春秋公羊传注疏》，第1200页。

尔"①。正与《公羊传》末所言"君子曷为为《春秋》""君子乐道尧舜之道"一致。因为孔子在获麟之后作《春秋》，外加获麟之前所料理的"五经"，方成"六艺"。《中庸》既然包含了孔子作《春秋》的微言，其重要性自然不言而喻。清儒阮元有《中庸说》，对郑玄注作了更进一步的分析，可谓得郑玄之心者。②

　　有趣的是，关于《孝经》之作者有一种说法是子思所作。宋代王应麟《困学纪闻》曾提到冯椅之说"子思作《中庸》，述其祖之语乃称字，是书当成于子思之手"。今人彭林分析《中庸》引《诗》《书》之风格与《孝经》相似，亦以《孝经》为子思所作。③冯氏之说，似正受郑玄《中庸注》之影响，故有此说。而从《中庸》与《孝经》之具体内容来看，二者亦确实相关。明末黄道周所作《孝经集传》曾直陈《中庸》与《孝经》之联系，谓："《中庸》曰：'天命之谓性'，所谓天性也。曰：'率性之谓道'，因天性亲严而为父子之道，五达道皆由此起也。曰：'修道之谓教'，因严教敬，因亲教爱，而礼达于天下也。孟子道性善，孩提爱敬，善之本也。"曹元弼结合黄氏与郑玄之说，谓：

> 　　子思本之(《孝经》)作《中庸》，发首言性、道、教即《孝经》父子之道天性、因严教敬、因亲教爱之义，言道不远人，在子臣弟友，因历说舜之大孝，武王、周公之达孝，以天下之达道五为修身立政之本，归于至诚经纶大经立大本，以《春秋》《孝经》之义明孔子之德。④

朱熹与弟子讨论《孝经》时，曾对"孝莫大于严父，严父莫大于配天，则周公其人也"一语表示怀疑，认为"非圣人之言"，其弟子即举《中庸》的两段文字发问，《中庸》言："舜其大孝也与？德为圣人，尊为天子，富有四海之内。

　　① 王素编著：《唐写本论语郑氏注及其研究》，文物出版社，1991年，第78页。
　　② 阮元：《中庸说》，载《揅经室集》，中华书局，1993年，第1020页。
　　③ 彭林：《子思作〈孝经〉说新论》，《中国哲学史》，2000年第3期。
　　④ 曹元弼：《孝经郑氏注笺释》卷一，国家图书馆藏活字本。

宗庙飨之,子孙保之。""无忧者,其唯文王乎!尊为天子,富有四海之内,宗庙飨之,子孙保之。……武王、周公,其达孝矣乎!"朱熹回答说:"《中庸》是著舜、武王言之,何害?若泛言人之孝,而必以此为说,则不可。"①因为在他看来,"配天"并不是人人都可以做的。但《孝经》明言周公以严父配天,并非泛泛而论。故朱熹之疑并不合理,反而在《孝经》和《中庸》之间横生沟渠。

四、《孟子》与《孝经》

《孟子》与《孝经》关联甚密。上文已言及子思《中庸》与《孝经》之关联,不论是依赵岐《孟子题辞》中的说法,孟子受业于子思,还是司马迁受业于子思之门人的说法,都说明孟子之学承接子思。《孟子》谓:"尧舜之道,孝弟而已矣。"(《孟子·告子上》)似正承自《中庸》的"祖述尧舜"。《孟子》以事亲说仁,《中庸》亦以"亲亲"说仁,《中庸》亦言武王、周公达孝,尧舜与文武同条共贯,而《孟子》更是以孝弟说尧、舜之德与政。

就具体文本而言,《孟子》中有大量内容可与《孝经》相互印证发明,故有学者认为,《孝经》之作者很可能是孟子之门人。②北宋司马光《家范》中列《孝经》"五刑之属三千,罪莫大于不孝"。其后即引《孟子·离娄下》"世俗所谓不孝者五:惰其四支,不顾父母之养,一不孝也;博弈好饮酒,不顾父母之养,二不孝也;好货财,私妻子,不顾父母之养,三不孝也;从耳目之欲,以为父母戮,四不孝也;好勇斗狠,以危父母,五不孝也"。其后,陈澧《东塾读书记》卷一为"《孝经》",其中认为"《孟子》七篇中,多与《孝经》相发明者"。其具体内容如下:

① 黎靖德编:《朱子语类》,第 1922 页。
② 王正己:《孝经今考》,载《古史辨》第 4 册,第 110 页。

1.《孟子·万章上》："孝子之至,莫大乎尊亲;尊亲之至,莫大乎以天下养。"

《孝经·圣治章》："孝莫大于严父,严父莫大于配天。"

2.《孟子·告子下》："子服尧之服,诵尧之言,行尧之行,是尧而已矣;子服桀之服,诵桀之言,行桀之行,是桀而已矣。"

《孝经·卿大夫章》："非先王之法服,不敢服;非先王之法言,不敢道;非先王之德行,不敢行。是故非法不言,非道不行。口无择言,身无择行。"

3.《孟子·离娄上》："天子不仁,不保四海;诸侯不仁,不保社稷;卿大夫不仁,不保宗庙;士庶人不仁,不保四体。"

《孝经·天子章》："刑于四海。"《诸侯章》："保其社稷。"《卿大夫章》："守其宗庙。"《庶人章》："谨身。"

4.《孟子·离娄下》："世俗所谓不孝者五:惰其四支,不顾父母之养,一不孝也;博弈好饮酒,不顾父母之养,二不孝也;好货财,私妻子,不顾父母之养,三不孝也;从耳目之欲,以为父母戮,四不孝也;好勇斗狠,以危父母,五不孝也。"

《孝经·庶人章》："谨身节用,以养父母,此庶人之孝也。"

在陈澧之后,近人蔡汝堃《孝经通考》中认为,《孝经》与《孟子》文字相类者皆为前者袭后者,以《孝经》为"汉陋儒所纂袭之书,内容当不足观"①。虽然他的论断不可取,但他在陈澧的基础上,对《孟子》和《孝经》文字的比对则恰印证了二书之关联。他新列的几条如下:

1.《孟子·尽心下》："吾今而后知杀人亲之重也:杀人之父,人亦杀其父;杀人之兄,人亦杀其兄。"

《孝经·广要道章》："礼者,敬而已矣。故敬其父则子悦,敬其兄则弟悦,敬其君则臣悦,敬一人而千万人悦。所敬者寡,悦者众。此之谓要道也。"

---

① 蔡汝堃:《孝经通考》,第96页。当然,蔡书受古史辨派疑古思想的影响,主要是要批判移孝作忠之论,其非孝之目的其实在于批判忠君,可参此书,第98页。

2.《孟子·尽心下》:"身不行道,不行于妻子;使人不以道,不能行于妻子。"

《孝经·孝治章》:"治家者,不敢失于臣妾,而况于妻子乎?"

3.《孟子·离娄上》:"道在尔而求诸远,事在易而求之难。人人亲其亲、长其长而天下平。"

《孝经·广至德章》:"君子之教以孝,非家至而日见之也。教以孝,所以敬天下之为人父者也。教以悌,所以敬天下之为人兄者也。教以臣,所以敬天下之为人君者也。"

除此之外,就笔者所见,尚有以下两条可相互发明:

1.《孟子·离娄上》:"爱人不亲反其仁,治人不治反其智,礼人不答反其敬。行有不得者,皆反求诸己,其身正而天下归之。"

《孟子·梁惠王上》:"老吾老,以及人之老;幼吾幼,以及人之幼。"

《孝经·天子章》:"爱亲者,不敢恶于人;敬亲者,不敢慢于人。爱敬尽于事亲,而德教加于百姓,形于四海。盖天子之孝也。"

2.《孟子·离娄上》:"仁之实,事亲是也;义之实,从兄是也。智之实,知斯二者弗去是也;礼之实,节文斯二者是也;乐之实,乐斯二者,乐则生矣;生则恶可已也,恶可已,则不知足之蹈之、手之舞之。"

《孝经·开宗明义章》:"夫孝,德之本,教之所由生也。"

尤其是第 2 条,《孝经》"夫孝,德之本,教之所由生也"。这正对应于《论语》所载有子之语:"孝悌也者,其为仁之本欤,君子务本,本立而道生。"而孟子之言即显然含有以孝为仁、义、礼、智四德之本的含义。

若结合孟子所言"孔子作《春秋》"而论,则可参看清儒阮元之说,其《孝经解》云:"《春秋》以帝王大法治之于已事之后,《孝经》以帝王大道顺之于未事之前,皆所以维持君臣、安辑家邦……上下相安,君臣不乱,则世无祸患,民无伤危矣。"[①]"孟子曰:'何必曰利,亦有仁义而已矣。上下交征

---

① 阮元:《孝经解》,载《揅经室集》,第48页。

利,千乘之国、百乘之家皆弑其君,不夺不厌。'此章亦即《孝经》之义。孔孟正传在此。"①《论语解》亦言:"《孝经》取天子、诸侯、卿大夫、士、庶人最重之一事……使天下人人皆不敢犯上作乱,则天下永治。惟其不孝不弟,不能如《孝经》之顺道而逆行之,是以子弑父、臣弑君,亡绝奔走,不保宗庙社稷,是以孔子作《春秋》,明王道、制叛乱也。"②简言之,正如《中庸》中存在《春秋》与《孝经》相表里的观念一样,《孟子》中亦存《孝经》与《春秋》相表里的观念。

最后,朱熹之《四书》学体系内部贯穿着一条道统脉络:孔子—曾子—子思—孟子。其中体现曾子之学的代表作是《大学》。但正如上文所析论,从《论语》《孝经》《中庸》《孟子》中亦可以梳理出一条以孝为主线的道统传承脉络,此点尤其与以郑玄为代表的汉儒对《中庸》的理解有关。由此,我们大致可以说,就曾子之学而言,理学更重《大学》,而汉儒更重《孝经》。但这一判断可能唯有对朱熹而言是恰当的,至少朱熹《四书章句集注》中无一处引《孝经》之语,此足以彰显朱熹对《孝经》文本的有意疏离。③不过朱熹的这一态度,在后世理学的传衍过程中发生了变化。比如元儒熊禾在给董鼎所著绍述朱熹《孝经刊误》旨意的《孝经大义》作序时,说:

孔门之学,惟曾氏得其宗。曾氏之书有二:曰《大学》,曰《孝经》……学以《大学》为本,行以《孝经》为先,自天子至庶人一也,《尧典》一篇,《大学》《孝经》之准也。自克明峻德以至亲睦九族,极而百姓之昭明,万邦之于变,《大学》之序也,孝之为道,盖已具于亲睦九族之中矣。何也?一本故也。自是舜以克孝而徽五典,禹以致孝而叙彝伦,伊尹述成

① 阮元:《孝经解》,第48页。
② 阮元:《论语解》,第50页。
③ 比较朱熹之注《孟子》与赵岐之注《孟子》,以及朱熹之注《中庸》与郑玄之注《中庸》,此点显而易见。

《孝经》与《四书》——宋明儒学的意涵新辟

汤之德,一则曰立爱惟亲,二则曰奉先思孝,人纪之修孰大乎是,文武周公帅是而行,备见于《礼记》所载,上而宗庙之享,下而子孙之保,其为孝蔑有加焉。功化之盛,至使四海之内人人亲其亲长其长,一鳞毛一芽甲之防无不得所。呜呼,二帝三王之教可谓大矣。《孝经》一书,即其遗法也。世入春秋,皇纲解纽,孔子伤之,三复昔者明王孝治之言,思之深,望之切矣,诚使天子公卿躬行于上,凡礼乐刑政之具,壹是以孝为本,则斯道也,固天性之自然,人心之固有,一转移间,王道顾不易易乎![1]

这段话提供了理解曾子之学的另一个角度,以孝为道,历叙尧、舜、禹、汤、文、武、周公、孔子,兼具学、治而言,将传道即传孝的论旨揭示无余。在此之前,陆九渊学派传人、杨简弟子钱时著《四书管见》,其所言《四书》为《论语》《孝经》《大学》《中庸》,此亦是不同于朱熹理学之外的对《孝经》与《四书》关系的另一种处理,体现的是心学的思路。至近代,余杭章太炎有"四小经"之论,首列《孝经》,次之以《大学》《儒行》《丧服》,以《孝经》为救济时艰之首要经典,但仍强调《大学》之重要。观此,可见《四书》体系亦变动不已,生生不息。

---

[1] 熊禾:《孝经大义序》,载朱鸿编:《孝经总类》,《续修四库全书》第 151 册,上海古籍出版社,2002 年,第 62 页。《四库全书总目提要》中提及此序,但是并未收录。

第二章　魏晋南北朝义理解经
对宋明儒学的影响

　　魏晋南北朝时期,儒学遭遇了所谓异学的巨大思想冲击,儒家经典的地位有所动摇,经典诠释的方法也发生了诸多的变化。当时的士人不只重视"三玄"或佛典,也重视以玄学、佛学来诠释儒家经典,从魏晋一直到南北朝,以《论语》诠释为代表的《四书》诠释之学,促进了义理解经的发展,也促进了儒、道、佛三教的会通,其积极的思想成果最终促成了宋代新的经典,以及新的经典诠释方法。而在此一阶段,特别重要的经学著作则为何晏《论语集解》与皇侃《论语义疏》,下面我们通过分析此二书如何吸收玄学、佛学进入儒学,以及"集解""义疏"二体例之特点,来探讨他们以义理解经的方法论对儒家经典诠释的具体影响。

第一节　魏晋南北朝经学的玄学化
及 其 对 宋 明 的 影 响

　　从先秦到两汉,"六经"及《论语》《孟子》《孝经》等逐渐完成其写定成书的过程,也即成为儒家的经典。关于这些经典的诠释,则形成了两汉经学,也即儒学的经学化,成为中国儒学史、学术史的重要发展阶段。

但是到了魏晋时期,儒学遭遇了所谓异学的思想冲击,其经典地位有所动摇,诠释方法亦发生了诸多的变化。于是有学者称之为魏晋经学的玄学化,也就是说,魏晋南北朝这一阶段经学的玄学化,其实是宋明理学形成的一个关键性的因素。[①]

一、玄学的出现及儒学的玄学化

汉代的经学,其特点为章句训诂之学,到了魏晋时期则开始标新立异,注意义理的阐发,值得特别注意的就是与东汉郑玄一样遍注群经的王肃,他却对郑玄大为不满,甚至认为其于义理则"违错者多",于是"夺而易之":

> 郑氏学行五十载矣。自肃成童,始志于学,而学郑氏学矣。然寻文责实,考其上下,义理不安,违错者多,是以夺而易之。然世未明其真情,不谓其苟驳前师以见异于前人。乃慨然而叹曰:予岂好难哉,予不得已也。圣人之门,方壅不通;孔氏之路,枳棘充焉,岂得不开而辟之哉?若无由之者,亦非予之罪也。是以撰经礼,申明其义,及朝论制度,皆据所见而言。[②]

可见王肃的经学,从郑学出发,渐渐走向了义理之阐发,并且认为只有申明其中的义理,讲明制度之学,方才走向圣人之门、孔氏之路。然而正是因

---

① 诸如"身心"与"性理"等问题都是玄学时期提出的,到理学时期则发展成熟,故玄学与理学之间有着内在的学术理路。参见朱汉民:《玄学与理学的学术思想理路研究》,中国社会科学出版社,2012年。

② 《孔子家语序》,王肃:《孔子家语》,王国轩、王秀梅译注,中华书局,2011年,第1页。

其"皆据所见而言",后人以为其解经过于标新立异,以至于伪造经典,当然此事尚有争议,其所注之经多半散失不存,亦难以辨析,然其注意到了儒家经典所遭遇的困境,倡导义理解经则影响深远。

再如《周易》,汉代则表现为象数之学,也就忽视了《周易》所包含的义理的一面。到了魏晋时期,则从《周易》这部一般被认为是儒家的经典开始,诠释其中的义理思想。比如虞翻,其《易》学就是对道家思想来作新的诠释,他自己也说:

> 前人通讲,多玩章句,虽有秘说,于经疏阔,臣生遇世乱,长于军旅,习经于袍鼓之间,讲论于戎马之上,蒙先师之说,依经立注。又臣郡吏陈桃梦臣与道士相遇,放发被鹿裘,布《易》六爻,挠其三以饮臣,臣乞尽吞之。道士言《易》道在天,三爻足矣。岂臣受命,应当知经?所览诸家解不离流俗,义有不当实,辄悉改定,以就其正。①

虞翻所讲颇为神道怪异,所谓梦中得授受多为虚妄,但其《易》学综合儒、道则是必然的。他认为,前代的《易》学多为章句之学,对于经典之义理则较为疏阔,而他自己则既得了"依经立注"的先师之说,又得了道士"《易》道在天,三爻足矣"的解经之法,故与流俗之学有了很大的不同。

魏晋玄学创立之初,除了重新注释《老子》与《庄子》,还有就是重新注释了《周易》《论语》等儒家经典也同样受到玄学家们的重视,或者说,因为玄学家同时也是士大夫,故而不得不研习儒家经典,争取将道家的"自然"与儒家的"名教"二者统一起来。于是出现了如何晏、王弼、郭象等当时主要的玄学家,纷纷以老、庄之学来诠释儒学,进行儒家经学的玄学化改造。《晋书·王衍传》中就曾指出:

① 陈寿:《三国志》卷五十七,中华书局,1982年,第1322页。

《孝经》与《四书》——宋明儒学的意涵新辟

　　魏正始中,何晏、王弼等祖述老庄,立论以为天地万物皆以无为本。无也者,开物成务,无往而不存者也。阴阳恃以化生,万物恃以成形,贤者恃以成德,不肖恃以免身。故天之为用,无爵而贵矣。①

何晏、王弼为正始玄学之代表人物,他们提出了"贵无"说,"以无为本"则不讲"开物成务",也就将儒学玄学化了。然而值得注意的是,诸如王弼等人,虽倡玄学,但是依旧保留着尊孔的意识,汤用彤先生也说:"王弼学贵虚无,然其所推尊之理想人格为孔子,而非老子。"②所以说,他们的玄学并非单纯的道家思想,其中多有儒学、经学的因素,故他们积极于对儒家经典的重新诠释。

　　魏晋时期倡导玄学,对于儒家的礼教多有批判的,当以嵇康、阮籍为代表。嵇康曾说:

　　夫民之性,好安而恶危,好逸而恶劳,故不扰则其愿得,不逼则其志从。昔洪荒之世,大朴未亏。君无文于上,民无竞于下。物全理顺,莫不自得。饱则安寝,饥则求食。怡然鼓腹,不知为至德之世也。若此,则安知仁义之端,礼律之文? 及至人不存,大道陵迟,乃始作文墨,以传其意;区别群物,使有类族;造立仁义,以婴其心;制为名分,以检其外;劝学讲文,以神其教。故"六经"纷错,百家繁炽,开荣利之途,故奔骛而不觉。

　　推其原也,"六经"以抑引为主,人性以从欲为欢。抑引则违其愿,从欲则得自然。然则自然之得,不由抑引之"六经";全性之本,不须犯

---

①　房玄龄:《晋书》卷四十三,中华书局,1974年,第1236页。

②　汤用彤:《汤用彤学术论文集》,中华书局,1983年,第274页。

情之礼律。故知仁义务于理伪，非养真之要术；廉让生于争夺，非自然之所出也。由是言之：则鸟不毁以求驯，兽不群而求畜。则人之真性无为，正当自然耽此礼学矣。①

嵇康以道家思想来看儒家的礼教，则认为"六经"与仁义，完全是与大道背道而驰的。"六经""以抑引为主"，然而自然的人性则"从欲为欢"，"从欲则得自然"；故儒家"造立仁义"，则"务于理伪"，而后"'六经'纷错，百家繁炽"，方才导致了众人奔竞争与荣利之途。故而他倡导自然，倡导所谓"真性无为"，反对儒家的礼学。至于争议更大的则还是阮籍，据《世说新语》记载：

> 阮籍遭母丧，在晋文王坐进酒肉。司隶何曾亦在坐，曰："明公方以孝治天下，而阮籍以重丧，显于公坐饮酒食肉，宜流之海外，以正风教。"文王曰："嗣宗毁顿如此，君不能共忧之，何谓？且有疾而饮酒食肉，固丧礼也。"籍饮啖不辍，神色自若。②

虽已是晋代，然官方依旧倡导"以孝治天下"的儒家观念，故阮籍在重丧期间饮酒食肉，被认为不合丧礼。但当时任诞、旷达之风盛行，故晋文王认为，阮籍符合丧礼。何况阮籍其实因为守丧而"毁顿如此"，不食肉则无法养生。关于其"毁顿"与"丧礼"，还有另外的说法：

> 性至孝，母终，正与人围棋，对者求止，籍留与决赌。既而饮酒二斗，举声一号，吐血数升。及将葬，食一蒸肫，饮二斗酒，然后临诀，直

《孝经》与《四书》——宋明儒学的意涵新辟

① 《难自然好学论》，嵇康：《嵇康集校注》，戴明扬校注，中华书局，2014年，第446页。
② 《世说新语·任诞》，余嘉锡撰，《世说新语笺疏》，中华书局，1983年，第727页。

言穷矣,举声一号,因又吐血数升,毁瘠骨立,殆致灭性。①

此条亦说阮籍不顾儒家的丧礼,与人围棋不辍,还饮酒二斗;然而在其母灵前,却是一声号哭,吐血数升,等到即将葬入土中的时候亦是如此。从这二斗酒与数升血,似乎可以看出阮籍身上存在的矛盾,也即"孝"与"礼"的冲突。特意不顾儒家的礼法,然却并非不孝。所谓的"性至孝",该"毁顿"之时任其性情而"毁顿",此外则依然"神色自若",不苛求于礼法,这其实也是以道家心态反对儒家礼法的一种表现。

当时也有学者力主遏制儒家经学的玄学化,比如元康时期的裴頠,就是站在儒家的立场上,提出了《崇有论》:

> 时天下暂宁,頠奏修国学,刻石写经。皇太子既讲,释奠祀孔子,饮飨射侯,甚有仪序。
>
> 頠深患时俗放荡,不尊儒术,何晏、阮籍素有高名于世,口谈浮虚,不遵礼法,尸禄耽宠,仕不事事;至王衍之徒,声誉太盛,位高势重,不以物务自婴,遂相放效,风教陵迟,乃著《崇有》之论以释其蔽。②

据其传可知,裴頠在士大夫清谈之风习中,也参与清谈,但因为家学等因素,其父裴秀被称为"儒林丈人",故积极从事奏修儒家经典、祭祀孔子等活动。其思想中虽亦多有玄学的因素,然而《崇有论》的立言宗旨则在于对玄学思潮的批判,从而维护儒家礼教。此文特别表现为对"贵无"之说的批判:

> 若乃淫抗陵肆,则危害萌矣。故欲衍则速患,情佚则怨博,擅恣则

---

① 房玄龄:《晋书》卷四十九,第 1359 页。
② 房玄龄:《晋书》卷三十五,第 1042、1044 页。

兴攻，专利则延寇，可谓以厚生而失生者也。悠悠之徒，骇乎若兹之
衅，而寻艰争所缘。察夫偏质有弊，而睹简损之善，遂阐贵无之议，而
建贱有之论。贱有则必外形，外形则必遗制，遗制则必忽防，忽防则必
忘礼。礼制弗存则无以为政矣。①

"贵无"思想的兴起，与《老子》等玄学之书的风行有着密切的关系，谈无，
原本是针对太过拘泥于实存，以至于"厚生而失生"的现象，然而又会引发
"贵无之议"与"贱有之论"，进入另一种偏、弊，过于简损，以至于视形体为
外在，视礼制为多余，最终导致了"忽防"与"忘礼"，礼教不存也就无以为
政了。

二、玄学化的经典诠释对宋明理学的影响

　　宋明理学的形成，受到魏晋玄学的许多重要影响。特别是宋代《四书》
学的形成，以《四书》为代表的新儒学经典诠释体系，从魏晋南北朝时期的
《论语》诠释之中继承了许多因素，不过其中的差异也是明显的。例如《论
语为政》"为政以德"章，皇侃《论语义疏》说：

　　　　德者，得也。言人君为政，当得万物之性，故云"以德"也。故郭象
　　曰："万物皆得性谓之德。夫为政者奚事哉？得万物之性。故云德而
　　已也。"②

为政应当"无为而治"，以"无为"的方式获得万物之本性，才是真正的
"德"。显然皇侃、郭象他们认同的"德"为万物的本性，万物的自然，在道家

---

①　房玄龄：《晋书》卷三十五，第1044页。
②　皇侃：《论语义疏》卷一，高尚榘校点，中华书局，2013年，第22页。

看来"治大国若烹小鲜",人君之为政真当如此。《四书集注》中该章,亦保留了玄学的某些因素:

> 为政以德,则无为而天下归之,其象如此。程子曰:"为政以德,然后无为。"范氏曰:"为政以德,则不动而化,不言而信,无为而成。所守者至简而能御烦,所处者臣静而能制动,所务者至寡而能服众。"①

"无为而天下归之",以此为为政之"德"之"象",直接来自玄学的解释。所引程子的说法也强调了"无为",至于范氏所说的"不动而化,不言而信,无为而成"及"至简"的观念,显然也是来自道家的,是发展了郭象等人的解释,还有以静制动、以寡服众也是如此。再如《论语·子罕》:"子曰:吾有知乎者? 无知也。有鄙夫来问于我,空空如也,我叩其两端而竭焉。"先看皇侃《论语义疏》:

> 圣人体道为度,无有用意之知,故先问弟子曰:"夫有知乎哉也"。……缪协曰:"夫名由迹生,故知从事显,无为寂然,何知之有?唯其无也,故能无所不应,虽鄙夫诚问,必为尽其本末也。"②

对于"圣人体道"的问题,"皇疏"其实解为"体无",故强调以"无"为体,唯有把握了"无"的本体才能有"知"的发用"无所不应","知"之"用"本为"无"之"体"偶然的显现,若无鄙夫之发问,则寂然不动。再看朱熹《四书集注》:

> 两端,尤言两头。言终始本末上下精粗,无所不尽。程子曰:"圣人

---

① 朱熹:《四书章句集注》卷一,第53页。
② 皇侃:《论语义疏》卷五,第215页。

之教人，俯就之若此，犹恐众人以为高远而不亲也。圣人之道，必降而自卑，不如此则人不亲。贤人之言，则引而自高，不如此则道不尊。观于孔子、孟子，则可见矣。"尹氏曰："圣人之言，上下兼尽。即其近，众人皆可与知；极其至，则虽圣人亦无以加焉，是之谓两端。……"①

同样是讲"圣人体道"，朱熹强调的是如何实现"终始本末上下精粗，无所不尽"，他引述程子的话，说明圣人亲近众人，尹氏的话也是如此，圣人之道既能亲近众人，又能推其极致，"扣其两端"而寻找的中道，在朱熹这里则表现为即物穷理，追求"众物之表里精粗无不到，而吾心之全体大用无不明"的境界。然而从"无所不应"到"无所不尽"，由本及末、执两用中的形上思辨，则是有着继承性的。再如《论语·阳货》"予欲无言"章，王弼《论语释疑》说：

> 子欲无言，盖欲明本，举本统末，而示物于极者也。夫立言垂教，将以通性，而弊至于湮；寄旨传辞，将以正邪，而势至于繁。既求道中，不可胜御，是以修本废言，则天而行化。②

朱熹《四书集注》明显也有承继：

> 学者多以语言观圣人，而不察其天理流行之实，有不待言而著者。……圣人一动一静，莫非妙道精义之发，亦天而已，岂待言而显哉？③

王弼讲"明本"，然后"举本统末"，其"本"也即"物之极"或"中道"，故"修本

---

① 朱熹：《四书章句集注》卷五，第 111 页。
② 王弼：《论语释疑》，《王弼集校释》，第 633 页。
③ 朱熹：《四书章句集注》卷九，第 180 页。

废言,则天行而化",也就是说圣人不必"立言垂教"。朱熹则并不反对"立言",只是强调更为重要的是"察其天理流行之实",至于圣人之道,则是"一动一静,莫非妙道精义之发",如同天一样,不待言之处更需要体会。其中的本末、有无之辨析,也是明显有着继承性的。还有《论语·先进》末章对"吾与点也"的解释。何晏《论语集解》引周生烈说:"善点之独知时也。"皇侃《论语义疏》则说:

> 孔子闻点之愿,是以喟然而叹也。既叹而云"吾与点也",言我志与点同也。所以与同者,当时道消世乱,驰竞者众,故诸弟子皆以仕进为心,惟点独识时变,故与之也。李充云:"善其能乐道知时,逍遥游咏之至也。……唯曾生超然,独对扬德音,起予风仪,其辞清而远,其旨高而适,亹亹乎古圣德之所同也。"①

朱熹则说:

> 曾点之学,盖有以见夫人欲尽处,天理流行,随处充满,无少欠缺。故其动静之际,从容如此。而其言志,则又不过即其所居之位,乐其日用之常,初无舍己为人之意。而其胸次悠然,直与天地万物上下同流,各得其所之妙,隐然自见于言外。②

此章的诠释可知二者因为时代而有着重大的指向差异,"何解"与"皇疏"因为何晏和皇侃也逢"道消世乱",故认为曾点"独识时变",从这个立场上反对诸弟子的仕进之心。而朱熹则生在治世,故只是从天理、人欲考虑仕进之心,至于"直与天地万物上下同流,各得其所之妙",追求言外之意,则

---

① 皇侃:《论语义疏》卷六,第 295 页。
② 朱熹:《四书章句集注》卷六,第130页。

是在强调天道、本体,其超越的意味则比"皇疏"所引李充更进一步。故钱穆《论语新解》指出:"此实深染禅味,朱子晚年深悔未能改。"①

　　总的来看,则经学的玄学化,对于后来理学家的解经,则主要有三个方面的重要影响。

　　第一,义理解经的学术理路,这当是最为重要的影响。一改两汉经学的章句训诂之学,在讲究家法、师说的注经之外,开创了"集解""义疏"等新的体例,从"解"到"疏",解释者的自由度也越来越大了。并且他们所利用的思想资源,其实也都是以儒、道、佛三家为主的,只是魏晋南北朝解经者虽不明确说以道家为主,但实际则是以道家为主、儒家为次,从而将经学玄学化了。而宋明的解经者则明确以儒家为主,道家因素则较不明显,佛家的因素则比魏晋南北朝更多,特别是隋唐以来盛行的禅宗思想,则多有被吸收入理学,然而无论是道家,还是佛家,其思想因子在理学家那里则都进行了儒家化的改造。

　　第二,"性与天道"的问题关注,也即儒家开始重视形上、本体之学。不再是"性与天道,不可得而闻",在外来的佛教的刺激之下,玄学家就大谈心性、天道。宋明儒者继承了这方面的问题意识,正好既是对佛教、道教的回应,也是实现儒学的重建,弥补了原始儒学的不足。但是他们对"性与天道"的解释却多有不同,魏晋主张自然的概念,性、情也不加以细分,天道则多为虚无;宋明则主张"理一分殊",心、性、情等进一步辨析,更为常见的还有天理、人欲之辨,则是借助了先秦儒学《礼记·乐记》的资源,对佛、道作出的重新回应。

　　第三,"内圣",个体生命安顿的追求。这与上一点密切相关,魏晋士人比先秦、两汉更为关注精神超越,开始关注个体生命的安顿问题,开始追求圣人的境界。汤用彤曾说,魏晋时代"一般思想"的中心问题为:"理想的

① 钱穆:《论语新解》,九州出版社,2011年,第279页。

《孝经》与《四书》——宋明儒学的意涵新辟

圣人之人格究竟应该怎样?"因此而有"自然"与"名教"之辨。①宋明也同样如此,但在修养的方法上却有着极大的差别。"内圣外王"的理念,成熟于魏晋时期,"内圣"的追求也是当时解经者所倡导的,后来的宋明解经者继承了这种追求,但是如何实现"内圣",则在方法论上有着显著的差别。魏晋玄学往往以无为本,并以"无为""无执""无累"来实现"内圣",达到主体精神的超越;而宋明理学则虽说也有"无"的观念,但并不多讲,他们主要还是在强调客观的"天理",而实现超越的方式则为"下学上达",笃实的道德践履以求成为圣人。

第二节　从何晏《论语集解》到皇侃《论语义疏》

从何晏《论语集解》这部中国学术史上最早的"集解",到以皇侃《论语义疏》为代表的"义疏"体的出现,为中国经学史上的一段重要转折时期,其上接两汉以章句训诂为特色的经学,下接宋明以理气心性来重新诠释的新经学。魏晋南北朝的经学,虽未能如其上、下两阶段鼎盛,以至于分别被称为"汉学""宋学",似乎其自身的面目有些模糊不清,然而就义理解经方法论的形成而言,则又是经学史上绕不过去的一个阶段。围绕两种《论语》诠释的典范之作,探讨"集解""义疏"二体例之特点,既可以看到玄学、佛学如何得以非常自然地进入儒学,又可以看到义理解经的方法论如何兴起,并对宋明理学的经学诠释,特别是《四书》的诠释产生的具体影响。

---

① 《魏晋思想的发展》,汤用彤:《魏晋玄学论稿》,上海人民出版社,2015年,第101页。

一、何晏《论语集解》与经学的义理转型

何晏(190—249),字平叔,南阳宛县人。三国曹魏时任侍中、吏部尚书等职,因驸马而被赐爵列侯,后为司马懿所杀。其著有文集十一卷及《论语集解》十卷、《老子道德论》二卷等。

《论语集解》,简称"何解",最早被著录于《隋书·经籍志》,目前除了以《论语集解》作为底本,进行再疏解的皇侃《论语义疏》与邢昺《论语注疏》之外,还有两个单行本的版本系统。一种是唐写本,为《论语集解》现存最早版本,唐文宗太和七年(833)刊刻的"石经"本,完成于开成二年(837),故称《开成石经论语》,该版只刻正文,未刻注文。南宋以后,《论语集解》单行本已经亡佚,然而"石经"本的正文,与邢昺《论语注疏》本的正文内容基本一致,而与皇侃《论语义疏》本则多有不同。另一种是日本流传过来的正平本,此书成于日本阳成天皇贞观末年,可见《论语集解》早在中唐以前就已经传入日本,到了清代辗转传回国内。该版正文与注文全都完整,然其文字则与《论语义疏》本大多相同,而与《论语注疏》本则有所不同。虽然皇侃、邢昺都是根据何晏《论语集解》编撰的,然而他们的正文、注文存在差异,其原因当是《论语集解》本身在流传过程中也存在版本上的差异。这两个版本系统都为十卷本。①

关于《论语集解》的作者,何晏在序中说:"光禄大夫关内侯臣孙邕,光禄大夫臣郑冲,散骑常侍中领军安乡亭侯臣曹羲,侍中臣荀凯,尚书驸马都尉关内侯臣何晏等上。"②也即何晏是实际主持者,然除他之外,还有孙

《孝经》与《四书》——宋明儒学的意涵新辟

---

① 高华平:《〈论语集解〉的版本源流述略》,《中国典籍与文化》,2008 年第 2 期,第 4~10 页。因为何晏集解、邢昺疏的《论语注疏》,自宋代至清代最为通行,故本书论及的何晏《论语集解》采用该版系统之阮元校刻的《十三经注疏》,中华书局 2009 年影印清嘉庆刊本。

② 何晏:《序》,何晏集解、邢昺疏《论语注疏》卷首,《十三经注疏》,第 5334 页。

邕、郑冲、曹羲、荀凯等人。皇侃在《论语义疏》中首次出现"苞氏",在义疏中说:"何《集注》皆呼人名,惟苞独言'氏'者,苞名咸,何家讳咸,故不言也。"①"苞氏"也即"包氏",这是说何晏之父名"咸",为了避讳而称包咸为"包氏",不直呼其名。这也可以证明何晏为全书的最终裁定人。

《论语集解》以郑玄注本为底本,聚集孔安国、包咸、周氏、马融、郑玄、陈群、王肃、周生烈八家之说,并下己意。何晏在序中说:

> 安昌侯张禹,本受鲁论,兼讲齐说,善者从之,号曰"张侯论",为世所贵。包氏、周氏章句出焉。古论唯博士孔安国为之训解,而世不传。至顺帝时,南郡太守马融亦为之训说,汉末大司农郑玄就鲁论篇章考之齐、古为之注。近故司空陈群、太常王肃、博士周生烈,皆为之义说。②

何晏论及《论语》之版本系统,张禹的《张侯论》兼《鲁论语》与《齐论语》,此时便有包、周两家的章句加以诠释;而《古论语》则有孔安国的训解。到了汉末,则有郑玄以《鲁论语》为主并参考齐、古二家重新作注,此后的陈、王、周等的诠释,则是在郑玄的基础之上。故何晏作"集解",也是在郑玄基础上的再度集大成。③

关于何晏开创"集解"这一体例,其自身的贡献及特点,邢昺在对《论语集解》之序所作的疏中说:

> 此叙"集解"之体例也。"今"谓何晏时,"诸家"谓孔安国、包咸、周氏、马融、郑玄、陈群、王肃、周生烈也。集此诸家所说善者而存之,示无剿说,故各记其姓名。注言包曰、马曰之类是也。注但记其姓,而此

---

① 皇侃:《论语义疏》卷一,第4页。
② 何晏:《序》,《论语注疏》卷首,《十三经注疏》,第5333~5334页。
③ 乔秀岩:《郑、何注〈论语〉的比较分析》,《北京大学学报》,2009年第2期。

连言名者,以著其姓所以名其人,非谓名字之名也。有不安者,谓诸家之说于义有不安者也。颇为改易者,言诸家之善则存而不改,其不善者颇多为改易之。注首不言包曰、马曰,及诸家说下言一曰者,皆是何氏自下己言,改易先儒者也。①

也就是说,"集解"体例的特点,一是集诸家之善,并且各记其姓名,称"包曰""马曰"之类,即为诸家之注,表示不抄袭成说;二是称"一曰""或曰"之类,应当就是何晏本人或者他的集解团队成员所下的注解。"诸家之善则存而不改"即指前者;"其不善者颇多为改易之"即指后者。特别值得注意的是,《论语集解》并不是对所集的各家之说进行简单的选择组合,而是贯穿何晏等人对于《论语》相关义理的思考。邢昺为何晏之序作疏时,还曾将何晏《论语集解》与杜预《春秋左氏经传集解》这两部最早的"集解"作了一番比较:

> 名曰《论语集解》者,何氏注解既毕,乃自题之也。杜氏注《春秋左氏传》,谓之"集解"者,谓聚集经传为之作解也。此乃聚集诸家义理以解《论语》,言同而意异也。②

这两部中国经学史上最早的"集解",其实"言同而意异",杜预的"集解"即"聚集经传"来为经文作解,而何晏的"集解"则是"聚集义理"来为经文作解,他们的挑选或有相似之处,然其高度则大不同,杜之关怀在经传本身,何之关怀则在义理是否精当。再说《论语集解》的"集解"二字,原本就是何晏自己所题,则更可以说明其"聚集诸家义理"的意图所在。所以说,保留

---

① 邢昺:《序解》,《论语注疏》卷首,《十三经注疏》,第5334页。
② 邢昺:《序解》,《论语注疏》卷首,《十三经注疏》,第5334页。

《孝经》与《四书》——宋明儒学的意涵新辟

了大量汉魏古注,是此书的一大贡献;以何晏等人的义理来串讲则是另一大贡献。有学者统计,书中孔安国注有473条,包咸注195条,第三才是何晏等人144条,第五则是郑玄113条,其他还有王肃40条,等等。①

《论语集解》与汉儒的训诂之学的差异,也是值得特别注意的一个问题,汉儒固守师说、家法之界,往往"皓首穷经",桓谭就说:"秦近君能说《尧典》,篇目两字之说至十万余言,但说'曰若稽古'三万言。"②何晏在自己的《论语集解》序中说:

> 前世传授师说虽有异同,不为训解,中间为之训解,至于今多矣。所见不同,互有得失。今集诸家至善,记其姓名,有不安者,颇为改易,名曰《论语集解》。③

汉儒往往对经文之义理不加训解,到了汉魏之际方才出现训解,故何晏集解所聚,多为其"近故"的陈群、王肃、周生烈等人的"义说"。可见何晏注意到了当时以义理解经的风气,并且转为自觉将其加以整理、提升,指出其中"所见不同,互有得失"之处,并将"至善"的解释聚集起来。也就是说,《论语集解》标志着经学从章句训诂之学转向了义理之学。朱彝尊《经义考》所引叶适对《论语集解》的评论,其实已经指出的这一点:

> 何晏《论语集解》序论简而文古,数百年讲论之大意,赖以得存,经晏说者,皆异于诸家,盖后世精理之学。以晏及王弼为祖,始破经生专门之陋。④

① 宋钢:《八家注统计分析》,《六朝论语学研究》,中华书局,2007年,第88页。
② 桓谭:《桓子新论》,《四部备要》第54册,中华书局、中国书店,1989年,第10页。
③ 何晏:《序》,《论语注疏》卷首,《十三经注疏》,第5334页。
④ 朱彝尊:《经义考》卷二百十一,《经义考新校》,第3868页。

何晏与王弼，其实就是后世，也即宋代以来"精理之学"的鼻祖，自从何晏之后，便于两汉诸家章句训诂的经生之学不同了。所以说，何晏的《论语集解》，同样是注释儒家经典，然而却是以当时流行的玄学，对于儒家经典的义理，进行了新的探索，无论其学术精神还是学术方法，都有了重大的调整。

我们可以举例比较郑玄之注与何晏之集解的异同，《论语·子罕》："子绝四，毋意，毋必，毋固，毋我。"郑注："意，谓以意，意之有所疑度；必，谓成言未然之事；固，谓已事因然之；我，谓已言必可用。绝此四者，为其陷于专愚也。"①何注："以道为度，故不任意。用之则行，舍之则藏，故无专必；无可无不可，故无固行；述古而不作，处群萃而不自异，唯道是从，故不有其身。"②从对比可知，郑玄重在逐字加以训解，而何晏已经跳出训诂字词的阶段，更看重的是理解道德修养的四个注意点背后的道，并且将此章与"用行舍藏""述而不作"等章结合起来加以诠释，从而明晰修身背后的道，这一最终的依据。

何晏作为魏晋玄学的名家，用"三玄"之一的《周易》来解释《论语》，也是一个重要特点，而其主要所使用的思想资源则是被认为主要来自儒家的《易传》，以此解《论语》的地方，在书中极多。比如《论语·述而》"加我数年，五十以学易，可以无大过矣"，何注："易，穷理尽性以至于命。年五十而知天命，以知命之年读至命之书，故可以无大过。"③"穷理尽性以至于命"来自《系辞》。再如《论语·里仁》"德不孤，必有邻"。何注："方以类聚，同志相求。故必有邻，是以不孤。"④何晏所用的分别来自《系辞》的"方以类聚，物以群分"与《文言》的"同声相应，同气相求"。《论语·子罕》"子罕言利与

① 王素编著：《唐写本论语郑氏注及其研究》，第104~105页。
② 何晏：《论语集解》，《论语注疏》卷九，《十三经注疏》，第5407页。
③ 何晏：《论语集解》，《论语注疏》卷七，《十三经注疏》，第5392页。
④ 何晏：《论语集解》，《论语注疏》卷四，《十三经注疏》，第5368页。

命与仁"章,何注:"罕者,希也,利者,义之和也;命者,天之命也,仁者,行之盛也。寡能及之,故希言也。"①"利者,义之和也",即出于《文言》"利者,义之和也"。

还有应用《易传》更多文字的,比如《论语·季氏》"君子有三畏:畏天命,畏大人,畏圣人之言"一章,何注:"顺吉逆凶,天之命也。大人即圣人,与天地合其德。深远不可易知测,圣人之言也。"②则来自《文言》"夫大人者,与天合其德,与日月合其明,与四时合其序,与鬼神合其吉凶",除了直接引用"与天地合其德"之外,其中的"深远不可易知测",也是对《文言》意思的综合。

通过对《周易》思想的贯通运用,重新诠释《论语》的地方则更多。比如《论语·公冶长》:"子贡曰:夫子之言性与天道,不可得而闻也。"何注:"性者,人之所受以生也。天道者,元亨日新之道深微,故不可得而闻也。"③"元亨"本为《周易》中常用语,"日新"则出自《系辞》。此处何晏等人的诠释,可以说是突破了《论语》原意,将人之性、天之道其中的关联加以说明,人性禀赋于天道,天道的"元亨日新"虽不可得而闻,但却与人性的"元亨日新"其实是一样,都需要加以体会方得,然亦不可言说。类似的还有《论语·卫灵公》"赐也,女以予为多学而识之者与?对曰:然,非与?曰:非也。予一以贯之"一句,何注:"善有元,事有会,天下殊途而同归,百虑而一致,知其元,则众善举矣,故不待多学而一知之。"④则是对《系辞》"天下同归而殊途,一致而百虑"一句的改写。孔子所说的"一以贯之",在何晏看来就是要把握"元",而此处强调殊途同归、百虑一致,不求"多学"而求"一知"则是在倡导重新诠释经典,走向新的一个学术的统一了。再如《论语·雍也》"有

---

① 何晏:《论语集解》,《论语注疏》卷九,《十三经注疏》,第5407页。
② 何晏:《论语集解》,《论语注疏》卷十六,《十三经注疏》,第5479页。
③ 何晏:《论语集解》,《论语注疏》卷五,《十三经注疏》,第5373页。
④ 何晏:《论语集解》,《论语注疏》卷十五,《十三经注疏》,第5467页。

颜回者好学,不迁怒"一章,何注:"凡人任情,喜怒违理。颜渊任道,怒不过分。迁者,移也,怒当其理,不移易也。"①《易传》特别强调对于天道的把握,提出"继善成性"的思想,何晏的注则指出颜渊的喜怒,"任道",故能"当其理",则与凡人的"任情""违理"则是不同的。

总之,何晏引用《易传》解释《论语》,从而使得儒家经典的诠释增加了形上、思辨的因素。这些义理解经的思想资源与训解方法,被后来的《论语》学者所借鉴,也为后来的宋儒所吸收,最终成就了与汉学相抗衡的宋学。

二、皇侃《论语义疏》

皇侃(488—545),南朝梁吴郡人,为青州刺史皇象的九世孙,曾任员外散骑侍郎、国子助教等职。少年好学,师事贺场,专攻《三礼》《孝经》《论语》,撰有《礼记讲疏》五十卷,《论语义疏》十卷。《论语义疏》,又称《论语义》《论语疏》,简称"皇疏"。

《论语义疏》所用底本及聚集注解的来源,皇侃在《论语义疏自序》中有所说明:

> 侃今之讲,先通何集,若江集中诸人有可采者,亦附而申之,其又别有通儒解释,于何集无妨者,亦引取为说,以示广闻也。②

由此可知,其底本为何晏《论语集解》,故亦称《论语集解义疏》,书中的"集解"部分,仅部分文字与《论语集解》的其他传本略有异同。而其所采的注解则亦有来自江熙《论语集解》所辑的晋代十三家,以及南朝梁代当时通儒的解释。江熙(字太和)所辑十三家则具体包括:卫瓘、缪播、栾肇、郭象、

---

① 何晏:《论语集解》,《论语注疏》卷六,《十三经注疏》,第 5381 页。
② 皇侃:《论语义疏自序》,《论语义疏》,第 6~7 页。

蔡谟、袁宏、江淳、蔡系、李充、孙绰、周瑰、范宁、王珉,皇侃在序中详叙其爵里,并称其注解若可增补"何解"则采之作为引申。《隋书·经籍志》著录的有,卫瓘《集注论语》六卷,缪播《论语旨序》三卷,栾肇《论语释疑》十卷,郭象《论语体略》一卷,李充有《论语注》十卷,孙绰有《集解论语》十卷等,然这些书大多亡佚,《论语义疏》则正好保存了小部分他们的注解。皇侃说的其他的通儒,则包括了沈居士、熊埋、王弼、王朗、张凭、袁齐、王雍、顾欢、梁冀、颜廷之、沈峭、释惠林、殷仲堪、张封溪、太史叔明、缪协、庚翼、颜特进及皇侃的本师贺玚等。

注疏之中凡是不标姓氏者,当为皇侃本人之疏解,具体内容则包括了引证他人,补充训诂及串释本文等。

《论语义疏》在隋唐之时都较为通行,然而到了南宋之后,却在国内渐渐失传,直到康熙年间方从日本带回,据《四库全书总目提要》中记载:

> 此书宋《国史志》《中兴书目》,晁公武《读书志》、尤袤《遂初堂书目》皆尚著录……迨乾、淳以后,讲学家门户日坚,羽翼日众,铲除异己,唯恐有一字之遗,遂无复称引之者,而陈氏《书录解题》亦遂不著录,知其佚在南宋时矣。惟唐时旧本流传,存于海外。康熙九年,日本国山井鼎等作《七经孟子考文》,自称其国有是书,然中国无得其本者,故朱彝尊《经义考》注曰未见。①

可见《论语义疏》早在唐代就已传于日本,康熙年间再传回国内,除了《四库全书》抄录此书外,还有乾隆五十三年(1788),鲍廷博将其刻入《知不足斋丛书》,另外还有其他抄本传世。

关于《论语》一书的特点,皇侃说:

---

① 《四库全书总目》卷三十五经部四书类一,《景印文渊阁四库全书》第1册,第707~708页。

哲人其萎，徂背之后，过隙巨驻。门人痛大山长毁，哀梁木永摧。隐几非昔，离索行泪；微言一绝，景行莫书。于是弟子佥陈往训，各记旧闻。撰为此书，成而实录。上以尊仰圣师，下则垂轨万代。……然此书之体，适会多途，皆夫子平生应机作教，事无常准。或与时君抗厉，或共弟子抑扬，或自显示物，或混迹齐凡。问同答异，言近意深。诗书互错综，典诰相纷纭。义既不定于一方，名故难求乎诸类。①

孔子回答弟子们的问题，"应机作教，事无常准"，有时需要加以抗厉，有时则需要加以抑扬，还有凸显某事物，或混迹其间，等等，故往往会有"问同答异""言近意深"，还有引用《诗经》《尚书》中的话。皇侃这些说明，一方面解释了《论语》一书的编撰经过；另一方面也指出了此书的特点，也就是说孔子与弟子们的问答，既有其具体的语境，又有其随机性、偶然性，然正是这种活泼的方式，方才成就了这部"尊仰圣师"体会圣人气象，"垂轨万代"教化后学无数的儒家经典。

再说《论语》书名之由来，《汉书·艺文志》引刘歆的说法："《论语》者，孔子应答弟子、时人及弟子相与言而接闻于夫子之语也。当时弟子各有所记。夫子即卒，门人相与辑而论撰，故谓之《论语》。"②皇侃《论语义疏自序》则对此作了极为翔实的长篇考辨，节录其中的几条：

因题"论语"两字，以为此书之名也。但先儒后学，解释不同。凡通此"论"字，大判有三途。第一舍字制音呼之为"伦"，一舍音依字而号曰"论"。一云"伦""论"二称，义无异也。

第一舍字从音为"伦"，说者乃众，的可见者不出四家。一云伦者

① 皇侃：《论语义疏自序》，《论语义疏》，第1~2页。
② 班固：《汉书》卷三十《艺文志》，第1717页。

《孝经》与《四书》——宋明儒学的意涵新辟

次也,言此书事义相生,首末相次也。二云伦者理也,言此书之中蕴含万理也。三云伦者纶也,言此书经纶今古也。四云伦者轮也,言此书义周备,圆转无穷,如车之轮也。

第二,舍音依字为"论"者。言此书出自门徒,必先详论,人人佥允然后乃记。记必已论,故曰论也。

第三,云"伦""论"无异者。盖是楚夏音殊、南北语异耳。南人呼伦事为论事,北士呼论事为伦事。音字虽不同,而义趣犹一也。

侃案,三途之说,皆有道理,但南北语异如何似未详,师说不取,今亦舍之,而从音、依字,二途并录以成一义。①

此处对"论"字的分析,指出有从音而解释为"伦"的,也有依字而解释为"论"的,还有认为"伦""论"无异的,皇侃自己则认为,从音、依字二种可以合成一义。当是结合了汉魏诸儒的训诂,条理分明,辨析合理。再看其对"语"字的分析:

"语"者,论难答述之谓也。《毛诗传》云:"直言曰言,论难曰语。"郑注《周礼》云:"发端曰言,答述为语。"今按,此书既是论难、答述之事,宜以"论"为其名。故名为《论语》也。

然此"语"是孔子在时所说,而"论"是孔子没后方论。论在语后,应曰"语论"。而今不曰"语论"而云"论语"者,其义有二:一则恐后有穿凿之嫌,故以语在论下,急标论在上,示非率尔故也;二则欲现此语非徒然之说万代之绳准,所以先论已以备有圆周之理,理在于事前,故以论居语先也。②

---

① 皇侃:《论语义疏自序》,《论语义疏》,第 2~3 页。
② 皇侃:《论语义疏自序》,《论语义疏》,第 3~4 页。

此处则对"语"字先作了训解,分别有论难、答述两种含义,最后则讨论"论"与"语"二字的先后位置,原是"语"在前而"论"在后,但因为"理在于事前"等原因,故而作"论语",皇侃的观点带有玄学以来的思想特点。

与何晏作《论语集解》有着自觉的方法论意识一样,皇侃做《论语义疏》也有自己在诠释体例上的独特思考。"义疏"体的产生,马宗霍说:

> 缘义疏之兴,初盖由于讲论。两汉之时,已有讲经之例;石渠阁之所争,白虎观之所议,是其事也。魏晋尚清谈,把麈树义,相习成俗;移清谈以讲经,而讲经之风益盛。南北朝佛教,数座说法,本彼宗风,从而效之;又有升座说经之例,初凭口耳相传,继有竹帛之著,而义疏成矣。[1]

义疏体与佛教讲经说法之风有着密切的关系,也是何晏、王弼以来魏晋玄学家解经所呈现的清谈之风的一种延续,故此时的儒生早已不再因袭汉儒章句训诂之学,敢于申明己意,表达自己对于经典的理解。与《论语集解》相比较,则可见皇侃辞旨玄妙,不喜守常的特点,其"义疏"体,并无后世所谓"疏不破注"的束缚,反而表现出自由解经之风,不必受师说的束缚,反而解释得更为周全、详尽。比如在《论语·公冶长》"子谓公冶长"与"子谓南容"二章中,有段"皇疏"说:

> 昔时讲说,好评公冶、南容德有优劣,故女妻有己女、兄女之异。侃谓二人无胜负也。卷舒随世,乃为有智,而枉滥获罪,圣人犹然,亦不得以公冶为劣也。以己女妻公冶、兄女妻南容者,非谓权其轻重,政是当其年相称而嫁。事非一时在次耳,则可无意其间也。[2]

---

① 马宗霍:《中国经学史》,商务印书馆,1998 年,第 85 页。
② 皇侃:《论语义疏》卷三,第 99 页。

旧注认为己女、兄女之区别，是因为公冶长、南容二人在德行上有优劣之分，皇侃则直接表达其对旧注的不认同，认为二人娶妻之事并非一时，所以只是年龄相称而嫁，与德行无关，这样的推论虽说并未见得有真凭实据，然确实较为通达，故为后世注家所采纳。此外，皇侃也多有穿凿之说，比较典型的就是《论语·先进》"得冠者五六人，童子六七人"之"皇疏"：

> 或云，冠者五六，五六三十人也；童子六七，六七四十二人也。四十二就三十，合为七十二人也。孔门升堂者，七十二人也。[1]

这可以说是相传的巧说，皇侃引述此说或为广其异闻。然而这样的例子极多，亦可见皇侃并无"疏不破注"的拘束。

至于其主要表现则为进一步的玄学化，甚至佛学化，也即对于用佛、道思想来诠释儒家经典，已经习以为常了。对此前人已有评论，皮锡瑞说：

> 皇侃之《论语义疏》，名物制度，略而弗讲，多以老庄之旨，发为骈俪之文，与汉人说经相去悬绝。此南朝经疏之仅存于今者，即此可见一时风尚。[2]

皮锡瑞已经指出此书与汉儒解经的差异，对于名物制度往往略而不讲，多用老庄之旨解经，文字则多为骈文，代表了南朝之风尚。所谓骈文，又称四六文，是间于诗歌与散文之间的一种文体，有着语言华美、音韵和谐的特点，还讲究对仗等技法，故《论语义疏》作为仅存的六朝骈文经疏，也有其独特价值。还有黄侃说：

---

[1] 皇侃：《论语义疏》卷六，第294页。此处文字有异同，详见校注。
[2] 皮锡瑞：《经学历史》六，中华书局，2004年，第123页。

皇氏《论语义疏》所集，多晋末旧说，自来经生持佛理以解儒书，殆莫先于是书也。其中所用名言，多由佛籍转化。①

黄侃指出此书所集的诸家注解，代表了东晋末年及南朝的旧说，而其特点则是"持佛理以解儒书"，成为以佛学解经的最早代表。他还指出，佛学对《论语义疏》的影响一是佛理的引入，另一则是佛籍名言的转化，也即佛学的词汇的引入。

以《论语·学而》之第一章为例，来看《论语义疏》的诠释体例。先解释篇名，再解释章义，章内再分段，《论语》"学而第一"篇名下的一段"皇疏"为：

《论语》是此书总名，《学而》为第一篇。别目中间，讲说多分为科段矣。侃昔受师业，自《学而》至《尧曰》，凡二十篇，首末相次无别科。而以《学而》最先者，言降圣以下，皆须学成。故《学记》云："玉不琢，不成器；人不学，不知道。"是明人必须学，乃成。此书既遍该众典，以教一切，故以《学而》为先也。②

皇侃指出，《论语》二十篇，之所以会以此为开篇，则是因为要讲明自圣人以下，都属学而知之，方能成才。这是在解释《学而》篇为何居于《论语》全书之首篇的原因所在。

他又提及其师承，则并未有"分为科段"之讲说，也就是说，解释《论语》之时讲究"科段"，分段以明晰其中篇章结构，为皇侃之创新。故有学者指出，"皇疏"全书中频见科段之说为皇侃苦心经营之结果，解经作科段固非皇侃所创，但前人讲《论语》尚无科段，"皇疏"言经文字句前后关系者，

① 黄侃：《汉唐玄学论》，《黄侃论学杂著》，上海古籍出版社，1980年，第486页。
② 皇侃：《论语义疏》卷一，第1页。

又不限科段之说。①接下来看首章"皇疏"如何讲说其中"科段"：

> "学而时习之"，此以下，孔子言也。就此一章，分为三段。自此至"不亦悦乎"为第一，明学者幼少之时也。学从幼起，故以幼为先也。又从"有朋"至"不亦乐乎"为第二，明学业稍成，能招朋聚友之由也。既学已经时，故能招友为次也。故《学记》云"一年视离经辨志，三年视敬业乐群，五年视博习亲师，七年视论学取友，谓之小成"，是也。又从"人不知"讫"不君子乎"为第三，明学业已成，能为师、为君之法也。先能招友，故后乃学成为师、君也。故《学记》云"九年知类通达，强立而不反，谓之大成"，又云"能博喻然后能为师，能为师然后能为长，能为长然后能为君"，是也。②

皇侃特别重视分析篇章结构，以某处至某处为第几的方式，将一章之分段梳理清楚。同时也以简明的语言阐发各段之大意，而且十分关注整章意思的连贯性。故这一种解经方式，真正做到了"疏"，为学者提供了极大的便利。他所开创的篇章结构分析法也为后来的朱熹等宋明解经者所采纳。此外，还有值得特别注意的是，其对问答体的使用，如《论语·学而》"父在观其志"章的"皇疏"说：

> 或问曰："父政善，则不改为可；若父政恶，恶教伤民，宁可不改乎？"答曰："本不论父政之善恶，自论孝子之心耳。若人君风政之恶，则冢宰自行政；若卿大夫之心恶，则其家相、邑宰自行事，无关于孝子也。"③

---

① 乔秀岩：《义疏学衰亡史论》，生活·读书·新知三联书店，2017年，第17页。
② 皇侃：《论语义疏》卷一，第2页。
③ 皇侃：《论语义疏》卷一，第17页。

类似的问答方式,类似后来的语录,以此解经则也是此书的体例创新。

先来看《论语义疏》玄学化的一面。多有直接以老庄思想来解《论语》的,比如《论语·里仁》"君子怀德"章的"皇疏"说:

> 君子身之所安,安于有德之事。小人不贵于德,唯安于乡土,不期利害,是以安之不能迁也。……故李充云:凡言君子者,德足轨物,义兼君人,不唯独善而已也。言小人者,向化从风,博通下民,不但反是之谓也。故曰"君子之德风,小人之德草"也。此言君导之以德,则民安其居而乐其俗,邻国相望而不相与往来,化之至也。是以大王在岐,下辇成都。仁政感民,猛虎弗避,钟仪怀土,而谓之君子。然则民之君子,君之小人也。斯言例也。①

此段将《论语》"怀德""怀土"与"德风""德草"结合起来,并直接化用《老子》中的"小国寡民"思想来进行阐发,认为君子要以得引导民众,达到的则是"安其居而乐其俗,领国相望而不相与往来"这一老子所描绘的理想世界,认为这才是德之所化之至,才是仁政。显然这些意思已经远离《论语》原文了。

"皇疏"更多则是引郭象、王弼等玄学家的《论语》诠释,比如《论语·先进》"颜渊死,子哭之恸"一句,"皇疏"说:

> 谓颜渊死,孔子往颜家哭之也。恸,谓哀甚也。既如丧己,所以恸也。郭象云:"人哭亦哭,人恸亦恸,盖无情者与物化也。"②

---

① 皇侃:《论语义疏》卷二,第88~89页。
② 皇侃:《论语义疏》卷六,第272页。

《孝经》与《四书》——宋明儒学的意涵新辟

皇侃本人的注释，以及所引郭象的注释，都是从自然之人情的角度来理解此句。他认为，圣人之言行及情感，都发于自己的内心，发于自然，故该喜则喜，该哀则哀，而且还要不为情所累，体无则当无情而物化，这显然就是玄学家的独特认识。再看《论语·阳货》"天何言哉"一章的"皇疏"：

> 天既不言而事行，故我亦欲不言而教行，是欲则天以行化也。王弼云："子欲无言，盖欲明本，举本统末，而示物于极者也。夫立言垂教，将以通性，而弊至于湮；寄旨传辞，将以正邪，而势至于繁。既求道中，不可胜御，是以修本废言，则天而行化。以淳而观，则天地之心见于不言；寒暑代序，则不言之令行乎四时，天岂谆谆者乎？"[①]

此处大段引述王弼的话，故"天何言哉"被诠释为"天地之心见于不言"，又以本末之辨来解说，则"修本废言"，"天而行化"，"无"方才是其"本"，"无言"是为了"明本"，而"明本"则为了"修本"，故"举本统末"从而体会其中的"不言"才能认识万物之极；若是一味"立言垂教"，则非但不能通性，还会有湮没之弊。

而皇侃本人也同样喜欢探讨本体之学，如《论语·公冶长》"性与天道，不可得而闻"章：

> 文章者，六籍也，六籍是圣人之筌蹄，亦无关于鱼兔矣。
>
> 言孔子六籍乃是人之所见，而六籍所言之旨，不可得而闻也。所以尔者，夫子之性，与天地元亨之道合其德，致此处深远，非凡人所知，故其言不可得而闻也。[②]

---

① 皇侃：《论语义疏》卷九，第463~464页。
② 皇侃：《论语义疏》卷三，第110页。

筌蹄无关于鱼兔,故"六籍"亦不是圣人之要旨,儒家经典只是一些文章,并不是"性与天道",所以说要领会孔子所说的"性与天道",体悟形上之本体,则不可拘泥于经典本身。与此相关,还有《论语·为政》"吾十有五而志于学,三十而立,四十而不惑,五十而知天命,六十而耳顺,七十而从心所欲,不逾矩"。皇疏引李充之言曰:

> 圣人微妙玄通,深不可识,所以接世轨物者,曷尝不诱之以形器乎? 默独化之迹,同盈虚之质,勉夫童蒙而志乎学,学十五载而功可与立,自志学迄于从心,善始令中,贵不逾法,示之易行而约之以礼,为教之例,其在兹矣。①

此处也强调圣人之学"微妙玄通,深不可识","十有五而志于学",只得从"约之以礼"为教,然而根本指出则还是"默独化之迹,同盈虚之质",外在的形器乃至礼教都是末,微妙的天道才是本。《论语·先进》中"子曰:'回也,其庶乎,屡空'"一句,皇疏解释道:

> 言圣人体寂,而心恒虚无累,故几动即见;而贤人不能体无,故不见凡。但庶几慕圣,而心或时而虚,故曰:"屡空。"其虚非一,故"屡"名生焉。故颜特进云:"空非回所体,故庶而数得。"故顾欢云:"夫无欲于无欲者,圣人之常也;有欲于无欲者,贤人之分也。二欲同无,故全空以目圣;一有一无,故每虚以称贤。贤人自有观之,则无欲于有欲;自无观之,则有欲于无欲。虚而未尽,非'屡'如何?"太史叔明申之云:"颜子上贤,体具而微,则精也,故无进退之事,就义上以立'屡'名。按其遗仁义、忘礼乐、堕肢体、黜聪明,坐忘大通,此忘有之义也。忘有顿

① 皇侃:《论语义疏》卷一,第27页。

尽,非空如何? 若以圣人人验之,圣人忘忘,大贤不能忘忘;不能忘忘,心腹为未尽。一未一空,故'屡'名生焉。"①

从上引可知,儒家的圣人形象,已经换成了老庄道家式的圣人了,"遗仁义、忘礼乐、堕肢体、黜聪明",以及"无欲""忘忘"等,其孔子、颜回的形象来自《庄子》,或者说,将老庄之学与孔子之学会通,甚至可以说儒家的理念有被湮没的危险了。比如《论语·子路》"父为子隐,子为父隐,直在其中矣",皇侃在疏义中解释说:"孔子举所异者,言为风政者,以孝悌为主。父子天性,率由自然至情,宜应相隐。"②皇侃虽然也强调作为"风政"者,也即从为政之道来说,应当弘扬孝悌为主,但是他对儒家的父子伦理关系的解释,却从自然情感的角度来理解,显然与原始儒家有了差距。

再看《论语义疏》,另外佛学化的一面。比如《论语·里仁》"德不孤,必有邻","皇疏"说:"邻,报也。言德行不孤矣,必为人所报也。"这是以佛教的因果报应来作的新诠。再如《论语·阳货》:"佛肸召,子欲往。子路曰:'昔者由也闻诸夫子曰:亲于其身为不善者,君子不入也。佛肸以中牟畔,子之往也如之何?'""皇疏"说:

> 然孔子所以有此二说不同者,或其不入,是为贤人,贤人以下易染,故不许入也:若许入者是圣人,圣人不为世俗染累,如至坚至白之物也。子路不欲往,孔子欲往,故具告也。③

皇侃在这里明显是运用佛教《维摩诘所说经·观众生品第七》之中"天女散花"的典故中的义理来进行阐发的,因此其关于圣人与贤人的区别,正如

---

① 皇侃:《论语义疏》卷六,第279~280页。
② 皇侃:《论语义疏》卷七,第239~240页。
③ 皇侃:《论语义疏》卷九,第451~452页。

佛教菩萨与罗汉的区别,于是便要区分不染与染。还有《论语·先进》:"季路问事鬼神,子曰:'未能事人,焉能事鬼。'曰:'敢问死。'曰:'未知生,焉知死。'"义疏说:

> 外教无三世之义,见乎此句也。周孔之教,唯说现在,不明过去、未来。而子路此问事鬼神,政言鬼神在幽冥之中,其法云何也。此是问过去也。①

此处直接说"外教无三世之义",也就是以佛教来看儒家,也即"周孔之教",儒家只讲现在,"皇疏"对于"问事鬼神"则特意解释为"鬼神在幽冥之中",故而子路此问本是问过去。至于使用源自佛教的词语则更多了,比如"方便""外语""内实""染著""忘忍"等,受到汉译佛经的影响极深,也是"皇疏"相对于其他时代《论语》诠释的一个重要特点。②

除了《论语义疏》以其科段之说在体例上更为完善之外,其还为隋唐义疏之学作了先导。此外,还有两个方面继承并发展了何晏的《论语集解》。钱穆也指出:"何晏《集解》,网罗汉儒旧义。又有皇侃《义疏》,广辑魏迄梁诸家。两书相配,可谓《论语》古注之渊薮。"③这主要是就保存古注而言,则《论语集解》与《论语义疏》结合,正好将汉到南朝梁的各种注解汇编起来了。另一方面,就义理解经而言,则《论语义疏》在《论语集解》的基础上进一步发展,将玄学、佛学等魏晋以来的形上、思辨之学与《论语》诠释结合起来,使得经学的玄学化更为完善,也为宋代经学的理学化作了准备。

① 皇侃:《论语义疏》卷六,第 273 页。
② 徐望驾、曹秀华:《试论皇侃〈论语集解义疏〉》,《古汉语研究》,2003 年第 2 期。
③ 钱穆:《论语新解》,九州出版社,2011 年,第 1 页。

第三章　北宋的《四书》诠释
与宋学的初步形成

　　朱熹的《四书章句集注》标志着儒学思想中《四书》体系的正式建立，亦成为宋学思想的核心文本。《四书》体系的酝酿则始于北宋程颢、程颐兄弟，朱熹在整理归纳二人思想的基础上，最终建立起《四书》的体系。《四书章句集注》以外，朱熹还著有《论孟精义》《四书或问》等从各家解读讨论《四书》的思想。无论《论孟精义》汇集二程、张载以来道学家的《四书》诠释，还是《四书或问》中朱熹以自己的《四书》诠释评判以往的观点，这些都是建立在对二程以来《四书》诠释思想的继承和批判的基础之上。为了更加系统地展示从二程到朱熹的《四书》诠释过程，以下三节将从源头二程开始，分析对《大学》《中庸》《论语》《孟子》的诠释和相关思想，以期更充分地解明两宋《四书》体系的发展过程。

第一节　二程的《四书》诠释及其体系建构

　　二程道学思想以成圣成德为根本目标，其方法就是对于孔孟以来儒家道统思想的理解和践行。为此如何能够更加有效地理解孔子思想的核心义理，在二程的思想中具有重要地位。与"五经"相比，二程提出由《大学》《论语》《孟子》三部书能够更好地理解儒家义理，这些义理最终能在《中庸》中得以验证。基于这样的思想，二程以来《四书》的教学体系逐渐成形。本节将主要分析二程对于《大学》《论语》《中庸》三部经典的基本观点。

一、《大学》

《四书》体系中，《大学》被看作学者的为学入德之门，这种观点被二程强调。二程兄弟对于《大学》一书皆非常推崇。

> 《大学》乃孔氏遗书，须从此学则不差。(明)①
>
> 修身，当学《大学》之序。《大学》，圣人之完书也，其间先后失序者，已正之矣。②

无论是《程氏遗书》卷二上吕大临所记程颢语还是载于《程氏遗书》卷二十四的程颐语，兄弟二人一致强调，"《大学》乃孔氏遗书"，"圣人之完书也"。而且兄弟二人都肯定了《大学》对学者的为学修身意义，"须从此学则不差"。学者穷理、修身都应当基于《大学》，由《大学》一书的学习开始。

甚至在《四书》之中，程颐认为，《大学》对于初学者具有关键的作用。在南方学者唐棣所录的《程氏遗书》卷二十二上的第一条，即是程颐强调《大学》的重要性。

> 棣初见先生，问"初学如何？"曰："入德之门，无如《大学》。今之学

《孝经》与《四书》——宋明儒学的意涵新辟

---

① 《程氏遗书》卷二上，《二程集》，第 18 页。
② 《程氏遗书》卷二十四，《二程集》，第 311 页。

者,赖有此一篇书存,其他莫如《论》《孟》。"①

　　程颐明确指出,"入德之门,无如《大学》"。甚至与《论语》《孟子》相比较,《大学》更有益于初学者。作为《四书》体系,程颐在此已经明确提出《大学》《论语》《孟子》,虽然没有出现《中庸》,亦是因为这里是针对初学者而言。

　　二程推崇《大学》,一个重要原因就是《大学》一书体现了二程"义理养心"的为学态度。这样的资料最早同样出现在吕大临所记的《程氏遗书》卷二上,但未标明二程兄弟何人所言。

　　　今之学者,惟有义理以养其心。若威仪辞让以养其体,文章物采以养其目,声音以养其耳,舞蹈以养其血脉,皆所未备。②

　　由上不难看出,二程认为,理想人格的培养需要"威仪辞让以养其体,文章物采以养其目,声音以养其耳,舞蹈以养其血脉"及"义理以养其心"这五个方面。但是二程心目中理想的"威仪辞让""文章物采""声音""舞蹈"皆已不传,对于当时学者而言,唯有通过孔子遗书所载的义理以养心。

　　"义理养心"是二程思想的一个重要内容,《二程集》中反复出现,除以上记录以外,其他材料皆出现在程颐语录中,更可视作程颐的一贯观点。

　　　古人为学易,自八岁入小学,十五入大学,舞勺舞象,有弦歌以养其耳,舞干羽以养其气血,有礼义以养其心,又且急则佩韦,缓则佩弦,出入间巷,耳目视听及政事之施,如是,则非僻之心无自而入。今之学者,只有义理以养其心。③

──────────────

① 《程氏遗书》卷二十二上,《二程集》,第277页。
② 《程氏遗书》卷二上,《二程集》,第21页。
③ 《程氏遗书》卷十五,《二程集》,第162~163页。

古者八岁入小学，十五入大学，择其才可教者聚之，不肖者复之田亩。盖士农不易业，既入学则不治农，然后士农判。在学之养，若士大夫之子则不虑无养，虽庶人之子，既入学则亦必有养。古之士者，自十五入学，至四十方仕，中间自有二十五年学，又无利可趋，则所志可知，须去趋善，便自此成德。后之人，自童稚间，已有汲汲趋利之意，何由得向善？故古人必使四十而仕，然后志定。只营衣食却无害，惟利禄之诱最害人。（人有养便方定志于学。）①

以上两条皆出自《程氏遗书》卷十五《入关语录》，是程颐语录中较早的记载。与《程氏遗书》卷二相同，皆为关中学者所记。卷十五的两条语录提到古人"自八岁入小学，十五入大学"的为学顺序。"舞勺舞象，有弦歌以养其耳，舞干羽以养其气血，有礼义以养其心"，与卷二的记载基本相同，声音以养其耳，舞蹈以养其血气，礼义以养其心。但是归根结底，程颐还是强调"今之学者，只有义理以养其心"。

第二则材料似乎承接前一条而言，程颐提出其理想的大学教育为"择其才可教者聚之"，"虽庶人之子，既入学则亦必有养"。在大学期间，"自十五入学，至四十方仕，中间自有二十五年学"，经过 25 年的专注学习，"自此成德"。程颐勾勒出一条自己理想的士大夫培养途径。其中程颐强调，"庶人之子"亦为大学培养的对象，大学的教育不被特定的阶级所限制。

在程颐的其他语录部分中，"义理养心"还有数次出现。

学莫大于致知，养心莫大于礼义。古人所养处多，若声音以养其耳，舞蹈以养其血脉。今人都无，只有个义理之养，人又不知求。②

程子曰："古之学者易，今之学者难。古人自八岁入小学，十五入

① 《程氏遗书》卷十五，《二程集》，第 166 页。
② 《程氏遗书》卷十七，《二程集》，第 177 页。

《孝经》与《四书》——宋明儒学的意涵新辟

大学,有文采以养其目,声音以养其耳,威仪以养其四体,歌舞以养其血气,义理以养其心。今则俱亡矣,惟义理以养其心尔,可不勉哉!"①

先生曰:"古人有声音以养其耳, 采色以养其目, 舞蹈以养其血脉,威仪以养其四体。今之人只有理义以养心,又不知求。"②

以上三则资料程颐对不同的学者强调"义理养心",尤其是卷二十一张绎所记的最为完整。程颐提出古人八岁入小学,十五岁入大学。"有文采以养其目,声音以养其耳,威仪以养其四体,歌舞以养其血气,义理以养其心。"通过文采、声音、威仪、歌舞、义理以养目、耳、体、气、心。但是除义理之外,其他内容都已失传。从《程氏遗书》卷二吕大临早年所记直至《程氏遗书》卷二十一张绎在程颐晚年所记,义理养心的观点被反复强调,程颐希望学者能专注义理。如此从义理的角度,《大学》的地位进一步得到提升。在二程看来,《大学》一书的价值就是初学者如此入门之书,通过《大学》《论语》《孟子》乃至《中庸》的义理循序渐进以培养学者的品德。

二、《论语》《孟子》

《论语》作为记载孔子言行之书,其在儒学中的地位自不用说。但是对于普通学者而言,具体应当从何种进路学习《论语》,这仍然需要二程予以明确。

《论语》为书,传道立言,深得圣人之学者矣。如《乡党》形容圣人,不知者岂能及是?③

---

① 《程氏遗书》卷二十一上,《二程集》,第 268 页。
② 《程氏遗书》卷二十一上,《二程集》,第 277 页。
③ 《程氏遗书》卷二上,《二程集》,第 44 页。

《论语》是孔门高弟所撰,观其立言,直是得见圣人处。如"闵子侍侧,訚訚如也;子路行行如也,冉有、子贡侃侃如也,子乐。"不得圣人处,怎生知得子乐?訚訚、行行、侃侃,亦是门人旁观见得。如"子温而厉,威而不猛,恭而安",皆是善观圣人者。①

以上两条可见,二程尤其称赞《论语》卷十《乡党》篇,认为只有孔门高弟"深得圣人之学者",才能如此"得见圣人","传道立言"。程颐举例"闵子侍侧,訚訚如也;子路行行如也,冉有、子贡侃侃如也。子乐"(《论语·先进》)。訚訚、行行、侃侃是谁都能见到的,但唯有"子乐"这一点,则是只有深知孔子之人才能觉察。另外,"子温而厉,威而不猛,恭而安"(《论语·述而》),此处形容孔子从容中道,亦是深得孔子之学的人才能如此形容。二程通过这些评论,进一步向门人证明《论语》的重要性,即《论语》是孔门高足,深得孔子之学者所记。

（一）《论》《孟》为本

《论语》《孟子》与"五经"的关系,程颐明确提出,"学者当以《论语》《孟子》为本"。

> 学者当以《论语》《孟子》为本。《论语》《孟子》既治,则六经可不治而明矣。读书者,当观圣人所以作经之意,与圣人所以用心,与圣人所以至圣人,而吾之所以未至者,所以未得者,句句而求之。昼诵而味之,中夜而思之,平其心,易其气,阙其疑,则圣人之意见矣。②
>
> 读《论语》《孟子》而不知道,所谓"虽多亦奚以为"。③

《孝经》与《四书》——宋明儒学的意涵新辟

---

① 《程氏遗书》卷二十三,《二程集》,第305页。
② 《程氏遗书》卷二十五,《二程集》,第322页。
③ 《程氏遗书》卷六,《二程集》,第89页。

第一则材料极好地概括了读书的用心之处,程颐提出"读书者,当观圣人所以作经之意,与圣人所以用心,与圣人所以至圣人",这三个方面是学者读书之时体味追求的目标,圣人作经的目的,圣人作经的意图以及圣人成为圣人的品质。与此相对照,学者自身有哪些不足和欠缺,进而从经典中昼诵夜思,体味圣人之深意,不断改进。二程强调,学者学习《论语》《孟子》的根本目的就是知道圣人之道,这样的道贯穿"五经",而且作为天理也是万事万物之根本。

在读书为学的过程中,程颐强调,"学者当以《论语》《孟子》为本",按以上的要求从《论语》《孟子》中了解圣人作经之意,那么"六经"之意即可"不治而明"。原本《四书》和"六经"蕴含的作经之意、用心之处都是一致的。而且与"六经"相比,阅读《四书》更容易了解圣人之意。

学《春秋》亦善,一句是一事,是非便见于此,此亦穷理之要。然他经岂不可以穷?但他经论其义,《春秋》因其行事,是非较着,故穷理为要。尝语学者,且先读《论语》《孟子》,更读一经,然后看《春秋》。先识得个义理,方可看《春秋》。《春秋》以何为准?无如《中庸》。欲知《中庸》,无如权,须是时而为中。若以手足胼胝,闭户不出,二者之间取中,便不是中。若当手足胼胝,则于此为中;当闭户不出,则于此为中。权之为言,秤锤之义也。何物为权?义也。然也只是说得到义,义以上更难说,在人自看如何。①

问:"圣人之经旨,如何能穷得?"曰:"以理义去推索可也。学者先须读《论》《孟》。穷得《论》《孟》,自有个要约处,以此观他经,甚省力。《论》《孟》如丈尺权衡相似,以此去量度事物,自然见得长短轻重。某尝语学者,必先看《论语》《孟子》。今人虽善问,未必如当时人。借使问如当

---

① 《程氏遗书》卷十五,《二程集》,第164页。

时人,圣人所答,不过如此。今人看《论》《孟》之书,亦如见孔、孟何异?"①

以上两则材料,程颐提出其读书之序,"且先读《论语》《孟子》,更读一经,然后看《春秋》"。只有从《论语》《孟子》中"先识得个义理",知道"圣人所以作经之意,与圣人所以用心",才能了解《春秋》。程颐进而指出,《春秋》的标准在于《中庸》,而《中庸》的关键就是"权,须是时而为中"。

第二则材料中,程颐同样要求"以理义去推索"经旨。学者先读《论语》《孟子》,识得义理,"有个要约处",再读其他经典。综上可见,程颐的思想中已经形成了《四书》的构建体系。程颐要求学者阅读"五经"之前应先读《论语》《孟子》,与《论语》《孟子》相比,学者又可以先读《大学》以作为"入德之门"。通过《大学》《论语》《孟子》以了解义理,进而阅读推索"五经"。同时,表达圣人之义理最充分的要数《中庸》。换言之,学者通过《大学》《论语》《孟子》的阅读,就是要学得《中庸》所蕴含的义理,这样的义理同时贯穿"五经"。

程颐进而提到如何读《论语》《孟子》的方法,就是要体会当时学者之所问,以及孔子、孟子之回答。"今人虽善问,未必如当时人","圣人所答,不过如此"。程颐强调,如果学者能够认真阅读《论语》《孟子》,可以达到亲见孔子、孟子的程度,进一步提升《论语》《孟子》的重要性。这里的内容涉及如何阅读《论语》一书,这亦是关键内容。

(二)读书之方

程颐强调,学者为学要"以《论语》《孟子》为本",具体如何阅读,这是同样重要的问题。程颐特别强调,切己玩味圣人气象。

① 《程氏遗书》卷十八,《二程集》,第 205 页。

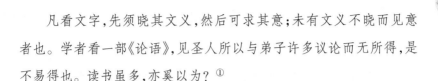

凡看文字，先须晓其文义，然后可求其意；未有文义不晓而见意者也。学者看一部《论语》，见圣人所以与弟子许多议论而无所得，是不易得也。读书虽多，亦奚以为？①

先生云："某自十七八读《论语》，当时已晓文义，读之愈久，但觉意味深长。《论语》，有读了后全无事者，有读了后其中得一两句喜者，有读了后知好之者，有读了后不知手之舞之、足之蹈之者。"②

《论语》《孟子》，只剩读着便自意足，学者须是玩味。若以语言解著，意便不足。某始作此二书文字，既而思之，又似剩。只有些先儒错会处，却待与整理过。③

毫无疑问，先晓文义是读书的第一步，但是程颐指出之后就要"求其意"、有所得。以《论语》为例，尽管通其文义，但是对孔子与弟子的议论无所得，也毫无意义。而且二程特别提醒，"若以语言解著，意便不足"。程颐以自己读《论语》的经历为例，十七八岁时"已晓文义"，但"读之愈久，但觉意味深长"，才能有所得。程颐提出读《论语》之后的四种反应，第一种是读后"全无事者"，对于《论语》毫无所得；第二种是"其中得一两句喜者"，对于《论语》中的个别话语有所体悟，感到欣喜；第三种是"知好之者"，感受到《论语》的意义，自觉地学习研究《论语》；第四种也是程颐提出读书的最高境界，"读了后不知手之舞之、足之蹈之者"。学习者已经从内心与《论语》有所印证，自觉地切己躬行。"不知手之舞之、足之蹈之"的为学体验，程颢亦有类似的表述。"天地万物之理，无独必有对，皆自然而然，非有安排也。每

① 《程氏遗书》卷二十二上，《二程集》，第 296 页。
② 《程氏遗书》卷十九，《二程集》，第 261 页。
③ 《程氏外书》卷五，《二程集》，第 375 页。

中夜以思,不知手之舞之,足之蹈之也。"①在程颢体味"天地万物之理"时,亦有同样的手之舞之、足之蹈之的精神体验。这样状态正是体味圣人之意、识得天地之理后的表现。

上文材料中提到对于《论语》《孟子》,"学者须是玩味"。"读书要玩味"②,这是二程兄弟共同的主张。

> 先生曰:"凡看《语》《孟》,且须熟玩味,将圣人言语切己,不可只作一场说话。人只看得此二书切己,终身尽多也。"③

> 伯温问:"学者如何可以有所得?"曰:"但将圣人言语玩味久,则自有所得。当深求于《论语》,将诸弟子问处便作己问,将圣人答处便作今日耳闻,自然有得。孔、孟复生,不过以此教人耳。若能于《论》《孟》中深求玩味,将来涵养成甚生气质!"④

以上资料中,程颐反复强调,对于《论语》《孟子》"且须熟玩味,将圣人言语切己"。程颐对周恭先(字伯温)指出,"玩味"就是将自己切身代入孔子与弟子的对话场景,将孔子弟子所问当成自己所问,将孔子的回答当作自己当下亲耳所闻,反复之后,"自然有得"。程颐强调,《论语》《孟子》所载已为极致,即使"孔、孟复生",其回答也不过如此,天地万物之理的表述不过如此。如果能够如此对《论语》《孟子》"深求玩味",必能涵养气质,终身受用。

对于学者读《论语》《孟子》的要求,除了切己玩味之外,就是要理会圣贤气象。

① 《程氏遗书》卷十一,《二程集》,第121页。
② 《程氏遗书》卷十四,《二程集》,第140页。
③ 《程氏遗书》卷二十二上,《二程集》,第285页。
④ 《程氏遗书》卷二十二上,《二程集》,第279页。

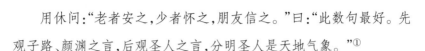

用休问："老者安之，少者怀之，朋友信之。"曰："此数句最好。先观子路、颜渊之言，后观圣人之言，分明圣人是天地气象。"①

用休问："'温故而知新'，如何'可以为师'？"曰："不然。只此一事可师。如此等处，学者极要理会得。若只指认温故知新便可为人师，则窄狭却气象也。凡看文字，非只是要理会语言，要识得圣贤气象。如孔子曰：'盍各言尔志。'而由曰：'愿车马，衣轻裘，与朋友共，敝之而无憾。'颜子曰：'愿无伐善，无施劳。'孔子曰：'老者安之，朋友信之，少者怀之。'观此数句，便见圣贤气象大段不同。若读此不见得圣贤气象，他处也难见。学者须要理会得圣贤气象。"②

与前两条一样，此两条也出自唐棣记录的《程氏遗书》第二十二卷。谢天申，字用休，温州人，第一条很可能为下面一条的缩略。对于"温故而知新，可以为师矣"（《论语·为政》）。程颐认为，不是做到"温故而知新"就可以成为人师，而是"温故而知新"一事可以作为他人的模范。程颐提出，"凡看文字，非只是要理会语言，要识得圣贤气象"。以《论语·公冶长》"盍各言尔志"一章为例，子路所谓"愿车马，衣轻裘，与朋友共，敝之而无憾"，颜渊"愿无伐善，无施劳"都可谓难能可贵。但是程颐指出，孔子所谓"老者安之，朋友信之，少者怀之"，其气象"大段不同"，"分明圣人是天地气象"。孔子万物一体的情怀，远超子路、颜渊的志向。在程颐看来，只有反复阅读，切己体会，识得"圣贤气象"，才可以说是读书有得。

今人不会读书。如"诵《诗》三百，授之以政，不达；使于四方，不能专对；虽多，亦奚以为？"须是未读《诗》时，授以政不达，使四方不能专

---

① 《程氏遗书》卷二十二上，《二程集》，第288页。
② 《程氏遗书》卷二十二上，《二程集》，第283~284页。

对；既读《诗》后，便达于政，能专对四方，始是读《诗》。"人而不为《周南》《召南》，其犹正墙面而立。"须是未读《周南》《召南》，一似面墙；到读了后，便不面墙，方是有验。大抵读书，只此便是法。如读《论语》，旧时未读是这个人，及读了后又只是这个人，便是不曾读也。①

程颐强调切己玩味，理得圣贤气象，最终还要体现在变化自身气质。而且根据孔子所说"诵《诗》三百，授之以政"，"使于四方"（《论语·子路》），程颐也坚信道学的义理肯定能够转化为现实之所为。程颐强调，熟读《周南》《召南》必然能够改变学者的气质。只有熟读《论语》，能够真正地变化自身气质，具备圣贤气象，才是读书有得。

综上所述，《大学》之后学者当熟读《论语》《孟子》，从中学习圣人所要表达的义理，这样的义理亦贯穿于"五经"的撰述，亦是学者为学的根本目的。对于具体的读书之方，二程强调，《论语》皆孔门高弟所撰，学者应当反复玩味圣人气象，体会孔子与门人之间的问题，由此进而体会义理，变化自身气质。

三、《中庸》

上文的讨论中程颐即指出："《春秋》以何为准？无如《中庸》。欲知《中庸》，无如权，须是时而为中。"②《四书》的体系中，《大学》是入门之书，《论语》《孟子》是为学之本，《中庸》则是道学义理的集中体现。

"喜怒哀乐之未发，谓之中；发而皆中节，谓之和。中也者，天下之

---

① 《程氏遗书》卷十九，《二程集》，第261页。
② 《程氏遗书》卷十五，《二程集》，第164页。

大本也；和也者，天下之达道也。致中和，天地位焉，万物育焉。"致与位字，非圣人不能言，子思盖特传之耳。①

《中庸》始言一理，中散为万事，末复合为一理。②

以上两条皆为刘绚所记程颢语，对于《中庸》所言"致中和，天地位焉，万物育焉"，程颢特别强调"非圣人不能言"，即其为孔子原话，后为子思所传。对于《中庸》的内容结构，程颢提出"始言一理"，即儒学之道，"中散为万事"，最后又"合为一理"。

与其兄程颢观点一致，程颐同样推崇《中庸》。

《中庸》之书，是孔门传授，成于子思。《孟子》其书，虽是杂记，更不分精粗，一衮说了。今之语道，多说高便遗却卑，说本便遗却末。③

《中庸》之书，学者之至也，而其始则曰："戒慎乎其所不睹，恐惧乎其所不闻。"盖言学者始于诚也。④

程颐非常肯定："《中庸》之书，是孔门传授，成于子思。"由程颢所言，《中庸》之语"非圣人不能言"，《中庸》所记皆为圣人言语，最后的成书则是子思，二程相信《中庸》的作者就是子思。由此程颐强调，《中庸》乃"学者之至"，戒慎恐惧应为学者所谨守，由此培养诚意之心。作为对比，与《中庸》义理集中不同，《孟子》之书则"不分精粗，一衮说了"。

二程建立以《大学》《论语》《孟子》《中庸》为体系的《四书》系统，一方面在内容上有助于学者系统地学习，同时二程以此建立起儒家的道统体系。

---

① 《程氏遗书》卷十二，《二程集》，第 136 页。
② 《程氏遗书》卷十四，《二程集》，第 140 页。
③ 《程氏遗书》卷十五，《二程集》，第 160 页。
④ 《程氏遗书》卷二十五，《二程集》，第 325 页。

曾子传圣人学,其德后来不可测,安知其不至圣人? 如言"吾得正而毙",且休理会文字,只看他气象极好,被他所见处大。后人虽有好言语,只被气象卑,终不类道。①

　　曾子言夫子之道忠恕,果可以一贯,若使他人言之,便未足信,或未尽忠恕之道,曾子言之,必是尽仍是(一作得也)。又于《中庸》特举此二义,言"忠恕违道不远",恐人不喻,故指而示之近,欲以喻人,又如禘尝之义,如视诸掌,《中庸》亦指而示之近,皆是恐人不喻,故特语之详。然则《中庸》之书,决是传圣人之学不杂,子思恐传授渐失,故着此一卷书。②

　　《论语》《孟子》的作者自然没有争议,二程肯定《中庸》的作者是子思,亦认为《大学》的作者就是曾子。对于曾子其人,程颐强调,"曾子传圣人学,其德后来不可测,安知其不至圣人?"孔子之学后来由曾子而传,而且其德行后来不断提升,甚至达到孔子一样的地位。如曾子所言"吾得正而毙",这里所展现的气象,二程认为乃曾子"气象极好""所见处大"的自然流露。后来的学者纵然"有好言语",但是德行不足,"气象卑,终不类道"。

　　子思受业于曾子,程颐指出有关"忠恕"思想的重视即可反映二人思想之一致。孔子对曾子指出,"吾道一以贯之",曾子由此延伸出"夫子之道,忠恕而已矣!"(《论语·里仁》)程颐认为,曾子不仅深得孔子的忠恕之道,而且其德行亦能尽忠恕之道。曾子传之子思,《中庸》中又专门举出孔子之言"忠恕违道不远,施诸己而不愿,亦勿施于人"。由此,程颐指出:"《中庸》之书,决是传圣人之学不杂",子思担心孔子之学失传,才将其笔之于书。孔子、曾子、子思的传道系统,由此正式确立。

《孝经》与《四书》——宋明儒学的意涵新辟

---

　　① 《程氏遗书》卷十五,《二程集》,第145页。
　　② 《程氏遗书》卷十五,《二程集》,第153页。

如上所论，二程认为，《中庸》所载为圣人之至理。二程强调：

> 如《中庸》一卷书，自至理便推之于事。如国家有九经，及历代圣人之迹，莫非实学也。①
>
> 《中庸》之言，放之则弥六合，卷之则退藏于密。②

以上第一条为程颐所言，《中庸》的内容从"退藏于密"的"至理"，到"弥六合"之事无不涵盖。其内容彻上彻下，更显其珍贵。

> 善读《中庸》者，只得此一卷书，终身用不尽也。③
>
> 《中庸》之书，其味无穷，极索玩味。④

对于普通学者而言，要"极索玩味"。识得其中之理后，仅此一卷书亦能"终身用不尽"。在二程的思想中，《中庸》一书具有极其重要的地位。

> 《礼记》除《中庸》《大学》，唯《乐记》为最近道，学者深思自求之。《礼记》之《表记》，其亦近道矣乎！ 其言正。⑤

此条资料可见，并非只有《大学》《中庸》中体现圣人之道，《礼记》中的《乐记》《表记》亦"近道""言正"，反映孔子的思想。但是作为学者为学体系的一部分，作为儒学义理的集中体现，《大学》《论语》《孟子》《中庸》的《四书》体系更加重要。综上可见，二程在理论层面已经为《四书》体系的建立奠定

① 《程氏遗书》卷一，《二程集》，第 2 页。
② 《程氏遗书》卷十一，《二程集》，第 130 页。
③ 《程氏遗书》卷十七，《二程集》，第 174 页。
④ 《程氏遗书》卷十七，《二程集》，第 222 页。
⑤ 《程氏遗书》卷二十五，《二程集》，第 323 页。

了基础,另一方面《四书》体系所隐含的孔子、曾子、子思、孟子的儒家道统体系,亦能够由此确立。

第二节　二程的《论语》诠释

二程在确立《大学》《论语》《孟子》《中庸》地位的同时,对于《四书》的具体内容,从道学思想出发作出新的诠释,对于《论语》中孔门弟子亦有着不同的评判。以往对于二程思想的分析, 往往从道学概念结构的角度出发,分析其理论体系。然而二程思想的概念建立,必须通过对于经典文本的再诠释。颜子、曾子作为理想楷模,但是对于子贡、子张、子夏等门人及孟子的相关材料诠释,更能凸显二程的道学诠释张力及其多样性,从另一个方面展现了二程道学思想的核心。二程《四书》解释思想的传播,有赖于门人的努力。杨时与南方年轻士人有关《四书》内容的问答,体现了道学思想的诠释特点及其在南方地区的传播。

一、颜子与曾子

直到宋代,颜子一直作为儒家之"亚圣"而受到尊崇。程颢亦提出,"颜子默识,曾子笃信,得圣人之道者,二人也"①。能够传孔子之道的,只有颜子、曾子二人。颜子早逝,未能通过著作的形式将其所得孔子之道详尽地传之后世。但是作为儒者之楷模,颜子的学行受到二程的极力推崇。以下将结合二程的《论语》诠释,从人物的角度,分析二程对颜子、曾子的态度

---

① 《程氏遗书》卷十一,《二程集》,第119页。按,此条后有小字注为"曾子曰:'吾得正而毙焉,斯已矣'"。该语出自《礼记·檀弓上》,上文所引《程氏遗书》卷十五中亦有出现,内容近似,其中亦提到"曾子传圣人学,其德后来不可测,安知其不至圣人?"

及其背后的思想。

（一）颜孟之别

二程推崇颜子之品行，提倡学者"当学颜子"。

> 孟子才高，学之无可依据。学者当学颜子，入圣人为近，有用力处。（明）①
>
> 学者要学得不错，须是学颜子。（有准的。）②
>
> 人须学颜子。有颜子之德，则孟子之事功自有。（一作立。）孟子者，禹、稷之事功也。③
>
> 人之学，当以大人为标垛，然上面更有化尔。人当学颜子之学。（一作事。）④
>
> 圣人之德行，固不可得而名状。若颜子底一个气象，吾曹亦心知之，欲学圣人，且须学颜子。（后来曾子、子夏，煞学得到上面也。）⑤
>
> 孟子有功于道，为万世之师，其才雄，只见雄才，便是不及孔子处。人须当学颜子，便入圣人气象。⑥

以上六条材料中，二程皆明确提到，学者应当"学颜子"，前四条皆为程颢语，分别为吕大临、谢良佐和刘绚所记。程颢反复强调，"学者当学颜子，入圣人为近，有用力处"，与此相对，"孟子才高，学之无可依据"，对于一般学者而言很可能因为希高慕大而学有差错。相反，学颜子之学，下学上达，二

---

① 《程氏遗书》卷二上，《二程集》，第 19 页。
② 《程氏遗书》卷三，《二程集》，第 62 页。
③ 《程氏遗书》卷十一，《二程集》，第 130 页。
④ 《程氏遗书》卷十二，《二程集》，第 136 页。
⑤ 《程氏遗书》卷二上，《二程集》，第 34 页。
⑥ 《程氏遗书》卷五，《二程集》，第 76 页。

程认为,自然能成就"孟子之事功",能"入圣人气象"。二程非常肯定,"颜子作得禹、稷、汤、武事功,若德则别论"①。

上文材料中皆出现颜子与孟子的对比,二程非常强调颜子、孟子二人的不同。

> 孟子之于道,若温淳渊懿,未有如颜子者,于圣人几矣,后世谓之亚圣,容有取焉。如"盍各言尔志",子路、颜子、孔子皆一意,但有小大之差,皆与物共者也。颜子不自私己,故无伐善;知同于人,故无施劳。若圣人,则如天地,如"老者安之"之类。(孟字疑误。)②

> 颜、孟之于圣人,其知之深浅同,只是颜子尤温淳渊懿,于道得之更渊(一作深。)粹,近圣人气象。③

> 颜子合下完具只是小,要渐渐恢廓。孟子合下大只是未粹,索学以充之。(恢一作开。)④

以上第一条资料的"孟子之于道,若温淳渊懿"一句,注有"孟字疑误"。通过比较可知,其与源自《程氏遗书》卷十五的第二条资料十分近似,极有可能是同一对话的不同记录。⑤其中明确提到"颜子尤温淳渊懿,于道得之更渊粹,近圣人气象",可见第一条的"孟子"应为"颜子"之误。颜子"于圣人几矣",且对于普通学者而言,颜子之气象可以心知,"容有取焉"。与此相对,孟子才高,其德"未粹",且对于普遍学者而言"学之无可依据"。

---

① 《程氏遗书》卷五,《二程集》,第78页。

② 《程氏遗书》卷二上,《二程集》,第21~22页。

③ 《程氏遗书》卷十五,《二程集》,第151页。

④ 《程氏遗书》卷三,《二程集》,第62页。

⑤ 第一条来自《程氏遗书》卷二上,为吕大临所记,按该卷题注为元丰二年(1079)吕大临东见二程所记。第二条来自《程氏遗书》卷十五,原名《入关语录》,据朱熹的判断为元丰三年(1080)程颐至关中,为关中学者所记。可见此两卷的有很大的关联,互相误记、误入的可能性极高。

对于《论语·公冶长》的"盍各言尔志",程颢指出子路、颜子、孔子三人小大有差,颜子"不自私己","知同于人",其气象、学识学者可有所依据。虽然孔子"老者安之,朋友信之,少者怀之"是天地气象,但是一般学者难有所据,因而学者还是应当学颜子之学、养成颜子之气象。

对于颜孟之别,《程氏遗书》中二程反复向学者强调这一点。

> 仲尼,元气也;颜子,春生也;孟子,并秋杀尽见。仲尼,无所不包;颜子示"不违如愚"之学于后世,有自然之和气,不言而化者也;孟子则露其才,盖亦时然(一作焉。)而已。仲尼,天地也;颜子,和风庆云也;孟子,泰山岩岩之气象也。观其言,皆可以见之矣。仲尼无迹,颜子微有迹,孟子其迹著。①

对于孔子、颜子、孟子三人之不同,二程提出孔子为元气,颜子为春生,孟子"秋杀尽见"。孔子元气"无所不包",为天地之量,但无迹可寻。颜子春生为"自然之和气,不言而化者","和风庆云"。颜子"微有迹",故学者可以模仿遵循。孟子"秋杀尽见","泰山岩岩之气象","其迹著"。二程认为,"孟子则露其才,盖亦时然而已",颜子之时有孔子在,颜子无须像孟子一样争辩。"学者全要识时。若不识时,不足以言学。颜子陋巷自乐,以有孔子在焉。若孟子之时,世既无人,安可不以道自任?"②虽然孟子之时,"世既无人",且杨、墨之害为甚,孟子不得不如此。此处二程亦有担心,"所见所期,不可不远且大,然行之亦须量力有渐。志大心劳,力小任重,恐终败事"③。虽然学者应当有远大的志向,但不量力而行,"志大心劳,力小任重",则将反受其害。因此作为学者为学的榜样,二程认为还是应学颜子。

---

① 《程氏遗书》卷五,《二程集》,第 76 页。
② 《程氏遗书》卷二上,《二程集》,第 15 页。
③ 《程氏遗书》卷二上,《二程集》,第 21 页。

问:"横渠之书,有迫切处否?"曰:"子厚谨严,才谨严,便有迫切气象,无宽舒之气。孟子却宽舒,只是中间有些英气,才有英气,便有圭角。英气甚害事。如颜子便浑厚不同。颜子去圣人,只毫发之间。孟子大贤,亚圣之次也。"或问:"英气于甚处见?"曰:"但以孔子之言比之,便见。如冰与水精非不光,比之玉,自是有温润含蓄气象,无许多光耀也。"①

棣问:"使孔、孟同时,将与孔子并驾其说于天下邪?将学孔子邪?"曰:"安能并驾?虽颜子亦未达一间耳。颜、孟虽无大优劣,观其立言,孟子终未及颜子。昔孙莘老尝问颜、孟优劣,答之曰:'不必问,但看其立言如何。凡学者读其言便可以知其人,若不知其人,是不知言也。'"②

第一条资料中程颐指出,张载谨严,但气象迫切,"无宽舒之气"。孟子虽然气象宽舒,但"中间有些英气","有圭角",仍不及颜子浑厚。程颐提出:"颜子去圣人,只毫发之间。"颜子如玉,"有温润含蓄气象,无许多光耀"。第二条材料,程颐同样指出,"孟子终未及颜子",颜子尚不及孔子,况且孟子。程颐提出,学者应当读其言而知其人,识得孔孟气象,才可谓真正的读书。

有关颜孟之不同,二程还有一些其他的论述。

孔子尽是明快人,颜子尽岂弟,孟子尽雄辩。③
颜子不动声气,孟子则动声气矣。④

---

① 《程氏遗书》卷十八,《二程集》,第 196~197 页。
② 《程氏遗书》卷二十二上,《二程集》,第 280 页。
③ 《程氏遗书》卷五,《二程集》,第 77 页。
④ 《程氏遗书》卷十一,《二程集》,第 126 页。

二程指出,孔子明快,颜子尽德行而孟子尽雄辩。程颢也提出,"颜子不动声气",而孟子则动声气。颜子、孟子二人气象不同,二程更加赞同颜子之德行。综上可见,二程在颜子、孟子二人的对比中,强调颜子温润平易的气象,这正是理想的儒家君子品质。

(二)圣人气象

二程强调:"《论语》为书,传道立言,深得圣人之学者矣。"①"《论语》是孔门高弟所撰,观其立言,直是得见圣人处。"②"孔子门人善形容圣人。"③《论语》的记录者能深得孔子之道,才能真切地展现孔子气象,"传道立言"。最深知孔子的,显然莫过颜子。

> 有有德之言,有造道之言,有述事之言。有德者,止言己分事。造道之言,如颜子言孔子,孟子言尧、舜。止是造道之深,所见如是。④

> 有有德之言,有造道之言。孟子言己志者,有德之言也;言圣人之事,造道之言也。⑤

> 问:"《西铭》何如?"曰:"此横渠文之粹者也。"曰:"充得尽时如何?"曰:"圣人也。""横渠能充尽否?"曰:"言有多端,有有德之言,有造道之言。有德之言说自己事,如圣人言圣人事也。造道之言则知足以知此,如贤人说圣人事也。横渠道尽高,言尽醇,自孟子后儒者,都无他见识。"⑥

---

① 《程氏遗书》卷二上,《二程集》,第 44 页。
② 《程氏遗书》卷二十三,《二程集》,第 305 页。
③ 《程氏遗书》卷七,《二程集》,第 97 页。
④ 《程氏遗书》卷二上,《二程集》,第 21 页。
⑤ 《程氏遗书》卷十一,《二程集》,第 127 页。
⑥ 《程氏遗书》卷十八,《二程集》,第 196 页。

以上第二则材料出自程颢，第三则出自程颐，"有有德之言，有造道之言"的区分乃二程之共识。有德之言是"有德者，止言己分事"，"如圣人言圣人事"。造道之言则是深知圣人者"言圣人之事"，二程举例即"颜子言孔子，孟子言尧、舜"。在二程看来，纵然颜子、孟子之德行不及孔子，但是已经深知圣人，故善于"言孔子""言尧、舜"。最后在程颐看来，张载"道尽高，言尽醇"，已经见识甚高。但严格说来，《西铭》应属造道之言。

二程强调，"深知孔子者"只有颜子。

> 颜渊叹孔子曰："仰之弥高，钻之弥坚，瞻之在前，忽焉在后，夫子循循然善诱人，博我以文，约我以礼，欲罢不能，既竭吾才，如有所立卓尔，虽欲从之，末由也已。"此颜子所以善学孔子而深知孔子者也。①

出自《论语·子罕》"颜渊叹孔子"一章被二程极力推崇，由此可见，颜子"善学孔子""深知孔子"。

> 颜子曰："仰之弥高，钻之弥坚"，则是深知道之无穷也；"瞻之在前，忽焉在后"，他人见孔子甚远，颜子瞻之，只在前后，但只未在中间尔。若孔子，乃在其中焉，此未达一间者也。②
>
> "大而化之"，只是谓理与己一。其未化者，如人操尺度量物，用之尚不免有差，若至于化者，则己便是尺度，尺度便是己。颜子正在此，若化则便是仲尼也。"在前"是不及，"在后"是过之。此过不及甚微，惟颜子自知，他人不与。"卓尔"是圣人立处，颜子见之，但未至尔。③

---

① 《程氏遗书》卷二十五，《二程集》，第317页。
② 《程氏遗书》卷十二，《二程集》，第136~137页。
③ 《程氏遗书》卷十五，《二程集》，第156页。

《孝经》与《四书》——宋明儒学的意涵新辟

以上两则材料分别是程颢、程颐语。程颢指出，颜子说孔子"'仰之弥高，钻之弥坚'，则是深知道之无穷"。"瞻之在前，忽焉在后"，即是深知孔子，颜子"未达一间者也"。程颢亦提到，如果是其他人看孔子，似乎遥不可及，不知道孔子只是在日用常行中从容中道。程颐也强调，颜子观孔子"瞻之在前，忽焉在后"，这是颜子"过不及甚微"。虽然未能像孔子一样"大而化之"，"理与己一"，"己便是尺度，尺度便是己"，尚要"操尺度量物，用之尚不免有差"。但是相比他人，颜子已经是最善学孔子、深知孔子者。

> 无妄，震下乾上。圣人之动以天，贤人之动以人。若颜子之有不善，岂如众人哉？惟只在于此间尔，盖犹有己焉。至于无我，则圣人也。颜子切于圣人，未达一息尔。"不迁怒，不贰过，无伐善，无施劳"，"三月不违仁"者，此意也。①

此则材料中，"圣人之动以天，贤人之动以人"，"颜子切于圣人，未达一息尔"。颜子的不足之处"犹有己焉"。当然在程颢看来，只有圣人才能完全的无我，不过颜子之成就已经远超众人。

> 孔子谓颜渊曰："用之则行，舍之则藏，惟我与尔有是夫！"君子所性，虽大行不加焉，虽穷居不损焉，不为尧存，不为桀亡者也。用之则行，舍之则藏，皆不累于己尔。②
> "回也非助我者也，于吾言无所不说"，与圣人同尔。③

程颢以孔子所说"用之则行，舍之则藏，惟我与尔有是夫！"（《论语·述而》）

---

① 《程氏遗书》卷十一，《二程集》，第 126 页。
② 《程氏遗书》卷十一，《二程集》，第 130 页。
③ 《程氏遗书》卷十一，《二程集》，第 130 页。

以及"回也非助我者也,于吾言无所不说"(《论语·先进》),不断强调颜子与圣人同,无论"用之"还是"舍之",皆率性而行,"不累于己"。二程反复强调颜子于孔门中的地位无人能及,如此凸显颜子之地位。与孔子相比,颜子"未达一息",已经非常接近。因此,颜子能够深得孔子之道,深知孔子,善于形容孔子的气象,亦是后世儒者的楷模。

(三)不改其乐

孔颜之乐是道学追求的理想境界,也是颜子成为儒者楷模的一个方面。《论语·雍也》中孔子称颜渊:"贤哉回也! 一箪食,一瓢饮,在陋巷,人不堪其忧,回也不改其乐。贤哉回也!""一箪食,一瓢饮,在陋巷",在这样的困苦环境中,其他人不堪忍受,颜子却保持快乐,这一点特别受到孔子的称赞和后世儒家学者的推崇。二程对吕大临说:"昔受学于周茂叔,每令寻颜子、仲尼乐处,所乐何事。"①孔颜之乐是道学追求的重要目标。

程颢对刘绚强调,对于颜子之乐,关键要寻求颜子所乐何事?

> 颜子在陋巷,"人不堪其忧,回也不改其乐"。箪、瓢、陋巷非可乐,盖自有其乐耳。"其"字当玩味,自有深意。②

程颢指出,"一箪食,一瓢饮,在陋巷",人皆以为苦,"人不堪其忧",而颜子"不改其乐"。颜子所乐是因为"一箪食,一瓢饮,在陋巷"吗?程颢强调此处"自有深意",显然颜子并非普通所谓以苦为乐,而是颜子不受外在环境的干扰,无论在任何状态都能坚持求道之心,并以道为乐。颜子所乐并非箪食、瓢饮和陋巷的艰苦环境,而是在这样的条件下亦能操持求道之心,这才是学者的典范。

《孝经》与《四书》——宋明儒学的意涵新辟

① 《程氏遗书》卷二上,《二程集》,第16页。
② 《程氏遗书》卷十二,《二程集》,第135页。

颜子之乐，还有门人从其他的方面向二程提问。

> 或问："颜子在陋巷而不改其乐，与贫贱而在陋巷者，何以异乎？"曰："贫贱而在陋巷者，处富贵则失乎本心。颜子在陋巷犹是，处富贵犹是。"①

学者质疑，"颜子在陋巷而不改其乐"，那与普通的贫贱之人在陋巷而甘食如饴，有什么区别呢？可见，学者的提问还是聚集于箪食、瓢饮和陋巷的艰苦环境，贫贱之人的生活只有箪食、瓢饮而无法改变，这些人与颜子有哪些区别呢？程颐指出，与颜子不同，普通之人在贫贱之时能够苦中作乐，但却有可能"处富贵则失乎本心"。颜子则是"在陋巷犹是，处富贵犹是"，颜子之乐是以求道为乐。无论在艰苦还是优越的环境中，颜子始终能够坚守其心，以道为乐而不被外在环境干扰，这才是二程推崇的颜子之乐。

> 颜子箪瓢，非乐也，忘也。②

二程强调，颜子箪食、瓢饮而不改其乐，不是以此为乐，而是识得圣人之义理，不以外在环境的好坏而动其心，亦可称为"忘"。在二程的解释中，颜子不改其乐，绝非以箪食、瓢饮、陋巷为乐，而是以天理之理为乐，这才是儒者应当追求的。

综上可见，在二程的论述中，颜子的"亚圣"地方被进一步强化。作为孔门高足，二程强调，只有颜子能够深得孔子之道，善形容孔子气象。与孟子相比，颜子温润，更能够作为普通学者的榜样，学者应当学颜子以入圣人之道。最后就是关于道学强调的孔颜之乐，二程指出，颜子的箪瓢陋巷

---

① 《程氏遗书》卷二十五，《二程集》，第 320 页。
② 《程氏遗书》卷六，《二程集》，第 88 页。

仍不改其乐，其根本在于颜子所求之道大，在困难的环境中仍然不改其志，乐道忘忧，这更是普通学者应当终身追求的境界。

（四）曾子传道以及守孝、守义

程颢认为，"曾子笃信，得圣人之道"，肯定曾子得道。颜子于孔子之前去世，亦未有文献著作传世，只是作为儒者的楷模受到景仰。真正得孔子之道并且传承后世的，在二程看来只有曾子。基于这样的观点，程颐提出后世普遍采用的儒家道统说。

> 曾子传圣人学，其德后来不可测，安知其不至圣人？如言"吾得正而毙"，且休理会文字，只看他气象极好，被他所见处大。后人虽有好言语，只被气象卑，终不类道。①
> 孔子没，曾子之道日益光大。孔子没，传孔子之道者，曾子而已。曾子传之子思，子思传之孟子，孟子死，不得其传，至孟子而圣人之道益尊。②
> 曾子传圣人道，（一作学。）只是一个诚笃。语曰："参也鲁。"如圣人之门，子游、子夏之言语，子贡、子张之才辨聪明者甚多，卒传圣人之道者，乃质鲁之人。人只要一个诚实。圣人说忠信处甚多。曾子，孔子在时甚少，后来所学不可测，且易箦之事，非大贤以上作不得。曾子之后有子思，便可见。③

程颐强调，"曾子传圣人学，其德后来不可测"，甚至从其说"吾得正而毙"（《礼记·檀公上》）的气象来看，亦可知其"所见处大"。曾子之德不可测，将

① 《程氏遗书》卷十五，《二程集》，第145页。
② 《程氏遗书》卷二十五，《二程集》，第327页。
③ 《程氏遗书》卷十八，《二程集》，第211页。

圣人之道传于子思，子思传于孟子。一方面圣人之道至孟子时"益尊"，但是孟子死后，圣人之道不得其传。相对于韩愈由孔子直接孟子的道统说，二程加入曾子、子思，丰富了先秦的儒家道统。

程颐还特别强调，曾子只是"诚笃""质鲁"，"子游、子夏之言语，子贡、子张之才辩聪明者"反而未能很好地传承。程颐指出，仅曾子临终易箦之事，"非大贤以上作不得"。曾子传道于子思，对于孔子思想的传承具有重要作用。

> "忠恕违道不远"，"可谓仁之方"，"力行近乎仁"，"求仁莫近焉"。仁道难言，故止曰近，不远而已；苟以力行便为仁，则失之矣。"施诸己而不愿，亦勿施于人"，"夫子之道忠恕"，非曾子不能知道之要，舍此则不可言。①
>
> 棣问："'退而省其私，亦足以发'，如何？"曰："孔子退省其中心，亦足以开发也。"又问："岂非颜子见圣人之道无疑欤？"曰："然也。孔子曰：'一以贯之。'曾子便理会得，遂曰：'唯'，其他门人便须辩问也。"②

第一则材料中二程提到的"道之要"出于《四书》多处不同的地方，"忠恕违道不远，施诸己而不愿，亦勿施于人"，"好学近乎知，力行近乎仁，知耻近乎勇"源于《中庸》，"夫仁者，己欲立而立人，己欲达而达人。能近取譬，可谓仁之方也已"源于《论语·雍也》，"夫子之道，忠恕而已矣"源于《论语·里仁》，"万物皆备于我矣，反身而诚，乐莫大焉。强恕而行，求仁莫近焉"源于《孟子·尽心上》。二程指出，这些反映圣人之道的话语只能是得孔子之道的曾子得以留传，子思学于曾子，孟子又学于子思。二程强调，"仁道难言"，

---

① 《程氏遗书》卷七，《二程集》，第97页。
② 《程氏遗书》卷二十二上，《二程集》，第285页。

所以孔子"止曰近,不远而已",学者需要以此求仁、体仁,但是切不可将其误以为仁之本体。

第二则材料中,程颐对唐棣指出,孔子弟子中只有颜子、曾子二人能够"见道无疑",颜子"不违如愚",孔子提出"吾道一以贯之","曾子便理会得",且能发明"夫子之道,忠恕而已矣"之义。(《论语·里仁》)二程强调,仅就《四书》的文本而言,足以证明曾子能得孔子之道。

孔子曰:"其如示诸斯乎。"指其掌。《中庸》便曰:"明乎郊社之礼、禘尝之义,治国其如示诸掌乎!"盖人有疑孔子之语,《中庸》又直指郊禘之义以发之。曾子曰:"夫子之道,忠恕而已矣。"《中庸》以曾子之言虽是如此,又恐人尚疑忠恕未可便为道,故曰:"忠恕违道不远,施诸己而不愿,亦勿施于人。"此又掠下教人。①

以上材料再次表明,二程认为《论语》与《中庸》之间关系密切,《论语》中有人问"禘之说",孔子表示"不知也。知其说者之于天下也,其如示诸斯乎!指其掌"(《论语·八佾》),《中庸》中解释:"郊社之礼,所以事上帝也;宗庙之礼,所以祀乎其先也。明乎郊社之礼、禘尝之义,治国其如示诸掌乎!"通过《中庸》的说明,可知《论语》中孔子表示郊禘并不仅仅是一种礼仪,同时也是治国之本。知道郊禘之义,自然知道治国之要。《论语》中曾子提出"夫子之道,忠恕而已矣",《中庸》进而解释"忠恕违道不远,施诸己而不愿,亦勿施于人"。由此可见,忠恕之道的具体做法就是"己所不欲,勿施于人",以此可以近道。《中庸》中更加明确地提出忠恕并非等同于"夫子之道",而是"违道不远"的求道之方。可见通过《中庸》更加具体的说明,后人能够更好地理解《论语》中的孔子之意。

———————————

① 《程氏遗书》卷一,《二程集》,第8~9页。

程颐指出："《论语》,曾子、有子弟子论课。所以知者,唯曾子、有子不名。"①《论语》为曾子、有子弟子所撰,《中庸》中孔子之语虽为子思所记,但将其传于子思者,亦是曾子,由此进而凸显曾子对于道学传承的重要作用。

曾子守孝

对于儒家品德的践行,曾子以孝而闻名,被视作后人践行孝道的楷模。但孟子提道:"事亲若曾子者,可也"(《孟子·离娄上》)。但此处亦有疑问,难道曾子之孝行仅止于"可"吗?

> 事亲若曾子而曰可者,非谓曾子未尽善也。人子事亲,岂有大过曾子? 孟子之心,皆可见矣。(明道)②
>
> 岂不见孟子言"事亲若曾子可也",曾子之孝亦大矣,孟子才言可也。盖曰:子之事父,其孝虽过于曾子,毕竟是以父母之身做出来,岂是分外事? 若曾子者,仅可以免责尔。③

以上两条资料中,程颢、程颐所说不尽相同。程颢表示,虽然孟子称之以"可",但"孟子之心"并没有贬抑曾子之意。程颢反问:"人子事亲,岂有大过曾子?"而程颐提道:"子之事父,其孝虽过于曾子","岂是分外事?"结合该则材料的上下文而言,程颐表示,子之事父、臣之事君无所谓做的事迹大与不大。在程颐看来,人的行为率性合理、问心无愧,这才是最重要的。程颐认为,"曾子之孝大",孟子言"可",亦是要表明曾子之孝行皆发自本心,毫无夸耀计较之心,仅求"可以免责尔",反而凸显了曾子之孝的可贵。

---

① 《程氏外书》卷六,《二程集》,第378页。
② 《程氏外书》卷六,《二程集》,第390页。
③ 《程氏遗书》卷十八,《二程集》,第236页。

二程肯定"曾子之孝大"，人之行孝皆为分内之事，应循性而为。

　　"色难"形下面"有事服劳"而言，服劳更浅。若谓谕父母于道，能养志使父母说，却与此辞不相合。然推其极时，养志如曾子、大舜可也，曾元是曾子之子，尚不能。①

对于子夏问孝，孔子回答："色难。有事，弟子服其劳；有酒食，先生馔。曾是以为孝乎？"（《论语·为政》）二程认为，"有事服劳"，"服劳更浅"。在二程看来，事父母乃为人之本分，应当尽心尽力，而非仅仅在有事之时"服劳"。孟子提出："曾子养曾晳，必有酒肉；将彻，必请所与；问有余，必曰'有'。曾晳死，曾元养曾子，必有酒肉；将彻，不请所与；问有余，曰'亡矣'，将以复进也，此所谓养口体者也。"曾子养曾晳，必求使其父悦，顺其父之志将酒肉分与他人。而曾元养曾子，仅仅想着将酒肉留给父母，而不能体会父母之心，就是"所谓养口体者"。以此对照，孟子提出："若曾子，则可谓养志也。事亲若曾子者，可也。"（《孟子·离娄上》）二程指出，真正能够做到事亲养志者，只有"曾子、大舜可也"。

　　曾子执亲之丧，水浆不入口者七日，不合礼，何也？曰："曾子者，过于厚者也。圣人大中之道，贤者必俯而就，不肖者必跂而及。若曾子之过，过于厚者也。若众人，必当就礼法。自大贤以上，则看他如何，不可以礼法拘也。且守社稷者，国君之职也，太王则委而去之。守宗庙者，天子之职也，尧、舜则以天下与人。如三圣贤则无害，他人便不可。然圣人所以教人之道，大抵使之循礼法而已。"②

　　① 《程氏遗书》卷六，《二程集》，第94页。
　　② 《程氏遗书》卷十八，《二程集》，第211页。

《孝经》与《四书》——宋明儒学的意涵新辟

"曾子执亲之丧,水浆不入口者七日"出自《礼记·檀公上》,"曾子谓子思曰:'伋!吾执亲之丧也,水浆不入于口者七日'"。但是子思提出,"先王之制礼也,过之者俯而就之,不至焉者,跂而及之。故君子之执亲之丧也,杖而后能起"。因而学者提出,先王之礼为执亲之丧,"水浆不入于口者三日",但曾子却"不入于口者七日",故不合礼。对此,程颐指出:"曾子者,过于厚者也。""曾子之过",程颐并没有掩饰,不过二程指出,"大贤以上",也有根据具体的时宜,"不可以礼法拘也"。但是对于普通人而言,还是应当循礼法而为。

曾子事迹中,最为二程称赞的,即临终易箦之事。该记载见于《礼记·檀弓上》,曾子最后表示:"吾何求哉?吾得正而毙焉斯已矣。""举扶而易之。反席未安而没。"对此,程颢指出:"曾子易箦之意,心是理,理是心,声为律,身为度也。"①曾子易箦,已经心与理一。程颐亦认为,曾子易箦,足见"他志已定"。

> 或问:"人或倦怠,岂志不立乎?"曰:"若是气,体劳后须倦。若是志,怎生倦得?人只为气胜志,故多为气所使。如人少而勇,老而怯,少而廉,老而贪,此为气所使者也。若是志胜气时,志既一定,更不可易。如曾子易箦之际,其气之微可知,只为他志已定,故虽死生许大事,亦动他不得。盖有一丝发气在,则志犹在也。"②

对于人之志与气的关系,程颐认为"气胜志",则人"多为气所使"。"少而勇,老而怯,少而廉,老而贪",都是因为年老之时气不足,所以或怯或贪。学者修养的理想是"志胜气","志既一定,更不可易"。程颐特别举出曾子易箦之事,曾子临终之际,正是气微之时。但是其志已定,"虽死生许大事,

---

① 《程氏遗书》卷十三,《二程集》,第139页。
② 《程氏遗书》卷十八,《二程集》,第190~191页。

亦动他不得"。在程颐看来,曾子养志已定,不被气之盛衰所影响。

　　昔谓异教中疑有达者,或是无归,且安于此。再尝考之,卒不达,
若达则于其前日所处,不能一朝居也。观曾子临死易箦之意,便知其
不达。"朝闻道,夕死可矣",岂能安其所未安?如毁其人形,绝其伦类,
无君臣父子之道,若达则不安也。只夷言左衽,尚可言随其国俗,至如
人道,岂容有异? ①

在这段对佛教的批判材料中,程颐专门举出曾子易箦之事。程颐开始认
为佛教中亦有达者,但后来认为并非如此。程颐以曾子易箦为例,曾子临
终之际,因为不合于义就一定要易箦。如果佛教中有人真正地通达识道,
一定不会继续安于以往所习。程颐指出,佛教"毁其人形,绝其伦类,无君
臣父子之道",这些都有背伦理纲常,佛教之达者定能知道其非而肯再安
于此。
　　以上二程对曾子事亲、执亲之丧及临死易箦三事的解释,皆强调曾子
是真正的孝行楷模,这也是曾子得孔子之道的表现。尤其是曾子临死易
箦,更可见其守志之定,得道之深。

曾子守义

　　上文有关颜渊的讨论中,其中提及"欲学圣人,且须学颜子",该条的
注中补充"后来曾子、子夏,煞学得到上面也"②。可见在二程看来,能传承
孔子之学的除颜子以外,还有曾子和子夏。孟子提出"孟施舍似曾子,北宫
黝似子夏"(《孟子·公孙丑上》),二人又有何不同呢?

---

① 《程氏遗书》卷十五,《二程集》,第 155 页。
② 《程氏遗书》卷二上,《二程集》,第 34 页。

《孝经》与《四书》——宋明儒学的意涵新辟

北宫黝之勇，在于必为；孟施舍之勇，能于无惧。子夏，笃志力行者也；曾子，明理守约者也。①

北宫黝要之以必为，孟施舍推之以不惧，（北宫黝或未能无惧。）故黝不如施舍之守约也。子夏信道，曾子明理，故二子各有所似。②

北宫黝之勇必行，孟施舍无惧。子夏之勇本不可知，却因北宫黝而可见。子夏是笃信圣人而力行，曾子是明理。③

亨仲问："'自反而缩'，如何？"曰："缩只是直。"又问曰："北宫黝似子夏，孟施舍似曾子，如何？"曰："北宫黝之养勇也，必为而已，未若舍之能无惧也。无惧则能守约也。子夏之学虽博，然不若曾子之守礼为约，故以黝为似子夏，舍似曾子也。"④

以上材料讨论了曾子、子夏的学问之别。以北宫黝与孟施舍二人之勇为例，北宫黝是"必为""必行"，而孟施舍是"无惧"。北宫黝之"必为"好似子夏的"信道""笃志力行"，强调外在之气的扩充。孟施舍的"无惧"和曾子一样是"明理守约"，笃定其志，以义之当为而行。二人虽然都有可取之处，但二程强调，子夏之博学"不若曾子之守礼为约"。

对于曾子还一处争议即是孔子所说的"十哲"中为何没有曾子。

自曾子守义，皆说笃实自内正本之学，则观人可以知言。蔽、陷、遁、穷，皆离本也。宰我、子贡善为说辞，冉牛、闵子、颜渊善言德行，孔子兼之。盖有德者必有言，而曰"我于辞命不能"者，不尚言也。《易》所

---

① 《程氏遗书》卷一，《二程集》，第 11 页。
② 《程氏遗书》卷十一，《二程集》，第 124 页。
③ 《程氏遗书》卷十八，《二程集》，第 206 页。
④ 《程氏遗书》卷二十二上，《二程集》，第 282 页。

谓"尚口乃穷"也。(伯淳)①

四科，乃从夫子于陈、蔡者尔。门人之贤者，固不止此，曾子传道而不与焉，故知十哲，世俗之论也。(明道)②

曾子少孔子，始也鲁，观其后明道，岂鲁也哉？(明道)③

孔门弟子，自孔子没后，各自离散，只有曾子便别。如子夏、子张欲以所事孔子事有若，独曾子便道不可。自子贡以上，必皆不肯。某自涪陵归，见门人皆已支离，不知他日身后又何如也？但得个信时，便自有长进处。孔子弟子甚多，亦不能皆合于孔子。如子路言"子之迂也"，又曰"末之也已"，及其退思，终合于孔子，只为他信，便自然思量到也。(此一段，莆田本)④

以上材料中，程颢强调，"曾子守义"为"笃实自内正本之学"，不同于"宰我、子贡善为说辞"。孔子亦说"我于辞命，则不能也"(《孟子·公孙丑上》)，孔子之学在根本上重视德性培养而"不尚言"。对于"四科十哲"，程颢强调孔子"门人之贤者，固不止此"，因而"十哲"不过世俗之论，不能因此而否定曾子。程颐举出孔子殁后，子夏、子张欲以事孔子之礼事有若，"独曾子便道不可"，而且"子贡以上，必皆不肯"，亦可见曾子、子贡皆为深得孔子之学，志已坚定者。

综上所述，二程认为，曾子以其"鲁"终得孔子之道，并开启了先秦子思、孟子的传道系统。另外，从以上对曾子守孝之笃、明理守约的强调可以看出，二程推崇曾子内在德性的培养，这也是道学理想的君子形象。以《大学》《论语》《孟子》《中庸》作为儒者学习的文本，以颜子、曾子作为儒者效

① 《程氏外书》卷二，《二程集》，第363页。
② 《程氏外书》卷六，《二程集》，第385页。
③ 《程氏外书》卷六，《二程集》，第385页。
④ 《程氏外书》卷三，《二程集》，第371页。

《孝经》与《四书》——宋明儒学的意涵新辟

仿的楷模,二程的思想中《四书》体系的构架已经具备,宋学思想的核心内涵亦由此体现。

二、子贡

孔子生前,子贡在孔门中地位甚高,程颢提出:"子贡之知,亚于颜子,知至而未至之也。"①但是在《论语》的相关记载中,子贡其人亦富有争议。下面将对《论语》中与子贡相关的五个方面予以分析,以此解明二程的诠释及其蕴含的道学思想。

(一)性与天道

对于子贡的人格与学问,二程持有肯定的态度。子贡之知仅次于颜子,但是子贡所谓"夫子之文章,可得而闻也;夫子之言性与天道,不可得而闻也"(《论语·公冶长》)。这对于道学而言是必须回应的问题,何以道学思想的核心话题"性与天道",孔门的重要弟子子贡却说"不可得而闻"呢?

颜子屡空,空中(一作心。)受道。子贡不受天命而货殖,亿则屡中,役(一作亿。)聪明亿度而知,此子贡始时事,至于言"夫子之言性与天道不可得而闻",乃后来事。其言如此,则必不至于不受命而货殖也。②

"诗、书、执礼皆雅言。"雅素所言也,至于性与天道,则子贡亦不可得而闻,盖要在默而识之也。③

子贡曰:"夫子之文章,可得而闻也,夫子之言性与天道,不可得

---

① 《程氏遗书》卷十一,《二程集》,第128页。
② 《程氏遗书》卷十一,《二程集》,第132页。
③ 《程氏遗书》卷十一,《二程集》,第132页。

而闻也。"子贡盖于是始有所得而叹之。以子贡之才,从夫子如此之久,方叹"不可得而闻",亦可谓之钝矣。观其孔子没,筑室于场,六年然后归,则子贡之志亦可见矣。他人如子贡之才,六年中待作多少事,岂肯如此?①

性与天道,非自得之则不知,故曰"不可得而闻"。(伯淳)②

以上资料均为程颢所言。《论语·先进》中记载,"回也其庶乎!屡空。赐不受命而货殖焉,亿则屡中"。程颢认为颜子屡空而受道,但是子贡货殖,此处记载的是子贡最初受学孔子之事。而子贡说到"夫子之言性与天道",对孔子之学有所领会时,已是后来事。程颢强调,与《诗》《书》《礼》等具体的内容相对,形而上的"性与天道"则不能用语言完全地表达,需要学者"默而识之","非自得之则不知",所以子贡提到"不可得而闻"。

可见在程颢看来,子贡所谓性与天道不可得而闻,并非子贡对于性、天道的思想毫无领悟,或者孔子鲜有谈论,子贡所谓"不可得而闻"恰恰是其领悟孔子之道,"子贡盖于是始有所得而叹之",明白本然之道不能仅仅通过言语传授的体现。进而程颢感叹孔子去世之后,子贡"筑室于场,六年然后归"。子贡有如此之志,亦可谓深得孔子之学。

性与天道,此子贡初时未达,此后能达之,故发此叹辞,非谓孔子不言。其意渊奥如此,人岂易到?③

"夫子言性与天道,不可得而闻",唯子贡亲达其理,故能为是叹美之辞,言众人不得闻也。(伊川)④

---

① 《程氏遗书》卷十二,《二程集》,第136页。
② 《程氏外书》卷二,《二程集》,第361页。
③ 《程氏外书》卷一,《二程集》,第353页。
④ 《程氏外书》卷六,《二程集》,第381页。

以上《程氏外书》的两条中,二程同样认为,子贡表示"性与天道,不可得而闻",恰恰表明后来子贡"能达之","亲达其理",才有此感叹。"夫子之文章"人人可得而闻,可以理解孔子之意,但是"性与天理"则需要学者不断努力才能达其理。由上可见,二程认为,本然之道不能简单地通过言语相传而获得,基于这样的立场,二程指出子贡所说:"夫子之言性与天道,不可得而闻也",正是子贡识得孔子之道后的表现。

(二)生民未有

对于子贡形容孔子之言,二程亦有称赞之处。

> 子贡善形容孔子德美,"温"以接物,"良"乃善心,"恭"则不侮,"俭"则无欲,"让"则不好胜,至于是邦,宜必闻政。①

对于孔子所谓"夫子温、良、恭、俭、让以得之"(《论语·学而》),二程强调:"子贡善形容孔子德美",只有深得孔子之学,得见圣人者才能如此。二程是对子贡持以赞赏的态度,正是子贡深得孔子之学,所以"善形容孔子德美"。但是《孟子》中记载,子贡曾经称赞孔子"自生民以来,未有夫子也",这样评价是否和以上所说"让"的品德相抵触呢?

> 宰我、子贡、有若其智足以知圣人,污曲亦不至阿其所好。以孔子之道弥纶天壤,固贤于尧、舜,而观生民以来,有如夫子者乎? 然而未为尽论,但不至阿其所好也。(伯淳)②

---

① 《程氏外书》卷三,《二程集》,第368页。
② 《程氏外书》卷二,《二程集》,第363页。

如前文所述，二程强调，"《论语》为书，传道立言，深得圣人之学者矣"①。"《论语》是孔门高弟所撰，观其立言，直是得见圣人处。"②孟子提出："宰我、子贡、有若，智足以知圣人，污不至阿其所好。"（《孟子·公孙丑上》）对于宰予所说孔子"贤于尧舜远矣"，子贡所说"自生民以来，未有夫子也"，有子亦说"自生民以来，未有盛于孔子也"，程颢强调，"孔子之道弥纶天壤"，肯定二人绝不至于阿谀，只是"未为尽论"，未能恰当向外人形容说明孔子。

> 或问："'夫子贤于尧、舜'，信诸？"曰："尧、舜岂可贤也？但门人推尊夫子之道，以谓仲尼法垂法万世，故云尔。然三子之论圣人，皆非善称圣人者。如颜子，便不如此道，但言'仰之弥高，钻之弥坚'而已。后来惟曾子善形容圣人气象，曰：'子温而厉，威而不猛，恭而安。'又《乡党》一篇，形容得圣人动容注措甚好，使学者宛如见圣人。"③

《孝经》与《四书》——宋明儒学的意涵新辟

同样对于"夫子贤于尧、舜"的提问，程颐首先指出"尧、舜"乃圣人之功业，"岂可贤也？"只是孔门弟子欲"推尊夫子之道，以谓仲尼法垂法万世"，所以才有这样的说法。与程颢"未为尽论"的看法一致，程颐也指出宰我、子贡、有若三人"皆非善称圣人者"。善形容孔子的如颜子所谓"仰之弥高，钻之弥坚"（《论语·子罕》），"子温而厉，威而不猛，恭而安"（《论语·述而》）以及《乡党》篇，都是善于形容孔子之言。在二程看来，只有深知孔子，深得孔子之学者才能切实形容。可见，二程一方面肯定宰我、子贡、有若三人绝不会因阿谀而称孔子"生民未有"，这样的说法只是希望推尊孔子之道；另一方面认为与颜渊、曾子相比，子贡等人仍有不及之处。

---

① 《程氏遗书》卷二上，《二程集》，第44页。
② 《程氏遗书》卷二十三，《二程集》，第305页。
③ 《程氏遗书》卷十八，《二程集》，第214页。

（三）非尔所及

《论语》中孔子对子贡的批评屡见不鲜，例如，孔子要求"君子不器"（《论语·为政》），却评价子贡"女器也"，"瑚琏也"（《论语·公冶长》）。孔子对仲弓、子贡皆提到"己所不欲，勿施于人"（《论语·颜渊》《论语·卫灵公》），但是对于子贡所说"我不欲人之加诸我也，吾亦欲无加诸人"，可以说就是"己所不欲，勿施于人"的另一种表述，但孔子却对子贡说"非尔所及也"（《论语·公冶长》），对此这些问题，应当如何对待呢？

> 子贡之器，如宗庙之中可观之贵器，故曰"瑚琏也"。①
>
> 子贡问"赐也何如？"赐自矜其长，而孔子以瑚琏之器答者，但瑚琏可施礼容于宗庙，如子贡之才可使于四方，可使与宾客言而已。（伊川）②

二程认为，孔子称子贡为瑚琏之器，一方面承认子贡的才华，如宗庙中可观之器，"可使于四方"，"可使与宾客言"；另一方面也是孔子对子贡"自矜其长"的抑制，希望其注重内在德性培养的勉进。

> "不欲人之加诸我"者，"施诸己而不愿"者也。"无加诸人"者，"己所不欲，勿施于人"者也。此"无伐善，勿施劳"者能之，故非子贡所及。（伊川）③
>
> "我不欲人之加诸我，吾亦欲无加诸人"，恕也，近于仁，故曰："赐也，非尔所及也。"然未至于仁也，以其有欲字尔。④

---

① 《程氏遗书》卷九，《二程集》，第107页。
② 《程氏外书》卷六，《二程集》，第381页。
③ 《程氏外书》卷六，《二程集》，第381页。
④ 《程氏外书》卷七，《二程集》，第395页。

此处所谓"无伐善,勿施劳"者即颜子,程颐认为,"己所不欲,勿施于人",这是具备颜子之德行的人才能真正做到。二程进而指出,子贡仍"有欲字",故"未至于仁"。如上所述,在二程看来,子贡之才华固然得到孔子的称赞,但是其德性不足仍时时被孔子警示。

另外子贡货殖,亦是其品行中极富争议的一点。程颢提出,货殖是子贡早年之所为,程颐亦强调,子贡货殖不同于后世的利欲之心。

> 先生曰:"孔子弟子,颜子而下,有子贡。"伯温问:"子贡,后人多以货殖短之。"曰:"子贡之货殖,非若后世之丰财,但此心未去耳。"(周恭先字伯温)①

> 人有习他经,既而舍之,习《戴记》。问其故,曰:"决科之利也。"先生曰:"汝之是心,已不可入于尧、舜之道矣。夫子贡之高识,曷尝规规于货利哉?特于丰约之间,不能无留情耳。且贫富有命,彼乃留情于其间,多见其不信道也。故圣人谓之'不受命'。有志于道者,要当去此心而后可语也。"(一本云:"明道知扶沟县事,伊川侍行,谢显道将归应举。伊川曰:'何不止试于太学?'显道对曰:'蔡人鲜习《礼记》,决科之利也'。先生云云,显道乃止。是岁登第。"注云:"尹子言其详如此。")②

> "屡空"兼两意。惟其能虚中,所以能屡空。货殖便生计较,才计较便是不受命,不受命者,不能顺受正命也。吕与叔解作如货殖。先生云:"传说中言子贡货殖处亦多,此子贡始时事。"③

与程颢一样,程颐也提出孔门弟子中,子贡仅次于颜子。"颜子而下,有子贡。"但是对于周恭先有关子贡货殖的质疑,程颐指出,子贡只是货殖,计

① 《程氏遗书》卷二十二上,《二程集》,第 277 页。
② 《程氏遗书》卷四,《二程集》,第 69 页。
③ 《程氏遗书》卷十九,《二程集》,第 256 页。

较之心未去,绝不同于后世的丰财利欲之心。根据《程颐外书》等的类似记载,第二条亦为程颐语。针对谢良佐为了科举之利而改习他经,程颐指出孔子批评子贡货殖,只是"丰约之间,不能无留情耳",对于外在的物质环境仍有计较之心。由此程颐认为,"志于道者,要当去此心而后可语也"。孔子批评的子贡货殖,程颐一方面也认为是"子贡始时事",另计就是子贡之货殖只是尚未去其计较之心,未能如颜子一样"一箪食,一瓢饮,在陋巷"而不改其乐。但是子贡高识,已经远超其他学者。

由上可见,对于子贡品行中富有争议的三事,即子贡为瑚琏之器,"己所不欲"非子贡所及,子贡货殖,二程皆是在肯定子贡才高的同时,指出子贡仍有计较之心,其心有欲,这些方面亦是其与颜渊相比的不足之处。

(四)予欲无言

与颜子相比较,子贡另一不足之处就是自称"闻一知二",不如颜子"闻一知十",对此孔子亦称"吾与女弗如也"(《论语·公冶长》)。

> 亨仲问:"'吾与女弗如也'之与,比'吾与点也'之与,如何?"曰:"与字则一般,用处不同。孔子以为'吾与女弗如'者,勉进学者之言。使子贡喻圣人之言,则知勉进己也;不喻其言,则以为圣人尚不可及,不能勉进,则谬矣。"①

对于郑刚中(字亨仲)所问,孔子说的"吾与点也"(《论语·先进》)和"吾与女(子贡)弗如也"二处的"与"字有何不同,程颐认为,"与"字的使用并非重点,相反孔子说其与子贡都不如颜子,大有深意。孔子是以这种形式鼓励子贡,"勉进学者"。

---

① 《程氏遗书》卷二十二上,《二程集》,第283页。

子贡常方人,故孔子答以"不暇",而又问"与回也孰愈",所以抑其方人也。①

"闻一知十","闻一知二",举多少而言也。"曰吾与女弗如也",使子贡喻其言,知其在勉;不喻,则亦可使慕之,皆有教也。②

这两条材料中,二程表示对于子贡方人,孔子批评"赐也贤乎哉! 夫我则不暇"(《论语·宪问》),然后又以"女与回也孰愈?"(《论语·公冶长》)之问,抑其方人之弊。对于"吾与女弗如也"一句,二程表示,如果"子贡喻其言",则可以勉进。如不能明白,亦可以使子贡向颜子学习。在二程看来,孔子提出"吾与女弗如"的目的,是在教育勉进子贡。

此外,作为孔门所谓"四科十哲"的擅"言语"者(《论语·先进》),子贡的言语之才也受到争议。对于孔子所说"予欲无言",子贡即紧张地问道:"子如不言,则小子何述焉?"(《论语·阳货》)孔子与子贡的这一偏差,亦为道学者所关心。

曰"予欲无言",盖为子贡多言,故告之以此。③

在程颐看来,孔子特意提出"予欲无言"就是为了纠正子贡多言之弊。

自曾子守义,皆说笃实自内正本之学,则观人可以知言。蔽、陷、遁、穷,皆离本也。宰我、子贡善为说辞,冉牛、闵子、颜渊善言德行,孔子兼之。盖有德者必有言,而曰"我于辞命不能"者,不尚言也。《易》所

---

① 《程氏外书》卷六,《二程集》,第381页。
② 《程氏外书》卷六,《二程集》,第381页。
③ 《程氏遗书》卷二十二下,《二程集》,第303页。

谓"尚口乃穷"也。(伯淳)[1]

　　子贡问君子,孔子告以"先行其言而后从之",而"可以为君子",因子贡多言而发也。(伊川)[2]

程颢推崇曾子守义的"笃实自内正本之学"。程颢同时提出,对于孔门四科中言语的宰我、子贡,德行的颜渊、闵子骞、冉伯牛,孔子并未否定任何一方。程颢指出,"有德者必有言",应以德行为根本,因而如孟子所说"我于辞命,则不能也"(《孟子·公孙丑上》),只是不尚言语,否则可能陷入言语之弊。程颐从孔子对子贡的告诫"先行其言而后从之"(《论语·为政》),再次提出这是孔子针对"子贡多言而发"。二程以此强调,虽然没有完全否定言语之能,但是与内在德行的修养相比,还是应当提倡"笃实自内正本之学"可见,对于子贡喜好方人、善为说辞之弊,孔子分别以"与回也孰愈","予欲无言"进行警醒。当然从这样的对比中,亦反映了颜渊等人德行的可贵。

（五）博施济众

　　对于子贡"如有博施于民而能济众,何如? 可谓仁乎?"之问,孔子回答:"何事于仁,必也圣乎! 尧、舜其犹病诸! 夫仁者,己欲立而立人,己欲达而达人。能近取譬,可谓仁之方也已。"(《论语·雍也》)对该章的理解,也多有争议。"博施于民而能济众"是《大学》"平天下"乃至《礼记·礼运》中"大同社会"之理想的实现,为什么孔子回答"何事于仁,必也圣乎"? 为什么"尧、舜其犹病诸"呢?

　　"己欲立而立人,己欲达而达人,能近取譬者,可谓仁之方也已。"

---

①　《程氏外书》卷二,《二程集》,第363页。
②　《程氏外书》卷六,《二程集》,第379页。

博施而能济众,固仁也;而仁不足以尽之,故曰:"必也圣乎!"①

此条材料中程颢认为,孔子所说"何事于仁,必也圣乎!"表明"博施于民而能济众"已经是非常高的成就了,"仁"字已不能涵盖其意义,只能称之为圣。

圣乃仁之成德。谓仁为圣,譬犹雕木为龙。木乃仁也,龙乃圣也,指木为龙可乎?故博施济众乃圣之事,举仁而言之,则能近取譬是也。(伯淳)②

"能近取譬",反身之谓也。(伯淳)③

程颢以"雕木为龙"作比喻,仁为木,只有经过雕琢完成之后,才可称为龙。换言之,仁是成圣之基础,"圣乃仁之成德",在具备仁之德行的基础上,通过不断地向上锻炼,才能最终达到圣之地位。程颢强调,对于子贡博施济众之问,孔子对其指出"能近取譬"的为仁之方,就是希望子贡反身内求,与外在的博施济众之事相对,专注内在之仁德的培养。

问:"子贡曰:'博施于民而能济众,可谓仁乎?'子曰:'何事于仁?必也圣乎!'仁圣何以相别?"曰:"此子贡未识仁,故测度而设问也。惟圣人为能尽仁,然仁在事,不可以为圣。"又问:"'尧、舜其犹病诸,'果乎?"曰:"诚然也。圣人惟恐所及不远不广。四海之治也,孰若兼四海之外亦治乎?是尝以为病也。博施济众事大,故仁不足以名之。"④

①　《程氏遗书》卷十一,《二程集》,第120页。
②　《程氏外书》卷二,《二程集》,第362页。
③　《程氏外书》卷二,《二程集》,第362页。
④　《程氏遗书》卷十六,《二程集》,第173页。

《孝经》与《四书》——宋明儒学的意涵新辟

对于学者"仁圣何以相别"的问题,程颐表示,关键在于子贡并没有真正地"识仁",仅仅是以"测度"而有此问题。程颐强调,"惟圣人为能尽仁",但是能够做到博施济众,则在于事,换言之即受到具体环境和生平际遇的限制。对于"尧、舜其犹病诸"一句,程颐强调,是圣人之心"惟恐所及不远不广",即使四海之内已治,仍然忧心四海之外,因而"尝以为病"。与程颢的观点一致,程颐亦强调,"博施济众事大",其意义非表示内在品德的"仁"字可以涵盖。

> 又问:"仁与圣何以异?"曰:"人只见孔子言:'何事于仁?必也圣乎!'便谓仁小而圣大。殊不知此言是孔子见子贡问博施济众,问得来事大,故曰:'何止于仁?必也圣乎!'盖仁可以通上下言之,圣则其极也。圣人,人伦之至。伦,理也。既通人理之极,更不可以有加。若今人或一事是仁,亦可谓之仁,至于尽仁道,亦谓之仁,此通上下言之也。如曰:'若圣与仁,则吾岂敢?'此又却仁与圣俱大也。大抵尽仁道者,即是圣人,非圣人则不能尽得仁道。"①

此则材料中,程颐强调,"仁小而圣大"的观念是有偏差的,孔子只是因为子贡提问了"博施济众",而不得已如此说。程颐提出,"仁可以通上下言之,圣则其极也"。仁是个体的内在德性,本无大小可言,故"可以通上下言之"。做一件事符合天理本性,可以称之为仁。应对天下大事亦符合天理本性,穷尽仁道,也称之为仁。因而是仁"通上下言之"。但是,"圣则其极也",显然在一件事上符合天理本性,与事事物物,乃至"治国平天下"等事上皆能符合天理,是有所区别的。因而孔子强调,"若圣与仁,则吾岂敢?"(《论语·述而》)能在事事物物上皆"尽仁道",符合天理本性,程颐指出是"非圣人不能"。

---

① 《程氏遗书》卷十八,《二程集》,第182页。

"刚毅木讷"，质之近乎仁也；"力行"，学之近乎仁也。若夫至仁，则天地为一身，而天地之间，品物万形为四肢百体。夫人岂有视四肢百体而不爱者哉？圣人，仁之至也，独能体是心而已，曷尝支离多端而求之自外乎？故"能近取譬"者，仲尼所以示子贡以为仁之方也。医书有以手足风顽谓之四体不仁，为其疾痛不以累其心故也。夫手足在我，而疾痛不与知焉，非不仁而何？世之忍心无恩者，其自弃亦若是而已。①

以上这段材料出自《程氏遗书》卷四，为程门高足游酢所录，充分体现了二程万物一体的思想。二程指出，"刚毅木讷"（《论语·子路》）是内在品质近于仁，"力行而近仁"则是外在学行近于仁。但什么是"至仁"呢？"天地为一身，而天地之间，品物万形为四肢百体"，"夫人岂有视四肢百体而不爱者哉？"正是二程万物一体思想的体现。二程强调，"能体是心"，做到"仁之至"的，只有圣人。孔子对子贡提出"己欲立而立人，己欲达而达人"，"能近取譬"的"为仁之方"，教诲子贡从下学的一言一行做起，以向"仁之至"而努力。可见，二程提出这段万物一体的论述，针对的亦是子贡问博施济众一章。二程强调，医书称"四体不仁"是因为其心没能感受到手足之疼痛。同样，对于世间品物万形之疼痛而无动于衷，亦是"不仁"，亦为"自弃"。在二程看来，能够做到博施济众，对生民之疼痛感受于心，就是儒家理想的至仁之圣人才能达到的。对于一般学者而言，则应当能近取譬，下学上达而求仁。

由上可见，相对于博施济众，孔子更加重视能近取譬的内在德性之修

① 《程氏遗书》卷四，《二程集》，第74页。从"医书有以手足风顽谓之四体不仁，为其疾痛不以累其心故也。夫手足在我，而疾痛不与知焉，非不仁而何？"来看，该则材料似乎为程颢所言。

养，这也正是子贡所欠缺的。对于子贡的才华，二程亦给予很高的评价。但是二程同时指出，子贡在货殖、方人、言辞等方面表现出的弊病，正是其不及颜渊，德行有所不足的体现。通过这样的说明，二程反复强调，重视品德修养才是儒学的根本所在。

三、子张、子夏

《论语》中，孔子评价子张（颛孙师）、子夏（卜商）二人"师也过，商也不及"，进而提出"过犹不及"（《论语·先进》）一章非常著名。二程经常将二人作为对比一起举出。

> 子夏问政，子曰："无欲速，无见小利。"子夏之病，常在近小。子张问政，子曰："居之无倦，行之以忠。"子张常过高而未仁，故以切己之事答之。①

以上所举子夏、子张问政分别出自《论语·子路》与《论语·颜渊》，程颢指出孔子针对二人之弊，做出不同的回答。"子夏之病，常在近小"，而"子张常过高而未仁"，这与"师也过，商也不及"的论断也是一致的。对于子张之弊，程颐也提出，"子张少仁，无诚心爱民，则必倦而不尽心者也，故孔子因问而告之"②。程颐认为，子张缺少"诚心爱民"之仁，故孔子告之"无倦""以忠"，勉励其尽心爱民。

> 子张、子夏论交，子夏、子张告人各有所以，初学与成德者事不同。③

---

① 《程氏遗书》卷十一，《二程集》，第 134 页。
② 《程氏外书》卷六，《二程集》，第 386 页。
③ 《程氏遗书》卷八，《二程集》，第 103 页。

以上提及的"子张、子夏论交"出自《论语·子张》,子夏告诉门人"可者与之,其不可者拒之"。但是与之不同,子张则称"君子尊贤而容众,嘉善而矜不能"。对此矛盾,二程提出是"初学与成德者事不同",即子夏所言是初学者之事,学者交友应当"可者与之",子张所言则是成德者之事,"尊贤容众"而不拒人。子张、子夏的不同表述,亦可感受到二人"过高"与"近小"之不同。

以下两条提到杨子、墨子与子夏、子张之别。

> 杨、墨,皆学仁义而流者也。墨子似子张,杨子似子夏。①
>
> 杨子似出于子张,墨子似出于子夏,其中更有过不及,岂是师、商不学于圣人之门?(一本张作夏,夏作张。)②
>
> 师、商过不及,其弊为杨、墨。杨出于义,墨出于仁。仁义虽天下之美,然如此者,失之毫厘,谬以千里。(伊川)③

二程强调,杨子、墨子亦是"学仁义",只是因有过、不及之弊,因为产生偏差,"失之毫厘,谬以千里"。在前两条资料中,杨子、墨子与子张、子夏的对应正相反。程颐指出,"杨出于义,墨出于仁",另外以二程子夏为近小、子张为少仁,由此判断,似乎应为子张对杨子,子夏对墨子。以此记载的第二条材料出自《程氏遗书》卷十五,亦为程颐所说,正与《程氏外书》的记载相吻合。④

虽然与颜子、曾子相比,子张、子夏等孔子门人有过与不及之弊,但是程颐强调,孔门高足"一言一事,却总是实",值得后人学习。

① 《程氏遗书》卷六,《二程集》,第 88 页。
② 《程氏遗书》卷十五,《二程集》,第 171 页。
③ 《程氏外书》卷六,《二程集》,第 385 页。
④ 出自《程氏遗书》卷六的第一条材料,原本朱熹即注明"此卷间有不可晓处,今悉存之,不敢删去"(《二程集》,第 80 页)。由此,第一条材料记载有误的可能性更大。

　　古之学者，优柔厌饫，有先后次序。今之学者，却只做一场话说，务高而已。常爱杜元凯语："若江海之浸，膏泽之润，涣然冰释，怡然理顺。"然后为得也。今之学者，往往以游、夏为小，不足学。然游、夏一言一事，却总是实。如子路、公西赤言志如此，圣人许之，亦以此自是实事。后之学者好高，如人游心于千里之外，然自身却只在此。①

程颐强调，学者为学应有"先后次序"，如杜预（字元凯）所言"若江海之浸，膏泽之润"，积习之久，"涣然冰释，怡然理顺"，然后为得。程颐批评当时学者"以游、夏为小，不足学"，认为子游、子夏"一言一事，却总是实"，另外子路、公西华各言志"方六七十，如五六十，求也为之，比及三年，可使足民；如其礼乐，以俟君子"，"非曰能之，愿学焉！宗庙之事，如会同，端章甫，愿为小相焉"（《论语·先进》）。亦都是实事，故其所言所行，仍有值得后人效仿之处。

　　对于子夏所说"博学而笃志，切问而近思，仁在其中矣"（《论语·子张》），程颢也非常赞赏。

　　"博学而笃志，切问而近思"，何以言"仁在其中矣？"学者要思得之，了此，便是彻上彻下之道。②

　　学要在敬也、诚也，中间便（一作更。）有个仁，"博学而笃志，切问而近思，仁在其中矣"之意。（敬主事。）③

程颢强调，学者应当以博学笃志、切问近思的诚敬之学以求仁，下学而上

---

①　《程氏遗书》卷十五，《二程集》，第145页。
②　《程氏遗书》卷十四，《二程集》，第140页。
③　《程氏遗书》卷十四，《二程集》，第141页。

达。另一方面,道学所强调的天道本身就是要在日用常行中展现,因而重视下学、强调实事,这是二程思想的重要特征。

综上所述,子张、子夏固然有过与不及之弊,但是子张、子夏等人笃实力行、下学上达的行为仍为二程所称赞,并将其视作学者的榜样。在二程看来,不仅内在品德的培养需要通过切实之事,天理的践行同样需要在具体的事情中实现。坚持在现实的具体行为中实践道,对于学者而言是至关重要的。

第三节　二程的《孟子》诠释

宋代以来,《孟子》的地位显著提升,最终由子部升入经部。在此过程中,道学对于孟子思想的发明和受重视有着重要作用。二程明确称赞"孟子有功于道,为万世之师"①。

> 传经为难。如圣人之后才百年,传之已差。圣人之学,若非子思、孟子,则几乎息矣。道何尝息?只是人不由之。道非亡也,幽、厉不由也。②

> 孟子有功于圣门不可言。如仲尼只说一个仁字,孟子开口便说仁义;仲尼只说一个志,孟子便说许多养气出来;只此二字,其功甚多。③

《孝经》与《四书》——宋明儒学的意涵新辟

----

① 《程氏遗书》卷五,《二程集》,第76页。

② 《程氏遗书》卷十七,《二程集》,第176页。

③ 《程氏遗书》卷十八,《二程集》,第221页。另有本作"如仲尼只说一个仁义",按整则材料分析,"仲尼只说一个仁字"更为恰当。且据北宋游酢所记二程语有"仲尼言仁,未尝兼义,独于《易》曰:'立人之道曰仁与义。'而孟子言仁必以义配。盖仁者体也,义者用也,知义之为用而不外焉者,可与语道矣。世之所论于义者多外之,不然则混而无别,非知仁义之说者也"(《程氏遗书》卷四,《二程集》,第74页)。"仲尼言仁"一句与此非常相似,更可支持"仲尼只说一个仁字"的记载。

程颐强调，"传经为难"，孔子去世才一百余年，仁义之学中已有杨、墨之差，因而程颐指出，孔子之学"若非子思、孟子，则几乎息矣"。这里程颐指出，即使周幽王、周厉王之时，道本身也不会亡，只是"人不由之"，无人遵道而已。第二条资料中，程颐强调，"孟子有功于圣门不可言"，孟子之功不仅在于传孔子之道，更为关键的是孟子进一步地阐发了孔子思想。程颐举例，孔子提出"仁"，孟子即发明出仁义之道。孔子提出"志"，孟子便提出养气之学。由这些地方可见，孟子对于儒学思想的发展作用巨大。

> 孟子曰："可以仕则仕，可以止则止，可以久则久，可以速则速，孔子也。""孔子，圣之时者也。"故知《易》者，莫若孟子。孟子曰："王者之迹熄而《诗》亡，《诗》亡然后《春秋》作。""《春秋》无义战，彼善于此则有之矣。"征者上伐下也，敌国不相征也。故知《春秋》者，莫若孟子。①

对于孟子所谓孔子为"圣之时者"，以及"《诗》亡然后《春秋》作"，"《春秋》无义战"，程颐感叹孟子知《易》、知《春秋》。只有孟子深得孔子之学，才能做出如此评价。与此类似，二程指出：

> 尧与舜更无优劣，及至汤、武便别。孟子言性之、反之。自古无人如此说，只孟子分别出来，便知得尧、舜是生而知之，汤、武是学而能之。文王之德则似尧、舜，禹之德则似汤、武，要之皆是圣人。②

二程强调，尧、舜与汤、武之别，"自古无人如此说，只孟子分别出来"。虽然尧、舜、汤、武都可称为圣人，但是"尧舜，性之也；汤武，身之也"（《孟子·尽心上》），即"生而知之"与"学而能之"的区别，只有孟子明确地予以区别，

---

① 《程氏遗书》卷二十五，《二程集》，第 327 页。
② 《程氏遗书》卷二上，《二程集》，第 41 页。

提出之间的不同。

> 仁义礼智根于心,其生色言四者,本于心而生色也。"睟于面,盎
> 于背,施于四体,四体不言而喻",孟子非自及此,焉能道得到此? ①

对于孟子所说"君子所性,仁义礼智根于心",其生色也睟面盎背,"四体不
言而喻"(《孟子·尽心上》),二程指出,只有孟子真正地识得此义,实有诸
己,才能做出这样的表述。可以断言,孟子已经深得孔子之道。

但是对于"孟子还可为圣人否"的问题,程颐明确提出,"未敢便道他
是圣人,然学已到至处。"②与孔子相比较,二程同时指出,孟子有许多差异
和不足之处。

> 孔子言语,句句是自然;孟子言语,句句是实事。(一作事实。)③
> 孔、孟之分,只是要别个圣人贤人。如孟子若为孔子事业,则尽做
> 得,只是难似圣人。譬如翦彩以为花,花则无不似处,只是无他造化
> 功。"绥斯来,动斯和",此是不可及处。④

二程提出,孔子所说"句句是自然",是由孔子内在之道自然所发。孟子所
说"句句是实事",孟子已识圣人之道,由此做出具体的评判。第二则材料
更加清楚,孔孟之别就是圣人与贤人之别,圣人言语句句自然,贤人言语
句句实事。二程指出,虽然孔子所为之事孟子亦都做得,但是在内在的修
养方面仍有不足,"无他造化功",不像孔子一样"绥之斯来,动之斯和"

---

① 《程氏遗书》卷二上,《二程集》,第 41~42 页。
② 《程氏遗书》卷十九,《二程集》,第 255 页。
③ 《程氏遗书》卷五,《二程集》,第 76 页。
④ 《程氏遗书》卷二上,《二程集》,第 44 页。

（《论语·子张》），从容中道。

孟子有功于道，为万世之师，其才雄，只见雄才，便是不及孔子处。人须当学颜子，便入圣人气象。①

问："横渠之书，有迫切处否？曰："子厚谨严，才谨严，便有迫切气象，无宽舒之气。孟子却宽舒，只是中间有些英气，才有英气，便有圭角。英气甚害事。如颜子便浑厚不同。颜子去圣人，只毫发之间。孟子大贤，亚圣之次也。"或问："英气于甚处见？"曰："但以孔子之言比之，便见。如冰与水精非不光，比之玉，自是有温润含蓄气象，无许多光耀也。"②

以上两条资料在颜子的讨论中已有提及，作为与颜子的对比，二程提到孟子有"有雄才""有英气"，但是不如孔颜之温润浑厚，因而孟子虽然大贤，但是内在的德性修养远不及孔子、颜子。

孔子为宰则为宰，为陪臣则为陪臣，皆能发明大道。孟子必得宾师之位，然后能明其道。犹之有许大形象，然后为太山；许多水，然后为海。（以此未及孔子。）③

二程指出，孔子无论为宰还是陪臣，"皆能发明大道"。但是孟子只有得宾师之位后，才能明道。可见二程认为，孔子重视德性的培养，因而无论何时何地，皆能率性行道。孟子执着外在功业，以为只有得宾师之位才能行道。可见孟子固然发明孔子之道的地方，但是在为学行道方面已经有所偏差。

---

① 《程氏遗书》卷五，《二程集》，第76页。
② 《程氏遗书》卷十八，《二程集》，第196~197页。
③ 《程氏遗书》卷五，《二程集》，第78页。

综上可见，二程强调，孟子对于传承孔子之道的重要作用，以及孟子之雄才，深得孔子之学，但是同时二程也指出，孟子之德行仍不及孔子、颜渊，需要学者为学中注意。

一、浩然之气

"浩然之气"是孟子思想的重要内容，也是儒家思想的一个重要方面。二程强调孟子所说的浩然之气，是继孔子、曾子、子思以来对儒学之道的重要发展，也是学者修养的重要手段。

> "忠信所以进德"，"终日乾乾"，君子当终日对越在天也。盖上天之载，无声无臭，其体则谓之易，其理则谓之道，其用则谓之神，其命于人则谓之性，率性则谓之道，修道则谓之教。孟子去其中又发挥出浩然之气，可谓尽矣。（一作性。）故说神"如在其上，如在其左右"，大小大事而只曰"诚之不可揜如此夫"。彻上彻下，不过如此。形而上为道，形而下为器，须着如此说。器亦道，道亦器，但得道在，不系今与后，己与人。①

二程认为，孔子强调忠信进德、终日乾乾，就是要学者时时体存天道。天道指其理，以其体而言称为易，以用而言称为神，命人而言称为性。以上是自《周易》《中庸》而来的儒学之道，孟子又提出"浩然之气"，二程强调，儒学思想至此"可谓尽矣"，各个方面都已被阐明。在二程看来，"浩然之气"是儒学思想不可或缺的一个重要方面。

---

① 《程氏遗书》卷一，《二程集》，第4页。

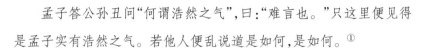

孟子答公孙丑问"何谓浩然之气"，曰："难言也。"只这里便见得是孟子实有浩然之气。若他人便乱说道是如何，是如何。①

孟子曰："我知言。"孟子不欲自言"我知道"耳。②

孟子曰："其为气也，至大至刚以直，养而无害。"此盖言浩然之气至大至刚且直也，能养之则无害矣。③

第一则材料为程颢所言，程颢认为只是"难言"二字，表明孟子对于"浩然之气"能够真正地有所体认。甚至在二程看来，孟子说"知言"就是"知道"，只不过是比较委婉的表达而已。对于难言之气，孟子只能形容其为"至大至刚且直"，养之无害，对于学者修养而言非常重要。

胎息之说，谓之愈疾则可，谓之道，则与圣人之学不干事，圣人未尝说着。若言神住则气住，则是浮屠入定之法。虽谓养气犹是第二节事，亦须以心为主，其心欲慈惠安（一作虚。）静，故于道为有助，亦不然。孟子说浩然之气，又不如此。今若言存心养气，只是专为此气，又所为者小。舍大务小，舍本趋末，又济甚事！今言有助于道者，只为奈何心不下，故要得寂湛而已，又不似释氏摄心之术。论学若如是，则大段杂也。亦不须得道，只闭目静坐为可以养心。"坐如尸，立如斋"，只是要养其志，岂只待为养这些气来，又不如是也。④

在对佛道思想的批判中，二程又举出孟子的"浩然之气"。二程特别指出，

---

① 《程氏遗书》卷三，《二程集》，第 68 页。

② 《程氏遗书》卷九，《二程集》，第 108 页。

③ 《程氏遗书》卷二十五，《二程集》，第 320 页。

④ 《程氏遗书》卷二下，《二程集》，第 49~50 页。

胎息养气之说"与圣人之学不干事",孟子所说的浩然之气与此无关。作为学者排除思虑纷扰的手段,二程认为虽不必排斥,但这是"舍大务小,舍本趋末,又济甚事"。浩然之气虽不同于无声无臭之道,但又不同于一般所说之气,这正是孟子说其"难言"的关键。

> 浩然之气,既言气,则已是大段有形体之物。如言志,有甚迹,然亦尽有形象。浩然之气是集义所生者,既生得此气,语其体则与道合,语其用则莫不是义。譬之以金为器,及其器成,方命得此是金器。①

程颐指出,"浩然之气"之所以被称为气,"已是大段有形体之物",不同于形而上之道。类似于"志",没有具体的事物可称为"志",但是人之志已经有所指向。"浩然之气是集义所生",其源于道,故"其体则与道合",另一方面又是通过率性践行具体之事而具备,故其用为义。程颐比喻,炼金成器,才可称之为"金器"。天道由人不断地在具体事物上践行,具备于身,才可称之为"浩然之气"。

> 《孟子》养气一篇,诸君宜潜心玩索。须是实识得方可。勿忘勿助长,只是养气之法,如不识,怎生养?有物始言养,无物又养个甚?浩然之气,须见是一个物。如颜子言"如有所立卓尔",孟子言"跃如也"。卓尔跃如,分明见得方可。②

如何养成自身的浩然之气,对于学者这是非常重要的目标。程颐要求对于"《孟子》养气一篇",学者要"潜心玩索"。养气之法在于"勿忘勿助长",一定是针对具体的事物,合义而为,不为物欲所干扰。

《孝经》与《四书》——宋明儒学的意涵新辟

---

① 《程氏遗书》卷十五,《二程集》,第 148 页。
② 《程氏遗书》卷十八,《二程集》,第 205 页。

　　"必有事"者,主养气而言,故必主于敬。"勿正",勿作为也。"心勿忘",必有事也。"助长",乃正也。①

　　侯世与云:"某年十五六时,明道先生与某讲《孟子》,至'勿正心,勿忘勿助长'处,云:'二哥以必有事焉而勿正为一句,心勿忘勿助长为一句,亦得。'因举禅语为况云:'事则不无,拟心则差。'某当时言下有省。"②

如程颢所言,虽然其与程颐二人有"必有事焉而勿正心,勿忘勿助长"和"必有事焉而勿正,心勿忘勿助长"的不同断句,但是二人的观点并无不同。二人都主张"养气"一定是针对具体之事,主敬而为。"勿忘"指心不可离开具体之事,"勿正""勿助长",指心不可有意作为。居敬穷理,率性而为,这是重要的集义养气工夫。

　　今语道,则须待要寂灭湛静,形便如槁木,心便如死灰。岂有直做墙壁木石而谓之道? 所贵乎"智周天地万物而不遗",又几时要如死灰? 所贵乎"动容周旋中礼",又几时要如槁木? 论心术,无如孟子,也只谓"必有事焉"。(一本有而勿正心字。)今既如槁木死灰,则却于何处有事? ③

　　意必固我既亡之后,必有事焉,此学者所宜尽心也。夜气之所存者良知也,良能也,苟扩而充之,化旦昼之所害为夜气之所存,然后可以至于圣人。④

---

①　《程氏遗书》卷一,《二程集》,第12页。
②　《程氏遗书》卷一,《二程集》,第12页。
③　《程氏遗书》卷二上,《二程集》,第27页。
④　《程氏遗书》卷二十五,《二程集》,第321页。

以上两条材料中,二程特别强调孟子提出的"必有事焉"。二程从《周易》的"知周乎万物而道济天下","曲成万物而不遗"(《周易·系辞上》),"动容周旋中礼"(《孟子·尽心下》)强调学者工夫一定要在具体的事物中落实,反对形如槁木,心如死灰,与现实脱离的做法。即使孟子有夜气之说,只是因为"夜气之所存者良知",能够以此"化旦昼之所害",从而存养德性。但是程颐指出,夜气之工夫并非存养而已,而是需要以此"扩而充之"。二程反复强调的,就是在具体行为中存养践行本然之道。

二程的思想中,气同样是一个非常重要的概念。有关气的论述中,必然涉及孟子的思想。孟子提出的浩然之气,成为理学讨论的重要内容。二程强调,浩然之气的培养应当在具体的事情中,"必有事焉",内心纯于天理而为,逐渐培养扩充。这样贯穿二程思想的基本特征。

二、万物皆备于我

孟子提出:"万物皆备于我矣,反身而诚,乐莫大焉。"(《孟子·尽心上》)此句为后世所强调,万物之理皆备于我,人自身已具备成德之基础。二程进而提出,孟子"万物皆备于我"的说法不独指人,万物皆是如此。

> "万物皆备于我",不独人尔,物皆然。都自这里出去,只是物不能推,人则能推之。虽能推之,几时添得一分?不能推之,几时减得一分?百理具在,平铺放着。几时道尧尽君道,添得些君道多;舜尽子道,添得些孝道多?元来依旧。①

在二程看来,本然天理万物皆具备,不仅人本身,甚至动物、草木也都具

① 《程氏遗书》卷二上,《二程集》,第34页。

备。但是与人不同的地方在于,"物不能推,人则能推之"。"推"是二程强调的一个重要概念,即将本然内在之理发用于外,这样的能力只有人才具有。二程强调,"百理具在,平铺放着","元来依旧",只不过动物、植物不具备作用于外物的能力。对人而言,圣人与普通人的差别就在于将内在之理推致于外物的能力,如"尧尽君道""舜尽子道",不是尧、舜将创造出君道、子道,而是尧、舜将内在的君道、子道作用于外,发挥出来。二程称此为"推"。

> "万物皆备于我",此通人物而言。禽兽与人绝相似,只是不能推。然禽兽之性却自然,不待学,不待教,如营巢养子之类是也。人虽是灵,却椓丧处极多,只有一件,婴儿饮乳是自然,非学也,其佗皆诱之也。欲得人家婴儿善,且自小不要引佗,留佗真性,待他自然,亦须完得些本性须别也。①

在以上资料中,二程再次强调,天理的具备是"通人物而言","禽兽与人绝相似,只是不能推"。如上所述,禽兽与人本然具备天理,在此方面没有区别。不同之处在于,人能够将内之理推致于外,在外部世界中呈现、扩充此理,此被称作"人之灵"。二程指出,虽然动物推致、扩充的能力有限,但是动物自然而然,"不待学,不待教","营巢养子"之类皆能做到。"人虽是灵",能够将仁、义、礼、智之性全部推致作用出去,但是人除了"婴儿饮乳"皆需要学习引导。二程进而强调,必须注意对婴儿的教育引导,"留他真性,待他自然"。由上可见,二程从自己的天理观出发,强调万事万物皆具备与人一样的天理。人得天地之秀以为最灵,不是因为人禀承的天理不同,而是人具有能够将共同的天理推致作用于外的能力,这才是人与他物

---

① 《程氏遗书》卷二下,《二程集》,第56~57页。

的根本区别。

三、完廪浚井

作为舜之孝道的表现,《孟子》中记载的"完廪浚井"故事非常著名,其原文记载如下:

> 万章曰:"父母使舜完廪,捐阶,瞽瞍焚廪。使浚井,出,从而揜之。象曰:'谟盖都君咸我绩。牛羊父母,仓廪父母,干戈朕,琴朕,弤朕,二嫂使治朕栖。'象往入舜宫,舜在床琴。象曰:'郁陶思君尔。'忸怩。舜曰:'唯兹臣庶,汝其于予治。'不识舜不知象之将杀己与?"曰:"奚而不知也?象忧亦忧,象喜亦喜。"(《孟子·万章上》)

对此,二程明确表示象与瞽瞍在舜完廪、浚井之时欲杀害舜之事,并不可信。

> 孟子言舜完廪浚井之说,恐未必有此事,论其理而已。尧在上而使百官事舜于畎亩之中,岂容象得以杀兄,而使二嫂治其栖乎?学孟子者,以意逆志可也。[1]

二程指出,"完廪浚井"之说一个明显矛盾,尧仍在位且使百官事舜,怎么可能允许象杀舜并且霸占二嫂之事呢?显然这只是当时的一个传言而已。二程提出,"学孟子者,以意逆志可也",学者不应拘泥于具体的词句,重要的是体会孟子的用意,即孟子提出"象忧亦忧,象喜亦喜"的含义。

---

[1] 《程氏遗书》卷四,《二程集》,第 71 页。

　　学者不泥文义者，又全背却远去；理会文义者，又滞泥不通。如子濯孺子为将之事，孟子只取其不背师之意，人须就上面理会事君之道如何也。又如万章问舜完廪浚井事，孟子只答佗大意，人须要理会浚井如何出得来，完廪又怎生下得来，若此之学，徒费心力。①

此则材料中，程颐提出学者读书与文本的关系。程颐指出"不泥文义"之人，自己的解释有可能与原文背道而驰。然而理会、拘泥于文义之人，又滞泥其中，不能领会文本的深意。程颐举出《孟子》中子濯孺子与庾公之斯的故事，庾公之斯不忍加害子濯孺子，程颐认为是否确有其事，学者不必过分追究。但是学者以此例要说明的"事君之道""不背师之意"，才是最为重要的。同样"舜完廪浚井事"，如果仅仅拘泥于舜如何逃生，显然偏离了孟子的本意，只能"徒费心力"。

　　问："圣人与天道何异？"曰："无异。""圣人可杀否？"曰："圣人智足以周身，安可杀也？只如今有智虑人，已害他不得，况于圣人。"曰："昔瞽瞍使舜完廪浚井，舜知其欲杀己而逃之乎？"曰："本无此事，此是万章所传闻，孟子更不能理会这下事，只且说舜心也。如下文言'琴朕，干戈朕，二嫂使治朕栖'，尧为天子，安有是事？"②

　　先生云："上智下愚便是才，以尧为君而有象，以瞽瞍为父而有舜，亦是才。然孟子只云'非才之罪'者，盖公都子正问性善，孟子且答他正意，不暇一一办之，又恐失其本意。如万章问象杀舜事，夫尧已妻之二女，迭为宾主，当是时，已自近君，岂复有完廪浚井之事？象欲使二嫂治栖，当是时，尧在上，象还自度得道杀却舜后，取其二女，尧便

────────────
① 《程氏遗书》卷十八，《二程集》，第205页。
② 《程氏遗书》卷十八，《二程集》，第209页。

了得否？必无此事。然孟子未暇与辨，且答这下意。"①

以上两条资料中，程颐提出一个关键问题，即舜"完廩浚井"虽然出自《孟子》一书，但从上下文来看，该事出自万章之口，并非孟子亲口所言。由此，程颐指出"本无此事，此是万章所传闻，孟子更不能理会这下事，只且说舜心也"，"必无此事。然孟子未暇与辨，且答这下意"。孟子只是为了表示舜之事父、待弟之行为，因此没有完全否定万章所说的完廩浚井之事。

与此类似，程颐认为，《孟子》的记载并非完全可靠。

> 邓文孚问："孟子还可为圣人否？"曰："未敢便道他是圣人，然学已到至处。"又问："《孟子》书中有不是处否？"曰："只是门人录时，错一两字。如'说大人则藐之'，夫君子毋不敬，如有心去藐他人，便不是也。更说夷、惠处云'皆古圣人'，须错字。若以夷、惠为圣之清、圣之和则可，便以为圣人则不可。看孟子意，必不以夷、惠为圣人。"②

程颐承认，"《孟子》书中有不是处"，但同时指出其原因"只是门人录时，错一两字"。例如"说大人则藐之"（《孟子·尽心下》）及称伯夷、伊尹"皆古圣人"（《孟子·公孙丑上》），这样的记载都不合孟子之义，应当是记载的错误。

从以上对待《孟子》文本的态度可见，虽然二程主张学者为学当从《论语》《孟子》入手，但此二者绝不能等量齐观。二程指出，《论语》是孔门高弟所撰，应当反复地阅读文字，理会圣人气象。然而《孟子》一书，其门人在记载时已有差错之处，因而学者不必拘泥文字，体会孟子之大意即可。《孟子》被列入《四书》，因为孔子、曾子、子思之后，只有孟子能够识得圣人之

① 《程氏遗书》卷十九，《二程集》，第252~253页。
② 《程氏遗书》卷十九，《二程集》，第255页。

《孝经》与《四书》——宋明儒学的意涵新辟

道,发明孔子之意,但这绝不意味《孟子》之书是没有纰漏的,这一点需要特别注意。

综上所述,二程以《孟子》书中舜"完廪浚井"之事为例,强调学者读书的关键应该心知其义,了解书中的道学义理而非拘泥于具体的文字。二程开创的理学,其目标是追求天理的体认,道德的培养,因而其思想虽然依赖《四书》等儒家经典体系,但是又不必局限于经文本身,这也反映了理学对传统儒学思想的突破。

第四节　洛学门人杨时的《四书》诠释

程门高足杨时晚年定居毗陵后,有众多年轻的南方士子向其问学。在杨时对年轻士子的回答中,其道学理论特征非常明显。《龟山集》卷十四为"答问",记录了杨时与毗陵士人胡瑗(字德辉)、周伯忱的问答。这些问答中,杨时完全是以道学观念回答年轻士人的提问。下面围绕与胡瑗的《答胡德辉》二十八条问答依次予以分析,以此展现杨时《四书》诠释的思想特点。

1.问:"'克、伐、怨、欲不行焉,可以为仁矣?'子曰:'可以为难矣,仁则吾不知也。''克'谓其克人也。若颜子克己,然后可以不克人。'伐'谓伐其功也,伐其善也。虽大禹犹有待乎告戒,所谓'汝惟不伐'是已。'怨'必如伯夷求仁而得仁,然后可以无怨。'欲'必如公绰,然后可以谓之不欲。夫颜子亚圣者也,禹入圣域者也,伯夷圣之清者也,而公绰不欲,又为成人之质。今欲四者不行,宜可以为仁矣。今止谓之'可以为难',不已轻乎? 求其说而不得。"

答:"克、伐、怨、欲,在常情易发难制,有而不行焉,可以为难矣。

若夫仁,则又何克、伐、怨、欲之有?"①

"克、伐、怨、欲不行焉,可以为仁矣?"子曰:"可以为难矣,仁则吾不知也。"(《论语·宪问》)在胡理看来,能够做到不克人(迁怒于人)、不伐功、无怨、不欲,是要像颜子、大禹、伯夷、公绰那样的圣人才能做到。人的行为修养能够达到这样的程度,难道还称不上是圣吗?在杨时看来,"克、伐、怨、欲"的情感,"易发难制",颜子、大禹、伯夷、公绰四人品德的高尚,在于"有而不行",能够节制自己的情感,当然难能可贵。但是从仁之体的角度而言,克、伐、怨、欲这样人己、物我对立的情感是都不存在的,因为不可称之为仁。在杨时的思想中,仁之本体就是与物无对的万物一体。

2.问:"'思无邪'。思而后积,积而后满,满而后发。《诗》三百篇,大抵思之发也。思而无邪,诗何不然哉?或曰:有思皆邪也,无思则土木也。思无邪者,惟有思而无所思乎?佛语以迷真起妄最初一念为念之正。此理合矣。然是说也,果圣人当时告门人之意乎?"

答:"《书》曰:'思曰睿,睿作圣。'孔子曰:'君子有九思。'夫思可以作圣,而君子于貌言视听必有思焉,而谓有思皆邪,可乎?《系辞》曰:'易,无思也,无为也,寂然不动,感而遂通天下之故,非天下之至神,其孰能与于此?'夫自'至神'而下,盖未能无思也。惟无思为足以感通天下之故,而谓'无思土木也',可乎?此非穷神知化,未足与议也。《诗》三百出于国史,固未能不思而得,然而皆止于礼义,以其所思无邪而已。"②

针对"有思皆邪也,无思则土木也"的观点,杨时首先提出"自'至神'

① 《答胡德辉》,《杨时集》卷十四,林海权校理,中华书局,2018年,第402~403页。
② 《答胡德辉》,《杨时集》卷十四,第403~404页。

而下,盖未能无思也"。日常生活中,思具有普遍性。但是同时在无思的状态下,"足以感通天下之故",故而无思并非土木一样毫无感通。杨时强调思之时如孔子所说"君子有九思"(《论语·季氏》),思以作圣。同时在无思的状态保持和外物的感通。

具体针对"《诗》三百,一言以蔽之,曰:'思无邪。'"(《论语·为政》),杨时提出,"《诗》三百出于国史,固未能不思而得,然而皆止于礼义,以其所思无邪而已"。《诗》源于周代国史之思,但是同时又能以礼义规范,故思而无邪。

3.问:"'夫子之言性与天道不可得而闻也。'或谓性也,天也,道也,三者同出而异名。知性之未始有物也,虽天亦然。知天之未始有物也,虽性亦然。或曰:不然。性明其理,天道明其事。明理之际,或疑其无;明事之际,或疑其有。必也理、事俱融。此其说之难闻也。故经言天道,皆以祸福善恶焉。异乎言性也! 二说孰是? "

答:"'天命之谓性,率性之谓道。'性、命、道三者,一体而异名,初无二致也。故在天曰命,在人曰性,率性而行曰道,特所从言之异耳。所谓天道者,率性是也,岂远乎哉? 夫子之文章,乃所以言性与天道,非有二也,闻者自异耳。子贡至是始与知焉,则将进乎此矣。"①

子贡所说:"夫子之文章,可得而闻也;夫子之言性与天道,不可得而闻也。"(《论语·公冶长》)一直以来都是聚讼所在。作为孔门高足,何以子贡要说"性与天道"的思想"不可得而闻"呢? 甚至以此为基准,整个宋明思想的讨论亦将遭受质疑。

首先由《中庸》首句"天命之谓性,率性之谓道",杨时提出:"性、命、道

---

① 《答胡德辉》,《杨时集》卷十四,第404~405页。

三者，一体而异名，初无二致也。""一体异名，初无二致"是杨时道学思想的特色。命、性、道三者是同一实体在三种不同状态下的称谓，从天赋予人的角度而言称之为"命"，从人本然地生而具有的角度而言称之为"性"，从人展现本性、依天命而行的角度而言称之为"道"，杨时指出三者"特所从言之异耳"。对人而言，天道并非遥不可及，恰恰就在于我们率性而行。

从"一体异名，初无二致"的立场出发，那么"夫子之文章"和"性与天道"，同样没有本质的差异。杨时指出："夫子之文章，乃所以言性与天道，非有二也，闻者自异耳。"孔子的文章所表达的就是"性与天道"，而非要通过其他特殊或者神秘的方式表现。杨时指出，子贡的话语表明"至是始与知焉，则将进乎此矣"。即子贡终于明白孔子的文章所反映的内容，就是"性与天道"。

4.问："子曰：'回也其心三月不违仁。'心不违仁，必不待见之言行也。然非行，何自而知之？仲尼知颜子，亦有说矣。"

答："有不善未尝不知，知之未尝复行，则其不违可知矣。"①

对于孔子赞扬颜回"其心三月不违仁"（《论语·雍也》），胡瑗的思想非常有趣。胡瑗指出，如果颜回"心不违仁"，那其言行亦都是正当的，那么孔子何以得知颜回之心有不善的萌动呢？杨时并没有直接回答，由《周易·系辞》所言"有不善未尝不知，知之未尝复行也"。以强调颜子的品格。

5.问："'不逆诈，不亿不信，抑亦先觉者，是贤乎？'逆其诈，将有不胜其诈；亿其不信，将有不胜其不信。先觉之人，所病在是。不逆诈，不亿不信，此其所贤也。不然，先觉适为智料隐匿者尔，非其贤也。或曰：

---

① 《答胡德辉》，《杨时集》卷十四，第405页。

不然。孔子谓先觉,君子亦以是为贤,非独我也。"

答:"君子一于诚而已。惟至诚为可以前知,故不逆诈,不亿不信,而常先觉也。抑亦以是为贤乎?若夫不逆不亿,而卒为小人所欺焉,斯亦不足观也已。"①

针对孔子所言"不逆诈,不亿不信,抑亦先觉者,是贤乎!"(《论语·宪问》)胡瑗指出,发挥智力以免受欺诈和蒙蔽,只能称作"先觉者",而非贤者。真正的贤者应该绝圣弃智,不应时刻提防他人。

对此杨时认为,根据《中庸》所说"至诚之道,可以前知",儒家之君子"一于诚而已",即内心时刻纯于本然之天理。因其能够诚于天理,故可先觉前知,不需要逆诈、亿不信地提防他人。杨时也指出,不是从本然的天理出发而片面地轻信他人,以致"卒为小人所欺",亦是愚蠢而错误的。

6.问:"'回也其庶乎,屡空。'说者谓若庄周,所谓忘仁义礼乐与夫坐忘之谓也。然下文言'赐不受命,而货殖焉',则所谓'空'者,非忘仁义之类也。然空必谓之'屡'者,何如?"

答:"'其心三月不违仁',则盖有时而违也。然而其复不远,则其空也屡矣。空也者,不以一物置其胸中也。子贡货殖,未能无物也。孔门所谓货殖者,岂若世之营营者耶?特于物未能忘焉耳。"②

针对"回也其庶乎,屡空。赐不受命,而货殖焉,亿则屡中"(《论语·先进》),胡瑗提出,子贡不受命,原因在于子贡思想中仍受"货殖"等事牵扰,而不能完全地纯于仁义。颜子之贤则在于"屡空",不断祛除外在物欲的干扰。胡瑗亦提问,为什么如颜子之贤,还不能纯于仁义,需要克去私欲的

① 《答胡德辉》,《杨时集》卷十四,第405~406页。
② 《答胡德辉》,《杨时集》卷十四,第406页。

"屡空"这功夫呢?

对此,杨时指出颜子"其心三月不违仁","则盖有时而违也",颜子心中亦有受物欲干扰违背仁义的意念。但是颜子能够做到"不远而复",即时地自我纠正,故而屡空。杨时提出,"空也者,不以一物置其胸中也。"空表明人之行为的发动应当是纯于理义,而不受外物的干扰。孔子批评子贡货殖,就在于子贡的行为常常受外物的影响,"特于物未能忘焉耳",而不能纯于天理。杨时特别强调,子贡货殖之弊,只是未能完全排除功利的计算,与后世的蝇营狗苟、贪图利益之辈有着根本的区别。

> 7.问:"'子见南子,子路不说。'子路平居受教孔子者也。孔子见南子,虽如子路者且有不谕,他人何自而谕哉? 盖圣人用权处,平居不以语学者,此子路所以疑而不说也。南子不可见,审矣。今见所不见,不害为孔子者,何说? "

> 答:"南子,卫灵公之妾。以妾为妻,五霸之所不容,况孔子而可以见之乎? 子路所以不说也。然当是时,穷为旅人,不得而正之者,天实厌之也。孔子而得位,固将正之也。然卫之人皆以为小君,而谓过吾国者,必见吾寡小君,则孔子安得而不见? 否之时,'包承,小人吉'。此大人处否而亨之道也。"①

对于"子见南子,子路不说"(《论语·雍也》),胡珵提出,"盖圣人用权处,平居不以语学者,此子路所以疑而不说也"。杨时指出,孔子所谓"予所否者,天厌之! 天厌之! "卫灵公以妾为妻,天亦不容。如果"孔子而得位,固将正之也"。但孔子过卫之时,亦不得不如此。杨时指出,"子见南子"并非权变之道,只因势不得已。

---

① 《答胡德辉》,《杨时集》卷十四,第406~407页。

《孝经》与《四书》——宋明儒学的意涵新辟

8.问："'原壤夷俟。'以原壤为贤耶?圣人固以不逊弟罪之矣;以原壤为不贤耶?然于圣人敢以夷俟,圣人不绝之,又从而以杖叩其胫。则壤果何人者耶?或曰:圣人如此,'故者,无失其为故也。'然则仲尼故亦多矣,何独于壤见之?"

答:"原壤之母死,登木而歌,孔子为弗闻也者而过之,其置之礼法之外久矣。若原壤,盖庄生所谓游方之外者也,故敢以夷俟,而孔子切责之,畏其乱俗也。然谓之为贼而叩其胫,不已甚乎?而彼皆受之而不辞,非自索于形骸之内而不以毁誉经其心,孰能如是?盖惟原壤而后待之可以如此。"①

对于"原壤夷俟"(《论语·宪问》),孔子批评其"幼而不孙弟,长而无述焉,老而不死,是为贼"。而且"以杖叩其胫"。原壤到底是贤人,还是不肖之人?杨时认为,原壤为"游方之外者"。对于"夷俟",一方面"孔子切责之,畏其乱俗也",担心其所作所为起到负面的作用;另一方面,孔子骂其为贼且"以杖叩其胫",但原壤"皆受之而不辞,非自索于形骸之内而不以毁誉经其心,孰能如是?"原壤不以外物动其心的品行,相对于蝇营狗苟之辈,亦有其可取之处。

9.问："'一日克己复礼,天下归仁焉。'孔子终身行仁者也,当时学士大夫有不知。奈何颜子一日为仁,而使天下归仁焉?或曰:不然。天下归仁,犹皇极之道,天下所共由也。颜子克己太过,其末将有墨氏之弊。人之乐于为仁者鲜矣,此仲尼所以救之。一日能然者,由一日而积也。后之知是说者,惟孟子。其然乎?"

---

① 《答胡德辉》,《杨时集》卷十四,第407~408页。

答:"吕与叔尝作克己复礼颂,曾见之否? 其略曰:'洞然八荒,皆在我闼。孰曰天下不归吾仁? '斯言得之。若未见,俟寻本录去。"①

针对孔子对颜渊所说"一日克己复礼,天下归仁焉",胡瑷提问,为什么说一日克己之功,就能使天下归仁呢? 即使如"孔子终身行仁者也,当时学士大夫有不知"。杨时提到吕大临的《克己复礼颂》,认为"斯言得之"。事实上,从杨时整体的思想来看,杨时提倡"仁者无敌""与物无对",所谓"天下归仁"即理学家强调的"万物一体"的社会理想。

10.问:"'述而不作,信而好古,窃比于我老彭。'《论语》一书,未尝及老氏,盖设教不伦也。或说此所谓'老彭',乃老氏与彭籛,非谓彭之寿而谓之老彭也。然老氏之书,果'述而不作,信而好古'者乎? "
答:"老氏以自然为宗,谓之不作可也。"②

对于"述而不作,信而好古,窃比于我老彭"(《论语·述而》),胡瑷提问,老子著有《道德经》五千言,为什么说他是"述而不作"呢? "老氏之书,果'述而不作,信而好古'者乎? "杨时回答:"老氏以自然为宗,谓之不作可也。"杨时同样赞赏老子的"道法自然",不以私意强作妄为,同样与孔子"述而不作"的精神相契合。杨时所推崇的,就是完全符合本然天道,不以外物私欲而干扰的理想状态。

11.问:"'子在齐闻韶,三月不知肉味。'闻乐而至于忘味,有之矣,至于三月不知,岂近人情乎? 或说'闻韶音不知肉味'耳。盖'三月'者,'音'字之误也。"

---

① 《答胡德辉》,《杨时集》卷十四,第408页。
② 《答胡德辉》,《杨时集》卷十四,第409页。

《孝经》与《四书》——宋明儒学的意涵新辟

答:"谓'音'字误为'三月',伊川之说如此。"①

该条有关"子在齐闻《韶》,三月不知肉味"(《论语·述而》)的讨论,胡理提出"三月"或为"音"之误,该章应读作"子在齐闻《韶》音,不知肉味"。杨时表示,程颐即是如此解读。如胡理所说:"闻乐而至于忘味,有之矣,至于三月不知,岂近人情乎?"杨时大概也认为,无论韶音如何尽善尽美,但始终为外物,心一直被其所拘的话,亦有碍于天理之感通。

12.问:"樊迟问仁。子曰:'居处恭,执事敬,与人忠,虽之夷狄,不可弃也。'子张问行。子曰:'言忠信,行笃敬,虽蛮貊之邦,行矣。'其意甚类。或说'问仁'乃'问行'尔,亦字之误。"

答:"学者求仁而已,行则由是而之焉者也。其语相似,无足疑者。世儒之论仁,不过乎博爱自爱之类。孔子之言则异乎此。其告诸门人可谓详矣,然而犹曰'罕言'者,盖其所言皆求仁之方而已,仁之体未尝言故也。要当遍观而熟味之,而后隐之于心而安,则庶乎有得,非言论所及也。"②

胡理提出,孔子对于"樊迟问仁"(《论语·子路》)的回答和"子张问行"(《论语·卫灵公》)的回答,内容相似,"问仁"的"仁"字或许为"行"字之误。借此,杨时两次阐述自己的仁学观点,"学者求仁而已,行则由是而之焉者也"。杨时认为,《论语》中孔子"告诸门人可谓详矣,然而犹曰'罕言'者,盖其所言皆求仁之方而已,仁之体未尝言故也"。这是杨时早年受学二程以来,对于仁学问题的一贯立志。杨时根据"子罕言利与命与仁"(《论语·子罕》)指出,孔子所"罕言"的是"仁之体",而《论语》中教导弟子的都是"求

① 《答胡德辉》,《杨时集》卷十四,第409~410页。
② 《答胡德辉》,《杨时集》卷十四,第410页。

仁之方"。因此"樊迟问仁"与"子张问行"的回答相似,就在于孔子所说只是行仁、求仁之语。最后杨时勉励胡珵:"要当遍观而熟味之,而后隐之于心而安,则庶乎有得,非言论所及也。"事实上这一句表述,与杨时一直提倡的"以身体之,以心验之"的读书之法亦是一致的。虽然胡珵的问题停留在言义训诂,而杨时则是完全从理学的角度予以阐释。

13.问:"子曰:'参乎!吾道一以贯之。'曾子曰:'唯。'子出,门人问曰:'何谓也?'曾子曰:'夫子之道,忠恕而已。'庄子言'南郭子綦隐几而坐,仰天而嘘,嗒然似丧其耦'。曾子明夫子之道,亦在乎一'唯'之间,盖与'仰天而嘘'不异也。若尔,下文言'夫子之道,忠恕而已矣',理似不然。或谓忠恕,亦自有理。"

答:"曾子未尝问,而夫子以是告之,盖当其可也,故曾子曰'唯'。'子出,门人问',此曾子之门人也,未足以语此,故告之曰'夫子之道,忠恕而已矣'。'忠恕'固不足以尽道,然其违道不远。由是求之,则于一以贯之,其庶矣乎?"①

《论语》中著名的孔子告曾子"吾道一以贯之",曾子答曰:"唯。"并再对门人解释"夫子之道,忠恕而已矣!"(《论语·里仁》)胡珵认为曾子之回答"唯",与《庄子·齐物论》中形容"南郭子綦隐几而坐,仰天而嘘,嗒然似丧其耦"的"仰天而嘘"相似。另外,忠恕之道的境界又与此不同,"亦自有理"。

对此,杨时明确指出:"'忠恕'固不足以尽道,然其违道不远。由是求之,则于一以贯之,其庶矣乎?"杨时一直坚持,孔子对于本然之道,如仁之体、一以贯之,都不轻易语人。《论语》中孔子仅对曾子、子贡二人提到"一以贯之","盖当其可也"。对于曾子之门人而言,"未足以语此",所以曾子

① 《答胡德辉》,《杨时集》卷十四,第411页。

转告以"忠恕"二字。忠恕与一贯的关系，与上一条中求仁之方与仁之体的关系是一致的，对于一贯之道的追求要从日常生活中的忠恕之行做起。如下一条杨时所言"夫道若大路，行之则至"，对于本体的探求就在于具体的行动中。

14.问："'中庸之为德也，其至矣乎！民鲜久矣。'说者谓有高明之至德，有中庸之至德。君子以高明者人所难勉，中庸者人所易行，故以人所难勉者立己，而以人所易行者同民，将使人人能之。其言'民鲜久矣'，盖上失其道非一日也。而考之中庸，则曰：'君子中庸，小人反中庸。君子之中庸也，君子而时中。'又曰：'君子依乎中庸，遁世不见，知而不悔，惟圣者能之。'又曰：'舜其大知也与？执其两端，用其中于民。'又曰：'回之为人，择乎中庸，得一善则拳拳服膺而弗失之矣。'夫君子得是而时中，圣人依是而遁世。进为抚世莫如舜，退隐就闲莫如颜。然且有所执有所择，如是果人之所可到。然圣人以'民鲜久矣'言之，则中庸者，亦人之所易行矣。愿究言之，使学者有所适从。"

答："道止于'中'而已矣。出乎'中'则过，未至则不及，故惟'中'为至。夫'中'也者，道之至极。故'中'又谓之极。屋极亦谓之极，盖中而高故也。极高明而不道乎中庸，则贤智者过之也；道中庸而不极乎高明，则愚不肖者之不及也。世儒以高明、中庸析为二致，非知中庸也。以谓圣人以高明处己，中庸待人，则圣人处己常过之，道终不明不行，与愚不肖者无以异矣。夫道若大路，行之则至。故孟子曰：'尧、舜之道，孝悌而已矣。'其为孝悌，乃在乎行止、疾徐之间，非有甚高难行之事，皆夫妇之愚所与知者。虽舜、颜不能离此而为圣贤也，百姓特日用而不知耳。"①

---

① 《答胡德辉》，《杨时集》卷十四，第412~413页。

该条针对"中庸之为德也,其至矣乎! 民鲜久矣"(《论语·雍也》)的提问,胡瑗提出一种观点,即"有高明之至德,有中庸之至德",高明以立己,中庸以同民。胡瑗又以《中庸》的观点认为,舜用中庸,"执其两端,用其中于民",颜子"择乎中庸,得一善则拳拳服膺而弗失之矣"。中庸不止是对民而言,而是"人之所易行矣",是对所有人的要求。

反对高明与中庸的对立是杨时的一贯立场。杨时提出,"道止于'中'而已矣","夫'中'也者,道之至极"。中即是道,即是极致,即是高明。"极高明而不道乎中庸,则贤智者过之也;道中庸而不极乎高明,则愚不肖者之不及也。"杨时提出,"夫道若大路,行之则至",对于极高明的追求本身就在于行止、疾徐之间,不离百姓的日用常行。

《孝经》与《四书》——宋明儒学的意涵新辟

15.问:"子曰:'衣敝缊袍,与衣狐貉者立而不耻者,其由也与?'或谓仲由服仲尼耻恶衣之戒,故至于是。方其言志,曰'衣轻裘,与朋友共,敝之而无憾',岂能无狐貉之念哉? 圣人许之,何说?"

答:"士志于道,于缊袍、狐貉何容心哉? 随所有而安之耳。衣缊袍,不以恶衣为耻,与朋友共敝之,不以小己自私,初不相妨也。"①

胡瑗提出,在《论语·子罕》一章中,孔子说:"衣敝缊袍,与衣狐貉者立而不耻者,其由也与?"孔子批评子路"与衣狐貉者立"而不知耻,而子路言其志,"愿车马衣轻裘,与朋友共,敝之而无憾"(《论语·公冶长》)。显然"轻裘"与"狐貉"类似,为什么孔子没有批评呢?

杨时指出:"士志于道,而耻恶衣恶食者,未足与议也。"(《论语·里仁》)从"志于道"的角度而言,缊袍与狐貉没有区别,都是避寒的衣物,"随其所有而安之耳"。

---

① 《答胡德辉》,《杨时集》卷十四,第413~414页。

16.问:"子曰:'语之而不惰者,其回也与?''语之而不惰'与子路'闻斯行诸'不异,然未得为颜子之徒,何也?"

　　答:"'语之而不惰者','于吾言无所不说'是也,与'闻斯行之'异矣。子曰'吾与回言终日',则所言非一二也。今《论语》所记无几,则孔子与回言,盖有众人不得而闻者。圣人之教人,各当其可也。故子路虽'闻斯行之',而孔子犹告之以'有父兄在',则未得为颜子徒宜矣。"①

　　胡珵提出:"语之而不惰者,其回也与。"(《论语·子罕》)与子路"闻斯行诸"(《论语·先进》)不同,杨时重视行仁以求仁,那么子路"闻斯行诸"似乎更优于颜子的闻见。对此,杨时提出,"圣人之教人,各当其可也"。"语之而不惰"和"于吾言无所不说"(《论语·先进》),都可看作孔子对颜子的赞赏。而孔子对颜子其他的教诲,并未被其他门人听闻而记载于《论语》中,可能导致后人的误解。杨时也指出,子路提出"闻斯行诸"时,孔子告诫"有父兄在",故自己的行为亦应加以节制,故而颜子的言行更加得宜。

17.问:"'毋友不如己者',商也日进,以其好与胜己者处也。然'我之不贤,人将拒我',如之何其可相友也?"

　　答:"所谓如己者,合志同方而已,不必胜己也。"②

　　《论语·子罕》篇中"毋友不如己者"一句,一直以来都是聚讼所在,胡珵即指出,照此原则人们甚至难以交到朋友,因为即使希望与比自己优秀的人交朋友,但也会担心"我之不贤,人将拒我"。杨时认为,孔子不是要求一定要与才能胜己者游,而是"合志同方",与具有共同志向的人交游。

----

① 《答胡德辉》,《杨时集》卷十四,第414页。
② 《答胡德辉》,《杨时集》卷十四,第414~415页。

18.问:"'道不同,不相为谋。'道一而已,'不同'者何说?"

答:"'天下殊途而同归',故道有不同者。途虽殊,其归则同。道不同,其趋则一也。若伯夷、伊尹之去就,则难相为谋矣。"①

胡珵质疑天道唯一无二,那么何以孔子要说"道不同,不相为谋"(《论语·卫灵公》)。似乎也有不同之道呢?

在第 3 条答问中,杨时举出《中庸》的"率性之谓道","道"是指人展现本性、依天命而行的表现。从这个角度而言,《周易·系辞》提出"天下一致而百虑,同归而殊途",形而下之道各种各样。杨时指出,伯夷去国,伊尹就商,二人的处境不同,选择亦不同,固"难相为谋",但是从道的角度而言都是一致的,只是天道在不同情境的不同呈现而已。

19.问:"'君子贞而不谅',君子不谅,可乎?"

答:"惟贞,故可以不谅。所谓贞者,惟义所在也。"②

胡珵提出:"君子贞而不谅。"(《论语·卫灵公》)"不谅"似乎与"忠恕而已"的恕道不同,解释为始终不原谅是否恰当呢?杨时指出,"不谅"的前提在于"惟贞","惟义所在",在坚持道义的前提下不能随便妥协,这是非常关键的。可见在杨时看来,"贞而不谅"所针对的就是"乡愿",而非与"忠恕"之道矛盾。

20.问:"'君子矜而不争。'《书》曰:'汝惟不矜,天下莫与汝争能。'君子可矜乎?"

① 《答胡德辉》,《杨时集》卷十四,第 415 页。
② 《答胡德辉》,《杨时集》卷十四,第 415 页。

答:"'矜'者矜庄之矜,非谓矜伐也。古人用字,各有所当,难以一说该也。"①

胡珵提出,"君子矜而不争"(《论语·卫灵公》)与《尚书·大禹谟》的"汝惟不矜,天下莫与汝争能"相矛盾。要达到不争,君子的言行是"矜"好,还是"不矜"好呢? 杨时提出,孔子所说的"矜而不争"是应保持"庄矜"的态度,而不是《尚书》所说的"矜伐",即自我夸耀的行为。杨时也指出这样的诠释问题,即"古人用字,各有所当",同样的字在不同的语境中具有不同的含义,需要我们在理解的过程中,予以恰当的选择和解读。

21.问:"'君子泰而不骄。'孟子传食于诸侯,人或以为泰。君子可泰乎?"

答:"非侈泰之'泰',若心广体胖是也。"②

该条同样是不同文本的冲突,《论语》提出,"君子泰而不骄"(《论语·子路》《论语·尧曰》)。但是《孟子》中"传食于诸侯,不以泰乎?"似乎君子应当避免"泰"的批评。杨时指出,这同样是解释的问题,"传食于诸侯"之"泰"为"侈泰",与君子"心广体胖"的"安泰"完全不同。

22.问:"'放郑声,远佞人。'言'郑声'而不及于慝礼,言'佞人'而不及于谗说,何也?"

答:"'行夏之时,乘殷之辂,服周之冕',无非礼者,则慝礼自放矣。佞人御人以口给,则谗说在其中矣。"③

---

① 《答胡德辉》,《杨时集》卷十四,第416页。
② 《答胡德辉》,《杨时集》卷十四,第416页。
③ 《答胡德辉》,《杨时集》卷十四,第416页。

该条胡珵提问,孔子既然提出,"放郑声,远佞人,郑声淫,佞人殆"(《论语·卫灵公》)。为什么不更明确地提出,"放郑声"是因为"淫乐慝礼"(《礼记·乐记》),"远佞人"是因为忌惮"谗说"呢? 可见胡珵的提问已经不仅仅停留于淫声、危害的问题,而是涉及仪礼、政术的层面。杨时的回答肯定了胡珵的提问,杨时指出,该章孔子首先提出"行夏之时,乘殷之辂,服周之冕",已经是仪礼的要求,端正行礼之人自然会"放郑声"。孔子提出佞人"御人以口给,屡憎于人"(《论语·公冶长》),已经暗含了对谗说预防。

23.问:"子路问成人。子曰:'若臧武仲之知,公绰之不欲,卞庄子之勇,冉求之艺,文之以礼乐,亦可以为成人矣。''不欲'者,成人之质也。人而有欲,虽知如武仲,勇如卞庄,艺如冉求,盖不足为成人。而仲尼之言'不欲',必先之以'知',何也? "

答:"虽有其质,不先于致知,则无自而入德矣。"①

有关"成人"之问,胡珵提问,为什么孔子要首先强调"臧武仲之知"再提出"公绰之不欲"呢? 在胡珵认为,"'不欲'者,成人之质也"。有欲之人,即使有"臧武仲之知""卞庄子之勇""冉求之艺",亦不足以成人,这些品德也无法完全发挥出来。因为"不欲"才是"成人",即一切道德发挥的基础。杨时则认为,任何美德都需要"致知"以扩充。先天之质到美德的完善,在这一过程中离不开"致知"的作用。

24.问:"'为仁由己,而由人乎哉?'或谓'由己'者,犹在我而已。颜子于仁,何待如是告戒? 或人之说,恐不然。"

答:"一视而同仁,则天下归仁矣,非由己而何? "②

① 《答胡德辉》,《杨时集》卷十四,第417页。
② 《答胡德辉》,《杨时集》卷十四,第417页。

《孝经》与《四书》——宋明儒学的意涵新辟

胡瑗提出"为仁由己"（《论语·颜渊》），这是孔门的基本观念，为何还需要孔子特意告知颜子呢？杨时则从万物一体之仁的角度提出，孔子提出"为仁由己"是要求"一视而同仁"，以达到"天下归仁"。仁者无敌、万物一体这些都是杨时仁学思想的基本观念。

　　25.问："祝鮀治宗庙，伯夷典天地人之三礼，圣人命之，闻其直矣。祝鮀之佞，顾足以治宗庙者，何说？"

　　答："笾豆之事，则有司存。虽圣人亦有不知者，故于'入太庙，每事问'。盖仪章器数，祝史之事，有司之职也。然礼藏于器，治之不得其人，亦不足以成礼矣。祝鮀所治，盖有司之职，非典礼之官也，《书》所谓'直哉惟清'者。若大宗伯，然后可以责此。"①

　　胡瑗提出，《尚书·舜典》中伯夷以其直，受圣人之命，才有资格典三礼。为什么《论语》中，孔子一方面指出"祝鮀之佞"（《论语·雍也》），另一方面还肯定"祝鮀治宗庙"（《论语·宪问》)的功绩呢？胡瑗质疑，祝鮀这样的佞人亦有资格"治宗庙""典三礼"吗？

　　一方面，杨时提出"笾豆之事，则有司存"（《论语·泰伯》）及"入太庙，每事问"（《论语·八佾》《论语·乡党》），强调专门知识的必要性，"虽圣人亦有不知者"；另一方面，杨时也指出，"祝鮀所治，盖有司之职"，需要一定的专门知识，而非《尚书》所言特别重视"直哉惟清"的"典礼之官"。可见杨时强调专门知识虽有一定的必要，但是对于佞人仍需加以防范。

　　26.问："尧曰：'咨！尔舜，天之历数在尔躬，允执其中。'《书》言'天之历数'，而继之以'人心惟危，道心惟微，惟精惟一'，然后至于'允执

---

　　①　《答胡德辉》，《杨时集》卷十四，第417~418页。

厥中'。仲尼所叙,其略如是。将所谓中者,已在乎人心道心之间,特在夫精一以执之耶? 将当时之人不足语是,故略之耶? 未谕其旨。"

答:"道心之微,非精一其孰能执之? 惟道心之微,而验之于喜怒哀乐未发之际,则其义自见,非言论所及也。尧咨舜,舜命禹,三圣相授,惟中而已。孔子之言,非略也。"①

胡珵提问,《尚书·大禹谟》中被誉为"十六字心传"的"人心惟危,道心惟微,惟精惟一,允执厥中",在《论语·尧曰》中仅出现"允执其中"四个字,是孔子要特别强调"执中"之义呢,还是当时学者的程度还不应完整地告知呢?

杨时明确提出,"尧咨舜,舜命禹,三圣相授,惟中而已"。"中"是最重要的概念。如何体认本体的道心,又反映了杨时的一个基本思想。杨时提出,"惟道心之微,而验之于喜怒哀乐未发之际,则其义自见,非言论所及也"。此处"验之于喜怒哀乐未发之际",被后世称为道南一脉相传指诀。杨时认为,形而上之道无法通过言论予以直接传授,一方面要在日用常行中躬行体认;另一方面则是"于喜怒哀乐未发之际"的静中体验。杨时的思想中,为学的根本目的是求道,但是道体本身又无法通过言语直接表述,这是杨时思想的张力所在。

27.问:"沈同问:'燕可伐与?'孟子对曰:'可。'尝观孟子对滕文公问为国,孟子对曰:'民事不可缓也。'又曰:'无恒产者无恒心。苟无恒心,放辟邪侈无不为已。及陷于罪,然后从而刑之,是罔民也。焉有仁人在位,罔民而可为也?'及沈同问燕可伐与,孟子曰'可';及其败也,则曰'为天吏则可以伐之'。民且不可罔,而问伐国如斯,何也? "

① 《答胡德辉》,《杨时集》卷十四,第418页。

答:"燕固可伐矣,故孟子曰'可'。使齐王因孟子之言而遂伐之,诛其君而吊其民,何不可之有? 而其虐至于系累其子弟,而后燕人叛之,以是而归罪孟子之言,非也。"①

胡瑗提出《孟子》中非常富有争议的一事,沈同问是否可以伐燕,孟子并没有反对。直至燕人反叛,孟子又为自己辩护,"为天吏则可以伐之"(《孟子·公孙丑下》)。胡瑗质疑,难道孟子没有预见到齐国会伐燕国吗?或者说,为什么孟子不在最初就告诉沈同"为天吏则可以伐之"呢?

杨时认为,"燕固可伐",孟子的判断当然没有错误。但是齐国伐燕,不仅仅是"诛其君而吊其民",而是"其虐至于系累其子弟",这才是燕人反叛的重要原因。杨时认为,伐燕是公义,并无不可。齐国的错误就在于借公义以逞己私,这才是问题所在,甚至将此归罪于孟子,更是不当。

28.问:"孟子曰:'尧、舜,性之也;汤、武,身之也;五霸,假之也。久假而不归,乌知其非有也?'说者以'久假而不归,乌知其非有也',亦若固有之也。孟子尊王而卑霸。夫仁之为道,惟圣人然后能践之,而谓霸者为固有,果其然乎? 意以谓外虽久假,勉而行之,非其本心,然谁知其中本无有也? 愿详教之。"

答曰:"管仲伐楚,以'包茅不入'为辞,所谓假之也。初非有勤王之诚心,卒能以正天下,假而不归者也,乌知其非有? 故孔子以仁与之,盖其功可录也。"②

胡瑗提出,对于仁之道,"尧、舜,性之也;汤、武,身之也;五霸,假之也。久假而不归,乌知其非有也?"五霸长期假仁义而行,似乎也是原本就

---

① 《答胡德辉》,《杨时集》卷十四,第419页。
② 《答胡德辉》,《杨时集》卷十四,第420页。

具备仁之道。胡瑗认为，"夫仁之为道，惟圣人然后能践之"，五霸是真的固有仁之道吗？如果五霸长期行仁义之道是"勉而行之，非其本心"，那么如何判定是否为其本心呢？

杨时同样举出管仲的例子，虽然管仲"初非有勤王之诚心"，但是其能尊王正天下，这样的功绩也为孔子所赞许，"孔子以仁与之，盖其功可录也"。由此可见，杨时固然强调内在德性的重要性，但是对于外在符合理法的功业亦不排斥。

由上可见，胡瑗的提问完全立足于传统训诂解释的立场，其提问皆经过详细的准备。但是杨时的回答则基于道学思想，从新的视角出发，杨时努力地对南方的年轻士人传播他们并不熟悉的道学思维，传承道学思想。在以洛学思想为核心的《四书》体系建立过程中，杨时这样的传道是不可忽视的，他对于二程道学思想的普及具有重要作用。

第四章　朱子《四书》理论体系的建构与宋学的完型

　　在二程确立的道学思想中,《四书》体系及相关思想的诠释已经基本确立。随着二程弟子的传播,二程的道学思想逐渐被士人接受。朱熹《论孟精义》《四书或问》《四书章句集注》最终确立了作为后世标准的《四书》体系。本章的讨论将分为两节,第一节将讨论《中庸或问》中朱熹对于杨时思想的批判。前面讨论过杨时对于道学思想传播的贡献,但是在朱熹的理学思想确立之后,反而严厉批评程门弟子的相关解释,通过这样的分析可以进一步明确道学思想诠释的张力。第二节将通过《论孟精义》中相关解释的分析,进一步展现《四书》诠释中不同学派如司马光的朔学及洛学不同思想家的文本诠释特点及其思想基础,并明晰在《四书章句集注》的确立过程中,朱熹对于相关内容的取舍。

第一节　朱子的《中庸或问》及其道学批判

对于《四书》,尤其是《中庸》的注释,朱熹倾注了大量的精力。有关《中庸》的注解,朱熹说自己"旋见得旋改,一年之内改了数遍不可知"①。无论《中庸章句集注》还是朱熹删定的《中庸辑略》,多引用二程、张载,以及吕大临、游酢、杨时、侯仲良之语,但是对于程门弟子的说法,朱熹有很多不满。朱熹指出,"游、杨、吕、侯诸先生解《中庸》,只说他所见一面道理,却不将圣人言语折衷,所以多失"②,"游、杨诸公解《中庸》,引书语皆失本意"③。甚至朱熹表示:"缘前辈诸公说得多了,其间尽有差舛处,又不欲尽驳难他底,所以难下手,不比《大学》都未曾有人说。"④对于他们的相关发言,朱熹也有许多非常严厉的批判。

有关程门弟子的《中庸》注释,朱熹与弟子间有如下的对话。

> 曰:然则吕、游、杨、侯四子之说孰优? 曰:此非后学所敢言也。但以程子之言论之,则于吕称其深潜缜密,于游称其颖悟温厚,谓杨不及游,而亦每称其颖悟,谓侯氏之言,但可隔壁听。⑤

可见,朱熹认为吕大临的注释最细密,游酢与杨时颖悟,他们的观点多有启发,而侯仲良的观点,仅于个别之处可作参考。综观《中庸或问》,朱熹对

---

① 黎靖德编:《朱子语类》第四册,王星贤点校,中华书局,1986 年,第 1486 页。

② 《朱子语类》,第 1485 页。

③ 《朱子语类》,第 1485 页。

④ 《朱子语类》,第 1485 页。

⑤ 朱熹:《中庸或问》,《朱子全书》第六册,朱杰人等主编,上海古籍出版社、安徽教育出版社,2010 年,第 554 页。

于以上几人的态度,基本如此。

固然朱熹肯定了杨时颖悟,而且有所谓杨时、罗从彦、李侗,以至朱熹的道南一脉之说,但是在《中庸或问》中,朱熹对于杨时的批评却最为激烈。朱熹即提道:"杨氏他书,首尾衡决,亦多有类此者,殊不可晓也。"[1]杨时的著作,前后文不连贯,意思表达不明确。另外,朱熹指责杨时的解经多为"假借依托,无所发明","最说经之大病也"。[2]杨时的解释多为穿凿附会,没有阐发新的内涵。朱熹甚至批评,"大抵杨氏之言,多杂于老、佛,故其失类如此"[3]。杨时的思想杂于佛老,而这正是理学家必须警醒防范之处。

朱熹推崇杨时为洛学道南一脉的开创者,但何以会有如此尖锐的批评呢? 本文将围绕《中庸》的注解中,朱熹对于杨时的批评,分析其对杨时等人的观点,以及此揭示朱熹批评的理论内涵。

一、杨时《中庸解义》

与游酢、侯仲良一样,杨时虽著有《中庸解义》,但除了《中庸辑略》及卫湜《礼记集注》等书的引用,其余部分皆已不存。现存的《龟山集》卷二十五杨时所写的《中庸义序》一文,大致交代了相关背景。杨时认为,"《中庸》之书,盖圣学之渊源,入德之大方也","子思之学,《中庸》是也。《孟子》之书,其源盖出于此"。[4]这样的思想源自二程,强调《中庸》在儒家思想中的重要性及其在道统流传中的地位。

另外,杨时提道:"予昔在元丰中,尝受学明道先生之门,得其绪言一二,未及卒业而先生殁。继又从伊川先生。"[5]杨时自元丰四年(1081,杨时

① 《中庸或问》,第590页。

② 《中庸或问》,第599页。

③ 《中庸或问》,第564页。

④ 《中庸义序》,杨时:《龟山集》卷二十五。

⑤ 《中庸义序》,杨时:《龟山集》卷二十五。

29岁)始问学二程,《中庸》的思想亦是学习的一部分。杨时《中庸义序》的开头提道:"伊川先生有言曰:'不偏之谓中,不易之谓庸。中者,天下之正道;庸者,天下之定理。'"出现于《程氏遗书》卷八的此条语录,亦为朱熹《中庸集注》所引用的第一条资料。杨时作《中庸解义》,就是希望能够将"学者胶口不敢道"的二程思想记录下来,进而广为传播。杨时提道,

> 政和四年(1114,杨时62岁)夏六月,予得请祠馆,退居余杭,杜门却扫,因得温寻旧学,悼斯文之将坠,于是追述先生之遗训,著为此书。

该年,杨时辞退萧山知县的差遣,改请提点祠馆的闲职,专心著述,以期传承二程的思想。杨时不仅著有《中庸解义》以宣传二程思想,之后还整理了已经散乱不堪的《伊川易传》。需要注意的是,该年十一月,杨时由浙江余杭迁至毗陵定居,并在十二月于毗陵作《中庸义序》。在不到半年的时间里,杨时即完成了《中庸解义》。这与朱熹历经数十年的反复修改相比,自然显得匆忙,也会出现不少在朱熹看来,表达不够严谨甚至纰漏之处。

《龟山集》卷二十六的《题中庸后示陈知默》,是与《中庸解义》相关的另外一篇重要材料。陈渊,福建沙县人,生于北宋熙宁十年(1077),卒于南宋绍兴十五年(1145),字知默,号默堂,北宋名臣陈瓘的侄孙。陈渊先从学于叔祖陈瓘,后问学杨时,杨时以女妻之。杨时向陈渊指出,

> 熙宁以来,士于经盖无所不究,独于《中庸》,阙而不讲。余以谓圣学所传,具在此书,学者宜尽心焉。故为之训传,藏于家,初不以示人也。[1]

----
[1] 《题中庸后示陈知默》,杨时:《龟山集》卷二十六。

在杨时看来，"圣学所传"的《中庸》一书却不为当时一般的士人所重视，故特别作《中庸解义》记录二程的思想，解释《中庸》，并以此传授后学。①这里，杨时强调该《中庸解义》是打算"藏于家，初不以示人"，再次表明杨时只是要尽可能地于其中传承洛学的思想，以及表达自己有关《中庸》的理解，故而对于语言的表达方式，不会像朱熹那样严格。这也导致了《中庸或问》中，朱熹认为，杨时所说可能会使人产生误解，从而对一些表述作出十分严厉的批判。下面将综合《中庸或问》及《朱子语类》中朱熹的相关批评，依次予以分析。

二、朱子论中庸本体

对于"中庸"之"中"，朱熹的基本观点是中有二义，即描述本体的"在中"与表示发用的"时中"。

朱熹门人童伯羽(字蜚卿)问杨时所言"高明则中庸也。高明者，中庸之体；中庸者，高明之用"一句。显然，杨时是基于《中庸》第二十七章的"极高明而道中庸"一句，提出以高明为体，中庸为用的观点。对此，一方面朱熹认为杨时提出"高明则中庸"，二者不可分割，并以之批评王安石"高明处己，中庸处人"的观点，认为"龟山有功于学者"②。王安石完全割裂高明与中庸的体用关系，以其为处己、处人的两事，这与理学"体用一源"的立场是截然对立的。另一方面，朱熹认为"只就'中庸'字上说，自做分晓，不须如此说亦可"③。虽然"中庸、高明二者皆不可废"④，但在朱熹看来，"中"字本身已兼体用二义。如朱熹所言，"'未发'之'中'是体，'时中'之'中'是

---

① 杨时的长子杨迪(1082—1104)，曾经赴洛问学程颐。《程氏遗书》中，亦收有其所记的伊川语录一卷。但是崇宁三年(1104)，即过早去世。

② 《朱子语类》，第1483页。

③ 《朱子语类》，第1483页。

④ 《朱子语类》，第1483页。

用，'中'字兼中和言之"①。因此朱熹认为，以"中"字涵盖体用即可，无须于此之外，再增加"高明"二字以为本体。

(一)率性之谓道

针对该句的解释，朱熹批评道："游氏所谓无容私焉，则道在我，杨氏所谓率之而已者，似亦皆有吕氏之病。"②

在朱熹看来，《中庸》的前二句"天命之谓性，率性之谓道"，皆指本然之性而言。"率性"是"指其自然发见各有条理者而言"，"非指修为而言也"。③朱熹认为，吕大临、游酢、杨时三人的说法皆有弊病。吕大临认为，人为私意所扰，因此只有去除私意，修为之后，才能发而中节。游酢所言"无容私焉"，同样认为，本性不为私欲所扰，则人心之性才能为道。杨时"率之而已"的说法，朱熹认为同样含有这样的意思。事实上，理学的基本观点就是认为，虽然人之本性即天理，但在现实层面上，人只有涵养致知，去除私意，才能恢复本然的天理。这样的思想，与此处吕大临、游酢、杨时三人所言并无不同，朱熹也表示："吕氏'良心之发'以下，至'安能致是'一节，亦甚精密。"④但是朱熹要专门批评的是，"率性之谓道"一句所描述的是本然层面，但吕大临、游酢、杨时三人的解释却落在后天的现实层面而言。因此，与《中庸》的文本对照，其间产生偏差。而且，三人的说法可能导致的理解是，"所谓道者，又在修为之后，而反由教以得之，非复子思、程子所指人欲未萌自然发见之意矣"⑤。原本在先天的本然层面而言"率性之谓道"的"道"，如三人所说则会导致学者产生误解，即需要后天的修为才能实现。可见，朱熹在这里批判的不是三人的思想本身，而是三人对于"率性之谓

孝经》与《四书》——宋明儒学的意涵新辟

一五二

---

① 《朱子语类》，第1480页。
② 《中庸或问》，第553页。
③ 《中庸或问》，第553页。
④ 《中庸或问》，第553页。
⑤ 《中庸或问》，第553页。

道"理解的偏差。

（二）道也者，不可须臾离也，可离非道也

有关该句的解释，杨时提出，"饥食渴饮，手持足行，便是道"①，这一句争议很大。杨时提出这一句，如《中庸》第十二章所言"君子之道费而隐"，就是为了强调道的普遍性。杨时强调，极高明的道就体现在人们的日用常行之中，甚至朱熹也肯定"杨氏无适而非道之云则善矣"②。以"平常"来解释"庸"字时，朱熹也提出类似的"惟其平常，故可常而不可易，若惊世骇俗之事，则可暂而不得为常矣"③。"惟其平常，故不可易；若非常，则不得久矣。譬如饮食，如五谷是常，自不可易。"④但是对于杨时提出的"饥食渴饮，手持足行，便是道"的观点，朱熹认为，这样的提法有认物为道之弊。朱熹说道："衣食动作只是物，物之理乃道也。将物便唤作道，则不可。""饥而食，渴而饮，'日出而作，日入而息'，其所以饮食作息者，皆道之所在也。若便谓食饮作息者是彼道，则不可。"⑤朱熹强调，万事万物、日用常行背后的所以然、所当然是道，绝非万事万物、日用常行本身就是道。换言之，道表现于万事万物，但是不能以此将事物的表象直接等同于本源之道。因此，杨时"饥食渴饮，手持足行，便是道"的说法，固然强调了道的普遍性，但同时也有可能引发"指物以为道"的弊病，如同佛教"作用是性"的观点，很容易导致即使"猖狂妄行"亦以为道的弊端。⑥朱熹提出，程颐所说"夏葛冬裘，饥食渴饮，若着此私吝心，便是废天职"，强调"须看'着此私吝心'字"。⑦朱

---

① 《朱子语类》，第1498页。

② 《中庸或问》，第557页。

③ 《中庸或问》，第549页。

④ 《朱子语类》，第1481页。另见下一条，"惟其平常，故不可易，如饮食之有五谷，衣服之有布帛"。（同上，第1482页。）

⑤ 《朱子语类》，第1496~1497页。

⑥ 《中庸或问》，第557页。

⑦ 《朱子语类》，第1498页。

熹极力反对将日用常行等同于道,就在于对一般人而言,日用常行中难免不掺杂私意。

以上所涉及的,如中道的体用一源,人之存在的本来性与现实性,以及道的普遍性,都是二程思想的基本观点。杨时等人有关《中庸》的解释,也是希望阐发、强调这些洛学思想。但是这些说法在朱熹看来,都存在种种被误解的可能,表达不够严谨,因此必须加以批判、辨明。下面,围绕《中庸》的工夫论,继续分析朱熹的批评。

三、朱子论中和工夫

《中庸》提出"喜怒哀乐未发谓之中,发而皆中节谓之和"。已发、未发以及中和概念是宋明理学工夫论思想的聚焦所在。另外,与"中庸"概念相对,"诚"是《中庸》文本的一个重要主题。诚的本体和工夫相贯通的属性也是中国传统思想的重要概念。但是对于这些工夫的解释,朱熹与杨时亦有不同,下面将予以详细分析。

（一）未发、已发工夫

喜怒哀乐未发谓之中,发而皆中节谓之和。……致中和,天地位焉,万物育焉。

有关这一条的解释,朱熹指出:

杨氏所谓"未发之时,以心验之,则中之义自见,执而勿失,无人欲之私焉,则发必中节矣",又曰"须于未发之际,能体所谓中",其曰验之、体之、执之,则亦吕氏之失矣。

其曰"其恻其喜,中固自若",疑与程子所云"言和则中在其中"者相似。然细推之,则程子之意,正谓喜怒哀乐已发之处,见得未发之理,发见在此一事一物之中,各无偏倚过不及之差,乃时中之中,而非浑然在中之中也。若杨氏之云"中固自若",而又引庄周出怒不怒之言以明之,则是以为圣人方当喜怒哀乐之时,其心漠然同于木石,而姑外示如此之形,凡所云为,皆不复出于中心之诚矣。大抵杨氏之言,多杂于老、佛,故其失类如此。①

已发、未发的工夫是朱熹关心的主要问题。《中庸或问》中围绕这一问题,对杨时的观点亦有批评。朱熹认为,未发之只有涵养,明确反对具体的未发工夫。在朱熹看来,一方面未发之时,本然之性毫无形影,察识之类的工夫亦无处可做;另一方面,任何工夫一定有心的参与,此时心已发动,所以工夫只有在已发时做。基于这样的观点,那么杨时所说的未发之时"以心验之""执而勿失""体所谓中",在朱熹看来皆是不可能的。

另外,杨时提出"其恻其喜,中固自若",如庄子所说的"出怒不怒",即希望不以外在的情感欲望影响内在的本然之性。但是在朱熹看来,"中固自若"的说法割断了未发之性与已发之情的关联,似乎无论欣喜还是哀恻,都与中之本体毫不相关。即所有的情感表现,皆由于外在的人为,而非"出于中心之诚"。朱熹认为,情一定是由本然之性所发,否则的话情感一定是虚妄的。杨时提出"中固自若",或许并非像朱熹所批评的,割裂性与情的联系,"杂于老、佛"。但是在朱熹看来,这样的说法却有可能引发后人的误解,导致性与情的割裂。

总之,此上杨时的观点,"以心验之""执而勿失""中固自若"都是强调本然之性同于天理的绝对性。但是这些说法在朱熹看来,因为表达得不够

① 《中庸或问》,第563~564页。

严谨,反而会出现各种错误,甚至混淆于老、佛的思想。

（二）反身而诚

"诚"是《中庸》的一个关键概念,"反身而诚"是《孟子》中重要的工夫论思想。但是这样的工夫在朱熹看来,也有可能引发种种弊病。在对杨时的批判中,这种担心得以集中反映。

> 所谓"中散为万事",便是中庸。近世如龟山之论,便是如此? 以为"反身而诚",则天下万物之理皆备于我。万物之理,须你逐一去看,理会过方可。如何会反身而诚了,天下万物之理便自然备于我? ①

虽然孟子说"万物皆备于我矣,反身而诚,乐莫大焉"(《孟子·尽心上》),但是朱熹认为,万物之理即吾心本体,换言之性即天理的本然状态,并不等于心之所发即能符合中庸的现实状态。这样的距离,也并非"反身而诚"的功夫即能立刻弥补的,而是应当格物致知,"逐一去看",最终达到豁然贯通。

第二十章的讨论中,朱熹对杨时"反身而诚"的观点提出批评:

> 此章之说虽多,然亦无大得失,惟杨氏反身之说为未安耳。盖反身而诚者,物格知至,而反之于身,则所明之善无不实,有如前所谓如恶恶臭、如好好色者,而其所行自无内外隐显之殊耳。若知有未至,则反之而不诚者多矣,安得直谓但能反求诸身,则不待求之于外,而万物之理,皆备于我,而无不诚哉? 况格物之功,正在即事即物而各求其理,今乃反欲离去事物而专务求之于身,尤非《大学》之本意矣。②

《孝经》与《四书》——宋明儒学的意涵新辟

---

① 《朱子语类》,第 1489 页。
② 《中庸或问》,第 591 页。

"反身而诚"是二程非常重视的观点,杨时的强调事实上也是要凸显人之本性即为天理的洛学基本观点。既然外物之理与吾心之理在本源上来说,都源自同一本源的天理,那么只要反躬自省,回归本心之理,自然也能够达到对外在之理的把握。但是朱熹认为,能够做到"反身而诚",必然是以"物格知至",即认知学习的完成为前提。若没有外在格物致知的前提,本心夹杂物欲,那么即使反身,亦不可能实现完全的天理。朱熹没有否定圣人可以做到"反身而诚","不勉而中,不思而得",但是朱熹强调这是基于"圣人之心为至实无妄"[①],已经纯于天理,完成了作为基础的"格物致知"工夫。由此可见,朱熹固然没有直接反对"反身而诚"的工夫,但是其将"格物致知"作为反身的前提和基础,事实上以"格物致知"的工夫代替了"反身而诚"。在第二十二章的讨论中,朱熹两次提道:"杨氏万物皆备云者,又前章格物诚身之意,然于此论之,则反求于身,又有所不足言也,胥失之矣!"[②]若仅仅向内反求诸身而没有向外的"格物致知",这样的说法必须予以纠正。

（三）无持而然

人之本心即天理,这是洛学的一个基本观点。基于这一点,程门弟子多强调,人的行为要符合天道的规则,关键在于率性而为,排除外在的干扰。但是这种强调人之行为的合法性源于内在本性的观点,却有可能导致对于外在工夫的忽略,这一点即为朱熹所反对。

> 游氏以舜为绝学无为,而杨氏亦谓"有能斯有为之者,其违道远矣"。循天下固然之理,而行其所无事焉,夫何能之有?则皆老、佛之绪余。而杨氏下章所论不知不能为道远人之意,亦非儒者之言也。二公

---

① 《中庸或问》,第591页。
② 《中庸或问》,第596页。

学于程氏之门,号称高弟,而其言乃如此,殊不可晓也已! ①

游酢的"绝学无为"与杨时的"行其所无事"皆被朱熹批评。格物致知、循序渐进是朱熹工夫论的基本方向,但是游酢与杨时二人的说法,却有可能导致学者认为,即使不做为学、克己的工夫,也可以实现中庸之道。因此,朱熹将此看作"皆老、佛之绪余",甚至十分尖锐地批评,"二公学于程氏之门,号称高弟,而其言乃如此,殊不可晓也已!"②

　　事实上,游酢与杨时的说法,更多的是强调圣人行中庸之道的境界。对于《中庸》第九章的"中庸不可能"一句,游酢强调舜乃"绝学无为",即中庸之道是不能像国家、爵禄、白刃等事情一样仅仅凭借个体的意愿强力而为。杨时提出:"有能斯有为之者,其违道远矣。"同样认为,凭借外在的私智强力妄为,这些绝非真正的中庸之道。因而杨时要求学者"循天下固然之理",于日用常行中"行其所无事",自常"何能之有?"即人的行为需要排除外在的私意安排。在第十三章有关"道不远人。人之为道而远人,不可以为道"的解释中,杨时提出"以人为道,则与道二而远于道"③,同样强调应当循理而为,而不能掺杂人外在的智虑安排。然而,杨时强调不掺杂外在私欲的"行其所无事",在朱熹看来却可能导致后来的学者排斥外在工夫,因此必须加以批判。

　　第二十五章中,朱熹认为:

　　　　自成自道,如程子说,乃与下文相应。游、杨皆以无持而然论之,
　　其说虽高,然于此为无所当,且又老、庄之遗意也。④

---

　　① 《中庸或问》,第 568 页。
　　② 《中庸或问》,第 568 页。
　　③ 《中庸或问》,第 576 页。
　　④ 《中庸或问》,第 598 页。

游酢、杨时所谓的"无持而然",同样是要强调,道之发用不应掺杂外物的干扰,不要有预先的思维干扰。但是朱熹认为,这样的说法反而会导致学者忽略外在的格物致知、摒除物欲的工夫。事实上,游酢、杨时的"绝学无为""行其所无事""无持而然"的观点,本意是要凸显圣人循道而为的最高境界。这不仅与朱熹重视格物致知的工夫论相抵触,而且朱熹认为还会导致佛老虚空无为的错误。这样的说法不仅无益,而且必须加以批判。

综上可见,在《中庸或问》与《朱子语类》的相关资料中,朱熹对于程门弟子的观点进行了激烈的批判。但是这并非意味着程门弟子的思想与二程相悖,恰恰相反,杨时、游酢等人的说法正是为了强调洛学思想的天道之普遍性,以及性即理、率性而为等基本观念。但在朱熹看来其中的表述则存在纰漏,因而必须加以辨别和修正。

需要注意的是,由于政治的原因,二程的思想在北宋末年很少被年轻学者所重视。因而对于杨时、游酢等人而言,如何宣扬、凸显二程的道学思想,显然是更加紧迫的问题。况且如杨时所说,其《中庸解义》的最初目的并非在社会上广泛流传,而是作为家族或者弟子中讲解洛学的资料,因而其表达难免有失严谨。这对于要建立严谨的理学思想体系的朱熹而言,则是不得不加以纠正的问题。甚至可以说,正是在这样的批判过程中,朱熹的思想更加严密,形成了朱子学的学问特征。朱熹对于二程弟子的批判,不仅展现了朱熹自己的理学思想,其中所反映的二程弟子的思想观念,亦是考察道学思想发展的重要内容。

第二节　朱子《论孟精义》与两宋的《四书》诠释的多样性

　　朱熹的《论孟精义》是程颢、程颐、张载、范祖禹、吕希哲、吕大临、谢良佐、游酢、杨时、侯仲良、尹焞十一人注释的汇集。除二程、张载及程门弟子以外，范祖禹、吕希哲皆非道学思想所能涵盖。此二人认同道学观点，但其思想归宿并不在此，这样的差异也反映在对于《论语》《孟子》的诠释中。何俊教授在《程朱理学的话语型塑：以〈论孟精义〉为中心》的论述中指出："程朱理学实由《论孟精义》而获得建构，并最终成熟于《四书章句集注》。"并主要以《孟子》的材料为中心，从身体、仁义、存养、辩学等方面分析程朱理学的话语型塑，认为"型塑而成的话语构型已基本上摆脱了经学，使理学成长为新的学术思想形态"①。本节将从道学思想史的角度，分析道学解释与朔学等北宋其他学派的差异，以此凸显洛学及朱熹建构的思想特点。

　　《论孟精义》其书收集各家所论非常详尽，本节亦无法一一涉及。对此，以下将选取《论语》中富有争议的两章，依次分析各家思想，由此发现各自的差异和特征。文本内容的争议带来道学思想诠释的张力，更能突出各家的思想特色。

一、子罕言利与命与仁

　　仁是《论语》的核心概念，但是《论语·子罕》中的"子罕言利与命与

---

① 何俊：《程朱理学的话语型塑：以〈论孟精义〉为中心》，《学术界》，2020年第6期。

仁",显然与《论语》中随处可见的孔子论仁之处相矛盾。以下我们依次分析各家的解释。

程颐在《论语解》中提出:"计利则害义,命之理微,仁之道大,皆夫子所罕言也。"他认为"仁之道大",所以孔子罕言。换言之,孔子罕言的是仁之道。朱熹在《四书章句集注》中对该章的注释,亦引用程颐此语以作说明。

之后朱熹引用的《伊川语录》,分别出自罗从彦所记的《程氏外书》卷六和《程氏遗书》卷十六,其内容如下:

> "子罕言利",非使人去利而就害也,盖人不当以利为心。《易》曰:"利者义之和。"以义而致利斯可矣。罕言仁者,以其道大故也。《论语》一部,言仁岂少哉? 盖仁者大事,门人一一纪录,尽平生所言如此,亦不为多也。
>
> 或问:"'子罕言利与命与仁',所谓利者何利?"曰:"不独财利之利,凡有利心,便不可。如作一事,须寻自家稳便处,皆利心也。圣人以义为利,义安处便为利。如释氏之学,皆本于利,故便不是。"

可见,程颐对此章的解释主要在两方面,一则孔子罕言利是不希望人们"计利害义",但是也绝非"去利就害",而是应当以义为利。甚至程颐提到"利心",即人有算计之心,贪图稳便,已经偏离于道。可见程颐绝对地强调义之原则,人的行为不允许些许偏离。另外就是孔子罕言仁,程颐强调仁道大。与此相对,甚至孔子"尽平生所言","亦不为多"。可见,程颐从仁道之本体的角度强调,只是由于仁道之大,相对而言可以说孔子罕言仁。

> 横渠先生曰:"爱人以德,论于义者常多,故罕及于利。尽性者方能致命,未达之人,告之无益,故不以亟言。仁大难名,人未易及,故言

之亦鲜。"

孔子罕言利,张载同样从义的角度解释,孔子"论于义者常多",故罕言利。"天命"需要学者自身穷理尽性以自我体认,告之无益。此处与程颐所说"命之理微",难于讲解把握,亦有相同之处。孔子罕言仁,张载亦提到"仁大难名",与程颐的观点一致,本然之道难以形容,故孔子罕言。换言之,《论语》中所谈论之仁,皆非本体,这一思想在杨时那里有所发展。

> 范曰:"利者,义之和也。其大者,如天地之于万物也,无所不利,故言之难也。若小人所谓利,则君子所不言也。命者,穷理尽性,然后能至。仁之为器重,其为道远。三者皆君子所力行,而不可以易言,学者未足以及此,则不以告也。"

在范祖禹的论述中,虽然亦提到《周易》所言"利者义之和",但是范祖禹又提出利之大者,如天地之利万物的利之大者难言,所以孔子罕言。范祖禹并没有如程颐、张载那样,从义利的紧张而谈论利,反而是落于天地大利、小人得利之分,指出真正的天地大利需要学者力行体认。罕言命的解释基本没有不同,对于仁范祖禹提出"仁之为器重,其为道远",同样强调仁之重要,需要学者力行体认,不能轻以告人。

> 谢曰:"必如言利用行师、利御寇,始可谓之言利。如莫之致而至者命也,始可谓之言命。如言近仁、仁之方,始可谓之言仁。知此,则夫子于三者固罕言也。"

谢良佐的这段解释不见于今本《上蔡语录》。谢良佐认为,比如《周易》所言"利用行师""利御寇",领会到此才可言利。体会到孟子所言"莫之致而至者,命也"(《孟子·万章上》)才可以言命。对于仁,谢良佐提出如孔子所说"刚毅木讷,近仁"(《论语·子路》),"恭近礼,俭近仁"(《礼记·表记》),"能近取譬,可谓仁之方也已"(《论语·雍也》),能够下学上达,切己躬行以体认才可以被称为"言仁"。谢良佐强调《论语》虽多处言仁,但关键在于学者需要躬行体认,不是仅仅通过言语就能达到的。这里谢良佐提出"近仁""仁之方",这样的思想特别被杨时所重视。

> 杨曰:"知义而后可与言利,知性而后可与言命,尽心然后可与言仁。中人以上,乃可以与此,故罕言也。然对问仁者多矣,亦曰罕言者,盖子之所言,求仁之方而已,仁则未尝言也。"
>
> 问:"孔子罕言仁,何也?"曰:"孔子告诸弟子,只是言仁之方,盖接之使从此来以至于仁。若仁之本体,则未尝言。"又问:"罕言利是何等利?"曰:"一般若利用出入之利皆是。"
>
> 问:"《论语》言仁处,何语最为亲切?"曰:"皆仁之方也,若正所谓仁,则未之尝言也。故曰'子罕言利与命与仁'。要道得亲切,唯孟子言'仁,人心也',最为亲切。"
>
> 又曰:"今学者将仁小却,故不知求仁。孔子曰:'若圣与仁,则吾岂敢?'孔子尚不敢当,且罕言之,则仁之道不亦大乎?""然则所谓'合而言之,道也',何如?"曰:"由仁义行,非行仁义,所谓合也。"

以上杨时的四则材料中,后两则出于《龟山语录》,前两则出处待考。本章第一节杨时与胡理答问的第 12 条,同样涉及以上所说的"求仁之方"。与程颐、张载所说的"仁之道大""仁大难名"相比,杨时明确提出,孔子罕言的是"仁之体""仁之道",《论语》有关仁的论述皆是"仁之方""求仁之方"。杨时以此区分,明确了仁之体与仁之方的不同,学者应由仁之方以体证仁之本体。杨时以孔子所说"若圣与仁,则吾岂敢?"(《论语·述而》)表明孔子尚不敢当仁之道之称，故罕言之。对于一般学者而言，故应当在日用常行中"由仁义行"，自觉地以仁义规范自己的行为，此可是与道相符的"合"。杨时也提出，孟子所说"仁，人心也"（《孟子·尽心上》）最为亲切，通过人心在具体事情上的发用，以上实践内心之道并最终体认仁之体。杨时的这一论述是其重要的思想特色，朱熹在此大量收录。

　　尹曰："君子以义为利，计利则害义；穷理尽性，然后至于命；尽人道然后至于仁。皆难言者也，故罕言。"

尹焞强调，只有在能够做到以义为利、穷理尽性、尽人道之后，才可谈论利、命与仁。如前文杨时所说："中人以上，乃可以与此。"否则仅仅通过言语相传，学者亦难以领会。尹焞这里强调的，亦是程颐下学而上达的工夫进路。在一定的工夫积累的基础上，才可以谈论利、命、仁的根本思想。

二、夫子之言性与天道，不可得而闻也

　　在第三章的论述中已经提到，子贡所说"夫子之文章，可得而闻也。夫子之言性与天道，不可得而闻也"（《论语·公冶长》），这是二程必须解释的一个重要之处。何以作为孔门高足的子贡却认为道学重点讨论的"性与天道，不可得而闻"呢？
　　朱熹所引程颢的资料，在第三章有关子贡的部分皆已讨论。程颢认为，子贡提出性与天道不可得而闻，不是孔子罕言性与天道，而是子贡自己早年无法领会孔子所说性与天道的思想。然而此时子贡有这样的感叹，恰恰表明其已经领会了性与天道，由此可见求道之难。但是需要注意的是，还有两则材料皆为程颢所言，朱熹误以为程颐所言，分别为"性与天道，非自得之则不知，故曰'不可得而闻'"，"性与天道不可得而闻，要在默而识之

也"。程颢强调性与天道的根本思想,难以通过言语相传,只有学者切身体会,默而识之以自得。

《论语解》中,程颐同样主张"此子贡闻夫子至论而叹美之言也"①,可见其赞同程颢所说,性与天道的思想非孔子不言,而是子贡自身"初未达"。后来亲达之,故发此叹美之辞,而且感叹众人尚不得而闻。

> 横渠曰:"子贡谓夫子所言性与天道,不可得而闻。既云夫子之言,则是固常语之矣。圣门学者,以仁为己任,不以苟知为得,必以了悟为闻,因有是说。"

张载与二程的观点一致,并非孔子不谈论性与天道,甚至"是固常语之"。张载又强调苟知与了悟,孔门高足"以仁为己任",一心求道,只有了悟的思想才被称为"闻"。可见,张载同样强调孔子性与天道的思想不易领悟,所以子贡才有这样的感叹。

> 范曰:"孔子称尧曰'焕乎其有文章'。文章者,德之见乎外者也。子贡之智足以知圣人,故其文章可得而闻也。夫子之于门人,各因其材之大小高下而教之,性与天道,则未尝以语子贡,自子贡以上,则庶乎可得而闻也。然知其不可得闻,是其智足以及之,而仁未足以与此也。"

与二程、张载相同,范祖禹肯定,对于性与天道孔子并非不言,"自子贡以上,则庶乎可得而闻也"。显然不同之处则是二程、张载强调,子贡已经了

---

① 《论语精义》卷三上,《朱子全书》第七册,朱杰人等主编,第178~180页。后文所引《论语精义》该章句资料不再单独标注。

悟,而范祖禹认为,子贡"其智足以及之,而仁未足以与此",则子贡之品德尚未达到可以告知的程度。范祖禹认为,孔子因材施教,"智足以知圣人",故告之以文章之学。而德行不足,故不能语性与天道,这里隐含着二程与范祖禹思想基础之不同。

> 吕曰:"吾无隐乎尔,与人为善也。学不躐等,非隐也,未可也。竭两端于鄙夫,非躐等也,言近而指远也。以微罪去,非隐情也,众人自有所不识。性与天道,非不言也,弟子亦自有所不闻。"

吕大临强调孔子无隐,绝不会随意隐瞒。另一方面,"学不躐等",讲学传道亦当循序而进。孔子甚至愿意"微罪"于人,也不愿意躐等而教。可见,虽然吕大临没有明确指出是否为子贡之程度尚不足以闻性与天道,但是孔门弟子确实并非人人都可得而闻,由此体现了性与天道在孔子思想中的重要性。

> 谢曰:"夫子之文章,异乎人之所谓文章;夫子之言性与天道,异乎人之言性与天道;子贡之听言,异乎人之听言也。他人闻夫子之文章,止于文章而已。子贡闻夫子之文章,于其间知所谓性与天道。性与天道,夫子虽欲言之,又安得而言之,所以不可得而闻也。性与天道,使子贡智不足以知之,则安能语此。则夫子可不谓善言乎!子贡可不谓善听乎!后世诸子,言性与天道多矣,其言纷纷,使人弥不识者,亦异乎夫子之言矣。后世学者,观书于章句之外,毫发无所得也,亦异乎子贡之闻矣。"

以上材料也不见于《上蔡语录》。谢良佐明确肯定,子贡不仅智足以知性与天道,而且确实有得,才能发出这样的感叹。不仅是孔子直接谈论性与天道,甚至孔子所谈的文章,亦蕴含着性与天道的思想,这也只有子贡以上的门人才能闻知。谢良佐认为子贡所说"性与天道不可得而闻",一是其思想本身难言,另外就是学者本身尚不能理解。可见在二程的基础上,谢良佐进一步强调孔子所说的文章,其中亦包含性与天道,进而突出其重要性。后世儒者不仅不能像孔孟一样阐释性与天道,甚至无法领会,亦反映了性与天道思想的难言、难知。

> 游曰:"孟子曰:'仁之于父子,义之于君臣,至圣之于天道,命也,有性焉,君子不谓命也。'论性之妙而与于天道,虽圣人有所不能知焉,况子贡乎? 闻即是知,可得而闻者,可以与知之谓也;不可得而闻者,亦有所不能知之谓也。"

此处游酢所说似乎如范祖禹一样,指出子贡未能闻知性与天道的思想。但是需要注意的是,游酢认为性与天道"虽圣人有所不能知焉",进一步强调其思想的难闻难知。那么子贡有所不能闻,亦是因为其思想难以领会。正是意识到这一点,子贡感叹孔子的文章之学可闻而知,性与天道的思想则难以闻知。

> 杨曰:"夫子之文章,与言性与天道,无二致焉,学者非默而识之,则不可得而闻也。子贡至是始与知焉,则将进乎此矣。"
> 又曰:"天命之谓性,率性之谓道,性命道三者,一体而异名,初无二致也。故在天曰命,在人曰性,率性而行曰道,特所从言之异耳。所谓天道者,率性是也,岂远乎哉! 夫子之文章,乃所以言性与天道,非有二也,闻者自异耳。子贡至是始与知焉,则将进乎此矣。"

杨时提出,"夫子之文章,与言性与天道,无二致焉",此处与谢良佐一样,都强调孔子的文章之学中亦包含性与天道的思想。然而杨时进一步强调，性与天道的体认只有通过学者默而识之，才能有得。这样的思想完全源于程颢所说"性与天道不可得而闻，要在默而识之也"。值得注意的是，程门弟子中只有杨时明确继承程颢的这一观点。第二则材料源于杨时答胡瑗的第3问，前文亦有讨论。"一体而异名，初无二致"是杨时思想的根本特征。从这样的思想出发，杨时提出，孔子的文章之学和性与天道思想是一致的，文章之学中亦包含着性与天道的思想。子贡正是对此觉察之后，才有"性与天道不可得而闻"的感叹。综上可见，杨时不仅强调性与天道的思想需要默识，而且孔子的文章之学中包含性与天道的思想，子贡最终有所觉察，在程门弟子中，杨时的解释最为系统全面。

> 尹曰："子贡到此始有所得，知性与天道，非如文章可得而易闻。"

尹焞同样肯定子贡的感叹是基于其已有所得，但是与谢良佐、杨时相比，尹焞认为文章之学易闻，似乎存在着文章之学和性与天道思想相对立的局限，不如谢良佐、杨时思想的贯通。最后我们再看一下《四书章句集注》中朱熹采纳的解释。

> 文章，德之见乎外者，威仪文辞皆是也。性者，人所受之天理；天道者，天理自然之本体，其实一理也。言夫子之文章，日见乎外，固是学者所共闻；至于性与天道，则夫子罕言之，而学者有不得闻者。盖圣门教不躐等，子贡至是始得闻之，而叹其美也。
>
> 程子曰："此子贡闻夫子之至论而叹美之言也。"①

---

① 朱熹：《四书章句集注》，第79页。

以上的解释,朱熹综合了范祖禹所言"夫子之文章,日见乎外"、吕大临所言"学不躐等",以诸人所说子贡终于对性与天道的思想有所得,故发此感叹。但是程颢、谢良佐、杨时提出的性与天道的思想需要默识自得,文章之学中亦有性与天道,这两层解释未被朱熹采纳,此处也反映了朱熹思想之偏好。

综上可见,在由《论孟精义》集录各家之说到《四书章句集注》定型的过程中,朱熹基于二程的思想,对于程门弟子的观点进行取择,最终确定自己的《四书》诠释体系。

第五章　南宋中后期的《四书》诠释与宋学的分合

第一节　南宋《四书》解释的别调：
戴溪《石鼓论语答问》与袁甫《蒙斋中庸讲义》

朱熹以《论孟精义》《四书或问》《四书章句集注》等一系列著作确立了后世标准的《四书》解释体系，当然从以上的分析亦可看出，朱熹在确立自身解释的过程中，亦排除了不少二程门人的解释。南宋道学思想中，与朱熹并立的还有浙江的事功学派及陆九渊开创的心学，这两派的学者中，戴溪《石鼓论语答问》与袁甫《蒙斋中庸讲义》亦都反映了各自学派的思想特色，体现了南宋时期《四书》解释的多样性。对其的相关研究有，唐明贵的《戴溪〈石鼓论语答问〉的诠释特色》，殷慧、郭超的《袁甫〈蒙斋中庸讲义〉及其对陆学的传播》。①

---

① 唐明贵：《戴溪〈石鼓论语答问〉的诠释特色》，《浙江社会科学》，2017 年第 5 期。殷慧、郭超：《袁甫〈蒙斋中庸讲义〉及其对陆学的传播》，《原道》第 34 辑，湖南大学出版社，2018 年。

戴溪,字肖望,南宋永嘉人。二程至朱熹的《四书》体系中,虽然亦怀疑《大学》在错乱遗漏,但是很少怀疑文献本身的正确性,通常以道学的角度进行解释,但是在戴溪《石鼓论语答问》中怀疑《论语》文本本身的正确性,进而对于前人以至二程的解释提出疑问。例如程颐解释"子在川上曰,逝者如斯夫","此道体也。天运而不已,日往则月来,寒往则暑来,水流而不息,物生而不穷,皆与道为体,运乎昼夜,未尝已也"。他直接从天道为万物本源的角度解释,天道创生万物、在万物中呈现是毫无间断的过程。而戴溪则明确反对,认为"此圣人观物之学。天下之事,日夜相代乎前。矢激川流,一息不停,尚复固闭留滞,亦可谓所过不化矣"。戴溪不同意形而上之天道层面的解释,认为其所表达的就是形而下之事,应对事物之方。事物不断变化,一息不停,因而学者亦不能固闭留滞。可见其直接反对二程的思想,这在朱熹的注解中是几乎不可能出现的。戴溪强调事功,注重典章名物的考证,都在一定程度上有别于朱熹。虽然朱熹也解释相关的字词、事物,但是在朱熹看来,这些不过是阅读《论语》的辅助,根本上是要从中发挥圣人的义理,这也是二程以来的一贯思想。

袁甫,字广微,庆元府鄞县人,陆九渊的再传弟子,一生不遗余力弘扬陆九渊的思想。袁甫认为,"中庸"之中涵动静、具刚柔,因而"不差之谓中"。朱熹以"无所偏倚"解释中,陆九渊则提出,"毫厘之差,非所以为中也","须臾之离,非所以为中也",陆九渊高足杨简进而提出"直心为道,意动则差"。可见与朱熹认为中是内心纯于天理的状态稍有不同,陆九渊心学的重点则是行为发动之时不受私意妄念的干扰,直心为道,无毫厘之差即是中,即本然之道。"中庸"之庸,袁甫解释为"不异之谓庸",同于朱熹以"平常"解释。在袁甫的解释中,"中""一""诚""性""独"等概念是贯通的,体现了心学思想的特点。

综上可见,在朱熹同时及稍后的一段时间,亦有学者尝试对《四书》做出其他不同的解释。在戴溪《石鼓论语答问》与袁甫《蒙斋中庸讲义》中,浙学重事功、心学重实行的思想亦都有体现,展现出不同的特点。但是朱熹系统地总结整理二程以来的《四书》解释,最终以《四书章句集注》作为后世阅读《四书》的基础。

第二节　赵顺孙《四书纂疏》的经典诠释与朱子学

赵顺孙(1215—1277),字和仲,处州松阳(今丽水市缙云县)人,南宋淳祐十年(1250)进士。咸淳八年(1272),其官至参知政事、同知枢密院事,后因病以资政殿大学士奉祠。景炎二年(1277)卒。其生平见黄潏《文献集》卷十《格庵先生赵公阡表》。①赵顺孙的父亲赵雷师从朱熹亲传弟子滕璘,顺孙幼承家学,是朱熹的三传。

从赵顺孙一生的经历看,他基本上是一个比较成功的官僚,他最重要的著作是《四书纂疏》共二十六卷,据《中庸纂疏》的牟子才序,该书的完工时间大致在宝祐四年(1256)十一月。马一浮先生高度重视《四书纂疏》的学术价值,不但精读此书并写出了《四书纂疏札记》(已佚),还在跋文中指出,有志通晓朱熹的《四书》学的学者,如果无力备览朱熹的《四书精义》《中庸辑略》《四书或问》《朱子语类》,那么《四书纂疏》是其首选,"学者欲通《四书》……苟得赵氏《纂疏》而详究之,则于朱子之说,亦思过半矣"。并称赞此书:"其有功于朱子,譬犹行远之赖车航,入室之由门户。"②后来在策划"群经统类"时亦收录此书,马一浮主持的复性书院在1944年以《通志堂经解》本为底本,校正讹误,重刻此书,目前通行常见的黄珅点校本

---

①　收入黄潏:《黄潏全集》,天津古籍出版社,2008年,第734~738页。

②　马一浮:《四书纂疏札记跋》(1925年),《马一浮全集》第二册(上),吴光主编,浙江古籍出版社,2013年,第73页。

《大学纂疏　中庸纂疏》就是以复性书院本为底本点校整理的。①

　　遗憾的是,目前学界对这部书尚缺乏专门的深入研究。本节拟以《四书纂疏》在宋元《四书》学史上的地位为切入口,认为赵顺孙的价值在于他对于朱熹去世以后朱熹亲传弟子的《四书》《四书章句集注》方面的研究成果进行了一次细致的搜讨和精心编纂,从而把朱子学在第一代弟子中传承的情况作了一次全景式的梳理,并力图将《四书章句集注》抬高到"经"的地位。

一、《四书纂疏》的编纂方法

　　《四书纂疏》的文体虽然是传统意义上的解经之作,但赵氏在纂集各家著作时所引用的文献体裁却五花八门,有文集、语录、讲义,更有单行的解经之作。赵氏的工作是将那些有助于理解《四书章句集注》的"信息"从这些不同体裁结构的文本中抽离出来,再散放于《四书》各条经文、《四书章句集注》各条注文之下。用他自己的话说,就是"因遍取子朱子诸书,及诸高第讲解有可发明注意者,悉汇于下,以便观省,间亦以鄙见一二附焉,因名曰纂疏"②。

　　(一)《四书章句集注》留给《四书纂疏》的解释空间

　　朱熹编著《四书章句集注》时,其基本思路是"断以己意,博采众长"。他本人对《四书》经文作了非常简明的解释,并在自己的解释后面引用各家之说,使用的也是南宋通行的书面语言,对当时的读书人而言近乎白话,从语言学层面看却没有难解之处,那么还有必要对《四书章句集注》再

---

　　①　黄珅:《大学纂疏中庸纂疏整理前言》,《大学纂疏　中庸纂疏》,华东师范大学出版社,1992年,第3页。

　　②　赵顺孙:《四书纂疏序》,《大学纂疏　中庸纂疏》,第1页。

加以解释吗？这可以从两个方面考察。

1.《四书章句集注》行文简严,需要解释

朱熹在撰写《四书章句集注》时有意识地控制注文的信息量,力求简明。朱熹自陈,《论孟集注》比《论孟精义》要精练很多,"且说《精义》是许多言语,而《四书章句集注》能有几何言语! 一字是一字。其间有一字当百十字底,公都把做等闲看了"[1]。因此,《四书章句集注》可以解释,也需要解释。赵顺孙说:"子朱子《四书》注释,其意精密,其语简严,浑然犹经也。"[2]赵顺孙将《四书章句集注》视同"经",和经一样,具有"其语简严"的特点,故有注释疏通的必要。

2.《四书章句集注》所引各家之说需要解释

《四书章句集注》虽然是从《论孟精义》《四书或问》中"刮"出来的,删繁就简,拣择极精,但是朱熹在引用各家之说时,也保留了一些明显互相矛盾的解释。朱熹说:"《四书章句集注》中有两说相似而少异者,亦要相资。有说全别者,是未定也。"又有学者问:"《四书章句集注》有两存者,何者为长?"朱熹答:"使某见得长底时,岂复存其短底? 只为是二说皆通,故并存之。然必有一说合得圣人之本意,但不可知尔。"他又补充说:"大率两说,前一说胜。"[3]朱熹去世后,那些他生前都没有来得及思考成熟、确定去取的歧异之说,给朱熹门人们留下了解读的空间。洪天锡说:"如援先儒与诸家之说,有随文直解,不以先后为高下者;有二说俱通,终以前说为正者;有二说相须,其义始备,不可分先后者。故非亲闻,未易意逆,此《纂疏》所以有功于后学也。"[4]"故非亲闻,未易意逆"的意思是,除非有机会亲自聆听朱熹的教诲,否则难以理解,但朱熹去世已久,无法起地下而叩问之,

《孝经》与《四书》——宋明儒学的意涵新辟

---

① 黎靖德编:《朱子语类》卷十九,第二册,第440页。
② 赵顺孙:《四书纂疏序》,《大学纂疏　中庸纂疏》,第1页。
③ 赵顺孙:《四书纂疏序》,《大学纂疏　中庸纂疏》,第438页。
④ 洪天锡:《四书纂疏序》,《大学纂疏　中庸纂疏》,第2页。

所幸其弟子亲聆师训,从他们的著作、语录中,读者能够得到最纯正、最符合朱熹本义的解读。具体而言,对于《四书章句集注》中那些并存的异说,朱熹门人从以下三个方面进行解释:

第一,二说俱通者,需要解释何以俱通,何以不能存此去彼;

第二,二说有高下之分者,需要解释何以此说胜于彼说;

第三,二说可以互相补充者(洪天锡所谓"相须"),需要说明各自从哪一方面阐释了经文。

这样一来,朱熹弟子的解释在后朱熹时代的重要性就不言而喻了,而《纂疏》对于《四书章句集注》而言,无疑能发挥羽翼之功。

(二)《四书纂疏》的取材所反映的南宋朱子学图景

由于朱熹在编著《四书章句集注》时已对他以前的《四书》研究著作挑选拣择过,故《四书纂疏》的取材可断自朱熹始。元代学者胡炳文编纂《四书通》,其《凡例》云:"《四书章句集注》,谓集诸家之注而为之也,或融其意,或举其辞,字字称停,不可增减。今集成,复举朱子以前诸议论,是朱子当时犹有遗者也,今并不复出。或张氏敬夫、洪氏庆善诸说有能发朱子之意者,间存之。"[1]由于《四书通》以《四书纂疏》为主要取材,故《凡例》的原则与赵顺孙的实际完全一致。至于朱熹去世后的著作,亦只取能够发明《四书章句集注》的朱门弟子的作品。洪天锡在《四书纂疏序》中指出如此取材的必要性:"格庵赵公复取文公口授,及门人高第退而私淑,与《四书章句集注》相发者,纂而疏之,间以所闻附于其后,使读之者如侍考亭师友之侧,所问非一人,所答非一日,一开卷尽得之。"[2]《四书纂疏》载录朱熹亲传弟子之说和朱熹本人的答问之语,可以最大限度地复现当年朱熹与弟子在考亭授业问难的场景,读者于此可以汲取最纯正的朱子学养分。于是,《四书

① 胡炳文:《四书通》,《文渊阁四库全书》第 203 册,台湾商务印书馆,1986 年,第 3 页。

② 洪天锡:《四书纂疏序》,《大学纂疏 中庸纂疏》,第 2 页。

纂疏》的取材完全由朱熹、朱熹亲传弟子、再传弟子构成。

《四书纂疏》共吸收了 13 位朱子学人士的著作,其卷首《四书纂疏引书总目》详细开列了被引用者的姓名、籍贯和著作名。这 13 人中,从黄榦到黄士毅的 11 人系朱熹亲传弟子,真德秀、蔡模(蔡沈之子)则是再传弟子。

《四书纂疏引书总目》简表

序号	姓名	籍贯	著作名
1	黄榦	三山	《论语通释》《孟子讲义》《诸经讲义》《文集》《语录》
2	辅广	庆源	《论语答问》《孟子答问》
3	陈淳	临漳	《大学口义》《中庸口义》《字义》《文集》《语录》
4	陈孔硕	三山	《大学讲义》《中庸讲义》
5	蔡渊	建安	《易传》《中庸通旨》《中庸思问》《大学思问》《化原问辨》《性情几要》
6	蔡沈	建安	《书传》
7	叶味道	括苍	《讲义》《文集》
8	胡泳	南康	《论语衍说》
9	陈埴	永嘉	《经说》《木钟集》
10	潘柄	三山	《讲说》
11	黄士毅	莆田	《讲义》
12	真德秀	建安	《大学衍义》《读书记》《文集》
13	蔡模	建安	《大学演说》《论语集疏》《孟子集疏》《讲义》

11 位亲传弟子的排序,首先可以肯定不是按照去世的时间排列的,陈埴去世就远早于叶味道、胡泳,但出现于叶、胡二氏之后。虽然陈埴和陈淳同姓,但《纂疏》中的"陈氏"特指陈淳,"永嘉陈氏"才是陈埴。《四书纂疏引书总目》下还有一段说明文字,被点校本《大学纂疏 中庸纂疏》删去,然而十分重要:"《纂疏》所载二'黄氏'、三'陈氏',惟勉斋、北溪不书郡,余以郡书,若三'蔡氏'则一门之言,更不别异。"①《四书纂疏》引用了两个"黄氏"、

① 《四书纂疏》卷首《四书纂疏引书总目》,《影印文渊阁四库全书》第 201 册,第 5 页。

《孝经》与《四书》——宋明儒学的意涵新辟

三个"陈氏"的作品,其中只有黄榦、陈淳的知名度和突出的师门地位,获得了不书籍贯的特殊待遇。这段文字未必是赵顺孙所撰,但揆之《四书纂疏》正文实际情形,则完全符合。可见同为朱熹亲传,在《四书纂疏引书总目》中的排序以影响力为先后,而那些再传弟子又排在亲传弟子之后,私淑弟子更在其次。特别明显的例子是排在第十二位的真德秀,若论学术影响和社会影响力,真德秀超过不少排在前面的朱熹弟子,却屈居倒数第二位,原因是他按照辈分属于再传。《四书纂疏引书总目》的顺序与《四书纂疏》正文中引用各家之说的先后次序完全一致。下举《论语·里仁》"一贯忠恕章"的《四书章句集注》,说明其层次顺序:

【经文】子出,门人问曰:"何谓也?"曾子曰:"夫子之道,忠恕而已矣。"

【集注】程子曰:以己及物,仁也;推己及物,恕也。违道不远是也。忠恕一以贯之。忠者,天道;恕者,人道。忠者无妄,恕者所以行乎忠也。忠者体,恕者用,大本达道也。此与违道不远异者,动以天尔。

【纂疏】○《或问》:(略)。/○《语录》曰:(略)/○黄氏曰:(略)/○辅氏曰:(略)/○陈氏曰:(略)/○永嘉陈氏曰:(略)○愚谓:(略)

【纂疏】中的顺序依次是,朱熹、黄榦、辅广、陈淳、陈埴、赵顺孙,与《四书纂疏引书总目》完全一致,即首先是亲传弟子,然后是真德秀、蔡模等再传弟子;赵顺孙把自己置于最后,除了表示谦虚外,也符合他作为朱熹三传弟子的身份。

再看地域分布,全部13人中,属福建朱子学的9人,其中真德秀、蔡模(蔡沈之子)为朱子学再传;两浙朱子学3人(辅广、陈埴、叶味道),江西朱子学1家(胡泳),可见从朱熹第一代弟子看,闽中朱子学岿然为第一重镇,两浙朱子学也显示了一定的分量,其他地区的朱子学(如新安朱子学、四川朱子学)尚未出现强劲的领军人物。赵顺孙虽然自己属于两浙朱子学,但并未特别表彰两浙朱子学,譬如,朱熹的婺州籍门人徐侨的语录就没有得到引用。可以说,《四书纂疏》反映了理宗后期朱子学传播的地域分布图景。

二、《四书纂疏》的解释层次

《四书纂疏》的解释层次结构非常独特，为了凸显《四书章句集注》，更是向朱熹致敬，《四书纂疏》通过文本结构的安排放弃了他本人，乃至整个朱学弟子群体解释《四书》经文的空间，这在《四书》学历史上实有不容忽视之里程碑意义。

（一）《四书或问》在《大学·中庸章句》与《论语·孟子集注》中的不同地位

《四书或问》（以下简称《或问》）是朱熹用以羽翼《四书章句集注》的重要著作，自然也是《四书纂疏》的重要取材来源，但是在《大学·中庸章句》部分，《或问》的字体和格式与《四书章句集注》一样，而在《论语·孟子集注》部分，《或问》则只是《四书纂疏》的一部分，对于这种区别对待，需要略加说明。

在《章句集注》的注文中，《大学·中庸章句》的情况与《论语·孟子集注》有所不同，朱熹在《大学·中庸章句》中极少引用诸家之说，在《论语·孟子集注》中却引用频繁，故赵顺孙处理《四书或问》时采取了不同手法，即对于《大学·中庸章句》，《或问》被排成与《四书章句集注》一样的字体、格式，而在《论语·孟子集注》中，《或问》被排成双行小字夹注。下文简述一下为何有此区别。

《大学章句》只在篇首引用了"子程子曰"，在经一章、传七章、传十章下引用"程子曰"各一次，传十章下引用"吕氏曰"一次、"郑氏云"一次，这五次引用除了传十章的"吕氏曰"是发明义理外，其他四处都是训诂字词、考订错简，如"程子曰：亲当作新"①之类。《中庸章句》引用诸家之说稍多，

---

① 朱熹：《四书章句集注》，第3页。

据邱汉生统计，引述他人观点共一十五处，而其中引吕氏五处，引二程四处，包括卷首总论在内，引郑氏的三处，其他杨氏、游氏、张子各一处。①虽说《中庸》经文篇幅是《大学》的一倍多，但引用如此之多，颇能反映朱熹对己说的自信程度是不同的。朱熹自道：

> 或问："《大学》解已定否？"曰："据某而今自谓稳矣。只恐数年后又见不稳，这个不由自家。"问《中庸》解。曰："此书难看。《大学》本文未详者，某于《或问》则详之。此书在章句，其《或问》中皆是辨诸家说理，未必是。有疑处，皆以'盖'言之。"②

可见，朱熹对《大学》的解释已经反复打磨，而对《中庸》各家注释的去取拣择，乃至对《中庸》经文的理解，尚不能完全无疑。朱熹又说："《大学》章句次第得皆明白易晓，不必《或问》。但致知、格物与诚意较难理会，不得不明辨之耳。"③而《中庸》则不同，"游丈开问：'《中庸》编集得如何？'曰：'便是难说。缘前辈诸公说得多了，其间尽有差舛处，又不欲尽驳难他底，所以难下手，不比《大学》，都未曾有人说'"④。《中庸》历代注家甚多，《大学》则注者甚少，这也使朱熹在《中庸章句》中引用诸家之说较多。

由于《大学·中庸章句》引用诸家之说较少，而《大学或问》《中庸或问》又备载诸家之说，故赵顺孙在《大学纂疏 中庸纂疏》中摘录了《四书或问》引用诸家的内容，排成与朱熹《四书章句集注》同样的字体、行款，当所引用的《四书或问》本文需要注释时，同样在其下双行小字夹注，凡是《四书或问》中朱熹的文字，用朱熹本人的《语录》《文集》或其弟子著作可以相互

---

① 邱汉生：《四书集注简论》，中国社会科学出版社，1980 年，第 15 页。
② 黎靖德编：《朱子语类》卷十四，第一册，第 257 页。
③ 黎靖德编：《朱子语类》卷十四，第一册，第 257 页。
④ 黎靖德编：《朱子语类》卷六十二，第四册，第 1485 页。

发明者解释之；凡是《四书或问》引用诸家之说，如是节引的、撮取大义的，则于其下注出原文。

譬如，《中庸或问》引"侯氏曰：鬼神形而下者，非诚也，鬼神之德，则诚也"，朱熹接着以"案"的形式对此语有所评论。赵顺孙在此段《四书或问》下出《四书纂疏》，先引侯氏曰："只是鬼神，非诚也。经不曰鬼神，而曰：'鬼神之为德，其盛矣乎！'鬼神之德，诚也。《易》曰：'形而上者谓之道，形而下者谓之器。'鬼神亦器也，形而下者也，学者心得之可也。"接着又引"《语录》曰：'侯氏解鬼神'"云云，显示朱熹在《语录》中有对侯氏意思相近的批评。①可见，《或问》引"侯氏曰"时对侯师圣原话作了一定的删节，《四书纂疏》将其恢复原貌，使读者备见始末，更加容易理解朱熹当年去取的理由。故牟子才《中庸纂疏序》云："至于《或问》，则取其评论诸子之说而附注之，是亦文公之意也。"②即是此意。

相比之下，朱熹在《论语·孟子集注》中几乎每章必引诸家之说，其结构是：经文之下，先是训诂字词，然后是朱熹对经文的阐释；然后是诸家之说，通常以〇标示，所谓"某氏曰"；最后可能还会安排朱熹对诸家之说的分析总结，所谓"愚按"。而且，因为《论语·孟子集注》原文已经备载诸家之说，因此《论语或问》《孟子或问》的内容虽然也被赵顺孙大量编入《纂疏》，但其格式、字体与朱熹的《文集》《语录》、各位朱熹弟子的著作一样，同为双行小字夹注。这是赵顺孙处理《四书或问》时采取的不同办法。

(二)《四书纂疏》解释层次的构成

《四书纂疏》所蕴含的诠释层次复杂、绵密，大致分为三层：①《四书章句集注》解释《四书》经文；②朱熹《文集》《语录》《或问》、朱门弟子解释《四书章句集注》；③赵顺孙的按语，即对上面两个层次的所有文本都有所解

① 黎靖德编：《朱子语类》卷六十二，第四册，第195~196页。

② 《大学纂疏 中庸纂疏》，第108页。

《孝经》与《四书》——宋明儒学的意涵新辟

释。《四书纂疏》的解释层次与此前面世的《四书》学著作相比，根本上提升了朱熹《四书章句集注》（乃至《或问》）在《四书》学著作中的地位。下举几例加以比较说明。

1.真德秀《四书集编》

真德秀此书以"集"字入名，可见与《四书纂疏》一样，都是引用诸家、断以己意的编纂原则。其体例是，以《论语》经文分句出注，注文排成双行小字夹注，内容则先《四书章句集注》，后《或问》，最后附以己意。①

2.蔡节《论语集说》

蔡节，永嘉人，蔡幼学之子。此书于淳祐五年（1245）进呈。现存宋淳祐六年（1246）刻本前镌有文学掾姜文龙于是年冬至所作跋文："晦庵先生尝语门人曰：'看《四书章句集注》熟了，更看《集义》，方始无疑。'又曰：'不看《集义》，终是不浃洽。'永嘉蔡先生《集说》之作，自《集义》中来，本之明道、伊川二先生，参以晦庵《或问》。而于晦庵、南轩先生，尤得其骨髓。盖南轩学于五峰先生，又与晦庵相讲磨，故语说多精切。是书也，说虽博，而所会者约；文虽约，而所该者博，大有益于后学，遂请刊于湖頖。"可见，此书不是以《四书章句集注》为解释对象，而主要取材于朱熹《论语集义》《论语或问》。此书的编纂原则与《四书纂疏》大致一样，但将经文一律大字顶格，《四书章句集注》（"集曰"）退两格大字，蔡节自己的解释（"节谓"）同样退两格大字，但并不提行重起，遂与《四书章句集注》之文羼杂一起。最奇怪的是，蔡节引用的《论语集注》只取其中朱熹的注文，《四书章句集注》所引诸家之说（如"程子曰""谢氏曰"）则视情况存留，有价值者排成双行小字夹注。这种做法实际上是淆乱了朱熹《四书章句集注》的原貌，不符合朱熹的本意。

3.蔡模《孟子集疏》

蔡模（1188—1246），字仲觉，蔡沈之子。此书于淳祐六年（1246）蔡模

---

① 此处所据版本为《通志堂经解》本。

去世时尚未脱稿。①蔡模把《四书章句集注》排成双行小字，把"集疏"接续于《四书章句集注》之后，不另提行，仅以○标识"集疏曰"。"集疏"的内容也是引用朱熹的《或问》《文集》《语录》，乃至其弟子的著作，来发明经文或《四书章句集注》。这种排法把朱子弟子乃至蔡模自己置于与朱熹并列的层次。

与以上三种南宋《四书》学著作相比，《四书纂疏》的独特性就非常明显了：赵顺孙谨守汉唐经学"疏不破注"的原则，坚持以《四书章句集注》羽翼经文，对于《四书章句集注》中简奥难通之处，先之以《或问》，因为《或问》是《四书章句集注》形成过程中的副产品，对《四书章句集注》有着精准的针对性；次之以朱熹《文集》，然后是《语录》，因为《文集》是书面成文的定说，而《语录》是一时问答之语，其权威性较《文集》稍差，但即便如此，《语录》仍排在所有亲传弟子的前面，这一顺序强调了"以朱解朱""以朱补朱""以朱正朱"，努力用朱熹自己的作品来解释《四书章句集注》，从而成为第一位以《四书章句集注》为解释对象的学者。

具体而言，赵顺孙将经文付之《四书章句集注》，又根据亲传弟子(赵顺孙所理解的)与朱熹的亲疏关系将其学生的理解进行收集整理，形成由近及远的解释顺序。赵顺孙本人的见解附于最后。此种层次安排形成了"筛选型"的次序：每一个层次就是一层筛子，筛去理解经文、理解《四书章句集注》的疑难问题，漏下来的疑难进入下一层筛子，经此数道筛选，到赵顺孙那里应该所存无几。故赵顺孙的"愚按"在《四书纂疏》中出现频率很低，这与蔡节《论语集说》中每条必有"节谓"形成了鲜明的对比。

总之，《四书纂疏》对朱熹一生心血之作《四书章句集注》的推崇达到了无以复加的地步，其在解释层次安排上的创新一经面世便受到普遍的欢迎。胡炳文的《孟子通》、倪士毅《四书辑释》、明永乐年间编辑的《四书大全》，都沿袭了《四书纂疏》的体例：将经文、《四书章句集注》排成大

---

① 此处所据版本为《通志堂经解》影印康熙丙辰纳兰性德序刊本。

字，朱熹《文集》《语录》、弟子之说排成双行小字夹注于《四书章句集注》注文之下。

三、结论

赵顺孙说："子朱子《四书》注释，其意精密，其语简严，浑然犹经也。"又将自己编写《四书纂疏》的工作与孔颖达、贾公彦相比："架屋下之屋，强陪于颖达、公彦之后。"①赵顺孙把《四书章句集注》的全文完全独立出来，成为直接面向经文的唯一解释层次，凸显了《四书章句集注》在朱子学体系中的核心地位，而朱子后学的解释只能直接解释《四书章句集注》。这就让人联想到《大学》的情形，朱熹显然为《大学》厘定为"孔子之言、曾子述之"的"经一章"和解释"经一章"的"传十章"，但"传十章"也被视为经典正文。在赵顺孙看来，《四书章句集注》显然为《大学》经文的"传十章"，而《四书纂疏》相当于后儒的注疏。这体现了赵顺孙企图将《四书章句集注》升格为经的努力，当然，在赵顺孙所处的南宋晚期，《四书》正经和朱熹的《四书章句集注》都获得"经"的地位，仍然是遥不可及的事情，但赵氏模仿经传注疏的体例编写《四书纂疏》可视为朝着这一方向推动的努力，在赵顺孙之后，《四书章句集注》"浑然犹经"的观点迅速传播开来，在元代受到普遍的接受。②

赵顺孙不仅大力推崇《四书章句集注》，而且也高度重视整理、总结朱熹亲传弟子及其再传、三传弟子的著作。至于《四书章句集注》之外的朱熹著作、朱熹亲传弟子的著作，即便其内容是直接指向《四书》经文的，赵顺孙仍然排成双行小字附注于《四书章句集注》之下，成为"注脚之注脚"。而在《大学纂疏》和《中庸纂疏》中，赵氏甚至把解释《四书章句集注》的《或问》也作为"疏"的对象，衍生出"注脚之注脚之注脚"，显示出朱子学文献自朱

---

① 赵顺孙：《四书纂疏序》，《大学纂疏　中庸纂疏》，第 1 页。
② 周春健：《元代四书学研究》，华东师范大学出版社，2008 年，第 302 页。

熹去世后层叠积累的趋势,反映了端平更化、淳祐更化以来全社会的尊朱、崇朱、述朱气氛。

但是问题的要害尚不在于"尊朱",而在于所"尊"之"朱",是朱熹的"朱熹之学",还是"朱子学"。朱熹亲传弟子陈埴说:"志曰:善问者如攻坚木,善待问者如撞钟。朋友讲习不可以无问也,问则不可以无复。"①为此他编写了《木钟集》,记录自己与弟子讲论学问的内容。在陈埴的时代,他所孜孜不倦传播的是"朱熹之学"。而到了《四书纂疏》时代,赵顺孙努力构建了一个更加庞大的学术体系,这个体系的核心与灵魂是朱熹之学,朱熹亲传弟子对朱熹之学的解释成为这一核心的外围,他们不但能够补充、完善朱熹之学,而且可以"重复"朱熹之学,成为朱熹之学在历史过程中的"回声"。赵顺孙在编辑《四书纂疏》时,没有删去那些意思明显雷同的弟子之说,使得读者产生一种"人同此心,心同此理"的感觉,从而坚定了对朱子之学的信仰。回到陈埴"木钟"的比喻,如果说朱熹是一口钟,那么朱熹弟子就是撞钟的钟杵,朱子之学就是撞钟的钟声,后朱熹时代的朱门弟子,各自单独传道,竭力模仿朱熹的钟声。然而,朱熹的亲传弟子散处各地,他们向朱熹致敬的钟声是零星的、分散的。为此,赵顺孙营造了《四书纂疏》这一历史的隧道,在这个隧道中,朱熹生前的钟声、朱熹亲传弟子的钟声,在未来的历史中获得巨大的回响,此起彼和,经久不衰。《四书纂疏》中那些重复的弟子之说,就是赵顺孙心目中朱子学的"历史的回声"。

不过,历史的发展与《四书纂疏》的设计思想恰恰相反,对《四书》经文、对朱子之学的每一次解释,都会产生新的术语、新的错误、新的分歧。从程颐开始,"增字解经"成为常态,因为不增字,就不能把理学的观念和原始儒家经典对接。二程所增的这些字,又成为朱熹的解释对象。朱熹说:"《大学》一书,有正经,有注解,有《或问》。看来看去,不用《或问》,只看注

① 陈埴:《木钟集》,《文渊阁四库全书》第 703 册,台湾商务印书馆,1986 年,第 554 页。"善问者如攻坚木,善待问者如撞钟。"出自《礼记·学记》。

解便了;久之,又只看正经便了。"①朱熹的理想是,通过《或问》理解《四书章句集注》,通过《四书章句集注》达到经文本旨,完成一个由博返约的认知过程。但事实正相反,朱熹说:"某作《或问》,恐人有疑,所以设此,要他通晓。而今学者未有疑,却反被这个生出疑。"②《或问》固然羽翼了《四书章句集注》,但《或问》本身却衍生新的疑问,导致了《四书》学解释著作在朱熹去世后迅速积累。无独有偶,洪天锡为《四书纂疏》所撰序文中也引用了朱熹"《大学》一书,有正经,有注解……"这段话,并接着说:"此文公吃紧教人处也,仆于《集注纂疏》亦云。"③洪天锡希望《四书纂疏》能够成为《四书》学文献不断积累的历史的终结者,但事实上,《四书纂疏》的出现本身就是朱子学发展历程中的一个悖论:"由博返约"之功未见,"博而更博"之势愈演愈烈。胡炳文就对《四书纂疏》中赵顺孙的"愚按"深为不满,亦不满于赵顺孙的编纂体例,故编《四书通》以辟之,事实上却延续着宋元朱子学"博而不返"的历史悖论。④正如朱鸿林指出的,从晚宋开始,治朱子学的主要趋向是增益丰富朱子之言,而不是精简要约朱子之言,而且多数学者的功夫,都是花在朱子《四书章句集注》的集释上,其典型就是真德秀的《四书集编》和赵顺孙《四书纂疏》,只不过到了元代变本加厉,而且性质渐渐有所不同。⑤赵顺孙的历史地位及其流弊于此可以概见矣。

---

① 黎靖德编:《朱子语类》卷十四,第一册,第257页。

② 黎靖德编:《朱子语类》卷十四,第一册,第25页。

③ 《大学纂疏 中庸纂疏》,第3页。

④ 胡炳文:《四书通》,《文渊阁四库全书》第203册,第4页。所论赵氏之失见《论语纂疏》卷十,第488页。

⑤ 朱鸿林:《丘濬〈朱子学的〉与宋元明初朱子学的相关问题》,《中国近世儒学实质的思辨与习学》,北京大学出版社,2005年。

第六章　元明清《四书》诠释之演进与汉宋之争

　　元、明、清三代《四书》诠释之学的发展，与《四书大全》的编撰有着重要的关联，不但明代将此书作为科举考试的重要教材，清代也基本沿袭明代，科举考试依旧以朱子的《四书》学为中心。这期间虽然有两次学术之"反动"，但并未撼动程朱理学的官方地位，朱子《四书》学也一直在通过科举而左右着士人的思想。第一次"反动"，就是明中叶以来的阳明学思潮，虽然对于《四书》的诠释多有触动，然而因为心学学者大多对于经典诠释的兴趣不大，故影响并未特别深广；第二次"反动"就是清中叶以来的考据学思潮，这次因为涉及经典诠释的方法问题，再加之知识精英的学术兴趣发生了转变，所以《四书》诠释普遍受到了考据学的影响，学界多有从宋学回到汉学，又逐渐演变成为汉宋之争，义理与考据在诠释《四书》上的利弊得失，也成为那一个时代讨论的热点。

第一节　元明《四书》诠释的僵化以及宋学的危机

　　元、明两代《四书》的诠释，主要沿着朱子《四书章句集注》而发展，其

《孝经》与《四书》——宋明儒学的意涵新辟

中一个主要的原因就是朱子的《四书》之学被纳入科举考试制度,研习《四书》成为人才选拔的关键。对于《四书章句集注》重新疏解的各种著作层出不穷,这些对《四书》再诠释的学术成果,到了明永乐朝则被汇集成为《四书大全》,该书一方面被认为是南宋、元、明三代程朱一系《四书》系列诠释的集大成之作,另一方面则使得《四书》的诠释趋向于僵化,束缚了此后的明、清两代《四书》诠释的发展。除了明中叶的心学思潮与清中叶的考据学思潮影响所及的一小部分之外,大多数以《四书》诠释的面目出现的著作,对《四书》的诠释都质量不高,都摆脱不了述朱的圈子。特别是在明代,几乎少见具有独立的学术思想与研究方法的《四书》类著作。

一、元明《四书》诠释史概述

朱子以《四书》为主体的新经典体系建构之后,虽然在南宋理宗朝(1224—1264)得到了官方的认同,但尚未来得及影响科举考试。到了元代,建立起统一的大帝国,原本主要在东南半壁传播的朱子学,在北方也流传起来,其间大儒许衡(1209—1281)、吴澄(1249—1333)、刘因(1249—1293)等人起到了至关重要的作用。元代的统治者也意识到治天下需用儒术,于是程朱理学逐步成为官方思想的重要组成部分。元仁宗延祐年间(1314—1320)下诏开科取士,朱子的《四书章句集注》被钦定为科举考试的官方教材,实现了《四书》学与朱子学的官学制度化。元惠宗至元元年(1335),下诏兴建朱子文庙,朱子的地位被提升到了新的高度,则是制度化的进一步发展。

在宋、元年间,对朱子《四书章句集注》加以再诠释的著作已经开始出现,比如蔡模(1188—1246)《四书集疏》、赵顺孙(1215—1277)《四书纂疏》、吴真子《四书集成》、刘因《四书集义精要》、许谦(1269—1337)《读四书丛说》、詹道传《四书纂笺》、朱公迁《四书通旨》,以及胡炳文(1250—

1333)《四书通》、陈栎(1252—1334)《四书发明》、倪士毅(1303—1348)《四书辑释》等。明永乐朝编纂的《四书大全》则是在此基础上的集大成之作，虽然此一所谓集大成之质量与影响，在后世颇有争议。当然也有单独对《论语》进行诠释的，比如蔡节《论语集说》、王若虚(1174—1243)《论语辨惑》、陈天祥(1230—1316)《论语辨疑》、金履祥(1232—1303)《论语集注考证》等。故关于《论语》与《孟子》以及《四书》在图书分类系统之中如何安排，也多有矛盾之处。关于宋代以来书目类著作的变化，四库馆臣曾有过一番梳理：

> 《论语》《孟子》，旧各为帙。《大学》《中庸》，旧《礼记》之二篇。其编为《四书》，自宋淳熙始；其悬为令甲，则自元延祐复科举始，古来无是名也。……元邱葵《周礼补亡序》称，圣朝以六经取士，则当时固以《四书》为一经，前创后因，久则为律，是固难以一说拘矣。今从《明史·艺文志》例，别立《四书》一门，亦所谓礼以义起也。朱彝尊《经义考》，于《四书》之前，仍立《论语》《孟子》二类；黄虞稷《千顷堂书目》，凡说《大学》《中庸》者，皆附于《礼》类，盖欲以不去伭羊，略存古义。然朱子书行五百载矣，赵岐、何晏以下，古籍存者寥寥，元、明以来之所解，皆自《四书》分出者耳。《明史》并入《四书》，盖循其实；今亦不复强析其名焉。①

在南宋淳熙年间(1174—1189)《四书章句集注》一书出现以前，《论语》与《孟子》都是单独为一种书，这就是所谓"旧各为帙"。《四书》成为新经典，既是程朱一系理学家体系建构的结果，也是由于元代延祐年间开始将《四书》作为科举考试的主要教材，于是"前创后因，久则为律"，以《四书》为整

---

① 《四库全书总目》经部卷三十五《四书类序》，《景印文渊阁四库全书》第1册，第705~706页。

体进行诠释的书开始越来越多。针对这种状况，清初编纂的《明史·艺文志》就"别立《四书》一门"。朱彝尊（1629—1709）《经义考》，将《四书》出现之前，单独发展的《论语》与《孟子》仍旧设为二类；《四书》出现之后则别列《四书》一类。《经义考》还将单独成书的《大学》与《中庸》，列在《礼记》类之后，这就与《千顷堂书目》的处理较为接近。所以说《经义考》与《千顷堂书目》都"略存古义"。

元、明以及清初学者对于《论语》的诠释，大多沿袭《四书》学的传统，并未将《论语》独立出来。值得注意的就是，宋、元、明以来，依旧还有延续汉唐经典注疏传统的著作，将《论语》与《孟子》单独作为一种书加以诠释，甚至特意与朱子《四书》系统的诠释有异，这类著作虽然不多，但还是存在的。这些书放在《四书》类，还是在《四书》类之外单独再分二类，则在书目类著作之中，往往会出现意见分歧。《四库全书》将《论语》与《孟子》以及《大学》《中庸》单独成书加以诠释的著作，与《四书》系统的著作合并都列入了《四书》类。这一种书目分类，其实就是遵从了元、明以来影响极大的《四书》的注疏传统，因为这一传统已经成为主流。

再来看经过《四书大全》之后的明代《论语》学，绝大多数的《论语》诠释类著作，都受到科举、时文的影响，于是便顺着《四书大全》的理路发展，也就不奇怪了。大部分的著作其实都是对《四书大全》进行考辨、修订，故《论语》学只是作为《四书》学体系的组成部分。这些《四书》类的著作，与《四书大全》一样，也是对于朱子《四书》学的进一步诠释，所谓的发明朱注。其中著名的如朱升（1299—1370）《四书旁注》、蒋允汶《四书类编》、蔡清（1453—1508）《四书蒙引》、陈琛（1477—1545）《四书浅说》、林希元（1482—1567）《四书存疑》、张自烈（1597—1673）《四书大全辨》等。

这些书都是强调以朱子为宗，凡是合于朱子则取之，异于朱子则驳之。对此清代学者多有批评，比如皮锡瑞（1850—1908）指出：

论宋、元、明三朝之经学,元不及宋,明又不及元。……宋儒学有根柢,故虽拨弃古义,犹能自成一家。若元人则株守宋儒之书,而于注疏所得甚浅。如熊朋来《五经说》,于古义古音多所抵牾,是元不及宋也。明人又株守元人之书,于宋儒亦少研究,……是明又不及元也。①

在清儒看来,宋代的经学尚有根柢,毕竟有着自成一家的诠释方法,有着不同的学术流派,元代则已经是固守宋儒之学,其注疏多半浅陋,特别是在字义、字音等小学工夫上。等到了明代,诸如《四书大全》等书,又是固守元儒之学,对于朱子等宋儒也未有抒发己意的研究,故而不如元儒,更不如宋儒了。所以说,明代是《论语》学比较式微的时代,甚至以《论语》为书名,单独对《论语》一书进行诠释的著作也极少。

二、《四书大全》的编纂及其争议

元朝以朱子学、《四书》学作为主要内容的科举制度,为明朝所继承。为了与学校、科举相应,明朝还收集、刊印儒学经典。洪武六年(1373),朱元璋召国子博士赵俶等并说:“汝等一以孔子所定经书为教,慎勿杂苏秦、张仪纵横之言。”②并从赵俶之请,颁正定《十三经》于天下。洪武十四年(1381),又颁《五经》《四书》于北方学校。到了永乐年间,另一个推尊程朱理学的重要举措就是《五经大全》《四书大全》《性理大全》这三部书的编纂,从此科举考试有了程朱理学系统的教科书。

① 皮锡瑞:《经学历史》九,中华书局,2004 年,第 283~284 页。
② 张廷玉等:《明史》卷一三七《列传第二五》,中华书局,1974 年,第 3955 页。

（一）明朝的文教政策与《四书》

明朝初年，承继元朝而奉行崇儒重道政策，积极倡导程朱理学。虽然当时在思想文化上也涌动着三教会通的趋势，但是程朱理学思想始终处于主导地位。早在朱元璋（1328—1398）起兵之初，就注意征辟儒士叩问平治之策，《明史》中说："明太祖起布衣，定天下，当干戈抢攘之时，所至征召者儒，讲论道德，修明治术，兴起教化，焕乎成一代之宏规。"①朱元璋也对国子学以及地方官学非常重视。建国之前就有郡学之设，后来又设儒学提举司、国子学。洪武元年议定国子学官制，定祭酒为正四品、司业为正五品、博士为正七品。第二年，又拨款增修国子学，并在给中书省的上谕中说："太学育贤之地，所以兴礼乐、明教化，贤人君子之所自出，古之帝王建国君民，以此为重。朕承困弊之馀，首建太学，招徕师儒。"②同时下诏天下府州县建立学校：

> 学校之设，名存实亡。兵变以来，人习战争。朕惟治国以教化为先，教化以学校为本。京师虽有太学，而天下学校未兴。宜令郡县皆立学。③

府设教授、州设学正、县设教谕，各一人；又设训导，府四人、州三人、县二人。后来各都司、卫，直至宣慰、安抚等土司，皆设学校。到了洪武十五年（1382）新建太学落成，改国子学为国子监。朱元璋又在新太学落成之际，亲幸国子监拜谒先师孔子，行释菜礼，并对祭酒吴颙等说："中正之道，无逾于儒。上古圣人不以儒名，而德行实儒。后世儒之名立，虽有儒名或无其

---

① 《明史》卷二八二《儒林一》，第7221页。
② 龙文彬：《明会要》，中华书局，1956年，第396页。
③ 龙文彬：《明会要》，第408~409页。

实。……卿等为师表,正当以孔子之道为教,使诸生咸趋于正,则朝廷得人矣。"①朱元璋又亲为太学生讲习《尚书》中的《大禹谟》《皋陶谟》《洪范》等篇,闻者莫不惊悦。朱元璋对孔子后裔优礼有加,洪武元年召孔子五十五代孙孔克坚至京,待以上宾之礼,给俸禄而不使视事,诏孔克坚之子孔希学袭封衍圣公,赐资善大夫正二品,又赐给祭田,使置礼器、乐器、乐舞,并为之置属官。洪武六年,又命翰林学士詹同、乐韶凤等定《释奠先师乐章》。②

洪武三年(1370)开科取士,考试内容则在宋元的基础上有所调整:"初场《四书》疑问、本经义及《四书》义各一道。第二场,论一道。第三场,策一道。中式者后十日复以五事试之,曰骑、射、书、算、律。"③洪武十七年(1384),颁布科举成式,初场试《四书》义三道,经义四道;第二场试论一道,判语五条,诏、诰、表、内科各一道;第三场,试经史时务策五道。④其中《四书》用朱子的《四书章句集注》,《诗》用朱子的《诗集传》,《书》用朱子弟子蔡沈的《书集传》以及古注疏,《易》用程颐的《程氏易传》和朱熹的《周易本义》,《春秋》用左氏、公羊、谷梁及宋代胡安国、张洽的传,《礼记》用古注疏。从这里可以看出,当时科举考试主导的学术思想便是程朱理学了。再者,第一场考试经义的体裁也作了规定,这就是"八股文":"其文略仿宋经义,然代古人语气为之,体用排偶,谓之八股,通谓之制义。"⑤关于明朝的科举,顾炎武(1613—1682)说:

明初三场之制,虽有先后而无重轻,乃士子之精力多专于一经,略于考古。主司阅卷,复护初场所中之卷,而不深求其二三场。夫昔之所谓三场,非下帷十年,读书千卷,不能有此三场也。今则务于捷得,

① 李国祥、杨昶主编:《明实录类纂》文教科技卷,武汉出版社,1992 年,第 44 页。
② 龙文彬:《明会要》,第 616 页。
③ 李国祥、杨昶主编:《明实录类纂》文教科技卷,第 35 页。
④ 李国祥、杨昶主编:《明实录类纂》文教科技卷,第 47~48 页。
⑤ 《明史》卷七十《选举二》,第 1693 页。

不过于《四书》、一经之中拟题一二百道,窃取他人之文记之,入场之日抄誊一过,便可侥幸中式,而本经之全文有不读者矣。率天下而为欲速成之童子,学问由此而衰,心术由此而坏。①

当时的科举考试虽然分为三场,但是普遍看重的只是第一场,并且《四书》的分量越来越重,"五经"逐渐成为虚应故事,考试只要专于《四书》与一经就能成功,最终天下学子不得不重视程朱理学,经学也就逐渐衰弱了。

(二)《四书大全》的编纂

永乐十二年(1414),明成祖朱棣(1360—1424)命翰林院学士胡广(1370—1418)、侍讲杨荣(1372—1440)、金幼孜(1368—1432)等人编纂三书:

> 《五经》《四书》,皆圣贤精义要道,其传注之外,诸儒议论有发明余蕴者,尔等采其切当之言,增附于下。其周、程、张、朱诸君子性理之言,如《太极通书》《西铭》《正蒙》之类,皆《六经》之羽翼,然各自为书,未有统会,尔等亦别类聚成编。二书务极精备,庶几以垂后世。②

原本计划编为《五经四书大全》与《性理大全》二书,后来因为"五经"与《四书》科举考试需要单独出题以及卷帙浩繁之故,改为三书,以便诵读。书稿完成之后,朱棣赐名《五经四书性理大全》,并为之作序,其中说:

> 朕缵承皇考太祖高皇帝鸿业,即位以来,孳孳图治。恒虑任君师

---

① 顾炎武:《日知录》卷十六《三场》,《顾炎武全集》第18册,上海古籍出版社,2011年,第647页。

② 李国祥、杨昶主编:《明实录类纂》文教科技卷,第578页。

治教之重,惟恐弗逮。切思帝王之治,一本于道。所谓道者,人伦日用之理,初非有待于外也。厥初圣人未生,道在天地;圣人既生,道在圣人;圣人已往,道在六经。六经者,圣人为治之迹也。六经之道明,则天地圣人之心可见,而至治之功可成。六经之道不明,则人心之术不正,而邪说暴行侵寻蠹害。欲求善治,乌可得乎?朕为此惧,乃者命儒臣编修《五经》《四书》,集诸家传注而为《大全》。凡有发明经义者取之,悖于经旨者去之。又辑先儒成书及其论议格言,辅翼《五经》《四书》,有裨于斯道者,类编为帙,名曰《性理大全》。书编成来进,总二百二十九卷,朕间阅之,广大悉备,如江河之有源委,山川之有条理,于是圣贤之道粲然而复明,所谓考诸三王而不缪,建诸天地而不悖,质诸鬼神而无疑,百世以俟圣人而不惑。大哉!圣人之道乎,岂得而私之?遂命工悉以锓梓,颁布天下,使天下之人,获睹经书之全,探见圣贤之蕴,由是穷理以明道,立诚以达本。修之于身,行之于家,用之于国,而达之天下。使家不异政,国不异俗,大回淳古之风,以绍先王之统,以成熙皞之治,将必有赖于斯焉。①

朱棣认为帝王之治本于圣人之道,而圣人之道则体现在"六经","六经"的义理如果得不到发明,则人心不正,邪说暴行就会滋生。于是命人将"五经"《四书》诸家的传注汇编、精选而成《大全》并颁布天下,希望通过这三部书使得天下的读书人能够获得经书之全体、圣人大道之蕴藉,穷理明道、立诚达本,从而实现修身、齐家、治国、平天下。

三书的编纂,承继明太祖朱元璋以来的以儒家思想治国的精神,有利于儒学的发展。三书之中《四书》的传注基本以朱子《四书章句集注》为取舍的依据,而"五经"的传注也大多折中于程朱,《性理大全》取周敦颐、程

① 胡广、金幼孜、杨荣祥纂修:《四书大全校注》上册,周群、王玉琴校注,武汉大学出版社,2009年,第8页。

《孝经》与《四书》——宋明儒学的意涵新辟

颢、程颐、张载、朱子等人谈论性理的语录。故而这三部大全，可以说是将学术思想统一到了程朱理学的系统之中，汉唐儒学的章句训诂之学几乎全被摒弃，又在一定程度上扼制了诸如陆九渊的心学等其他儒家学派的发展。特别是三书颁布天下并运用于科举考试之后，也就实现了在思想上对于读书人的控制，有利于专制统治。当然从另一方面说，《四书大全》《五经大全》《性理大全》三书被大量刊行，并通过学校颁行天下，为士子们全面而深入地学习程朱理学提供了很大的方便，也推动了程朱理学的进一步普及。只是将学术独尊于一家，则会导致学术的工具化。明代就有学者指出：

> 太祖时，士子经义皆用注疏，而参以程、朱传注。成祖既修《五经四书大全》之后，遂悉去汉儒之说，而专以程、朱传注为主。……自程、朱之说出，将圣人之言死死说定，学者但举此略加敷演，凑成八股，便取科第，而不知孔、孟之书为何物矣。[1]

明太祖之时，汉唐经学的"五经"注疏之类还有部分作为科举考试依据的，比如《礼记注疏》，而程朱理学的经学传注只是参考之书，明成祖《五经四书性理大全》完成之后就成为最主要的研习对象，汉唐经学被舍去，孔孟圣人之言被"死死说定"，几乎成为一家之言。到了后来，则在程朱理学内部又有了区分，还有朱学日荣而程学日微的情况发生：

> 看其《易》，须与《程传》参看，故本朝诏告天下，《易》说兼主程、朱，而科举取士以之。予犹记幼年见《易》，经义多兼《程传》讲贯，近年以来，场屋经义专主朱说取人，主《程传》者皆被黜，学者靡然从风，

---

① 何良俊：《四友斋丛说》卷三，中华书局，1959年，第22页。

《程传》遂至全无读者。尝欲买《周易传义》为行箧之用,遍杭城书肆求之,惟有《朱子本义》,兼《程传》者绝无矣。①

世之治举业者,以《四书》为先务,视《六经》可缓。以言《诗》,非朱子之传义弗敢道也;以言《礼》,非朱子之《家礼》弗敢行也。推是而言,《尚书》《春秋》非朱子所授,则朱子所与也。言不合朱子,率鸣鼓百面攻之。②

由此可知,从明代到清代,诸如《四书》"五经"等儒家基本经典的诠释,因为科举考试之影响,往往被定于一尊,虽说是程朱之学,但其实几乎为朱子一人之学。以至于"非朱子之传义弗敢道也",甚至与朱子不合,就被鸣鼓攻之,极其不利于学术的繁荣,所谓"此亦一述朱,彼亦一述朱"③,则朱子学自身也将会陷入枯槁的境地。

(三)围绕《四书大全》的争议

所以到了明朝后期,学界对这三部大全的批评更多,特别是其中的《四书大全》,顾炎武则指出了其中渊源有自的一面:

自朱子作《大学中庸章句》《或问》《论语孟子集注》之后,黄氏有《论语通释》。而采《语录》附于朱子《章句》之下,则始于真氏,名曰《集义》,止《大学》一书。祝氏乃仿而足之,为《四书附录》。后有蔡氏《四书集疏》、赵氏《四书纂疏》、吴氏《四书集成》。昔之论者病其泛滥,于是陈氏作《四书发明》,胡氏作《四书通》,而定宇之门人倪氏合二书为

---

① 陆荣:《菽园杂记》卷十五,中华书局,1985 年,第 167 页。

② 朱彝尊:《道传录序》,《曝书亭集》,《景印文渊阁四库全书》第 1318 册,第 48 页。

③ 黄宗羲:《移史论馆不宜立理学传书》,《黄宗羲全集》第 10 册,沈善洪主篇、吴光执行主编,浙江古籍出版社,2005 年,第 221 页。

一，颇有删正，名曰《四书辑释》。自永乐中命儒臣纂修《四书大全》，颁之学官而诸书皆废。倪氏《辑释》，今见于刘用章所刻《四书通义》中，永乐中所纂《四书大全》特小有增删，其详其简，或多不如倪氏。《大学中庸或问》则全不异，而间有舛误。①

《四库》馆臣根据顾炎武所言而进一步推论说："阴据倪士毅旧本。潦草成书，而又不善于剽窃，庞杂割裂，痕迹显然。"②顾炎武首先是将《四书大全》之前的《四书》学史梳理了一遍，自从朱子作《四书章句集注》等书之后，进一步阐发其中思想的著作层出不穷。其弟子黄榦作有《论语通释》，对朱子的《论语集注》《论语精义》《论语或问》三书所注加以融会阐释；至于采集朱子语录附于《大学章句》之下，则开始于真德秀的《大学集义》，祝洙仿效、补足了真德秀而完成《四书附录》一书；之后则出现了蔡模《四书集疏》、赵顺孙《四书纂疏》、吴真子《四书集成》等书。由宋至元类似的著作不下数十家，于是学者以为太泛，不便研习。故而陈栎（定宇）作《四书发明》，胡炳文作《四书通》，此二书则对前人所采辑之语录等文字重新加以甄别。陈栎的门人倪士毅又将陈、胡之书合二为一，再加以删定改正，完成了《四书辑释》一书，此书以朱子为宗，又广采诸家，对朱子多有发挥。然而到了明永乐中，明成祖则诏儒臣胡广、杨荣等将诸家传注之说汇成一编，并赐名《四书大全》，又加以御制序文颁行天下学校，作为科举考试的范本，于是士子们无不诵习《四书大全》，而其他诸家之说则被废弃不用。

顾炎武又说，倪士毅《四书辑释》又载于刘剡（用章）《四书通义》，将《四书大全》与《四书辑释》加以比较，则发现《四书大全》只是"小有增删"，甚至在详、简的处理上，还不如倪士毅原书。他还说：

---

① 顾炎武：《日知录》卷十八《四书五经大全》，《顾炎武全集》第19册，第714页。
② 《四库全书总目》卷三十七经部四书类存目，《景印文渊阁四库全书》第1册，第762页。

当日儒臣奉旨修《四书五经大全》，颁餐钱，给笔札，书成之日，赐金迁秩，所废于国家者不知凡几。将谓此书既成，可以章一代教学之功，启百世儒林之绪。而仅取已成之书抄誊一过，上欺朝廷，下诬士子，唐宋之时有是事乎？岂非骨鲠之臣，已空于建文之代？而制义初行，一时人士尽弃宋元以来所传之实学，上下相蒙，以饕禄利，而莫之问也。呜呼！经学之废，实自此始。后之君子欲扫而更之，亦难乎其为力矣。①

明成祖朱棣原本希望《四书大全》等书有助于教学与学术，事实上因为编纂的时间过于仓促，书中内容大多为采集前人成书稍加修补而成，故质量不高，且带来了许多不良影响。因为这三书作为科举的教科书，使得读书人尽弃宋元以来传承有序的经学，许多极有价值的《四书》"五经"的注本也因此而亡佚；再者，因为这三书所采集的注疏矛盾、错误极多，因此并不能准确认识《四书》"五经"或者程朱等诸儒的义理。四库馆臣在《四书大全》的提要中引述了顾炎武的考辨，并且指出：

其书因元倪士毅《四书辑释》稍加点窜。……考士毅撰有《作义要诀》一卷，附刻陈悦道《书义断法》之末，今尚有传本，盖颇讲科举之学者。其作《辑释》，殆亦为经义而设，故广等以凤所诵习，剽剟成编欤？初与《五经大全》并颁，然当时程式，以《四书》义为重，故《五经》率皆庋阁，所研究者惟《四书》，所辨订者亦惟《四书》。后来《四书》讲章，浩如烟海，皆是编为之滥觞。盖由汉至宋之经术，于是始尽变矣。特录存之，著有明一代士大夫学问根柢具在于斯，亦足以资考镜焉。②

———
① 顾炎武：《日知录》卷十八《四书五经大全》，《顾炎武全集》第 19 册，第 714 页。
② 《四库全书总目》卷三十六经部四书类二，《景印文渊阁四库全书》第 1 册，第 732~733 页。

《孝经》与《四书》——宋明儒学的意涵新辟

馆臣认同顾炎武的话，认为《四书大全》就是在倪士毅《四书辑释》的基础上"稍加点窜"而成的，之所以要以倪书为基础，则是因为倪士毅颇善于讲科举之学，其书本为科举而设。馆臣另外还说：

> 《四书》定于朱子《章句集注》，积平生之力为之，至垂没之日，犹改定《大学》"诚意"章句，凡以明圣学也。至元延祐中用以取士，而阐明理道之书，遂渐为弋取功名之路。然其时"经义""经疑"并用，故学者犹有研究古义之功。今所传袁俊翁《四书疑节》、王充耘《四书经疑贯通》、詹道传《四书纂笺》之类，犹可见其梗概。至明永乐中，《大全》出而捷径开，八比盛而俗学炽。科举之文，名为发挥经义，实则发挥注意，不问经义何如也。且所谓注意者，又不甚究其理，而惟揣测其虚字语气，以备临文之摹拟，并不问注意何如也。①

> 虽有明二百余年悬为功令，然讲章一派从此而开，庸陋相仍，遂似朱子之书，专为时文而设，而经义于是遂荒。②

也就是说，朱子以其平生之力作《四书章句集注》，然自从此书因为被作为科举考试的教材，便成为"弋取功名"的工具。元代尚允许对朱子《四书》持怀疑的态度，到了明代《四书大全》出现之后，教材更加统一，于是出现了许多庸陋、因袭的讲章之学。甚至科举时文，名义上是发挥《论语》等经书之义理，实际则只是发挥朱子的注释之意思，还有只是"揣测其虚字语气"，也即只是讲究作八股时文的技巧，并不深究其中义理。最终则导致士人以为朱子之学、朱子之书本为科举、时文而设，于是原本对于修齐治平等极有意义的《四书》之学变了味，真正的经学也荒废了。

---

① 《四库全书总目》卷三十六经部四书类二，卷末按语，《景印文渊阁四库全书》第1册，第745页。

② 《四库全书总目》卷三十七经部四书类存目，《景印文渊阁四库全书》第1册，第762页。

当然,也有必要为《四书大全》作一些辩护。正是因为科举考试以《四书》义为重,所以学者们研究、辨订都以《四书大全》为重,甚至可以说"有明一代士大夫学问根柢"也都在此书,所以即便质量不高,《四书大全》依旧是有明一代影响最大的《四书》类著作,是《四书》诠释的权威。清初的理学名臣魏裔介(1616—1686)就说:"《集注》者,《四书》之孝子忠臣,而《大全》者,又《集注》之孝子忠臣也。后之欲窥圣人之道,非《集注》何由进,非《大全》则《集注》之微言奥义亦几不明。"①也就是说,对于理解《四书》而言,朱子的《四书章句集注》确实最为重要,然而其中的"微言奥义"尚有待进一步阐明,故《四书大全》也是极有必要的。还有理学名臣陆陇其(1630—1692)也说:"《四书五经性理大全》虽纂辑之臣如胡、杨、金、萧,无大儒在其间,故不无烦冗遗漏之病,而大義炳如,非程朱之学不载,足为学者准绳。……永乐之政未有善于此时者也。自成、弘以上学术一而风俗同,岂非其明效耶。"②陆陇其曾作《增订四书大全》,对《四书大全》的"烦冗遗漏"作过增订,但还是肯定此书"大义炳如",认为编《大全》为明代永乐朝的善政,也是明成化、弘治时代"学术一而风俗同"的重要原因所在,即以《四书大全》统一思想,以程朱理学思想来进行教化,也有一定的积极意义。

此外,还有必要指出的是,朱子当年作《四书章句集注》,其最初的定位其实是在教化,为了给普通人发明圣贤之道,而不是为了经学研究。故而对于《论语》《孟子》等经典的注解,朱子还有《论孟精义》一书,他自己曾说:

读《论语》,须将《精义》看。先看一段,次看第二段。将两段比较,孰得孰失,孰是孰非。又将第三段比较如前。又总一章之说而尽比较之。其间须有一说合圣人之意,或有两说,有三说,有四、五说皆是,又就其中比较疏密。如此,便是格物。及看得此一章透彻,则知便至。或

---

① 魏裔介:《四书大全纂要序》,《兼济堂文集》卷三,中华书局,2007年,第63页。
② 陆陇其:《松阳钞存》,《陆子全书》,光绪十六年刊本,第10页。

自未有见识,只得就这里挨。①

《论孟精义》编成之后,朱子始终加以重视,因为此书搜集的汉唐以及宋人的注释较为丰富,并不凸显他本人的观点,故而要学者细细研习。比如《论语》,一章之中,多有两说,也有四五说并存的,需要学者自己加以比较,体会哪一家之说真正合于圣人之意,在此过程之中,学者也可以提升自己的见识,而并不为书本所束缚。

所以说,《四书章句集注》是考虑将圣人精义最简明地呈现,以便普通人容易接受与理解。《四书大全》的用意也是如此,此书并不是出于学术研究的目的,并不是为了经学的发展,而是为了普通士人的科举考试的需要,故而并没有在字义的训诂等问题上多作纠缠,注释音、义,大多沿袭前人最为常见的解释;还有名物制度的解释,也是如此。这就与魏晋的何晏《论语集解》不一样,也与后来清代的刘宝楠《论语正义》等不一样。换言之,对于《四书大全》的批评,不可太过纠结于经学的学术立场,而苛责于一种启蒙用书、考试用书。

第二节 晚明清初《四书》诠释的多元发展

晚明清初是一个社会激烈变革的时代,同样也是一个学术转型的时代,至于对《四书》的诠释,则可以说是最能体现思想学术如何从义理之学,转而成为考据之学。

清初最致力于朱子《四书章句集注》以及科举时文的学者较多,而其中最著名的是吕留良与陆陇其,他们的《四书》学虽然都学宗朱子,思想上

---

① 《朱子语类》卷十九,第441页。

也多有互动,然却在诠释方法上有着较大的差异。最终二人身后的地位则更是天差地别:雍正二年,陆陇其便获得从祀孔庙的殊荣;雍正七年,则是曾静谋反的文字狱案发,吕留良惨遭奇祸。从他们学术之中最为关键的《四书》学来做一番比论,亦可见当时《四书》诠释之特点。当然清初的《四书》诠释,也有彻底摆脱科举时文之影响,甚至摆脱朱子《四书》学影响,从而走出新路子的学者,特别是毛奇龄与颜元。值得特别注意的有两点,其一,他们都可以说是从批评朱子起家,然而各自的学术理路却有大不同,毛走向考据辨疑,而颜则走向实学实行;其二,他们都希望回归孔子的原旨,但什么才是真正的原旨,则其中的认识亦多有不同。从这四人之中,可以看出清初《四书》诠释的多元发展,至于后来的汉学,也即考据之学,还有经世致用之学,也都在其中开始发端了。

一、科举时文影响下的《四书》诠释:
吕留良《四书讲义》与陆陇其《松阳讲义》

(一)吕留良《四书讲义》

吕留良(1629—1683),又名光纶,字用晦,号晚村,浙江崇德人。他是清初著名的诗人,同时又是著名的理学家、时文评选家、刊行"程朱遗书"著称的出版家,而后三者则是有机联系在一起的。吕留良著有《吕晚村先生文集》《何求老人诗稿》《晚村先生家训》以及《四书讲义》等,后人辑为《吕留良全集》。《四书讲义》共四十三卷,其卷四至卷二十三,共二十卷为《论语》部分。因为此书并非吕留良亲自编成,故先要简要地说明两个问题,一是吕留良与朱子的《四书章句集注》的关系,二是从时文评选到《四书讲义》的成书过程。

吕留良"尊朱"有两个特点,其一,不争门户;其二,不愿调停。就前者而言,吕留良说:"道之不明也几五百年矣。正、嘉以来,邪说横流,生心害政,至于陆沉,此生民祸乱之原,非仅争儒林之门户也。"①正德、嘉靖以来,诸如阳明学等各种邪说流行以至于明亡,于是必须从力辟阳明学开始,这只是为了学术、人心,而非程朱、陆王之间的门户之争。再看后者,他在讨论《论语》"南宫适问于孔子曰羿善射"章时说:

> 世教衰,人心坏,只是一个没是非,其害最大。看得孔孟、老佛、程朱、陆王都一般并存,全不干我事,善善恶恶之心,至此斩绝,正为他不尚德,无君子之志也。才欲为君子,知尚德,定须讨个分明,如何含糊和会得去。②

由于受到阳明学的影响,晚明以来三教合一的思潮兴起,许多学者都认为孔孟、老佛可以会通,程朱、陆王也可以并存不悖,吕留良对于这些说法都是极力反对的,他认为必须要将学术一一分辨,不可通融,这是他与调停朱、王的高攀龙、黄宗羲等人的最大的不同之处,后来陆陇其也继承了他的这个特点。

时文,也即八股文、《四书》文。明、清两代科举考试的第一场,以八股文的形式,从《四书》中出题,又以朱熹《四书章句集注》为准,故而对于《四书》以及朱子学是否有着正确的理解,成为科举乃至人生成败的关键。因此,时文名家的评与选,对于士子来说也就具有了重要的指导意义。明清两代有许多时文评选名家,然大多以讲文章作法为主,像吕留良这样以阐明朱子学思想为主,并且用意在于挽救世道、人心的也就极少了。因此吕留良很快就超越了艾南英与陈子龙等人,成为影响最大的时文选家。王应

---

① 吕留良:《复高汇旃书》,《吕晚村先生文集》卷一,《吕留良全集》第1册,俞国林编,中华书局,2015年,第9页。

② 吕留良:《南宫适问于孔子曰羿善射章》,《四书讲义》卷十七,中华书局,2017年,第391~392页。

奎《柳南续笔》说:"本朝时文选家,惟天盖楼本子风行海内,远而且久。"①戴名世《九科大题文序》说:"吾读吕氏之书,而叹其维挽风气,力砥狂澜,其功有不可没也。……而二十余年以来,家诵程、朱之书,人知伪体之辨,实自吕氏倡之。"②可见在当时吕留良的书风行海内,且真正起到了推尊朱子学,维挽风气的作用。到了晚清,文网稍宽,吕留良的时文本子又再度风行起来,如曾国藩在同治四年(1865)七月的家书中就说时文当读吕晚村;③再如张謇《吕晚村墨迹跋》说:"謇十四许时,读晚村批评之制艺,义本朱子,绳尺极严,不少假贷,缘此于制举业稍睹正轨。"④由此可见,吕留良的时文评选的影响是贯穿有清一代的。

所以说,吕留良一生从事朱子学,讲《论语》等书,却不以语录、讲章行世,而以时文评选著称,其《四书讲义》便是其时文评选之中,发明朱子《四书章句集注》相关义理的精华。吕留良时文评选的著作主要有《天盖楼偶评》《天盖楼制艺合刻》《十二科小题观略》《十二科程墨观略》《唐荆川先生传稿》《归振川先生全稿》等。后来则由吕留良的弟子将这些时文选本之中的吕氏评语摘出,并以朱子《四书章句集注》的顺序加以重新组合。重要的版本有以下三种:周在延编《天盖楼四书语录》四十六卷,陈縦编《吕晚村先生四书讲义》四十三卷,车鼎丰编《吕子评语正编》四十二卷附严鸿逵记的《亲炙录》八十九条、《吕子评语余编》八卷附《亲炙录》六条。上述版本体例大略相当,编次最全则为《吕子评语》,其正编发明书义,内容与《语录》《讲义》大致相当,余编论文章作法,为此书独有,然此书最晚出,而十二年后曾、吕文案发,车鼎丰兄弟以刊刻逆书与吕氏门人严鸿逵等往来获罪拟斩,故此书流传最少。在康熙后期以及雍正初年,流传最广则是《四书讲

① 王应奎:《时文选家》,《柳南续笔》卷二,中华书局,1983年,第163页。
② 戴名世:《九科大题文序》,《戴名世集》卷四,中华书局,1986年,第102页。
③ 曾国藩:《曾国藩全集·家书二》,岳麓书社,1985年,第1204页。
④ 张謇:《吕晚村墨迹跋》,转引自《吕留良年谱长编》,第455页。

义》，而且此书在编辑过程中，陈縡与吕留良之子吕葆中、弟子严鸿逵等人多有商酌，去除谬戾，选编精良，故而后世学者研究吕留良对《四书》的诠释，对于孔、孟以及程、朱等义理的阐发，特别是其朱子学思想的主旨，还是通过《四书讲义》一书。甚至到了雍正朝，为了批判吕留良的思想，大学士朱轼等人编撰《驳吕留良四书讲义》一书，"逐条摘驳"。①可见《四书讲义》一书在当时以及后世的传播之广、影响之大，而《驳吕留良四书讲义》则连《四库全书》也未收录，反过来说明吕留良朱子学思想自有其价值。

学界对吕留良在朱子学、《四书》学上的成就也评价较高。诚如《续修四库全书总目提要》所说："书中悉就朱注发挥，然体会有得，多有比朱注更精、更切者，时亦自出己意，不能尽合朱子。……自成为吕氏之书，非一般遵朱不敢失尺寸者所以同语也。"②再如钱穆所说："自朱子卒至是四百余年，服膺朱子而阐述其学者众矣，然绝未有巨眼深心用思及此者。"③吕留良于朱子《四书章句集注》的"巨眼深心"实在难能可贵，其中诸如节义之道等论述，虽不尽合于朱子，然亦是极有价值的，绝非当时一般的章句之学所能及。

与陆陇其不同的是，吕留良在考中清朝的秀才之后，却又选择了放弃功名，还在著名的《耦耕诗》中表达其误入清廷科场的悔恨："谁教失脚下渔矶，心迹年年处处违。雅集图中衣帽改，党人碑里姓名非。苟全始信谈何易，饿死今知事最微。醒便行吟埋亦可，无惭尺布裹头归。"④吕留良彷徨多年，方才决意摒弃科考，被革去秀才，这在当时也是惊人之举，"一郡大骇，亲知莫不奔问旁皇"⑤。在此背景之下，再来看他为什么致力于时文评选？还

---

① 《雍正九年十二月十六日上谕》，《四库未收书辑刊》陆辑叁册，第 607 页；《清代文字狱档》第九辑，第 590 页。
② 《续修四库全书总目提要·经部》，中华书局，1993 年，第 946 页。
③ 钱穆：《中国近三百年学术史》，商务印书馆，1997 年，第 87~88 页。
④ 吕留良：《耦耕诗》其二，《何求老人残稿》卷二，《吕留良全集》第 3 册，第 443 页。
⑤ 吕葆中：《行略》，《吕晚村先生文集》附录，《吕留良全集》第 2 册，第 865 页。

有为什么后来《四书讲义》一书得以风行？其中的关键便是对于俗学、异学的批判，以及对于程朱正学的弘扬，这一点则是与写时文、应科举无关的。

什么是俗学、异学？吕留良在《四书讲义》中说："除却俗学、异学，即是大学之道。俗学者，今之讲章、时文也；异学者，今之阳儒阴释以讲学者是也。"①也就是说当时广泛流传的时文、讲章都是俗学，主要由村师所授；还有晚明以来的讲学先生，多半受到阳明心学的影响，将佛、道等异学杂入儒学之中，他们所讲都是异学。对此问题，吕留良还说：

> 病在小时上学，即为村师所误。授以鄙悖之讲章，则以为章句传注之说不过如此；导以猥陋之时文，则以为发挥理解与文字法度之妙不过如此。凡所为先儒之精义与古人之实学，初未有知，亦未尝下火煅水磨之功，即曰"予既已知之矣"，老死不悟所学之非。鼠入牛角，蝇投纸窗，其自视章句传注文字之道，原无意味也。已而闻外间有所谓讲学者，其说颇与向所闻者不类，大旨多追寻向上，直指本心，恍疑此为圣学之真传；而向所闻者果支离胶固而无用，则尽弃其学而学焉。一入其中，益厌薄章句传注文字不足为，而别求新得之解。不知正、嘉以来，诸讲学先生亦正为村师之讲章、时文所误，不屑更于章句传注文字研究辨析，乃揣撰一副谬妄浅陋之说，以为得之，不觉其自堕于邪异耳。故从来俗学与异学，无不恶章句传注文字者，而村师与讲学先生其不能精通经义亦一也。②

俗学与异学，导致的是士人"以为章句、传注之说不过如此"，"以为发挥理解与文字法度之妙不过如此"，因此就不会去对"先儒之精义与古人之实学""下火煅水磨之功"，却还自以为已经有所得了，至于更严重的则是以

---

① 吕留良：《大学一》，《四书讲义》卷一，第3页。
② 吕留良：《答叶静远书》，《吕晚村先生文集》卷一，《吕留良全集》第1册，第29页。

邪异之说来"别求新得之解"，结果就是离正道越来越远了。所以，吕留良要用时文评选来重新讲明章句、传注，讲明先儒之精义与古人之实学，以及八股文之中的文字法度，把被俗学、异学搞得乌烟瘴气的讲章、时文风气端正起来。

事实上，当时的科举考试以八股时文的考试为重，导致了许多考生的枕边秘籍几乎只有时文评选的册子。不过究其病根，却并不在八股取士上头。吕留良说：

> 自科目以八股取士，而人不知所读何书。探其数卷枕秘之籍，不过一科贵人之业。……然以为科目之弊专由八股，则又不然。……夫科目之弊，由其安于庸腐，而侥幸苟且之心生。文气日漓，人才日替，陈陈相因，无所救止。①

应该说他看得还是很准的，科举的弊病，其根源还在于人心，人心"安于庸腐"，又在考试上报有"侥幸苟且之心"，不愿认真研读诸如朱子《四书章句集注》等经典，只将希望寄托在时文选本之上，方才导致了"文气日漓，人才日替"。于是吕留良在此文中提出："故愚以为欲兴科目，必重革庸腐之习而后可。"吕留良之所以投入时文十多年，就是希望用好的时文来驱逐恶的时文，好的时文也是可以引导学子重回《四书章句集注》等经典、重回成圣成贤之路的。他说：

> 夫朱子《章句集注》，正所以辨理道是非，阐千圣绝学，原未尝为讲章制艺而设。即定制经训从朱子，亦谓其道不可易，学者当以是为归耳，岂徒欲其尊令甲取科第已耶？②

---

① 吕留良：《戊戌房书序》，《吕晚村先生文集》卷五，《吕留良全集》第 1 册，第 172 页。
② 吕留良：《答吴晴岩书》，《吕晚村先生文集》卷一，《吕留良全集》第 1 册，第 23 页。

朱子的书,原本并不希望后世将之变成讲章之学,甚至成为科举制艺的对象,吕留良强调这一点必须明确。也就是说,学子还当通过朱子的《四书》"辨理道是非",然后"阐千圣绝学",故而"尊令甲取科第"并不是学《四书》之目的。

反对一心从事科举,只顾钻研时文选本而存"侥幸苟且之心"其实还不够,最为根本的问题在于去除功利之心,所以吕留良还说:

> 今天下之轻视夫文字也,亦若是而已矣。惟其视文字也轻,故明知其庸恶陋劣而不以为耻,曰:"吾以钓声利、弋身家之腴而已。"程子曰:"洒扫应对,可以至圣人。"则知举业亦可以为伊、傅、周、召,然而闻此说也,则群哑哑而笑矣。①

> 所谓近世学者,患在直求上达,此总是好名务外,徒资口耳,于身心实无所得。至目前纷纷,则又以之欺世盗名,取货贿、营进取,更不足论也。②

为什么学子不看重八股时文之中的朱子学思想,不认真研读《四书章句集注》? 关键就是因为他们将八股取士仅仅当作钓取功名、直求上达的手段,即便科举成功也仅仅为了"身家之腴",并不曾想在身心上讲求而至于圣人,做一番治国平天下的事业。"欺世盗名,取货贿、营进取",功利之心竟然如此,若是对他们说求学是为了成圣成贤,便会"群哑哑而笑矣"。因此,吕留良在《四书讲义》里也反复强调,读书的目的必当为了身心受益,为了做人,比如《论语》"子路使子羔为费宰"章:

> 秀才自忖度所读何书,读书欲何为? 未读时何等人,今读后又是

① 吕留良:《今集附旧序》,《吕晚村先生文集》卷五,《吕留良全集》第 1 册,第 164 页。
② 吕留良:《与柯寓匏书》,《吕晚村先生文集》卷四,《吕留良全集》第 1 册,第 126 页。

何等人？须不受此讥始得。才苟且失脚，便是不曾读书。①

秀才读书，首先要问的就是为什么读书，未读、读后身心上的差异是什么，这样思考，方才是真读书。同样，即便从事了科举乃至事君为官，也应当思考其目的何在，论及《论语》"事君敬其事而后食"章时就说：

> 如后世事君，其初应举时，原为门户温饱起见。一片美宅田，长子孙，无穷嗜欲之私，先据其中，而后讲如何事君，便讲到敬事，也只成一种固宠患失学问。②

《论语》讲到事君之道，应当"敬其事而后其食"，若从应举开始并一心在"食"上，唯求功名利禄，以及宅田、子孙等嗜欲，那么即便讲论如何事君，其内心也只为"固宠患失"而已。所以说，刚开始读书的时候最为关键，写时文、应科举并不见得是坏事，关键还在于端正人心，志于圣人益于身心，认真读朱子《四书》才是根本。

在吕留良看来，想要端正士人之心，起手之时则只有时文最为有效，通过以《四书》为题的时文评选，引导士人进入朱子的《四书》学，就当时而言确实是一个好方法。吕葆中的《行略》引过吕留良类似的话："道之不明也久矣！今欲使斯道复明，舍目前几个识字秀才，无可与言者；而舍四子书之外，亦无可讲之学。"他还说其父"晚年点勘八股文字，精详反复，穷极根柢，每发前人之所未及，乐不为疲也"。③因此直截针对士人，也即识字秀才，改变士风、学风，唯一的办法就是通过士人们人人都离不了的《四书》、时文入手，以最为优秀的四书文之评选来作引导。钱穆在《吕晚村学述》中

---

① 吕留良：《子路使子羔为费宰章》，《四书讲义》卷十四，第328页。
② 吕留良：《子曰事君敬其事而后食章》，《四书讲义》卷十八，第445页。
③ 吕葆中：《行略》，《吕晚村先生文集》附录，《吕留良全集》第2册，第870页。

说:"晚村于当时讲章家言,虽极致其鄙薄之意,而其自所致力,则终不出讲章一途。在彼之意,实欲拔赵帜,立汉帜,借讲章之途径,正儒学之趋向。"①吕留良以时文反时文,因而编成一系列著名的时文选本,再由后人汇集为《四书讲义》等书,这些时文、讲章,其意不在科举,而在于讲明儒门正学的朱子学,从而端正人心,维挽世道。从上文所述的吕氏选本以及《四书讲义》在有清一代的影响来看,则确实是达到了他的目的。

也就因为如此,吕留良的《四书讲义》,反复阐明的朱子学的真精神,就在于倡节义、反功利,这也就是所谓立身行己之道,也即出处、辞受之际札定脚跟。《四书讲义》之中说:

> 近来多讲朱子之学,于立身行己,未必得朱子之真。其忧有甚焉者,开堂说法,未开口时,先已不是,又何论其讲义、语录哉! 故今日学人,当于立身行己上,定个根脚。

> 圣贤于出处去就、辞受取予上,不肯苟且通融一分,不是他不识权变,只为经天纬地事业,都在这些子上做,毫厘差不得耳。②

能够做到大圣大贤的人,在出处、辞受上必有坚持,经天纬地事业也都从细微小事上做起,所以立身行己,毫厘差不得。《论语》"富与贵"章,吕留良认为:"今日自名学者,先问其出处如何,取与如何,便已不端正,更何所论也。"③学者首先要做到自己的立身行己能够"定个根脚",无论出处、取予,都当端端正正,然后方可讲学,而其所讲的存养之道,方才有可信之处。故此处还说:"人必取舍明而后可以言存养。吾见讲学宗师,谈心论性,诃诋

① 钱穆:《吕晚村学述》,《中国学术思想史论丛》第8册,九州出版社,2011年,第213页。

② 吕留良:《公都子曰外人皆称夫子好辩章》,《四书讲义》卷三十五;《万章问曰人有言伊尹以割烹要汤章》,卷三十八,第796、881~882页。

③ 吕留良:《子曰富与贵章》,《四书讲义》卷七,第156页。

古人。至其趋膻营利,丧身失脚,有不可对妻子者,吾不知其所讲者何事也。"吕留良讲朱子学,其出发点都是节义之道,故而对于晚明流行的空谈心性,而自身节义无一可取,极为反对,将心性说得高妙也是没有任何意义的;同样,趋于功利而"丧身失脚"则更不足取。吕留良并不是说,"谈心论性"之类对存养工夫的讲求本身就有谬误,而是说学问之中也有一个先后、大小之分。所以他一再强调"必取舍明而后可以言存养",也即节义最为重要,先在立身行己的大段工夫上认真讲求,然后方才是存养工夫;也只有先讲明立身行己,方才能够不趋附于功利,以至于丧身失脚。

明晰了吕留良诠释朱子《四书章句集注》的核心理念之后,再来看吕留良论"夷夏之防"特别重要的一章,也即《论语》之"子贡曰管仲非仁者与章",他说:

> 圣人此章,义旨甚大。君臣之义,域中第一事,人伦之至大。此节一失,虽有勋业作为,无足以赎其罪者。若谓能救时成功,即可不论君臣之节,则是计功谋利,可不必正谊明道。开此方便法门,乱臣贼子接迹于后世,谁不以救时成功为言者,将万世君臣之祸,自圣人此章始矣。看"微管仲"句,一部《春秋》大义,尤有大于君臣之伦,为域中第一事者,故管仲可以不死耳。原是论节义之大小,不是重功名也。①

钱穆指出,吕留良讲春秋大义"为域中第一事者",其立足点是在节义,他在《中国近三百年学术史》中说:"盖夷夏之防,定于节义,而摇于功名。人惟功名之是见,则夷夏之防终隳。人惟节义之是守,而夷夏之防可立。晚村所以深斥永嘉而敬推朱子者,其意在是。"②钱先生的诠释当是符合吕氏原意的,真正需要讲明的只是节义本身;"君臣之义"固然也是"人伦之至大",

---

① 吕留良:《子贡曰管仲非仁者与章》,《四书讲义》卷十七,第401页。
② 钱穆:《中国近三百年学术史》,第89页。

君臣而后父子、夫妇，然而在关键时刻则还有"夷夏之防"，那么就需要比较其中的大小，夷夏之防与君臣之义，其中有着节义大小的分辨，而不必考虑功名大小的分辨。吕留良此章还说："若将尊王另分在僭窃上说，此功不足赎忘君事雠之义也。……圣人论管仲，只许其功，并未尝有一言及于纠、白之是非也。"此处也是吕氏不同于朱子之处，朱子还在辨析公子纠与小白谁大谁小以及"君雠之义"，而吕留良则指出，不必论及公子纠、小白的是非，更不必论及功名，只要讲明管仲所作所为的节义之大小。至于朱子等先儒为什么在此问题上会有纠结，吕留良关于此问题的评语还说："要之此一段道理，先儒不曾经历讲究，固难晓然耳！"①从此可以看出吕留良对于春秋大义的思考，也是与其经历明清鼎革之变，在节义上有新的体证有关的。吕留良此章还说："此章孔门论出处事功节义之道，甚精甚大。……后世苟且失节之徒，反欲援此以求免，可谓不识死活矣。"②也就是说，此章真正需要辨析的就是节义与功名之别，节义大小必须辨析，而功名大小则要服从于节义大小，若不重节义而反重功名，那就会被失节之徒给误用了。

再看其所论君臣、封建与井田，也是在辨析节义与功利：

> 人知父子是天性，不知君臣亦是天性，不是假合。……只缘三代以后，君臣都忘却了天字，……直弄成一个私心自利世界。

> 父子之仁，君臣之义，并行于天地之间，皆天也，故皆仁也，知有父而不知有君，是知仁而不知义，则并其所为仁者，私心也，非仁也。③

① 吕留良：《子贡曰管仲非仁者与章》，《四书讲义》卷十七，第402页。按，此段原文《四书讲义》原刊本并未收录，点校本据《吕子评语》补入，参见吕留良：《吕子评语》卷十七，《吕留良全集》第8册，影印康熙五十五年刻本，第802~803页。

② 吕留良：《子贡曰管仲非仁者与章》，《四书讲义》卷十七，第401页。

③ 吕留良：《四书讲义》卷六《定公问君使臣章》、卷三十八《万章问曰象日以杀舜为事章》，第142、869页。

在吕留良看来，父子、君臣之间都有一个"义"在，而"义"则本于"天"，也就是说父子、君臣之人伦其实一样，都要讲求节义，而节义则来自天理，如不去讲求天理、节义则会生出种种私心来了。所以他说：

> 君臣以义合，合则为君臣，不合则可去，与朋友之伦同道，非父子兄弟比也。不合亦不必到嫌隙疾恶，但志不同，道不行，便可去，去即是君臣之礼，非君臣之变也。只为后世封建废为郡县，天下统于一君，遂但有进退而无去就。嬴秦无道，创为尊君卑臣之礼，上下相隔悬绝，并进退亦制于君而无所逃，而千古君臣之义为之一变，但以权法相制，而君子行义之道几亡矣。①

因为君臣之义来自天理，故而可以合则留，不合则去，这在周代的封建制之下比较容易实现，在郡县制、大一统之下则很难实现，所以说"有进退而无去就"，更何况"尊君卑臣"以至于君臣上下悬绝，更无法实现士大夫的节义了。所以说吕留良之所以重新辨析君臣关系，并倡导封建、井田，也就是因为倡导"君子行义之道"。当然，吕留良也深知封建制并不是没有害处。他说：

> 五兵作而杀戮多，封建制而争战烈，圣人岂不知之？然必不可已者，其利害有大小也。后世不知圣人深意，以一姓之私，废生民之公，究其子孙受祸尤酷，流未有之毒于无穷，则何益矣！②

此条可见吕留良总是超越常人的认识，指出一般认识背后的利害大小，也即节义大小之别，能够明辨出节义是第一位的，这方才是"圣人深意"。所

---

① 吕留良：《四书讲义》卷三十七《孟子告齐宣王曰君之视臣如手足章》，第831~832页。
② 吕留良：《四书讲义》卷三十九《北宫锜问曰周室班爵禄也章》，第895页。

以,《四书讲义》中说:

> 封建井田之废,势也,非理也;乱也,非治也。后世君相因循苟且,
> 以养成其私利之心,故不能复返三代,孔孟、程朱之所以忧而必争者,
> 正为此耳。虽终古必不能行,儒者不可不存此理,以望圣王之复作,今
> 托身儒流,而自且以为迂,更复何望哉? ①

吕留良认为后世废封建、井田,然后因循苟且,都是一种私利之心,然而就算终古必不能再行封建、井田等上古的制度,儒者也不可不坚持立场,否则的话,就是所谓曲学阿世,成了孔孟、程朱的罪人,儒者还当有一点迂拙,而死守其节义,方为世人留存一份希望。

钱穆在《吕晚村学述》中说:

> 晚村之一意于《四书》讲章之翻新,实是于世局可有大影响。……
> 此即程、朱理学所欲发挥之大义理所在,又乌可以晚村之所为乃属制
> 举讲章之习套,而轻加忽视乎?
> 讲理学正当从出处去就、辞受交接处画定界限、札定脚跟,而岂
> 理气心性之空言,所能辨诚伪、判是非? 此一主张,乃畅发于其《四书
> 讲义》中。亦可谓当晚村之世,惟如晚村,乃始得为善述朱学也。②

钱先生并不因为吕留良在《四书》学上没有体例严谨的著作,仅为“制举讲章”而轻加忽视,反而处处强调其《四书讲义》阐明理学的成就,特别是对于“出处去就、辞受交接处画定界限、札定脚跟”等义利之辨的弘扬,认为正好是“当晚村之世”,也即易代之际最为“善述朱学”。也就是说吕留良的

① 吕留良:《四书讲义》卷三十四《滕文公问为国章》,第764~765页。
② 钱穆:《吕晚村学述》,《中国学术思想史论丛》第8册,第214~215页。

朱子学,因为讲明出处、辞受等节义上的大问题,所以才是真正结合其时代的朱子学,也即真正承继了朱子,乃至孔、孟的儒家真精神。

（二）陆陇其《松阳讲义》

陆陇其,原名龙其,字稼书,谱名世穮,学者称当湖先生,浙江平湖人。他是清初著名的理学家、教育家以及循吏,著有《四书讲义困勉录》《松阳讲义》《读书志疑》《读朱随笔》以及《三鱼堂文集》等。《松阳讲义》共十二卷,该书的大部,也即卷四至卷十为《论语》之讲义。

陆陇其仅比吕留良小一岁,然却成了理学名臣,在康熙朝被称为"本朝理学儒臣第一"①。作为一个中下级官员,陆陇其之所以受到清廷如此之高的礼遇,则是因为其"自幼以斯道为己任,精研程朱之学"②,具体而言则是对《四书》之诠释有其独到贡献,故我们就以其著述如何围绕《四书》而展开,以及如何受到吕留良的影响来加以论述。

与吕留良原本无心于为《四书》本身作"讲义",生前只有多种"《四书》文"之评选相比,陆陇其从一开始便操心于《四书》本身,先后完成的《增订四书大全》《四书讲义困勉录》《松阳讲义》三种诠释《四书》的著作,且正好有着三种不同的体例,最后都成为清初程朱学派《四书》学的代表作。四库馆臣也说:"盖朱子一生之精力尽于《四书》,陇其一生之精力尽于《章句集注》。"③还有必要补充的是,陆陇其坚定于程朱理学,影响他的关键人物则是吕留良。吕、陆二人仅有一次正式会面,即康熙十一年的嘉兴之会。④其

---

① 吴光西、郭麟、周梁:《陆陇其年谱》,中华书局,1993年,第1页。

② 《从祀大典》,《陆陇其年谱》附录,第199页。

③ 《四库全书总目》卷三十六《四书类二》,《景印文渊阁四库全书》第1册,第739页。四库本《松阳讲义》卷首所载的《提要》无此段内容,《景印文渊阁四库全书》第209册,第839页。

④ 陆、吕二人之间的交游过程以及学术影响,详见张天杰:《张履祥与清初学术》,浙江古籍出版社,2011年,第218~250页。

实在此前一年，陆陇其的《四书讲义续编》就已经多取吕留良之说。[①]陆陇其与吕留良会面所谈主要内容之一就是"尊朱辟王"，对其触动极大，他还将二人交谈的内容记录成《松阳钞存》一书。他还敦促吕葆中编刊吕留良之遗著，后来吕葆中在完成了吕留良诗文集的刊刻之后，便刊刻了《四书讲义》。再者，《松阳讲义》引述先儒注解，其实还包括了吕留良，甚至可以说除朱子之外，吕留良的时文评选中的相关论说被引述最多、推崇最多。[②]故在清初的学者之中陆陇其最为推崇的必属吕留良，而吕留良的《四书》学也是他十分用力的所在。

陆陇其曾经做塾师二十多年，故而对于时文评选也不陌生，他曾经将明代先辈制义的八十八篇选编为《一隅集》，于康熙二十七年七月刊刻，其《年谱》说："是集本家庭授受之书，先生以习举业者均不可不知，恐流传不广，遂镂板行世。"[③]又有其弟子周梁将之重刻，等到陆陇其获得了从祀孔庙的殊荣后，此书便更被不断翻刻了。[④]与吕留良的时文评选相似，陆陇其《一隅集》编纂的目的，也在于引导士子钻研儒家的经典，而不是单纯为了科举应试。康熙二十八年，陆陇其在灵寿县知县任上，曾向直隶学院申送此书，他曾强调：

> 今之士子，穷年累月，止知用力时文，而一切经史皆不暇读。所以学无根本，而士风日陋。故选先正制义数十篇，名曰《一隅集》，为之指点其开阖虚实之法，使之略知时文路径，而以其暇日，依《程氏分年

① 吴光酉、郭麟、周梁：《陆陇其年谱》，第29页。

② 因为曾静、吕留良文字狱案，《松阳讲义》的多数刊本便将称引吕氏的文字挖去或删去，如《四库全书》本已将称引吕氏的文字尽数删去，保留称引吕氏文字的除了康熙二十九年天德堂本，还有同治十年的公善堂本等，华夏版《松阳讲义》的《校注说明》对此有作介绍。

③ 吴光酉、郭麟、周梁：《陆陇其年谱》，第158页。

④ 陈维昭：《日藏稀见八股文集〈一隅集〉考论》，《复旦学报》（社会科学版），2017年第5期。

读书日程》，肆力于经史，庶几学有本原，而真才可出，或稍补士风之万一。①

陆陇其也看到了当时士子只在时文选本上用功，不愿读经史，于是士风僻陋。因此想用《一隅集》指点时文路径，希望士子能以朱子学为指引，并结合《程氏分年读书日程》认真研读经史，从而培养真才实学，端正士风。

就对于读书以及朱子《四书》类著作的重视而言，陆陇其与吕留良又有许多相似之处，比如他在与弟子的书信中说：

> 每日应将《四书》一二章，潜心玩味，不可一字放过。先将白文自理会一番，次看本注，次看《大全》，次看《蒙引》，次看《存疑》，次看《浅说》。如此做工夫，一部《四书》既明，读他书便势如破竹，时文不必多读而自会做。
>
> 然此犹只是致知之事，圣贤之学，不贵能知，而贵能行。须将《小学》一书，逐句在自己身上省察，日间动静，能与此合否？少有不合，便须愧耻，不可以俗人自待。②

与吕留良相似的有两点：其一，强调应在《四书》本身下功夫，不必多读时文；其二，学人应明确圣贤之学，故而更需要注意诸如朱子《小学》所倡导的，在自己身上的省察，也即身心受益才是根本。然又与吕留良只重视朱子的注不同，陆陇其的读《四书》之法更为全面，理会白文，然后是朱子的注，再后还要参考《四书大全》与《四书蒙引》等书。他在《松阳讲义》中也说：

---

① 陆陇其：《申直隶学院文》，《三鱼堂外集》卷五，《陆陇其全集》第2册，张天杰主编，中华书局，2020年，第504页。

② 陆陇其：《与席生汉翼汉廷》，《三鱼堂文集》卷六，《陆陇其全集》第1册，第176页。

吾辈今日学问，只是遵朱子。……未有朱子《章句》《或问》时，这章书患不明白；既有朱子《章句》《或问》，这章书不患不明白，只怕在口里说过了，不曾实在自家身心上体认，则书自书、我自我，何益之有？圣贤谆谆切切，决不是专为人作时文地步也，切宜猛省。①

　　在陆陇其看来，体认"圣人之意"，也就是要讲求着实"在自家身心上体认"。那么必须首先找对书与人，也即必须找朱子的《四书章句集注》与《四书或问》，只有"朱子之意"方才真正是"圣人之意"，这一点"断断不可错认了"。那么有人要问，在朱子诠释《四书》之前，"圣人之意"如何呢？陆陇其认为那时候书中意思患其不明白，朱子作有《四书章句集注》与《四书或问》等书之后，就不患不明白了。更为重要的则是，陆陇其担心学子们落入"专为人作时文地步"，也就是为学而求"为人"，写作时文只是为了科考进学，以及之后的功名利禄，于是便停留"在口里说过了"，而不曾着实"在自家身心上"加以体认。最后的结果便是"书自书、我自我"，没有任何益处。比较而言，则吕留良似乎除了《四书章句集注》，并未提及《四书或问》等朱子的其他著作，而陆陇其则将《四书或问》与《四书章句集注》并重，这与其反复推究《四书大全》的研究风格有些相近，也就是说他比较在意为《四书》文本寻找最为恰当的诠释，尊朱而不拘泥于朱。

　　陆陇其《松阳讲义》除了明确的"尊朱辟王"特色之外，最为突出的还有为己、为人之辨，也即认为读书必须讲究"实学"与"实行"，不可为功利所束缚。比如他分析《论语》之"子张学干禄"章。就指出君子首先应当对"功名利禄"进行一定的分辨，不可因为功名而蒙蔽自己的心，因此他说：

----

　　① 陆陇其：《大学之道章》，《松阳讲义》卷一，《陆陇其全集》第 3 册，第 2 页。

盖学莫先于为己、为人之辨。苟一心以为学，又一心以干禄，是学皆为人，不是为己。千古圣贤学脉，必从"正其谊不谋其利，明其道不计其功"始，一涉为人便是俗学，不是正学。纵然侥幸得禄而根本已坏，所得不足偿所失矣。①

为学应当明晰为己与为人，如果一心为学的同时，又要一心想着"干禄"，求个做官发财，则只能是为人之学而非为己之学。因此陆陇其最后点出千古圣贤学脉，当于"正谊明道"上去求，其实最终陆陇其将重点落到了"义利"二字。只有为"义"才是为学之正途，当然亦为官之正途。义利之辨即"为己、为人之辨"，一旦其为学干涉于"为人之学"，那么就是"俗学"而不是圣贤相传的"正学"了。类似的还有：

自圣学不明，士束发受书便从利禄起见，终身汲汲，都为这一个禄字差遣。一部《五经四书》，几同商贾之货，只要售得去便罢了；未尝思有益于身心、有用于天下，真是可叹！今日学者须先痛除此等念头，将根脚拨正了，然后去用工才是真学。不然，即读尽天下之书，辟如患病之人，日啖饮食，皆助了这病，毫无益于我。②

陆陇其认为，自从晚明以来，"圣学不明"，士子从一开始"束发受书"之时，就汲汲于利禄，一生都为"禄"字"差遣"，读《四书》与"五经"也只是为了售卖，不为"有益于身心"与"有用于天下"。因此陆陇其指出必须先去"痛除"诸如"干禄"之类的念头，"将根脚拨正"，然后再去用功才能是"真学"，也即"为己"之学；不然的话，即便是"读尽天下之书"也无益于身心、无用于

①　陆陇其：《子张学干禄章》，《松阳讲义》卷五，《陆陇其全集》第3册，第217页。
②　陆陇其：《子张学干禄章》，《松阳讲义》卷五，《陆陇其全集》第3册，第219页。

天下了。与"干禄""谋食"这两章相关,还有《论语》"弟子入则孝"章,陆陇其的看法如下:

> 后世为父兄者,有弟子而不教,固无论矣;即有能教者,又都从利禄起见,束发受书,即便以利禄诱之,不期其为大圣大贤,而但愿其享高官厚禄。这个念头横于胸中,即使工夫一如古人,亦是为人而非为己了。况念头既差,工夫必不能精实,只求掩饰于外,可以悦人而已。教学如此,人才安得而不坏哉?①

后世做父兄的便已经开了一个不好的头,有不教弟子的不去说他,能够教育的,却也是"从利禄起见",刚开始读书便用功名利禄来引诱,从不鼓舞弟子成为大圣大贤。一生为学,只为了"高官厚禄",这种念头横亘于心胸之中,那么其为学也就只能是"为人之学"而已。至于说,一旦树立了"为人"之心,为什么就不能学好?陆陇其认为在为学之初念头上差了,做工夫的时候也就不能精、实,其为学只是追求外在的掩饰,只是追求取悦于外人,如此教学也就只会败坏了人才。所以,陆陇其要求为人父兄者与为人子弟者,都对此有所反思。这种对于功名利禄的态度,也即义利之辨的严苛,也是吕留良、陆陇其讲明《四书》以及对于写时文、应科举看法的共同之处。

先来看《论语》"视其所以"章讨论的"切己"问题,陆陇其指出,"视其所以"等三者都是圣人知人之法,也就是看人的善恶,然后知晓如何取舍。更为重要的则是,此三者不只是观人、知人,而且要自观、自知,也就是要学会如何去"切己"审察。他说:

① 陆陇其:《弟子入则孝章》,《松阳讲义》卷四,《陆陇其全集》第 3 册,第 176 页。

　　盖看人之善恶分明,然后可定取舍,是道理合当应当如此,无伤于长厚。……知人原不是易事,其实非人之难知,只是不细心去看耳。既欲知人,若但求之毁誉,索之语言文字,又或为论心不论迹之说,探之于践履之外,其不为人所欺者,鲜矣。故视其所以,是落手第一欛柄,皋陶所谓载采采是也。然或有所以虽善,却不能无所为而为之,正谊明道之事,都从计功谋利之念发出来,我不能审,或阴受其笼络而不知,故观其所由是第二层细看法,乃为己、为人之辨也。然又有所由虽善,却不是其心之所乐,勉强于一时,不能不作辍于后日,吾不能辨,或因其始而信其终,终必悔之,故察其所安,又是第三层细看法,乃诚不诚之辨也。①

　　知人,虽说并不是容易的事,但究其根本则不是"人之难知",而是看的人不细心去看。就知人之道而言,则以《论语》此章而言也就是三个层面"视其所以、察其所由、观其所安"。第一"视其所以"就是看其具体的所作所为,此处陆陇其又细分为三个角度,一是"求之毁誉",也即旁人的评判;二是"索之语言文字",也即从相关的言论记载来分析;三是"论心不论迹",也就是需要"探之于践履之外",这一点其实已经过渡到了第二层面"察其所由"了。第二层的细看也就是"为己、为人之辨"或"义利之辨",所作所为都有其目的、动机,而不能是"无所为而为之"的盲动。然而停留在考察其动机尚有不够,还要看所作所为在其内心而言,是否为其"所安""所乐",为其身心安乐而自发的行为,就能够坚持下去,否则难以持久,或"作辍于后日",或"终必悔之",也即是否出于内心之"诚",当是一个最根本的问题,这最后一层面其实也就是一个"为己""切己"的问题。也正因为强调为

――――――――
　　①　陆陇其:《视其所以章》,《松阳讲义》卷五,《陆陇其全集》第3册,第211~212页。

己,故而在懂得观人、知人的方法之后,反过来先要去自观、自知,陆陇其说:

> 今日学者读这章书,须将圣人观人之法先去自观:所为果有善无恶乎?所为善矣,意之所从来者果尽善乎?果心安意肯而非勉强乎?苟有纤毫未善,须痛自涤濯喻改善,使彻内彻外无一毫不可令圣人见,方是切己学问。①

圣人观人、知人的方法,先要用在自己身上。人往往都是发现他人的弊病容易,发现自己的弊病困难,故而此点对于"为己之学"来说尤其重要。注意审察自己的行为是否"有善无恶",如是善的,就还要看从其动机处流露出来的是否都是善的,内心深处有无勉强、苟且。如发现有一丝一毫的"未善"不能化尽,则还要从身心处细细做戒惧、慎独等工夫,最终则是"彻内彻外无一毫不可令圣人见",如此才是真正的"切己"的学问。

　　还有《论语》"颜渊问仁"章对"克己"的阐发,陆陇其认为此章谈的是"为己之学"如何来"力行"的问题,他说:

> 此对颜子说,则直从力行说起,只是约之以礼一句内工夫,仁者本心之全德,纯乎理而无私便是仁。但此处不曰私而曰己者,凡私有三:有气质之偏,有耳目口鼻之欲,有人我忌克之类,皆因己而有,故谓之己。②

"复礼"也即"约之以礼","仁"也即本心之中"纯乎天理而无私"。那么为什么要说"己"而不说"私"? 在陆陇其看来则气质之偏、耳目口鼻之欲、人我

---

①　陆陇其:《视其所以章》,《松阳讲义》卷五,《陆陇其全集》第3册,第213页。
②　陆陇其:《颜渊问仁章》,《松阳讲义》卷八,《陆陇其全集》第3册,第327页。

忌克"三私"，都是因"己"而产生的，所以说"克私"即"克己"。如何讲求"克己"？他说：

> 克复工夫诚到，则自一心而言，念念皆仁而无一念之不仁；自一身而言，事事皆仁而无一事之不仁。岂不为仁乎？此在仁者之心，"正其谊不谋其利，明其道不计其功"，固不必问之天下也。然感应受之理自不可诬，廓然而大公，物来而顺应，我之心既无间于人，则伪者献其诚，慢者致其恭，人之心自无间于我，天下归仁固自然之效也。为仁者必以此自考，须到此地位，方是真能克、真能复。
>
> 然其机亦在吾而已，我自肯放过，则放过矣，我不肯放过，则便不放过矣。内而念头上，己与礼交战，决断之惟我；外而事物上，己与礼相持，操纵之惟我。我为己则己胜，我为礼则礼胜。虽或由师友之琢磨，而受琢受磨者仍我；或由事势之引夺，而受引受夺者仍我。非但我之仁、不仁，不由于人，即人之归、不归，亦不由于人。①

"克己复礼"的工夫从"一心而言"，则是考察其"念"，"念念皆仁而无一念之不仁"，其实也就是树立一个"为己之心"，求其"合于道"；从"一身而言"，则是考察其"事"，"事事皆仁而无一事之不仁"，也即一言一行"合于道"。换言之，也即"正谊""明道"与"功利"之间的"义利之辨"，如纯纯然都是"为己"之心，而无一丝一毫"为人"之念，则自然能"克己复礼"了。"为仁由己"，则"其机亦在吾而已"，关键还是在"己"，陆陇其指出，也就是我自己肯不肯放过，就内在而言则是在念头上与"礼"的交战，且"决断"也唯在我；就外在而言则在事物上，也即待人接物之"礼"，如何"操纵"也唯在我，而"礼"也即"天理之节文"，也就是看其是否"合于道"。再者，还有"师友之

---

① 陆陇其：《颜渊问仁章》，《松阳讲义》卷八，《陆陇其全集》第 3 册，第 328 页。

琢磨"与"事势之引夺"二者的影响,陆陇其又指出,受到琢磨、引夺的还是一个"我",也就是说还是由于"己"而非"人",也就是一个"为己"之心而已。至于"克己复礼"之细目"视、听、言、动"四者,陆陇其说:

> 惟其萌于念,发于事,始有目可指,大抵皆附视、听、言、动而见,惟制之于视、听、言、动,勿使有一念之杂、一事之差,则潜伏者可消而浑然者可全,无非礼即无非仁矣。①

为己、为人之念"发于事"则有具体的节目可指,也即"视、听、言、动"发之前则不可使其有"一念之杂",发之后不可使其有"一事之差",也就是作戒惧、慎独的工夫,最终潜伏的"为人"之心消退,浑然皆是"为己"之心,那么也就实现了"克己",此后之一言一行无不合于礼,亦合于仁、合于道了。

除了"为己之心",陆陇其认为在具体的操作上则还有"切己"审察与"克己"力行等问题,"切己"是说以观人、知人之法自观、自知,实现"彻内彻外无一毫不可令圣人见";"克己"则"为仁由己",克除"己私",从一心、一身之上讲求而实现"念念皆仁""事事皆仁",或者说不存在"一念之杂"与"一事之差"。

最后,再看同样出自钱穆先生的《陆稼书学述》:

> 其实稼书于朱学,仅为一种《四书》之学而止。……治朱学而特研《四书》,固不为非。特当以《四书》为主,从而求之则可;非谓逐字逐句读《四书》,即为尽学问之能事也。徒解字义,在汉儒为"章句",在明儒为"讲章",显非朱子之学。稼书亦只是明末之讲章家言,又乌得为朱子之正传?

---

① 陆陇其:《颜渊问仁章》,《松阳讲义》卷八,《陆陇其全集》第 3 册,第 329 页。

稼书之所以为清廷特所引重，一则在其专力于《四书》学，上自《大全》《蒙引》《存疑》《浅说》以来，统绪皎然，有合于当时清廷重定科举一尊朱学之宗旨。次则因稼书持门户之见特深，于朱子后诸儒皆所排斥。①

钱先生反而将有着体例较为严谨的多种著作的陆陇其，推定为"只是明末之讲章家言"，其原因则是其太过局限于"逐字逐句读《四书》"，其实这里也似有矛盾之处。吕、陆都是"治朱学而特研《四书》"的学者，差别只在于吕氏有自己的创新，也即上文所说的"不能尽合朱子"；而陆氏则将朱子的《四书》之注，与《四书大全》以及《四书蒙引》等进行了"统绪皎然"的疏通与辨析，即四库馆臣所谓的"融贯旧说"与"剖析精密"。其实就"深切著明"而言，二人都是共同的。当然，若从清廷的角度来看，吕留良的时文选本或《四书讲义》虽然也有利于"科举一尊朱学"，但总不如陆陇其《松阳讲义》等书更加切实可用，更何况陆陇其已经出仕于清廷，且是尊朱的官员之中极少的为人、为学一贯者，故而成为本朝第一个从祀孔庙的学人。

评论吕、陆二人的《四书》学，仅仅谈及"尊朱"或"述朱"的问题则还是不够的，每每论及吕留良的学术思想，学者们大多强调其"尊朱辟王"的一面，这就很难解释，为什么深受吕留良影响，同样倡导"尊朱辟王"的陆陇其，在雍正朝的遭遇却完全不同。显然，在其背后还有更为重要的问题，这就是上文已经涉及的"出处"问题，其中有"不能尽合"者。也就是说，陆陇其在"尊朱辟王"等问题上对吕留良非常认同，但就"出处"一事上，却对其不太认同，他自己也说：

---

① 钱穆：《陆稼书学述》，《中国学术思想史论丛》第 8 册，第 180、188 页。

所不能尽合于先生者，程明道有云："一命之士，苟存心于利物，于人必有所济。"斯言耿耿，横于胸中，遂与先生出处殊途。[①]

当时二人谈论学术非常投缘，论及出处的时候，是吕留良提及了程颢的这句名言，并要陆陇其对此不必有所怀疑。也就是说，只要从自己的本心出发，若是"存心于爱物"，就会"于人必有所济"，这一点陆陇其是认同吕留良，并且终其一生不忘的。然而究竟如何做，方才是"爱物"与"有所济"呢？陆陇其出于他自己对于儒家"道义"的理解，则认为出仕为官也未尝不可，只要不重于功名利禄，故而他没有如吕留良这般纠结，做了一个难得的清官。

所以说"道义"本身，虽然与夷夏之辨等问题有所干涉，但并无直接的关系，真正有关系的只是对于功名利禄的看法而已，也就是说传统的义利之辨，方才是儒家所说的道义之所在。至于如何实践其道义担当，如何进行道德践履，其实陆陇其的《松阳讲义》等著作之中的论述，应当说比吕留良的《四书讲义》讲得更为工夫细密。然而吕留良基于其复杂的遗民情结，更加强调出处、辞受之际的节义如何，其道德严格主义色彩则更为浓重，[②]以至于将节义引向了夷夏之防，最后则生出了曾静的理解。据《大义觉迷录》可知其《知新录》中说："如何以人类中君臣之义，移向人与夷狄大分上用？管仲忘君事仇，孔子何故恕之，而反许以仁？盖以华夷之分，大于君臣

---

① 陆陇其：《祭吕晚村先生文》，《三鱼堂文集》卷十二，《陆陇其全集》第2册，第369页，参见卞僧慧：《吕留良年谱长编》，第305页。"利物"，《二程集》原作"爱物"。

② 伊东贵之先生指出："吕留良极其二律背反式地理解义与利、公与私、王与霸这样的对立事项，强烈主张对其进行明辨，使他朱学严格主义式的性格更加明显。"《中国近世的思想典范》第五章注33，台湾大学出版社，2015年，第142页。吕留良与朱子学的严格主义，其核心在于"节义"上的"毫无假借"，然而再引申至于朱、王之抉择等问题上。

之伦。华之与夷,乃人与物之分界,为域中第一义,所以圣人许管仲之功。"①这些看法就是从吕留良之说而推论的,其实曾静也知道吕留良"因批评文字遂得窥探程朱之奥"②,然而从曾静此后的言行来看却只是沿着夷夏之防一面推论得越来越远,或已偏离了吕留良之学。当然,就倡导"义利之辨",端正士风、学风,挽救世道人心而言则二人还是大同小异,只是就"出处"而言,对于"君子行义之道",陆陇其终究无法真正理解吕留良。

二、毛奇龄、颜元与《四书》诠释的多元发展

(一)毛奇龄《论语稽求篇》与《四书改错》

毛奇龄(1623—1716),原名甡,字大可,号秋晴、初晴、晚晴等,学者称西河先生,浙江萧山人。其生平经历颇具传奇色彩,而为人则桀骜不驯,故著述往往不固守论域。著述众多,如《河图洛书原舜编》《太极图说遗议》《仲氏易》《古文尚书冤词》《诗传诗说驳议》《春秋毛氏传》等数十种,以及诗赋杂著二百余卷,后人编为《西河合集》。《四库全书》收有其著述四十余种,为《四库全书》收录个人著述最多者。至于《论语》类的著作,则主要是《论语稽求篇》,另有《四书改错》与《四书剩言》也有涉及《论语》的部分。

故而毛奇龄的《论语》学,力破朱注,反对墨守,主张以考据的方法来重新审视前人注疏,特别是《论语稽求篇》七卷,共辑出九十一条加以考辨,大多以汉魏古注与朱子《集注》相辨析,从而实现其稽古求真的目的。毛奇龄将批评朱子与批评《四书》以及八股取士结合起来。他说:

明制以八比取士，士子挟《四书》一编及他一经，穴纸而贯以绳，居置几桉。出而携之巾箱间，及试礼部有名，则唾而抵之床下曰厌晦。予少读《论语》，为经生，长而弃去。及以辞赋应制科，暨馆阁撰述，则皆与经义无与然。而甫乞假而读《易》、读《礼》、读《春秋》《论语》，则是经学之必无藉于八比，明矣。①

八比也即八股，从《四书》中出题，且以朱子学的经典解释为依据，反而使得士子将《四书》作为工具，一旦取得功名，便将书册弃于床下。毛奇龄回忆自己的读书经历，其实也是如此，不得不从朱子学的《论语集注》等书入手，后来再放弃。只是进入馆阁之后的毛奇龄，有假则继续读《论语》之类的经典，继续治经学，不再涉及八股，还走向朱子的反面。毛奇龄回忆其三读《论语》的经历，其中有一个由深信不疑，转向"犹豫顿生"的过程：

少读论语，皦皦然。至再读而，反疑之。迄于今，凡再三读，而犹豫顿生，宣尼所言，与七十子之所编记，其意旨本不如是，而解者以己意强行之。汉初，立《论语》学官，其时去古未远，尚有《鲁论》《齐论》《古论》三家，本每家立学，亦尚有师授十余人。……安昌侯张禹能统古、齐、鲁三家，合为之论以授成帝，而惜其后之俱无传也。西晋何晏，本老氏之学，不习众说，专与侍中荀觊辈略取孔安国、包咸，及司空陈群、太常王肃、博士周生烈余论，而参以己见，杂采成篇，名其书曰《集解》，正始中，上之。而宋朱氏注，则又仅见何氏一书，别无他据，旁汇以同时学人之言，似与圣门之所记稍有龃龉。先仲氏尝曰："此宋儒之书非夫子之书也。"②

---

① 毛奇龄：《论语稽求篇》卷一，《景印文渊阁四库全书》第210册，台湾商务印书馆，1986年，第134页。

② 毛奇龄：《论语稽求篇》卷一，《景印文渊阁四库全书》第210册，第135页。

此处对于《论语》诠释之历史也有精简的叙述，认为西晋的何晏"本老氏之学"，而南宋朱子则"仅见何氏以书，别无他据"，然后"汇以同时学人之言"，最后得出朱子《论语集注》是"宋儒之书"而不是孔子之书的结论。他对《论语集注》的质疑，其实就是从考据的理路出发，认为朱子并未从汉代"去古未远"的《论语》三家之原本出发，而是以何晏《论语集解》为基础，其间夹杂老氏道家之学，这是一个弊病；另一弊病则是"别无他据"，却又汇集了同时代的学人，也即程朱学派的解释。这一分析自然不切实际，但毛奇龄的观点已经明晰了，他倡导汉学，倡导考据，故对"宋儒之书"极为不屑。

将朱子的诠释与何晏《论语集解》联系起来加以批驳，具体则在《论语·为政》"为政以德"章，《论语集注》的解释为："为政以德，则无为而天下归之，其象如此。"①《论语稽求篇》则说：

> 包注"德者，无为"，此汉儒搀和黄老之言然。尚有马、郑、向、歆辈以师承儒术挽回其间，至魏晋而浸淫矣。何晏异学，本习讲老氏，援儒入道，况出其意见，以作《集解》固宜独据包说，专主无为，而程朱二氏，自命醇儒，乃亦从而和之，岂洛闽诸儒，果寿涯、麻衣、华山道者之徒与？按，《晋书》武帝作《耕藉诏》有云："朕思与万国，以无为为政。"此一语实当时儒臣变乱儒说，参易圣经，大启惠帝荒政及清谈虚无、神州陆沉之渐，今就经解经，绝无参易，又何可使西晋异学复肆变乱？②

此处先指出何晏《论语集解》所引的包咸之注"德者，无为"，其诠释在毛奇龄看来则为"汉儒搀和黄老"。原本汉儒之学如马融、郑玄等都有师承，到了魏晋时期则开始浸淫于黄老异学了。接着他便指出何晏"本习讲老氏"，《论语集解》则正好是其"援儒入道"的产物。毛奇龄还说，程、朱"自命醇

---

① 朱熹：《四书章句集注》，中华书局，2016年，第53页。
② 毛奇龄：《论语稽求篇》卷一，《景印文渊阁四库全书》第210册，第140页。

儒"，然而朱子《论语集注》依旧沿用"无为"来训解"为政以德"，那么就是将洛闽诸儒，与道者之徒混同起来了。进一步则还举例《晋书》中的话来证明，若是"变乱儒说"，则会如同魏晋清谈一般，导致"神州陆沉之渐"，也就是说学术将危及政治，故而"稽求"正解极为重要。

毛奇龄对《论语》的诠释，最明显的特质是寻求汉儒的古训，其考据则经史结合、证据确凿。

比如《论语·学而》"学而时习之"之"学"，毛奇龄首发其质疑。《论语集注》之中朱子说："学之为言效也。人性皆善，而觉有先后，后觉者必效先觉之所为，乃可以明善而复其初也。"①《论语稽求篇》则说：

> 学之言效，从来无此解。按，学者业道之名，贾谊《新书》引《逸礼》"小学业小道，大学业大道"，皆以道言。故《学记》"建国君民，教学为先"，郑康成直注曰："有圣人之道谓之学。"盖单提学字便是业道，百工居肆与君子之学，正有分别，以为学非肆术事也。若泛训作效，与工师授受何别？且效亦何可时习？乃又以《论语》旧疏"学训作觉"，遂曰："后觉效先觉。"不知此出《说文》《白虎通》"觉作警觉"解。以教学言，如《孟子》"觉后觉之觉"即学字也。今仍以效为学。而又添觉字，则觉、效杂出，大贸乱矣。②

"学"字之训，朱子训为"效"，又补了旧疏之训"觉"，所以才得出"后觉者必效先觉"的观点。毛奇龄则举证了贾谊《新书》所引《逸礼》《礼记·学记》的郑玄注，来说明"学"当训为"业道"，不当训为"效"。再说旧疏"觉"字，他又举证《说文解字》与《白虎通义》，认为"觉"本是警觉的意思，也即并非"先觉""后觉"的意思。至于朱子的诠释，则是"觉、效杂出"而意思混乱，故而

---

① 朱熹：《四书章句集注》，第47页。
② 毛奇龄：《论语稽求篇》卷一，《景印文渊阁四库全书》第210册，第236页。

不符合《论语》此句从事圣人之道的学的本意,在毛奇龄看来则是诠释方法的错误所导致的。

　　再如《论语·八佾》"绘事后素"章:"子夏问曰:'巧笑倩兮,美目盼兮,素以为绚兮。何谓也?'子曰:'绘事后素。'曰:'礼后乎?'子曰:'起予者,商也!始可与言《诗》已矣。'"若比较《论语集注》与《论语稽求篇》,则可知毛奇龄确实下了极大的工夫。先看朱注:

　　　　绘事,绘画之事也。后素,后于素也。《考工记》曰:"绘画之事后素工。"谓先以粉地为质,而后施五采,犹人有美质,然后可加文饰。……杨氏曰:"甘受和,白受采,忠信之人,可以学礼。苟无其质,礼不虚行。"此"绘事后素"之说也。①

朱注认为"后素"是指"先以粉地为质,后施五采",也即理解为五采后于素色的底子。毛奇龄则对朱注此训解作了细密的批驳,因为文字较长,故先看其"绘事后素"的训解:

　　　　子第知素之为质,而亦知素之即为饰耶?彼绘画之事五采,并设素之色。在五采之间,素固非所先也。然而五采虽备,素反后设,若惟恐先素而污易滋者,是必俟众采先布,而后各布素以成其章。所谓绘画之事,先采色而后素功者,素亦在所后也,是素亦饰也。②

毛奇龄认为"素"并非"质",也就并非底子而是"饰",故"绘事后素"当理解为"素反后设",也即先绘有五采,然后再设素色,因为素色容易被其他颜色污染,故而要等其他颜色完成方才设素色,故而说"先采色而后素功"。

---

①　朱熹:《四书章句集注》,第63页。
②　毛奇龄:《论语稽求篇》卷一,《景印文渊阁四库全书》第210册,第146页。

有意思的是，朱子引了《考工记》以及杨时(中立)的话，毛奇龄也同引《考工记》与杨时，然而他们的结论却截然相反，且看其按语对《考工记》的引述，以及评论：

　　按，《周官·考工记》："画绘之事杂五色，五色者，五采也。谓青、赤、黄、白、黑也。"又曰"画绘之事，后素功，素者白采也。功者，工也。后工者，谓后布之恐其易渍污也。"……杨中立解此，引《礼器》"甘受和，白受采"为据，此是确证，而《集注》反引《考工记》一语何也？曰正惟夫子口中指定"绘事"二字，便不得以他事解之，盖《礼器》所言与考功绘事不同，其所云白者以地言也，非以采言也，故曰受采，言地可加采也。绘事所云素者，即采也，素采者，五采之一也，同是五采而施有先后，故曰后素。非谓素又加采也，素即是绚素，不必加采，此与礼器白地加采之说，已自不同况。倩、盼必加绚，则倩、盼何足为美？且以此加彼何分先后？①

《考工记》将素色，即白色也作为"五采"之一，而且其原文为"画绘之事，后素功"，这么说来，则朱子之引《考工记》就有断章取义的嫌疑。至于杨时的话，毛奇龄认为其引《礼记·礼器》"甘受和，白受采"一句，是说在白地上绘五采，故叫"受采"；而《考工记》所说的绘画之事则不一样，是说五采之设的先后，"素"即"绚素""素采"，也即白色，本为五采之一，区别于青、赤、黄、黑而已。接着毛奇龄指出朱注的三个错误：

　　注既引《考工》而又引杨氏礼器之说，则黑白杂举，误一。既引《考工》而又不知《考工》之解，反以《礼器》解义，强坐《考工》，误二。"为

　　① 毛奇龄：《论语稽求篇》卷一，《景印文渊阁四库全书》第 210 册，第 146 页。

绚"非加绚,以"为"训"加",则《考工》义、《诗》义,字义俱失之矣,误三。……时有今古,而所记工事,自唐虞迄周千载不易不是之据,而反以礼器解工事,则引东释西矣,且礼器何尝是夫子时书耶?①

错误之一,朱子引《考工记》所说的绘事,与杨时所引《礼器》所说的绘事,原本是两回事,故"黑白杂举";错误之二,引《考工记》却并未真正理解该书所说的绘事的真正意思,或者说故意将其与《礼器》所说的绘事与之混淆起来;错误之三,将"素以为绚"的"为"字训为"加",结果就是错解了《考工记》中的绘事之义,也错解了《诗经》原句的意思。毛奇龄抓住此三误不放,通过追溯两段引文之本义,对朱子作了彻底的辩驳。

还有《论语·公冶长》"臧文仲居蔡,山节藻棁,何如其知也?"一章,朱注说:"盖为藏龟之室,而刻山于节,书藻于棁也。当时以文仲为知,孔子言其不务民义,而谄渎鬼神如此,安得为知?"②毛奇龄说:

> "居蔡"与"山节藻棁"是两事。《礼》曰:"国君有守龟。"又曰:"家不宝龟。"故《汉·食货志》云:"元龟为蔡,非四民所得居。"其曰居者,犹藏也,守也。犹言有藏龟,有守龟也。文仲居龟,便是非礼。故《家语》漆雕平对孔子曰:"臧氏有守龟,其名曰蔡。"正指此事。
>
> 若"山节藻棁"则是天子宗庙之饰。《明堂位》曰:"山节藻棁,复庙重檐,天子之庙饰也。"文仲以大夫而僭天子之庙饰,此又一事。故《汉·货殖传序》:"诸侯刻桷丹楹,大夫山节藻棁。"《后汉·舆服志》云:"礼制之坏,诸侯陪臣皆山节藻棁。"并指文仲此事言若礼器。③

① 毛奇龄:《论语稽求篇》卷一,《景印文渊阁四库全书》第210册,第146页。
② 朱熹:《四书章句集注》,第80页。
③ 毛奇龄:《论语稽求篇》卷二,《景印文渊阁四库全书》第210册,第156页。

此处的关键在于孔子"何如其知也"是什么意思,时人以为臧文仲智,孔子表示怀疑,朱子认为孔子所举为一件事情,是批评臧文仲诌渎鬼神。而毛奇龄则认为孔子是批评其越礼,关键则是要证明"居蔡"与"山节藻棁"是两件事情,并且都从越礼的角度加以分析,而其证据则来自《礼记》《汉书·食货志》与《后汉书·舆服志》等书,亦较为充分。此处的考证虽不可断定朱子之解为非,然对于理解《论语》此章极有价值。

另一值得注意的例子是考辨颜渊卒年,亦是充分运用经史各家之记载,进行细致的辨析,引文较长,故分四大段来看其考据方法:

> 颜渊死时在孔子去位之后,此不必言。但伯鱼之死,亦有言在颜渊后者。据《史记》,颜渊少孔子三十岁,至二十九岁发尽白,早死。《家语》亦云:"颜渊少孔子三十岁,二十九岁而发白,三十一岁早死。"据《史记》,则三十加二十九,在夫子当五十九岁。据《家语》,则三十加三十一,在夫子当六十一岁。夫子五十六为司寇,行摄相事,是年即去位,则五十九与六十一,总在夫子去位之后。所云不必言者此也。独是伯鱼之死,据《史记》当在夫子七十岁时,距颜渊之死已九年,所以与《论语》所记鲤死在前不合。①

首先孔子之子孔鲤(伯鱼)之死,有说在颜渊之前,亦有说在其后者,故而毛奇龄将二人之卒年放在一起考辨,对于解决人物生卒问题很有必要。《史记》说颜渊少孔子三十岁而二十九岁死,此时孔子五十九岁;《孔子家语》则说三十一岁,此时孔子六十一岁。两种记载都说明颜渊之死在孔子去位之后,只是与孔鲤死在颜渊之前则不合,故存在问题。其次,梳理关于颜渊的记载:

① 毛奇龄:《论语稽求篇》卷五,《景印文渊阁四库全书》第 210 册,第 177~178 页。

《孝经》与《四书》——宋明儒学的意涵新辟

予尝参校诸书，知其间原有误者，颜渊之死断不在夫子六十一时。何也？夫子五十六仕鲁，在定公十四年，然仕鲁、去鲁亦总在一年之间。自此适卫适陈，凡两往返而后至于卫，实为哀公之三年。是年，夫子已六十矣，明年自陈适蔡为六十一，又明年自蔡迁叶为六十二，又明年去叶返蔡为六十三。然而是年当陈蔡之厄，尔时子路愠，见子贡色，作匪兕之歌，独颜渊能解之，则是夫子六十三时，颜子依然在也。即自是以后，自楚返卫，自卫返鲁，凡《论语》所记颜子言行可与《世家》参考者，则多在夫子六十以后，七十以前，岂有其人已死而尚见行事且载其语言者？①

以上都是将《论语》书内记载与《史记·世家》互证，毛奇龄指出颜渊之死"断不在夫子六十一时"，也即上述两种记载都有误。因为孔子六十三岁，陈蔡之厄时，颜渊依然在，还有多条关于颜渊的记载，于是怀疑孔子七十以前颜渊都未死。再次，又举《公羊传》关于"获麟"的材料，作出进一步的推论：

尝考颜渊之死，《公羊传》及《史记·世家》所载年月，则实在哀公十四年春狩获麟之际。夫子是时已泣麟矣，而颜渊、子路同时俱死，因连呼丧予、祝予，而有道穷之叹。则是颜渊之死在夫子七十一岁，非六十一岁；在哀公十四年，非四年。其间舛错所争，确以十年为断，则必《弟子列传》所云少孔子三十岁者，原是四十之误。而《史记》一传写，《家语》又一传写，遂不能辨。向使改三为四，则颜渊前后踪迹俱无所误，而以此考伯鱼之死，则刚在渊之前。②

① 毛奇龄：《论语稽求篇》卷五，《景印文渊阁四库全书》第210册，第177~178页。
② 毛奇龄：《论语稽求篇》卷五，《景印文渊阁四库全书》第210册，第177~178页。

颜渊之死，与鲁哀公十四年春的"获麟"记载相关，孔子"泣麟"，又因为颜渊、子路之死而呼"丧予、祝予"，故颜渊死必定在该年，也即孔子七十一岁，综合来看这一推论没有问题。问题就在于《史记·仲尼弟子列传》"少孔子三十岁"，当是四十之误，而《孔子家语》也有此误，也即毛奇龄作了一个大胆假设。将颜渊卒年确定，那么孔鲤之死在颜渊之前，也就不成问题了。最后，还有按语补充说明孔鲤的生卒问题：

> 按，《家语》夫子年十九娶宋之上官氏，又一年而生伯鱼，则伯鱼之生，在夫子已二十岁矣。《史记》云："伯鱼年五十，先孔子死。"以二十加五十，正当夫子七十岁，为哀公之十三年，是鱼死在七十岁，渊死在七十一岁，先后距刚值一年。鲤死之论，引痛正切，如此则《论语》可读，《史记》《家语》诸书可据，孔氏不必误，王肃不必疑矣。若《阙里志》载孔子六十九岁伯鱼卒，时哀公十二年，则考究不精，误迟一年。①

其实孔鲤的记载是比较明确的，孔子二十岁时生，年五十而死，故孔子七十岁了，正好就在颜渊死前一年。而《阙里志》则误差一年，然亦可补充说明。经过毛奇龄的考证，那么《论语》与《史记》《孔子家语》等书的材料都没有冲突了，此篇一层一层，考证精详，解决了一个重要问题。

毛奇龄《论语稽求篇》的另一特点：回归古本，分章辨析。

《论语》分章，影响该章之诠释极大，故而历代都特别重视，朱子《集注》则对古本多有改动，而毛奇龄则主张回归古本，并特别加以辨正。比如《论语·子罕》的两章："子曰：'可以共学，未可与适道；可以适道，未可与立；可与立，未可与权。'""'唐棣之华，偏其反而。岂不尔思？室是远而。'子曰：'未知思也，夫何远之有？'"这两章，在何晏本《论语集解》中本为一

① 毛奇龄：《论语稽求篇》卷五，《景印文渊阁四库全书》第210册，第177~178页。

章,朱子《四书章句集注》则分为二章。毛奇龄《论语稽求篇》则将两章并举,梳理其中的"经权"之义:

> 按,"唐棣"二节,旧本与"可与共学"节,合作一章。其又加"子曰"者,所以别诗文也。但其义则两下不接,颇费理解。惟何平叔谓:"偏反喻权,言行权似反而实出于正。"说颇近理,然语尚未达。予尝疏之云:"夫可立而未可权者,以未能反经也。彼唐棣偏反,有似行权,然而思偏反而不得见者,虑室远也。思行权而终不行者,虑其与道远也,不知无虑也。夫思者当思其反,反是不思所以为远。能思其反,何远之有?盖行权即所以自立,而反经正所以合道。权进于立,非权不可立也。"①

显然毛奇龄认同何晏,反对朱子割裂为二章。毛奇龄以"经权"之义来详细疏解"唐棣"章,认为唐棣的"偏反",好比做事的权变之道,既然思念纷纷而不得一见,是担心道远,故"行权而终不行";孔子说"未之思也",若真正思念则必然"能死其反",那又"何远之有"? 所以说,"行权"关键在于"自立",在于"合道",只要是合于道理就不必担心权变的问题。毛奇龄遵从古训,对这两章的疏解也值得肯定。

类似的还有《论语·先进》的两章:"子曰:从我于陈蔡者,皆不及门也。""德行:颜渊、闵子骞、冉伯牛、仲弓。言语:宰我、子贡。政事:冉有、季路。文学:子游、子夏。"郑玄《论语注》、何晏《论语集解》、皇侃《论语义疏》"德行"以下另起一章,朱子则将两章合起来讲。毛奇龄对此作了新的辨析:

> 《史记·仲尼弟子列传》于受业身通者七十二人,皆异能之士。下

---

① 毛奇龄:《论语稽求篇》卷四,《景印文渊阁四库全书》第210册,第170页。

即接"德行颜渊"至"子游子夏"三十字,则此一节,本统记七十二人中之最异能者,非从陈蔡人也。从陈蔡一时颠沛,焉得奇才异能,皆与其闲,可以分门列部如此?

况此时伯牛、闵骞辈,俱不可考。即冉求一人,明明于哀公三年为季康子所召,又三年而后及陈蔡之难,其时冉求正仕鲁,至哀公十一年,尚为季氏帅师战清,见于《左传》,则此一人显然不从陈蔡者。故康成以为此节与前节不连为一章,而皇氏亦云各为一章。

旧本"德行"上有"子曰"二字。

《史记》冉伯牛传亦云:"孔子称之为德行。"桓宽《盐铁论》云:"七十子有名列于孔子之门,皆诸侯卿相之才,可南面者数人。政事:冉有、季路。言语:宰我、子贡。"亦以此节为七十子有名之人,不属陈蔡时言。①

认为此处当分为两章, 其中涉及的人物是不同的, 毛奇龄给出了四个理由。其一,《史记》中的记述,并非将"德行"等三十字与"从陈蔡"一段接在一起;其二,陈蔡之时的人物,应当不包括冉伯牛、闵子骞,最充分的证据则是必然不包括冉求,因为冉求当时在鲁国,郑玄、皇侃区分为两章的理由也是如此;其三,旧本"德行"二字上还有"子曰"亦是另起一章的证明;其四,《史记》与《盐铁论》记载的"德行""政事",都是七十子之中有名之人,故并不针对陈蔡时的弟子而言。

由此可知,当时《论语》经文的章节划分有争议,朱子与郑玄、何晏、皇侃多有抵牾,而毛奇龄显然是站在汉晋诸儒那边的。毛奇龄对《论语》经文章节的划分,虽说有故意反对朱注的意图,但在其反对的辨析之中,他的充分举证也解决了前人未曾充分论证的难题,故对《论语》学也有推动作用。

---

① 毛奇龄:《论语稽求篇》卷五,《景印文渊阁四库全书》第210册,第175页。

最后简要说一下毛奇龄的《四书改错》与《四书剩言》，前书特别有名，其卷一开篇即说朱子的《四书章句集注》"无一不错"：

> 四书无一不错。……然且日读四书，日读四书注，而其就注以作八比，又无一不错。人错、天类错、地类错、物类错、官师错、朝庙错、邑里错、宫室错、器用错、衣服错、饮食错、井田错、学校错、郊社错、禘尝错、丧祭错、礼乐错、刑政错、典制错、故事错、记述错、章节错、句读错、引书错、据书错、改经错、改注错、添补经文错、自造典籍错、小诂大诂错、抄变词例错、贬抑圣门错，真所谓聚九州四海之铁铸成此错矣！①

毛奇龄所列举的所谓三十二种错，其实完全是以考据的方法，对《四书章句集注》以义理解经的一种颠覆。义理解经，则在文字训诂等问题上，其选择往往要服务于义理的阐发。故而事实就是，若以考据的方法，则总能发现前人著作之中的错处，或者说有些错处原本就是"公说公有理婆说婆有理"，各自都有证据表明，其实难以决断。关于此书，晚清学者陈澧曾有一段中肯的评价："自非圣人，孰能无误，朱子虽大贤，其书有误，后学固当商订之。然商订古人之书，必当辞气和平，不可嚣争，不可诟厉，若毛西河所著《四书改错》，不知《论语》朱注'学'训'效'本于《广雅》，而曰'从来学字无此训'，则非朱子之错，乃西河之错也。其嚣争诟厉者，非说经之体，更不待言。"②此处所举"学"字之训，上文有提及，事实就是毛奇龄《四书改错》等著作，举证多例来支持自己，但并不见得绝无反例，故在肯定其书有功于《论语》学的同时，也当明白其"嚣争诟厉"，并非好的经典诠释之态度。再说《四书剩言》，此书也有其价值，比如论及不可添字解经的一例：

———————————

① 毛奇龄：《四书改错》卷一，黄春丽点校，华东师范大学出版社，2015 年，第 1~5 页。

② 陈澧：《樊昆吾先生〈论语注商〉序》，《东塾集》卷三，《续修四库全书》第 1537 册，上海古籍出版社，2002 年，第 276 页。

解经最忌添出，添出则反窜圣经，而曲就已说，古所称抄词有明戒矣。且经有添字，而反不通者，如"司马牛问仁"章，"为之难，言之得无讱"，本言为仁极难，无暇言说原自了了。且此难字，正与"仁者先难""可以为仁矣，可以为难矣"俱有关。会解者添曰"必存心，故行事难，行事难，故言不妄废"，则以"为"字作"行事"解，已叵通矣。且本文两句，只以"难行"释讱言之故，而解者必添以"存心"释难行之故，使两句一层，忽改而作四句两层。致"为之难"一句题学使试萧山童子，满场千余卷，既似为仁，又似为事；既似存心难，又似为事难；既须以为事应存心，又当以存心起言讱。心事纠缠，存难轇辖，欲求一字之通，难矣！嗟乎！何至此？①

添字，原本是为了文意通畅，然而多有添错的，越添越乱的。此处举《论语·颜渊》"司马牛问仁"章，孔子因为司马牛"多言而躁"故强调"讱"字，至于"为之难"则指为仁之难，对于司马牛而言，则言语之"讱"属于为仁之难的一部分。毛奇龄指出的是，解经者添了"存心"这一层意思，然而将"为"解为"行事"，于是此句的意思变得复杂起来了。此处解经者的话属于朱子学派，从朱子《集注》"仁者心存而不放""心常存，故事不苟；事不苟，故其言自有不得而易者"②等训解而来，故毛奇龄还是在批朱子。他最后又以此句学子千余份试卷，回答杂乱不堪来说明，朱子添字解经误人子弟。

事实上，毛奇龄在清初朱子学极受官方重视的时代对朱注发起攻击，自然招致了时人学者的非议，甚至到清中叶，依旧不被认同，比如全祖望《萧山毛检讨别传》就指出了两点：

---

① 毛奇龄：《四书剩言》卷四，《景印文渊阁四库全书》第210册，台湾商务印书馆，1986年，第239~240页。

② 朱熹：《四书章句集注》，第133页。

> 其所最切齿者为宋人，宋人之中所最切齿者为朱子，其实朱子亦未尝无可议，而西河则狂号怒骂，惟恐不竭其力，如市井无赖之叫嚣者，一时骇之。

> 抑闻西河晚年，雕《四书改错》，摹印未百部，闻朱子升祀殿上，遂斧其版，然则御侮之功亦馁矣，其明哲保身亦甚矣！①

全祖望在全面讲述毛奇龄学术的同时，认为即便朱子未尝无可议，但切齿于朱子而如同"市井无赖之叫嚣"，则显然过头了；另一方面，毛奇龄晚年已将《四书改错》刻版，一听说朱子配享升格之事，便将其书毁版，则又是学术立场不够坚定，"明哲保身"其实不合其原本坚定反朱子学的形象了。另外全祖望还指出，"有造为典故以欺人者……前人之误已经辨正而尚袭其误而不知者，有信口臆说者，有不考古而妄言者"②等，确实其考辨亦有粗疏之处。再看《四库全书总目》对毛奇龄《论语稽求篇》的评价，有肯定亦有否定，应当较为公正："朱子《四书章句集注》研究文义，期于惬理而止。原不以考证为长，奇龄学博而好辨，遂旁采古义，以相诘难。其中有强生支节者。……有半是半非者。……有全然无理者。"③至于江藩《国朝汉学师承记》，对阎若璩大加褒扬，而特意不收毛奇龄，究其原因，当与毛奇龄反朱子学的立场有一定的关系。

钱穆："西河以德性之未醇，影响及于学术，虽爱西河之才者不胜为之辨。而西河平日制行，尤有可议者。"④因为德性未醇，也即人品或有不善的名声，也就使得毛奇龄学说的传播处于不利地位。当然就清初的《论语》学

---

① 全祖望：《鲒埼亭集外编》卷十二《萧山毛检讨别传》，《全祖望集汇校集注》，朱铸禹汇校集注，上海古籍出版社，2000年，第988~990页。

② 全祖望：《鲒埼亭集外编》卷十二《萧山毛检讨别传》，《全祖望集汇校集注》，第989页。

③ 永瑢等：《四库全书总目》卷三十六《经部 四书类二》，中华书局，1965年，第305页。

④ 钱穆：《中国近三百年学术史》，商务印书馆，1997年，第252页。

而言,毛奇龄《论语稽求篇》等著作,虽说其中亦有不少错漏之处,但其中所收的考辨,多数依旧有功于《论语》的诠释,故不可偏废。而其本意在于反对宋儒的义理解经,重回汉儒考据解经的理路,最终却又符合了清代经学发展的总趋势。

(二)颜元《四书正误》

颜元(1635—1704),字易直,又字浑然,号习斋,河北博野人。著有《四存编》《习斋记余》《四书正误》等,后人将其与门人李塨著作合编为《颜李丛书》。晚清以来,颜元颇受学界的重视,且以反传统的形象面世,比如胡适就将其列为"反理学"的思想家。[①]梁启超则更突出了颜李学派的特殊意义:

> 有清一代学术,初期为程朱陆王之争,次期为汉宋之争,末期为新旧之争。其间有人焉,举朱陆、汉宋诸派所凭借者,一切摧陷廓清之,对于二千年来思想界,为极猛烈极诚挚的大革命运动,其所树的旗号曰:复古,其精神纯为现代的。其人为谁? 曰颜习斋及其门人李恕谷。[②]

钱穆也在同名的著作中给颜元以"巨擘"的称号:"近三百年学术思想大师,习斋要为巨擘矣。岂仅于三百年,上之为宋、元、明,其言心性义理,习斋既一壁推倒;下之为有清一代,其言训诂考据,习斋亦一壁推倒。"[③]梁、钱二人的意思其实是相同的,即颜元在有清一代,确实是反传统的,不仅反理学,亦有反汉学的色彩。

---

① 胡适:《胡适全集》第三卷,安徽教育出版社,2003 年,第 81 页。
② 梁启超:《中国近三百年学术史》,商务印书馆,2011 年,第 132 页。
③ 钱穆:《中国近三百年学术史》,第 198 页。

事实上，颜元与毛奇龄以及绝大多数士人一样，最初接受的还是程朱理学。二十六岁之时仍出入程朱："得《性理大全》观之，知周、程、张、朱学旨，屹然以道自任，期于主敬、存诚，虽躬稼胼胝，必乘闲静坐。人群讥笑之，不恤也。"[①]直到三十四岁的《家礼》事件，被认为是其思想发生转折的节点。[②]颜元在为其养祖母守丧期间，"一遵朱子《家礼》，觉有违性情者，校以古礼，非是"[③]。由于严格奉行朱子《家礼》，由实行而觉其非是，从而导致了对朱子学的怀疑，逐渐走上批判程朱乃至整个宋明理学的道路。作于三十岁的《存人编》，原名《唤迷途》，其中反映了颜元反对朱子"性"论的思想，而之后的《存学编》则提倡"习行"，已经走出了自己的道路。到了五十七岁，南游中州之时，则对李塨说：

> 予未南游时，尚有将就程朱附之圣门支派之意。自一南游，见人人禅子，家家虚文，直与孔门敌对。必破一分程朱，始入一分孔孟，乃定以为孔孟、程朱判然两途，不愿作道统中乡愿矣。[④]

此时则反对程朱理学的意思更加明确，面对口讲程朱而其实流于禅学的士人，颜元断然提出"孔孟、程朱判然两途"的主张，不认同程朱所谓道统之论。此后则因为李塨的传扬，颜元反理学而倡"习行"的学说不胫而走。说到颜元的《论语》诠释，其中所呈现的自然是其反理学、倡习行的思想，其代表性著作即《四书正误》。《四书正误》又名《四书正误偶笔》，全书共六卷，第五卷缺，而其第三、四两卷为《论语》部分则未缺。该书约成书于颜元

---

① 李塨撰、王源订：《颜习斋先生年谱》卷下，《颜元集》，王星贤、张芥塵、郭征点校，中华书局，1987年，第713页。

② ［日］三浦秀一著、王云红译：《年轻时代的颜元——对清朝初期士大夫思想形成的考察》，陈山榜、邓子平主编：《颜李学派文库》第9册，河北教育出版社，2009年，第3248~3263页。

③ 李塨撰、王源订：《颜习斋先生年谱》卷下，《颜元集》，第726页。

④ 李塨撰、王源订：《颜习斋先生年谱》卷下，《颜元集》，第774页。

五十八岁之时，壬申年（1692）七月，"录《四书正误偶笔》，皆平日偶辨朱子《集注》之误者，至是命门人录为卷"①。由此可知，《四书正误》为其平时读朱子《四书章句集注》的笔记修订而成，其中的《论语》学部分则围绕朱子《论语集注》而展开，也即边批驳边创立新说。

对于儒家经典传承的历史，颜元也有自己的看法，他认为圣贤之道"一经秦火，再经注疏，三经禅宗，四经诗文，乃如牛山之濯濯，人才尽绝，先王之泽斩矣"②。经过历史动荡以及不同的诠释方法，三代圣贤之道几乎不存，特别是"注疏"与"禅宗"结合的宋儒的影响巨大，故而颜元强调圣贤之道与宋儒之学的截然不同。他说：

> 果有真志绳二千年坠绪，而为二帝、三王、周公、孔子之学，明二帝、三王、周公、孔子之道，必于后世之学道恶如淫声恶色，除如莠草荆棘，而实古人之学，求古人之道，乃可曰道学先生。③

通过《论语》诠释，颜元重新寻绎"二千年坠绪"，所谓古人之学、古人之道，也即回归于三代帝王、周公、孔子，至于宋儒等"后世之学道"则要截然去恶、去除，方才可以成为真正的"道学先生"，可见其圣贤理想，完全与朱子等宋儒相抵牾了。他还说：

> 君子之儒，其务者实，其循者理，其规模大，其器量全，《大学》首章是也。小人反是。宋儒惟辨之于人己、义利之间，抑知为己循义而不能明亲至善、位育兼成，亦"小人儒"乎？是不怪也。宋儒正孔门所谓小

① 李塨撰、王源订：《颜习斋先生年谱》卷下，《颜元集》，第 774 页。
② 颜元：《四书正误》卷四《论语下》，《颜元集》，第 220 页。
③ 颜元：《四书正误》卷三《论语上》，《颜元集》，第 197 页。

《孝经》与《四书》——宋明儒学的意涵新辟

人儒,故其立言皆为不觉,皆为自己地。①

如此说来,宋儒几乎成了圣贤、君子的反面,成了"小人儒",因为他们只顾"立言",而其"立言"还是为了自己。至于具体如何批驳朱子的《论语集注》,则还有两个特别的问题:一是反对停留在字面、书册的研读;一是反对理气、心性、天道等形上之学的辨析,转而倡导践行之学。

当然,颜元反朱子的诠释,还是从重新推导《论语》字词原始本义出发的,然后再区分什么是真正的"学"。如《论语·为政》"温故而知新"章之中的"温"字,朱注:"温,寻绎也。"②颜元则训"温"为"暖":

> 温有三义:习也,暖也,焊也。重习其所学,如鸟数飞以演翅。又将所以得者暖之,不令冷。又脱洗一层,另焕发一番,如以汤沃毛,脱退之意。盖古人为学,全从真践履、真涵养做工夫。至宋人,则思、读、作三者而已,故训"温,寻绎也"。一字千里矣。③

颜元其实颇重视训诂,指出"温有三义",从借朱注"学而实习之"的"习"字"鸟数飞"之义,那么学了以后要习,不让所学冷,故而是"暖"义,再转而强调"真践履、真涵养"去做工夫。他反对的是朱子注"时习旧闻而每有新得"等观点,所谓"思、读、作"三者都是在故旧书册之中,只有跳出书册的习行才是颜元所认可的。还有《论语·尧曰》首章"曰予小子履"节,《四书正误》引《汤诰》原文"尔有善,朕弗敢蔽。罪当朕躬,弗敢自赦。惟简在上帝之心,其尔万方有罪,在予一人。予一人有罪,无以尔万方",然后指出:

---

① 颜元:《四书正误》卷三《论语上》,《颜元集》,第189页。
② 朱熹:《四书章句集注》,第58页。
③ 颜元:《四书正误》卷三《论语上》,《颜元集》,第178页。

孔门之引书，颠倒缺略，违其字句，或更其意旨如是。盖古人读书，惟取施行，固不沾沾其章句。宋人务读取三百遍，期一字不差。朱子尤欲读尽天下书，耗有用心气于纸墨，何为也？率古今之文字，食天下之神智，扫天下之人才，乱古圣之本学，愚哉妄哉！斯世何不幸，而罹兹大祸也。悲夫！①

颜元从《论语》引《尚书》多有"颠倒缺略"出发，强调古代圣人读书，只在乎如何施行，然而宋儒却沾沾于章句之学，企图"一字不差"。他还特别指向朱子"欲读尽天下书"，认为其"愚哉妄哉"，甚至说其扰乱了人才、圣学，造成大祸。《论语·子路》"樊迟请学稼"章，颜元指出：

后世之士，既不学农圃，为小人事；又不好礼义信，作大人事；只好静坐，好说话，好著书，好假圣人操存、慎独，作禅家心头上功夫。故不惟吾民之不敬服用情，且至四方之侮害并至，不忍言矣。②

与反对一味读书一样，颜元亦反对静坐、讲学、著书，特别是所谓在心上做工夫，而不去学习诸如农圃等实用的技艺。颜元的立足点就是实学与实行，其对朱子等宋儒的整体学风的批判，确实引人深思。

对于宋儒以理气心性来解读《论语》，颜元多有反对。如《论语·颜渊》首章"克己复礼为仁"之"克"字，颜元以古训"能""胜"，反对朱注所引"克去"的训解。③颜元说：

---

① 颜元：《四书正误》卷四《论语下》，《颜元集》，第 229 页。

② 颜元：《四书正误》卷四《论语下》，《颜元集》，第 214 页。

③ 按朱注中朱子本人解"克己复礼为仁"之"克"为"胜"义，与颜元此处主张同。但朱注在"胜"之外，又补充了二程与谢良佐对"克"的解释，即"克去"之意。朱熹：《四书章句集注》，第 125 页。

按，克，古训能也，胜也，未闻"克去"之解。己，古训身也，人之对也，未闻"己私"之解。盖宋儒以气质为有恶，故视己为私欲，而曰克尽、曰胜私。不惟自己之耳目口体不可言去，言胜，理有不通；且明与下文"由己"相戾，文辞亦悖矣。夫子若曰能将自己一身都反还乎天则之正，便为仁。若一日能使自己反还天则，则全其本来性量，自然万物皆备，而天下皆归吾仁中矣。为仁全由这个己，而由人乎哉？颜子请问其目，夫子又告之曰：凡非礼之色，便要自己目作主，莫去视，则所视者必在于礼，而己之目复乎礼矣；凡非礼之声，便要自己耳作主，莫去听，则所听必在于礼，而己之耳复乎礼矣；凡非礼之辞，便要自己口作主，莫去言，则所言必在于礼，而己之口复乎礼矣；凡非礼之念、非礼之事，便要自己身心作主，莫去动念动行，则所动必在于礼，而己之身心皆复乎礼矣。耳目口体，发皆中节，一如乎未发之天则，天下之大本达道俱足于此，正所谓"致中和而天地位万物育"者也，天下归仁又何疑焉！①

宋儒之所以训为"克去"，由于其心性之说，认为气质有恶，而己有私欲，于是便要"克去"。颜元则结合字义、文辞两个方面对朱注作了反驳，并且借由"颜渊问仁"之目阐发"为仁由己"之规模，从而阐明"克"字应训为"胜"义。而颜元所谓"胜"，也即"自己作主"，自己的目、耳、口、身心都要自己作主，非礼则不作，合乎礼则方可作为，如此才能合乎天则，天下归仁。他强调的其实是区分礼与非礼，具体的道德践行，反对的是天理、人欲之类心性、形上之学的过度讨论。再如《论语·里仁》对于"一贯"的诠释，他就认为程朱所见与孔子本意不合：

---

① 颜元：《四书正误》卷四《论语下》，《颜元集》，第 209~210 页。

孔子之一贯，"天下归仁焉"，故曰"忠恕而已矣"。宋儒之一贯，理一分殊，故曰"曾子有见于此而难言之，故借此以著名之"。"借"之云者，言非一贯本旨也。嗟乎，程、朱所见者与孔门果同焉？否也。[1]

朱子《集注》将"一贯"解释为"理一分殊"，至于《论语》原文说的"忠恕"则只是被借以说明"理一分殊"，故非其本旨。颜元则认为"忠恕"就是实现"天下归仁"的根本，所以说程、朱已经远离了孔门之道。

颜元对于朱子等宋人的反动，特别集中于借颜、曾而"开口辄言性道"，他与顾炎武一样，认为这无异于两晋清淡，甚至流为浮文、废乱圣学，就《论语·公冶长》"夫子之文章"章而批驳道：

朱先生门下想皆颜、曾乎？即皆颜、曾，能必皆自幼便颜、曾乎？何开口辄言性道乎？又何读解至此全不悔过改图乎？其注解经书之功，不敌其废乱圣学之罪。读讲之弊，与晋人之清谈同讥，流而为浮文。诬世生民之祸，先生不得不分其责。[2]

类似的还有《论语·述而》，颜元指出：

《诗》《书》之理原执不得，执则害事；礼则一定制度，确乎规矩，必要执定，不执则失矣。仆一生勉力，在此一字，但恐年衰气惰，方望朋友匡扶耳。注"非徒诵说而已"，将《诗》《书》便诵说而已乎？程注既知性道不可得闻，而一派皆好言性道，何也？元故曰：宋儒是主意差，说

---

① 颜元：《四书正误》卷三《论语上》，《颜元集》，第184页。
② 颜元：《四书正误》卷三《论语上》，《颜元集》，第186页。

不是处无用，是处亦无用。①

针对朱注所引程子"孔子雅素之言，止于如此，若性与天道，则有不可得而闻者，要在默而识之也"②一句，还有朱注认为"礼"当执守，故"非徒诵说而已"，颜元则指出，若是明知"性道"之学不可得闻，而在讲学之时依旧好言性道，这就是其立意之初便已有偏差，基于此则说得"不是"自然无用，即便说得"是"亦无用。也就是说，他真正强调的只有"执礼"之实行，至于《诗》《书》亦不是诵说而已，也即反对朱注的《诗》《书》"常言之"。对于宋代以来士人所热衷的"性道"之讲论，颜元自然不信，他说："道明于天下，尧、舜之民不识不知，孔门三千徒众性道不得闻；道晦于天下，今世家讲而人解。"③"性与天道"，尧、舜之时不讲，孔子与门人不讲，如今则"家讲而人解"，显然是不正常的现象。所以说，真正的儒学，必然是回归于孔、孟时代，回归于习行之道。

"性道"为宋明理学的重要组成范畴，颜元批驳朱注的时候，体现其反理学特色的一个重要方面就是，对于朱注较多地阐发"性道"等形上思辨之处常有批驳。这也即所谓"后儒侈言性天，薄事功，故其视诸贤甚卑也"④。

颜元《四书正误》之论学主旨为重在习行。除了反对讨论"性""道"等形上玄远的观念，颜元也反对只将孔门之学经限于"口诵"之间，他特别倡导的就是"习行"与"经济"两个方面。

辨析了儒家之"学"与"为"，正是其以习行思想诠释《论语》的出发点：

孔门之经学曰学《诗》、曰为。《周南》《召南》，学也，为也。固以兴

①　颜元：《四书正误》卷三《论语上》，《颜元集》，第 194 页。
②　朱熹：《四书章句集注》，第 94 页。
③　颜元：《四书正误》卷三《论语上》，《颜元集》，第 199 页。
④　戴望：《颜氏学记》，刘公纯标点，中华书局，1958 年，第 4 页。

观群怨、事父、事君无事不达，免面墙之立也。苞政、出使，何施不可？彼口诵者，虽多无用。孔子已深伤之，何后世俱蹈口诵之弊，而不思孔门之学与为哉？宜世无一儒矣。①

此处举例孔门之学《诗》，指出其当将"学"与"为"结合的道理，《诗》学之"兴观群怨"必当落实于事父、事君，落实于苞政、出使，若是停留在"口诵"之间，仅是学理的讲习，则非真儒。

比如《论语·学而》之首章"学而时习之"的"学""习"二字的训义，历代学者纷争不断，而颜元则阐发了新义。朱注训"学"为"效"、训"习"为"鸟数飞"，然后注此句说："学之为言效也。人性皆善，而觉有先后，后觉着必效先觉之所为，乃可以明善而复其初也。"②颜元认为朱注"牵古人来就己见"，他说：

> 汉、宋来道之不明，只由"学"字误。学已误矣，又何"习"？学、习俱误，又何"道"？是以满世读书把笔开坛发座之人，而求一明、亲、经济者，举世无之；求一孝、悌、礼义者，百里无之，尧、舜、周、孔之道亡矣。然汉、宋之儒，亦不意其祸世误民至此也，亦非有心叛故道、开新辙以为异也。但见孔子叙《书》、传《礼》、删《诗》、正《乐》、系《易》、作《春秋》，不知是裁成习行经济谱，望后人照样去做，却误认纂修文字是圣人，则我传述注解是贤人，读之熟、讲之明而会作书文者，皆圣人之徒矣，遂合二千年成一虚花无用之局，而使尧、舜、周、孔之道尽晦。③

在颜元看来，不仅是朱子，包括朱子在内的汉、宋诸儒都错看了"学"字之

---

① 颜元：《四书正误》卷四《论语下》，《颜元集》，第214页。
② 朱熹：《四书章句集注》，第49页。
③ 颜元：《四书正误》卷三《论语上》，《颜元集》，第174页。

本义。篡修文字、传述注解，以及作书文者，虽说也是"学"，但却并非"学"
之本义，因为真正的"学"其实在于"习行"，在于诸如明德、亲民、孝悌等践
行。孔子的篡修文字，都是为了后世儒者的"习行经济"，而不是停留在字
面工夫，也即必须重视"习行"。"习行经济"才是真正的"学"，也只有在"习
行"之中才能倡明尧、舜、周、孔圣人之道。

至于具体解析"习行"，则更多了，比如《论语·子罕》"子畏于匡"章，朱
子将"文不在兹"之"文"解释为"道之显者"，颜元则说：

> 礼乐制度谓之道矣，先生辈何弃孔门之习行而别有道乎？"文"不
> 坠地乎？夫子直以"斯文"自任，决天意之重斯文，便决信己之不死，正
> 自任、自信处。而以文为谦辞，又可见朱先生轻道之用处。噫！岂知离
> 文无道哉？[①]

颜元强调孔子对于"斯文"的"自任"与"自信"，正是在礼乐制度的"习行"
之上，礼乐制度就是"道"，"文"就是"道"。故而区分"道"之"显"与"不显"，
也即区分为礼乐制度、性与天道，并且将礼乐制度等道之"显者"、道之"用
处"看轻了，那就不是真正的孔门之道了。换言之，在颜元看来，被后世认
为"文"的礼乐制度的习行，比性、道之类的讲求更加重要。

汉、宋诸儒过于强调字面训解，而颜元则将圣人之道直接诠释为"习
行"，比如《论语·泰伯》"禹吾无间然矣"章，颜元说：

> 此章适宜绘出个"中"字，则见字字皆中；后胡一桂解出个"孝"
> 字，则又见字字皆孝矣。可见圣人言语，道理无穷，任人会心，种种皆
> 出。故曰："有训不如无训，有诂不如无诂。"尔俨问："若无注，人何由

---

① 颜元：《四书正误》卷三《论语上》，《颜元集》，第 200 页。

解惺？"予曰："汉、宋诸先生只要解惺，教人望世亦只要他解惺，故罄
一生心力去注疏、去集注。"圣人说出只要人习行，不要人解惺。天下
人尽习行，全不解惺，是道之明于天下也；天下人尽解惺，全不习行，
是道之晦于天下也。①

在颜元看来，《论语》中的圣人言语，并不需要字面的训解，因为各家的训
解往往不同，这正好说明"道理无穷，任人会心"。更进一步则又认为只要
"习行"，并不要训解，因为"习行"能将圣人之道明于天下。换言之，颜元认
为儒者与其在注疏上用力，不如在"习行"上用力，天下之人都去从事训解
则会使得"道"晦而不彰。这一说法自然有些推论太过，其实颜元主要是反
对过多的儒者"罄一生心力去注疏、去集注"，若从其本人的治学来看，则
并不是真废训解，这一点必须说明。

　　除了反对过于注重字面意思，颜元还反对只看重《论语》以及《大学》
《中庸》《孟子》，他对《孔子家语》也大力提倡：

　　　　《家语》载圣贤之事，《论语》载圣贤之言。宋儒表章《论语》以及
　　　《学》《庸》《孟子》，而独于《家语》全不挂口，非独重言而轻事也。盖言
　　　可糊涂混赖，事不可将就冒认。若一表章，则恐人举圣贤之事一印证，
　　　而我不得为大儒矣。"五经"独略于《礼》，亦此意。②

《论语》所记载的主要是圣贤之言，而《孔子家语》所载则是圣贤之事，故宋
儒只重《四书》不重《孔子家语》则容易导致"重言轻事"的倾向，而且"言"
容易糊涂昏混过去，而"事"则无法冒认。也就是说，习行才是根本，儒者之
行当与圣贤之事加以印证，方能真正明白其中的是非进退。所以颜元推崇

---

① 颜元：《四书正误》卷三《论语上》，《颜元集》，第199页。
② 颜元：《四书正误》卷四《论语下》，《颜元集》，第206页。

《孔子家语》,认为此书与礼学相关,可指导儒者之践行,故而极为重要。

再说颜元《四书正误》的另一特征:旨归经济。对于朱子《论语集注》中的某些字词,颜元的训解确实也有独到之处,而去旨归则几乎都在于经济之学。

《论语·子罕》"颜渊喟然叹曰"章,论及"博文约礼",颜元与朱子的分歧之一在于"文"的解释。朱注"博文":"君子学欲其博,故于文无不考"①,仅将"文"理解为辞章经典之文,颜元认为此训解遮蔽了圣人之意:

> 解"博学",用"于文无不考"五字,蔽哉! 夫"文",不独《诗》《书》六艺,凡威仪、辞说、兵农、水火、钱谷、工虞,可以藻彩吾身、黼黻乾坤者,皆文也。故孔子赞尧曰:"焕乎其有文章"。周公作谥曰:"经纬天地曰文,道德博闻曰文。"②

"文"并非只在书册文字的"六艺"之学,故"博文"之"文"的内涵必须扩大,除了经书文字,还有威仪、辞说,还有兵、农、水、火、钱、谷、工、虞等,至于"六艺",颜元主张的也是礼、乐、射、御、书、数,认为于吾身实用、于宇宙乾坤实用,如此皆可称之为"文"。《论语·子路》"子适卫"章,颜元指出孔门师弟子与后世之儒者的不同:

> 圣贤但一坐,便商榷兵、农、礼、乐;但一行,便商榷富民、教民,所谓"行走坐卧,不忘苍生"也,是孔门师弟也。后世静坐、读书,居不习兵、农、礼、乐之业,出不建富民、教民之功,而云真儒。真儒者,质之孔门何地乎? 故曰章句、禅宗之学不熄,孔子之道不着,圣人复起,不易吾言矣。③

---

① 朱熹:《四书章句集注》,第88页。

② 颜元:《四书正误》卷三《论语上》,《颜元集》,第190页。

③ 颜元:《四书正误》卷四《论语上》,《颜元集》,第214页。

孔门师弟子讲求的都是兵、农、礼、乐以及富民、教民等经济之学,而后世的儒者往往静坐、读书,停留在章句、禅宗之学,这正是颜元所反对的。颜元本人所重视的,确实也就在兵、农、礼、乐之学,而在受聘漳南书院之时,设立文事、武备、经史、艺能等科,亦可见其确实有着实学、实行之努力。

关于经济之学,颜元向往的自然是三代,《论语·宪问》"高宗凉阴"章,他说:

> 古之人皆然,可以观三代之治矣。盖其先世积德之厚系人心也,盖其礼法制度闲邪明分也,盖其百官、冢宰皆从选举来,可依任也。如后世,只启篡耳。噫,谁实为之,俾世日下哉! ①

高宗守三年之丧的举动,可以看出三代之治,其人心、法度都可以纠偏"后世",甚至三代的选官制度,所谓"选举",在颜元看来自然是优于后世的"科举",虽说不无道理,然而多半停留在美好的想象了。所以说,追绪"三代",几乎贯穿了《四书正误》一书的始终,这也是颜元《论语》之特别旨趣所在。除了"三代",颜元还对齐桓公、管仲表示一定的认同,《论语·宪问》"晋文公"章说:

> "仲尼之门,五尺童子羞称王霸",不知出自何人,载在何书?而宋儒遂捡残沉以文其腐庸无用之学。试观夫子极口称桓公之"正而不谲",重辞赞管仲之仁,全以扶周室救苍生为主,又不特叹美之而已也。会浃谷,讨陈恒,便要于身亲见之。"为东周"一语,情见乎辞矣;做《春秋》一书,实自谱其用焉。觉"心皆不正""彼善于此"等,皆赘语支离。倘程、朱诸先辈生春秋时,恐为孔夫子唾弃久矣。予尝言霸业便是

① 颜元:《四书正误》卷四《论语下》,《颜元集》,第220页。

让王业一等事功，霸佐便是让王佐一等人品。①

《孟子集注》朱注："董子曰：仲尼之门五尺童子羞称五霸，为其先诈力而后仁义也。"②董仲舒之观点，其实来自孟子、荀子等人，并非孔子本人的意思。而《论语》则对齐桓公、管仲"扶周室、救苍生"，极为赞叹，孔子还亲身参与"会浃谷，讨陈恒"，故而颜元虽指出霸业、霸佐与王业、王佐比稍逊一筹，但还是极为推许的；而宋儒则偏要反对五霸，则在颜元看来也就只能讲一些"腐庸无用之学"，故《论语集注》"心皆不正""彼善于此"等朱注，指出齐桓、晋文的假仁义，也被颜元批评为赘语支离了。

颜元曾对自己的《论语》学作一总结："予每向子弟言，生世六十余矣，读《论语》分三截：前二十年见得句句是文字，中二十年见得句句是习行，末二十年见得句句是经济。"③由此可知，颜元对《论语》的诠释，从文字之正误出发，逐渐转入习行，讲求实学实行则必然归于经济之学。诚如书名"正误"二字所言，颜元对《论语》的诠释，确实以纠谬为中心，因为字词训解本是经典诠解的基础。而他的正误，从最基本的文字也即字词训解入手，主要就是反对朱注，反对宋儒，这一点与毛奇龄等开辟考据学路径的学者都是一致的，然而他并未有明显的回归汉儒的倾向，至于其门人李塨后期转向考据学，其实与颜元《四书正误》的方法论，亦当有一定的关联，然亦有南方吴派学者的影响。

① 颜元：《四书正误》卷四《论语下》，《颜元集》，第 217~218 页。
② 朱熹：《四书章句集注》，第 207 页。
③ 颜元：《四书正误》卷四《论语下》，《颜元集》，第 229 页。

第三节　清代中后期"去《四书》化"
思潮以及汉宋之争

　　清代中后期,在《四书》诠释领域出现了"去《四书》化"的思潮,因为考据学,也即汉学向纵深发展,虽有少数汉学家依旧在《四书》的框架内进行典故的考据,然更多的汉学家摆脱了朱子《四书》学体系的束缚,出现了一大批多以"单经"的《论语》《孟子》为诠释对象的著作,而此时的《大学》与《中庸》则多半回归于《礼记》之学。

　　至于汉学的发展则又经历了古文、今文两个阶段,若以《论语》的诠释而言,古文经学的代表性的著作为惠栋的《论语古义》,而今文经学为宋翔凤的《论语说义》。同时还有所谓汉宋之争,往往在训诂与义理的方法与目标之上各有诉求,然而在《四书》诠释上较有成就的学者,则大多采取汉宋兼采的立场。更有比如戴震、焦循等学者,开出了新义理学,也即虽然也采取校勘、辑佚、辨伪、补注等汉学的方法,但其目标则指向新的义理问题,从而进行《四书》的再诠释。

一、汉学的兴起与"去《四书》化"思潮

　　到了清代中后期,直接以"四书"为书名,与科举、时文密切相关的著述明显减少,大多数的《四书》类的著述开始直接以《论语》或《孟子》等为书名,也即此二书再度被视为"十三经"之中的"单经"来加以诠释;而《大学》与《中庸》二书的诠释,则出现了一个重新回归于《礼记》的过程。总的来说,就是宋儒所建构的《四书》学的新经典体系,在汉学的发展过程之中逐渐被解构,故在清代中后期发生着"去《四书》化"的学术思潮。

（一）"去《四书》化"思潮

清代中后期，直接服务于科举时文的《四书》类著作依旧不少，但是其中真正有影响力，如吕留良《四书讲义》一般的，则几乎没有了。

依旧以"四书"为书名的代表性著述，则为供研读《四书》参考的类书。也即对《四书》之中的名物制度加以考证、辨析的书，其实清初的阎若璩《四书释地》就已经开启先河，只是到了清中叶考据学兴盛之后，则此类著作更为丰富，成就也更大了。

其中著名的有江永《四书典林》三十卷与《四书古人典林》十二卷，前者分为天文、时令、地理、人伦、性情、身体、人事、人品、王侯、国邑、官职、庶民、政事、文学、礼制等二十六部，考辨范围较广，对前代学者不精确的说法加以辨正；后者分为帝王、古臣、古贤、圣贤、诸侯、大夫、杂人、烈女等部，以考辨《四书》中的人物事迹为主。①再如翟灏《四书考异》七十二卷，对历代各本错见的《四书》文献、训解加以考辨，分为"总考"与"条考"两部分，"总考"涉及《四书》著作之由、作者生平、编纂体例、诸家改定、逸文等；"条考"涉及字词、名物训诂之类。其他还有周柄中《四书典故辩正》、凌曙《四书典故考》、陆文籀《四书典故通考》等，则为《四书》之中典故的考辨。另外，如萧榕《四书引左汇解》之类，则是专门讨论《四书》引用《左传》的情况。

较有学术贡献的，大多为研究《论语》或《孟子》"单经"的著作。其中以《孟子》为"单经"，单独进行研究的考据类著作，则以周广业的《孟子四考》为代表。《孟子四考》包括《孟子逸文考》《孟子古注考》《孟子异本考》《出处时地考》各一卷，其中《出处时地考》考证孟子生平事迹以及相关战国史实，另外三考则为文献考辨。据《汉书·艺文志》记载，《孟子》原为十一篇，

---

①　江永：《四书典林》，《续修四库全书》第 166 册，上海古籍出版社，2003 年，第 269~275 页。

现存则为"内篇"之七篇,为求"足本",周广业《孟子逸文考》对明代陈士元《孟子杂记》所收的三十多条逸文详加考订,再参考明代方之珙《孟子集语》、清代朱彝尊《经义考》等书,重新辑录而得《孟子逸文考》五十九条。《孟子古注考》以保存古注为主,汇集了魏晋南北朝以及唐、宋诸家之注释,并校其异同。《孟子异本考》则主要以比较汲古阁本、宋石经本之中的异文为主。周广业在《孟子古注考》之序中说:"诸古注甚为可爱,虽止轶见一二句刘、綦毋注,仍值箧椟之珍。为免古注湮没,辄以诸家所传古注,校之异同,遂成《孟子古注考》。"①由此可知,像周广业这样的典型的考据学者,其著作就是为了保存逸文、古注,并不求其实际功用。研究《孟子》"单经"的还有戴震《孟子字义疏证》,焦循《孟子正义》则以义理的阐发为主,而蒋仁荣《孟子音义考证》则以考辨其中的音义为主。

以《论语》为"单经",最为著名的则有焦循《论语通释》、刘宝楠《论语正义》、黄式三《论语后案》、钱坫《论语后录》等,主要是研究《论语》的义理,且带有"注疏"体的特点。至于徐养原《论语鲁读考》、丁晏《论语孔注证伪》与吴骞《皇侃论语义疏参订》则以考辨古音、古注为主。此外还出现了集中考辨《论语》中一篇的江永《乡党图考》,研究《论语》一个礼学类的重要问题的凌廷堪《论语礼后说》。

还有如姚凯元的《论语校议》与《孟子校议》,其"校议"又名"校异",故他的书主要就是通过校勘解决二书的异文问题。至于萧光浩《大学意读》与《中庸意读》,则是对《大学》《中庸》的源流进行了详细的考述。这两位学者的著作,也是受到"去《四书》化"思潮的影响。

再以今文经学解《论语》而著有《论语说义》的常州学者宋翔凤为例,其早年则兼重考据学,其著作如《四书释地辨证》二卷、《论语郑注》十卷、《孟子赵注补正》六卷、《孟子刘熙注》一卷、《论语师法表》与《大学古义说》

① 周广业:《孟子四考》,载《皇清经解续编》卷二二九,南菁书院光绪十四年刊本,齐鲁书社,2016年。

各一卷等，都是考辨《四书》类古注的著作，其中亦可以看出"去《四书》化"的学术特点。

此外，群经互证，也是清代中叶兴起的考据学热点，其中以群经解《四书》也颇引起重视。特别有代表性的就是范士增，在其著作中直接标明了以其他经书来解《四书》，《周易解四书》《诗经解四书》《礼记解四书》和《四书互解》，分别以《周易》《诗经》《礼记》来解《四书》，以及直接以《四书》解《四书》，达到了以一人之力，实现以群经来证、解《四书》的学术目标，可以说极大地推动了《四书》学的发展。类似的还有黄之晋《四书说剩》，以及萧榕《四书引左汇解》、赵佑《四书温故录》等。当然诸如刘宝楠《论语正义》等义理与考据并重的著作，也多有涉及群经之处，只是范士增等人则将群经相互证解《四书》作了专题的研究。

（二）《大学》与《中庸》回归《礼记》

在清代中叶，《大学》与《中庸》曾有一个重新回归于《礼记》的过程，这也是导致朱熹《四书》学体系解构的一个重要因素。石立善指出，雍正、乾隆之时官修《礼记义疏》，《大学》《中庸》正式重返《礼记》，其积极的一面是恢复了《礼记》的文本完整性，丰富了礼学研究的内涵，其消极意义则在于直接削弱了《大学》《中庸》的权威性与特殊性，导致两者所具有的理学色彩的消退及经典地位的下降，有关两者的性质及研究也被经学化、礼学化了，导致《四书》的地位亦为之下降。①

首先，需要说明从什么时候开始，《大学》与《中庸》从《礼记》之中被删除出去。南宋的魏了翁（1178—1237）《礼记要义》、卫湜《礼记集说》，仍旧包括作为《礼记》篇章的《大学》与《中庸》，并且朱熹之注释仅作为诸家之一家，并未特别处理。到了元代的吴澄（1249—1333）《礼记纂言》、陈澔

---

① 石立善：《〈大学〉〈中庸〉重返〈礼记〉的历程及其经典地位的下降》，《极高明而道中庸：四书的思想世界》，中国社会科学出版社，2016年。本书的相关讨论，对此文多有参考。

（1260—1341）《礼记集说》，则将《大学》与《中庸》删去，于是《礼记》从四十九篇变为四十七篇，比如吴澄在"序"中说：《大学》《中庸》，程子、朱子既表章之，《论语》《孟子》并而为《四书》，固不容复厕之礼篇。

他们为了尊朱而删此二篇，其背景则还是元代开始的科举考试使用了朱子的《四书章句集注》，《大学》与《中庸》的地位得到官方的进一步肯定。此后元、明两代的《礼记》注本或礼书的重编本，都不载《大学》《中庸》，俨然成为惯例。比如明永乐年间胡广等编纂的《礼记大全》，以陈澔《礼记集说》为主而参以卫湜《礼记集说》，也不载《大学》《中庸》，因为科举的影响，此书也影响了后来的《礼记》各本。当然也有不同的声音，比如祝允明（1461—1527）指出：

> 自宋以来始有"四书"之目，本朝因之，非敢妄议。愚谓《大学》《中庸》终是《礼记》之一篇，《孟子》之言羽翼孔氏，然终是子部儒家之一编耳，古人多有删驳，国初亦尝欲废罢，故愚以为宜以《学》《庸》还之礼家，《论语》并引《孝经》同升以为一经。①

给予祝允明回响的则是郝敬（1557—1639），在其所著的《礼记通解》之中，就特意编入《大学》与《中庸》并且加以重点注解。

到了清代，王夫之（1619—1692）在其《礼记章句》中也编入了《大学》《中庸》，该书先录朱熹的《四书章句集注》再衍以己意。关于列入此二篇，他说：

> 凡此二篇，今既专行，为学者之通习，而必归之于《记》中者，盖欲使五经之各为全书，以见圣道之大，抑以知凡戴氏所纂四十九篇，皆

《孝经》与《四书》——宋明儒学的意涵新辟

---

① 《怀星堂集》卷十一《贡举私议》，《景印文渊阁四库全书》第 1260 册，第 517 页。

《大学》《中庸》大用之所流行，而不可以精粗异视也。①

王夫之的《大学衍》与《中庸衍》极力驳斥王阳明之心学，他对此二篇的解释也是认同朱熹《四书章句集注》的，再加之他还有《四书稗疏》《四书考异》《四书笺解》《读四书大全说》《四书训义》等著作，故而他并不想解构《四书》学体系。之所以强调《大学》《中庸》归于原书，其意在于恢复《礼记》的全貌，从而彰显儒家之道的整体。

所以说，真正出于反对朱熹《四书》学，从而强调《大学》《中庸》必须回归于《礼记》的，还得首推黄宗炎（1616—1686），他的批评更为有力而彻底，他论及《履》卦时说：

> 割《礼》传之《大学》《中庸》两篇而孤行之，盖由视《礼》为粗迹，而别求性与天道不可闻之微旨，以为上达，至使"慎独""未发"纷纷聚讼。岂知"一日克己复礼，天下归仁"，恐非粗迹所能臻者！《大学》之修齐治平，《中庸》直至参赞、位育、无声无臭，亦只形容礼之至极尔。今欲割去本原，别寻妙几，何其不入于释氏也！②

黄宗炎指出宋儒为了"别求性与天道"，才将《大学》与《中庸》二篇独立成书。事实上，《礼记》全书正是孔子"一日克己复礼，天下归仁"思想的发展，故而不可认作"粗迹"；而《大学》所说的"修齐治平"与《中庸》所说的"参赞""位育"等，也都应当在"形容礼之至极"之处来看待，脱离了《礼记》原书，"别寻妙几"，就容易导致佛禅了。简言之，在黄宗炎看来，宋儒将《大学》《中庸》单独成书，其实是将形而下的、平实的《礼》书，当作了形而上的

---

① 王夫之：《礼记章句》卷三十一《中庸衍》，《续修四库全书》影印本，第 478 页。

② 黄宗炎：《周易象辞》卷四，《景印文渊阁四库全书》第 40 册，台湾商务印馆，1986 年，第 263 页。

佛禅之书来利用了。朱彝尊（1629—1709）虽然没有明确表示尊阳明而反朱熹，但就朱子学的《大学》《中庸》则表示了反对意见：

> 《大学》在《小戴记》中，原止一篇，朱子分为经传，出于独见。自《章句》盛行，而永乐中纂修《礼记大全》，并《中庸》《大学》文删去之，于是诵习《章句》者，不复知有《戴记》之旧。①

朱彝尊认同王阳明恢复《大学》之古本，主要还是为了还原《礼记》的本来面目。

当时的汉学家，不仅为了恢复经书的古本原貌，还为了将《大学》与《中庸》彻底从《四书》体系之中解构出来，汪中（1744—1794）《大学平议》说：

> 《大学》其文平正无疵，与《坊记》《表记》《缁衣》伯仲，为七十子后学者所记，于孔氏为支流余裔，师师相传，不言出自曾子。……宋儒既藉《大学》以行其说，虑其孤立无辅，则牵引《中庸》以配之。②

汪中强调《大学》文字的平正，且与《坊记》《表记》《缁衣》等篇一样，都是七十子后学所作，并非出自曾子所作，为"记礼通论"之一，故而并不应当给予崇高的地位。至于《中庸》则本是为了配合《大学》而被提升地位的。类似的说法还有凌廷堪（1757—1809），他说：

> 《大学》《中庸》，《小戴》之篇也，《论语》《孟子》，传记之类也，而谓圣人之道在是焉，别取而注之，命以"四书"之名，加诸六经之上，其于汉唐诸儒之说视之若弁髦，弃之若土苴，天下靡然而从之，较汉魏之

① 朱彝尊：《经义考》卷一百五十九，《经义考新校》，第2908页。
② 《大学平议》，汪中：《新编汪中集》，田汉雲编校，广陵书社，2005年，第381页。

《孝经》与《四书》——宋明儒学的意涵新辟

尊传注,隋唐之信义疏,殆又甚焉! ①

凌廷堪的态度,可谓是汉学家的典型,认为应当将《大学》与《中庸》回归于《小戴礼记》;《论语》与《孟子》回归于"五经"之"传记"。宋代以来将《四书》"加诸六经之上",导致的后果就是汉唐诸儒之说,被"视之若弁髦,弃之若土苴",所以凌廷堪主张贬低《大学》与《中庸》,甚至《论语》与《孟子》,废除《四书》体系,回归"五经"并且重新重视汉唐诸儒之说。

当然,也有不认同将《大学》与《中庸》回归于《小戴礼记》的,最有代表性的就是礼学家江永(1681—1762)与孙希旦(1736—1784)。江永《礼记训义择言》不收录《大学》与《中庸》,其《礼书纲目》也将《大学》《中庸》列入"通礼"第十七、十八之存目,有小注说:"自有朱子《四书章句集注》,今止存其篇目""自有朱子《四书章句集注》,今亦但存其篇目。"②孙希旦《礼记集解》同样将《大学》《中庸》列其篇目而不录正文。③可见此二人承袭于陈澔《礼记集说》,之所以这样做,则是因为他们虽精研礼学,然依旧严格尊朱。

再说官方的立场,康熙年间,由张廷玉等人奉敕编纂的《日讲礼记解义》仍然承袭陈澔《礼记集说》以来的惯例,将《大学》与《中庸》列为卷六十二、卷五十六的存目。到了乾隆十三年(1748)成书的《钦定礼记义疏》则将《大学》《中庸》二篇重归于《礼记》,并且都用古本原文。该书《凡例》说:

> 《中庸》《大学》二篇,自宋大儒编为《四书》,其后俗本《礼记》遂有止载其目而不列其文者,兹仍曲台之旧,以尊全经,以存古本,兼辑朱注,以示准绳,而《正义》等条,概置勿用。④

---

① 凌廷堪:《校礼堂文集》卷二十三《与胡敬仲书》,中华书局,1998年,第205页。
② 《礼书纲目》卷六十七,《景印文渊阁四库全书》第134册,第312页。
③ 孙希旦:《礼记集解》,中华书局,1989年,第1296、1410页。
④ 《钦定礼记义疏》卷首,《景印文渊阁四库全书》第118册,第3页。

《中庸》题解之下案语又有补充说明：

> 案《戴记》四十九篇，其四十七篇并用《正义》等六条编纂之例，独《大学》《中庸》二篇不拘诸例，但全录注疏于前，编次朱注于后者，一以示不遗古本之源，一以示特尊朱子之义。全录注疏古本，方识郑、孔羽翼圣籍之功，方见朱子之精心邃密，而注疏之是非得失，读者自一目了然，故不拘诸例。①

这是自陈澔《礼记集说》之后，四百年来官方的《礼记》注本首次恢复《大学》与《中庸》，其目的是为了尊重《礼记》原书的完整性，保存古本的形态。值得注意的是，因为当时的科举考试依旧主张朱子学，故而该书的《大学》与《中庸》二篇，特设了与其他四十七篇不同的体例。在此二篇的经文之后，先全录了郑注、孔疏，再录入朱子《章句》之注，这样既表示"不遗古本之原"，又表示"特尊朱子之义"，至于注释之是非得失，则让读者自己去判断，所以在恢复《礼记》原本的基础上，还特别显示了《大学》《中庸》以及朱熹《四书章句集注》的特殊地位，亦可见当时的三礼馆馆臣们，在处理敏感问题上的谨慎态度。到了后来编纂《四库全书》之时，馆臣在《钦定礼记义疏》提要中说：

> 其《中庸》《大学》二篇，陈澔《集说》以朱子编入《四书》，遂删除不载，殊为妄削古经，今仍录全文，以存旧本。惟章句改从朱子，不立异同，以消门户之争。盖言各有当，义各有取，不拘守于一端，而后见衡鉴之至精也。②

① 《钦定礼记义疏》卷六十六，《景印文渊阁四库全书》第 126 册，第 164~165 页。
② 《四库全书总目》卷二十一《经部礼类三》，《景印文渊阁四库全书》第 1 册，第 442 页。

他们认为陈澔《礼记集说》不载《大学》《中庸》是"妄削古经",显然认同《礼记义疏》录入全文以存旧本,并且遵从朱熹之《四书章句集注》,从而消除门户之争,则为"衡鉴之至精"。晚清的郭嵩焘(1818—1891)即指出:"雍乾之交,朴学日昌,博闻强力,实事求是,凡言性理者屏不得与于学,于是风气又一变矣!乃至并《大学》《中庸》之书蔑视之,以为《礼运》《学记》之支言绪论。"[①]然而他虽然尊朱,但又在解读《大学》与《中庸》之时提出自己的"质疑",他说:"又窃疑章句之书,纲领条目之分疏,未足以贯通圣经之全,而或失之纤曲。……稍以所见附之章句,而推陈其说,以还圣经之旧。"[②]也就是说,郭嵩焘的"质疑",本是为了还原此二篇之原始意义。

二、汉学的今古文之争

两汉时期的经学就有经的今、古文之分。先秦时期,中国的文字多为篆书,且各诸侯国之间差异甚大,秦统一之后方才规整为小篆,到了汉代则小篆又变为隶书。"今文经"则为历经秦火之后儒生口传,并以当时通行的以隶书写成的经典;后来出土的"孔壁遗书"等几种经典,则用先秦时的篆书写成,故称为"古文经"。

今文经学认为"六经"皆为孔子所作,并视孔子为托古改制的"素王";古文经学则更尊信周公,认为孔子"述而不作",只是删述了"六经"。今文经学重在发挥经典的微言大义及政治思想;古文经学则重在文字训诂、典章制度,以及还原历史事实。今古文经学所依据的经典也不同,比如《春秋》学,《公羊传》《谷梁传》为今文经,而《左传》则为古文经;《礼》学,则《大戴礼记》《小戴礼记》为今文经,而《逸礼》《周官》则为古文经;至于《论语》学,《齐论语》《鲁论语》为今文经,而孔壁出土的《古论语》则为古文经。

---

① 郭嵩焘:《大学章句质疑序》,《郭嵩焘全集》第二册,岳麓书社,2018 年,第 725 页。
② 郭嵩焘:《大学章句质疑》,《郭嵩焘全集》第二册,第 760 页。

到了清代,乾嘉时期学者所用研究方法,一般称为"汉学"或"朴学""考据学",吴派、皖派以及扬州学派,大多与古文经学较为接近,然其所涉经典则并不局限于古文经的领域。后起的常州学派则独树一帜,以上承西汉今文经学为特色,依据《春秋公羊传》以及董仲舒、何休等人的著作,发挥孔子"微言大义",从而表达自己的政治哲学思想。最后在清末还出现了经学的今、古文之争,如龚自珍(1792—1841)、魏源(1794—1857)、康有为(1858—1927)等为今文经学的代表,而俞樾(1821—1907)、章太炎(1869—1936)、刘师培(1884—1919)等则为古文经学的代表。特别是康、章之间的学术分歧,就与各自的经学立场有关。

(一)惠栋《论语古义》

清中叶经学复兴,其中最具古文经学特色的,当属于吴派的惠栋。深受惠栋影响的戴震(1724—1777)曾说:"松崖先生之为经也,欲学者事于汉经师之故训,以博稽三古典章制度,由是推求义理,确有据依。"①

惠栋解《论语》的代表作为《论语古义》,该书从文字音韵之训诂入手,综合经、史、子、集四部之典籍,详加比勘,从而解决《论语》等古经之中存在的义理问题,于是形成独到的考据学方法,开创了所谓的吴派,后来又影响了戴震及其皖派。所以说,由惠栋开始的所谓"汉学",成为乾嘉学术的代表。

惠栋之后,吴派学者《论语》学的重要著作,还有江声(1721—1799)的《论语俟质》,余萧客(1732—1778)《古经解钩沉》之中的《论语钩沉》,他们也有嗜古、尊汉的学术特点。此外其他学派,诸如江永《四书典林》与《四书古人典林》、翟灏(？—1788)《四书考异》等《四书》类著作之中的《论语》部分,其实所用的方法,都具有古文经学的特点,只是在清末以前这些经学

① 戴震:《戴震文集》卷十一《题惠定宇先生授经图》,中华书局,1980 年,第 168 页。

家都未以经的今、古文局限自己，也未发生争论。在《论语》学领域，则更是如此。

所以说，从吴派汉学家开始，清代学者普遍以古文经学的方法，重视文字训诂与名物制度的研究。再说当时今文经学还未曾兴起，故而当时的学术还是所谓的"汉学"，他们更多的是针对"宋学"，也即不认同宋儒所开创的程朱理学，并对义理阐发较为谨慎。比如深受戴震影响的焦循（1763—1820），著有《论语补疏》与《论语通释》，前者重在疏证字句，后者重在发明义理，且义理发明也是从字义训诂开始的。

惠栋（1697—1758），字定宇，号松崖，江苏吴县（今苏州）人。出生于经学世家，其祖父惠周惕、父亲惠士奇都是康熙年间的进士，钻研九经三史。惠栋本人则崇古尊汉，打出"汉学"的旗帜，成了考据学上著名的"吴派"。其著述甚多，主要有《九经古义》《易汉学》《易例》《周易述》《明堂大道录》《后汉书补注》《松崖笔记》《松崖文抄》等。《论语古义》则为其《九经古义》之一种。惠栋在《九经古义》原序中说：

> 汉人通经有家法，故有五经师，训诂之学，皆师所口授，其后乃著竹帛，所以汉经师之说，立于学官，与经并行，五经出于屋壁，多古字古言。非经师不能辨。经之义，存乎训，识字审音乃知其义。是故古训不可改也，经师不可废也。①

"嗜古"与"尊汉"，本是同一问题的两个方面，惠栋是"嗜古"主要也就是"尊汉"，也即认为汉代或汉代以前的典籍最为可信，汉人对经典的注解也最为可信。偶然涉及宋人的解经，则往往多持批评态度。比如《论语·先进》"孝哉，闵子骞！人不间于其父母昆弟之言"章，惠栋的注解说：

---

① 惠栋：《九经古义》卷十六，《景印文渊阁四库全书》第191册，台湾商务印馆，1986年，第362页。

《后汉书》范升奏记王邑曰:"升闻子以人不间于其父母为孝,臣以下不非其君上为忠。"注《论语》云云者,非也。言子骞之孝,化其父母兄弟,言人无非之者;忠臣事君,有过即谏,在下无有非君者,是忠臣也。家君曰:《论语》依此说为允,若如朱注,未足为孝也。①

惠栋及其父亲认为,闵子骞用自己的孝行来感化父母兄弟,以此来实现没有人说他父母兄弟的坏话;同样,忠臣事君,应当君主有过就谏,以此来实现没有人说君主的坏话, 其中的原义当是很直白的。此条最后的"家君曰",也即惠栋的父亲认为《论语》此章,不应当以朱熹《论语集注》为准,因为朱熹引胡氏的解释为"父母兄弟称其孝友,人皆信之无异辞者,盖其孝友之实,有以积于中而著于外,故夫子叹而美之"②,显然与惠氏的解释相比,多了一些曲折。惠栋还指出,后人以《后汉书》中的那句话来注《论语》,则与朱熹一样误解了《论语》,其实也是多加了一层意思。

惠栋《论语古义》另一个特点是引用各种经书、史书来论证《论语》的注释问题。比如《论语·为政》"孝乎惟孝友于兄弟"章:

子曰:"《书》云:孝乎惟孝友于兄弟。"《释文》作"孝于",云一本作"孝乎"。《唐石经》同。案,蔡邕《石经》亦作"于",故包咸注云:"孝于惟孝,美大孝之辞。"后世儒者据晋世所出《君陈》篇,改"孝于"为"乎",以"惟孝"属下句。以今考之,若非汉《石经》及包氏《注》,亦安从而是正耶?

华峤《后汉书》,《刘平江革传》序云:"此殆所谓'孝乎惟孝,友于

① 惠栋:《九经古义》卷十六,《景印文渊阁四库全书》第191册,第498页。
② 朱熹:《四书章句集注》,《论语集注》卷六,第124页。

兄弟，施于有政'，是亦为政也。"则知晋以前无以"孝乎"为绝句者，但"于"误为"乎"其来已久。①

《论语》引用《尚书》"孝乎惟孝友于兄弟"一句，惠栋指出其中的"孝乎"原作"孝于"，但是后来的儒者却根据东晋才出现的、被认为是伪古文《尚书》的《君陈》篇，改"孝于"为"孝乎"，并且断句为"孝乎，惟孝友于兄弟"，也即将"惟孝"二字属于下句了。惠栋一是举了蔡邕《石经》以及包咸注，加以证明；另一是举了华峤《后汉书》中此句的引文，也说明了汉代此句的原貌。确实惠栋以汉代的古本以及汉代郑玄的注，还原了《论语》此句的本来面目，其考据极有意义。又如《论语·里仁》"无適无莫"章：

> "无適也，无莫也"，郑本"適"作"敵"，"莫"音"慕"，无所贪慕也。栋案，古"敵"字皆作"適"。《礼记》，《杂记》曰"赴于適者"，郑注云："適"读为匹敵之"敵"。《史记》，《范雎传》"攻適伐国"，《田单传》"適人开户"，《李斯传》"群臣百官皆畔，不適"。徐广："皆音征敵之敵。"《荀卿子》，《君子》篇云："天子四海之内无客礼，告无適也。"注云："適"读为"敵"。②

此处惠栋首先举出郑玄注本的《论语》，说明"適"当作"敵"。然后再举了《礼记》的一个例子以及郑玄的注，《史记》的三个例子以及徐广的注，还有《荀子》的一个例子以及注文，综合起来说明古人的"敵"字，皆写作"適"，从而有力地证明了《论语》"无適无莫"章之中的"適"字问题。这两个例子都可以说明惠栋的注释，经部、史部的典籍都有引用，并且主要以汉代及以前的为主，还需经、史、子各种典籍综合起来进行论证。

---

① 惠栋：《九经古义》卷十六，《景印文渊阁四库全书》第 191 册，第 494 页。
② 惠栋：《九经古义》卷十六，《景印文渊阁四库全书》第 191 册，第 495 页。

第六章　元明清《四书》诠释之演进与汉宋之争

二六九

惠栋偶尔也会涉及唐代以及清代的相关资料，比如"三人行必有我师"章，惠栋注解说：

> "三人行，必有我师焉。"《唐石经》及《释文》皆云："我三人行，必得我师焉。"何晏《注》云："言我三人行，本无贤愚。"依注当有"我"字。江熙注《谷梁》亦云："我三人行，必有我师。"顾炎武《金石文字记》载《唐石经》云："三人行，'三'上多一'我'字。'必有我师焉'，'有'误为'得'。"盖习于俗而忽不考耳。①

《论语》的通行本都作"三人行，必有我师焉"，但是《唐石经》以及《经典释文》都作"我三人行，必得我师焉"，两种文句，何者为正？惠栋先举了何晏、江熙两种晋人的古注，指出原文当有一个"我"字；再举了顾炎武《金石文字记》之中的考证，虽然没有下断语说前者一定为正，然指出后人往往出于习俗而不作考辨，也就不言而喻了。

当然，惠栋也有举证之后，感觉证据尚不充分，故意不作断语的情况。比如《论语·述而》"五十以学易可以无大过矣"章，惠栋的注释说：

> 《鲁论》"易"为"亦"。君子爱日以学，及时而成；五十以学，斯为晚矣。然炳烛之明，尚可寡过，此圣人之谦辞也。或云古"五"字如"七"，孔子晚而好《易》，故有是语，《史记》亦云。②

此处主要围绕"五十以学易，可以无大过矣"一句中的"易"字，是否原作"亦"，以及"五十"，是否原作"七十"。此条因为没有更多更有力的材料可以证明，故而惠栋"述而不作"，仅列出了这两个疑点以及相关的理由，并

《孝经》与《四书》——宋明儒学的意涵新辟

---

① 惠栋：《九经古义》卷十六，《景印文渊阁四库全书》第191册，第496页。
② 惠栋：《九经古义》卷十六，《景印文渊阁四库全书》第191册，第496页。

未轻易下断语。

关于惠栋之学，戴震除了肯定其通过博稽三古而推求理义 "确有据依" 之外，还有批评："彼歧故训、理义二之，是故训非以明理义，而故训胡为？理义不存乎平典章制度，势必流入异学曲说而不自知，其亦远乎先生之教矣。"① 这是说惠栋原本当通过训诂以求义理之发明，然而过度的迷信 "家法"，"嗜古" 与 "尊汉" 的结果就是迷失在训诂而不自知，忘了原先的目的。而惠栋之失，则是后来戴震等皖派学者奋起的地方。

(二)宋翔凤《论语说义》

清中叶兴起的常州今文经学派，致力于发明公羊学。但关于孔子的微言大义，在他们看来，则不仅寓意于《春秋》，还体现在《论语》等经典之中。刘逢禄(1776—1829)曾说："《论语》总《六经》之大义，阐《春秋》之微言。"② 故而从刘逢禄《论语述何》开始以公羊学解《论语》，到宋翔凤《论语说义》，再到戴望(1837—1873)《戴氏论语注》、王闿运(1833—1916)《论语训》与康有为《论语注》，这一系列《论语》学著作，充分说明了《论语》一书在清代今文学家心目中的地位。

其中刘逢禄与宋翔凤，同为常州今文经学家庄述祖(1750—1816)的外甥，而庄述祖则是庄存与(1719—1788)的侄儿，庄存与著有《春秋正辞》等，而庄述祖则著有《夏小正经传考释》《尚书今古文考证》等，他们都没有《论语》学的著作。庄述祖对于刘、宋两位外甥非常器重，曾说："刘甥可师，宋甥可友。"③ 这两位对于今文经学的发展，确实都有着至关重要的影响。

刘逢禄著有《尚书今古文集解》以及《左氏春秋考证》《公羊春秋何氏解诂笺》《春秋公羊经何氏释例》《谷梁废疾申何》等系列的《春秋》学著作，

① 戴震：《戴震文集》卷十一《题惠定宇先生授经图》，第 168 页。
② 刘逢禄：《论语述何》，《皇清经解》第七册，上海书店，1988 年，第 451 页。
③ 赵尔巽：《清史稿》卷四八二，中华书局，1977 年，第 13268 页。

而其《论语述何》二卷则作于嘉庆十七年（1812），对于宋翔凤尚有较大的影响，不过《论语述何》卷数较少，内容也较为单薄，只能算是开启公羊学解《论语》之学风，而宋翔凤的《论语说义》则颇成体系。此后的戴望则深受刘、宋的影响，他说："望尝发愤于此，幸生旧学昌明之后，不为野言所夺，乃遂博稽众家，深善刘礼部述何及宋先生发微，以为欲求素王之业，太平之治，非宣究其说不可。"①只是戴望的以公羊学解《论语》，渐渐远离"说义"，又转回到了注疏的体例，故名《戴氏论语注》。至于再往后的康有为的《论语注》则公羊学的因素减弱，而增加了许多西学的因素。

所以说，以公羊学解《论语》创立"说义"之体的宋翔凤，因其书的自成体系而成为其中最有特色的一部。

宋翔凤（1779—1860），字于庭、虞庭，江苏长洲（今苏州）人。他为学与其他汉学家一样，都是从文字训诂入手，早年受长于考据的父亲宋简的影响，后又跟随其舅父庄述祖，得常州庄氏今文经学之传，后来又游学于段玉裁而得许郑之传，故宋翔凤也常以朴学自居，并将自己的书斋命名为"朴学斋"。宋翔凤的《四书》类的著述，如《论语郑氏注》《孟子刘熙注》《孟子赵注补正》《四书释地辨证》，为传统的朴学，属于文字训诂、名物考辨类；而《论语说义》《大学古义说》则为今文经学，多有发明微言大义。另有综合性的《四书纂言》四十卷，则包括《大学注疏集证》《中庸注疏集证》与《论语纂言》《孟子纂言》，亦属于前者。宋翔凤其他的重要著述还有《五经要义》《周易考异》《尚书略说》《小尔雅训纂》以及学术札记《过庭录》等。②

作为今文经学家，最代表宋翔凤学术特色的当为《论语说义》，此书又

《孝经》与《四书》——宋明儒学的意涵新辟

---

① 戴望：《戴氏注论语》，《续修四库全书》第 157 册，上海古籍出版社，2003 年，第 252 页。

② 关于宋翔凤经学的总体特点，参见陈鹏鸣：《宋翔凤经学思想研究》，《中华文化论坛》，2001 年第 4 期。

名《论语发微》,刘宝楠等后来的学者多有引用。宋翔凤曾说:"今文家传《春秋》《论语》,为得圣人之意。今文家者,博士之所传,自七十子之徒递相授受,至汉时而不绝。"①也即今文学传自七十子之徒,故他们所传的《春秋》与《论语》得"圣人之意"。至于为什么他在完成了《论语纂言》之后,又要写一部《论语说义》,他自己在"序"中说:

> 《论语说》曰:"子夏六十四人,共撰仲尼微言,以当素王。"微言者,性与天道之言也。此二十篇,寻其条理,求其旨趣,而太平之治、素王之业备焉。自汉以来,诸家之说,时合时离,不能画一。蒙尝综核古今,有《纂言》之作,其文繁多,多别录私说,题为"说义"。②

孔子在《论语》之中传达了微言大义,也即"性与天道之言",故而解说《论语》当"寻其条理,求其旨趣",从而发明"太平之治、素王之业"。宋翔凤还认为,汉代以来诸家的注解与《论语》之微言大义"时合时离,不能画一",故而他在已经完成了"综核古今"的《论语纂言》之后,重新删繁就简,"别录私说"。所以在《论语说义》之中,他的重新解说最具个人特色。

在宋翔凤看来,唯有《春秋》公羊学传孔子的"微言大义"。他说:

> 《春秋》之作,备五始、三科、九旨、七等、六辅、二类之义,轻重详略,远近亲疏,人事浃王道备,拨乱反正,功成于麟,天下太平。④
> 《春秋》继周而作,百世可知,久而无敝,是谓能久。然求张三世之法,于所传闻世,见治起衰乱,录内略外;于所闻世,见治升平,内诸夏

---

① 宋翔凤:《论语说义》一,杨希校注,华夏出版社,2018 年,第 7 页。
② 宋翔凤:《论语说义·序》,第 1 页。
③ 宋翔凤:《论语说义》一,第 18 页。

而外夷狄；于所见世，见治太平，天下远近，大小若一。①

"三科九旨"等，与此处说的"张三世之法"，都是公羊学家所谓的《春秋》"书法"，比如讲社会依照"三世"而进化，"传闻世"即"据乱世"，此时《春秋》之"书法"为"录内略外"，详录国内之事而略述国外之事以作区别；"所闻世"即"升平世"，则为"内诸夏而外夷狄"，也即必须区别诸夏与夷狄，区别文明程度；"所见世"即"太平世"，则为"天下远近，大小若一"，就连蛮荒之地也得以教化故"若一"。若是懂得《春秋》之微言大义，就能"百世可知"，也即能平治天下。今文学家以《春秋》来解《论语》，但为什么必须用《春秋公羊传》呢？宋翔凤曾指出："《左氏》所载，存史之文，非《春秋》之正义也。"②他在《论语说义》中也说：

> 所谓"其文则史"者，谓左丘明之书也。丘明为鲁太史，自纪当时之事，成鲁史记，故汉太常博士，咸谓《左氏》为不传《春秋》。求《春秋》之义，则在《公羊》《谷梁》两家之学。③

《春秋》虽有三传，但《春秋左氏传》重在记录当时的历史事实，所以在今文学家看来则不能传《春秋》之微言大义，传《春秋》之义的只能是《春秋公羊传》与《春秋谷梁传》两种。宋翔凤《论语说义》的援引以《春秋公羊传》等今文学的典籍为主，不过在论及史实之时，则也有援引《左传》，故对于古文经学也不偏废。比如关于太姒去世的年龄，若据今文家说《文王世子》所记当已百余岁，而据古文家说《周书》则年五十耳，于是宋翔凤指出"揆之事

---

① 宋翔凤：《论语说义》三，第109页。
② 宋翔凤：《过庭录》卷九《元年春王周正月》，中华书局，1986年，第150页。
③ 宋翔凤：《论语说义》三，第98页。

理,古文说是"①。可见宋翔凤以其朴学之底色,以事理而考辨今古文经学的矛盾之处。

比如宋翔凤在论及《论语·阳货》"子之武城"与"公山弗扰以费畔"两章之时,就以《公羊传》为主,附之《左传》,从而说明其"张三世"的观点:

> 《春秋》文十四年,秋七月,有星孛入于北斗。昭十七年,冬,有星孛于大辰。哀十三年,冬十有一月,有星孛于东方。《公羊》说曰:"孛者何?彗星也。"古文《左氏》说曰:"彗所以除旧布新也。"谓文公继所传闻之世,当见所以治衰乱;昭公继所闻世,当见所以治升平;哀公终所见世,常见所以治太平者。于此之时,天必于此之时,天必示以除旧布新之象,而后知《春秋》张三世之法。圣人所为,本天意以从事也。北斗运于中央,中官之星也,盖除旧布新于内,而未遑治外也。大辰,房心,明堂也。明堂之位,公侯伯子男,至九采之国,内外秩如,所谓治升平之世,内诸夏而外夷狄,故见除旧布新之象于明堂。有星孛于东方,文王,房心之精,在东方。孔子作《春秋》,明文王之法度,将兴周道于东方,而天命集、仁兽至。故天所以三见其象,而《春秋》之法备矣。②

此处列举了文公、昭公、哀公三个时期,分别"有星孛",《公羊传》直接说明"孛"就是"彗星"出现,《左传》则说"除旧布新",然后宋翔凤再以公羊学说来说明,文公为"据乱世",昭公为"升平世",哀公为"太平世",三世之间则是轮流更替。而天上彗星的出现,则是预示"除旧布新之象",由此则说明《春秋》"张三世之法",是圣人"本天意以从事"。最为关键的则是"明文王之法度","有星孛于东方",说明"兴周道于东方"而"明文王之法度",因为文王为"大辰"、为"房心",故据明堂之位而除旧布新,"内诸夏而外夷狄"。

---

① 宋翔凤:《论语说义》四,第129页。
② 宋翔凤:《论语说义》九,第210页。

宋翔凤往往还认为只有公羊学解《论语》，才能确切地理解。比如《论语·学而》"三年无改于父之道"章：

> 道，治也。三年无改于父之道，谓继体为政者也。若泛言父之教子，其道当没身不改，难以三年为限。惟人君治道，宽猛、缓急随俗化为转移，三年之后不能无所变易。然必先君以正终，后君得有凉闇不言之义。苟失道而死，则为诔君，其子已不当立，何能三年无改也？按，《七略》："《春秋》古经十二篇，经十一卷，公羊、谷梁二家。"古经十二篇者，左氏之学，无博士所传；经十一卷者，出今文家，系《闵公》篇于《庄公》下，博士传其说，曰："子未三年。无改于父之道"传曰："则曷为于其封内三年称子，缘孝子之心，则三年不忍当也。"《论语》微言与《春秋》通，明三年无改之道，以示继体为政之法，而孝道以立，孰谓七十子丧而大义遂乖乎？①

"三年无改于父之道"主要针对"继体为政者"，子继父位而成为人君，治道必当注意宽猛、缓急，故不可随意变易；三年之后则又当随风俗而有所转移。若泛论父之教子，那么"父之道"必当"没身不改"，不必以三年为限。在宋翔凤看来，孔子此条原本针对"继体为政者"这一"微言"，只传于今文家，也即《公羊传》之《闵公》篇，指明其为"封内三年称子"等，而其具体依据则是何休《春秋公羊解诂》的观点。

《论语说义》以《公羊传》来解释《论语》，另一特色就是将《论语》多章还原春秋历史语境，并以今文经来加以发明，同时也有对古文经的批评。比如《论语·八佾》"人而不仁，如礼何？人而不仁，如乐何"一句，宋翔凤首先引《白虎通义》，比较了《公羊传》与《左传》，即古、今文之间的差异：

---

① 宋翔凤：《论语说义》一，第11~12页。

《白虎通·礼乐篇》:"天子八佾,诸侯四佾,所以别尊卑。乐者,阳也。故以阴数,法八风、六律、四时也。八风、六律者,天气也,助天地成万物者也。亦犹乐所以顺气,变化万民,成其性命也。故《春秋公羊传》曰:'天子八佾,诸公六佾,诸侯四佾。'《诗传》曰:'大夫士琴瑟御。'八佾者,何谓也?佾者,列也。以八人为行列,八八六四人也。诸公六六为行,诸侯四四为行。诸公谓三公、二王后;大夫士,北面之臣,非专事子民者也,故但琴瑟而已。"谨案:此今文家说,春秋时皆言女乐二八,亦诸侯四四之数,《左传》始有卿大夫四、士二之说,服虔遂解为六八、四八、二八,此古文家说,非也。[1]

《白虎通义》继承董仲舒等公羊家的学说,对于"八佾"的由来及其内涵都作了细致的讲述,且与《公羊传》《诗传》互证,由此而很好地说明了当时鲁国季氏礼乐之僭越。而宋翔凤则特别强调《左传》以及服虔解"八佾"的错误,用以说明古文家说之非。另有"子贡欲去告朔之饩羊"章,宋翔凤以《春秋》之《公羊传》《谷梁传》与《左传》比较,然后在小注中指出:"《左传》以闰月不告朔为非礼,此刘歆窜入,与两家立异。《左氏》不传《春秋》,凡释经之处皆歆窜入也。"[2]这也是在说明古文家说之非,此处不再赘言。接着宋翔凤结合"八佾"的问题详细说明了鲁国当时诸侯、大夫之间的具体情形,然后指出《论语》此章,孔子"盖为文公言之",也即鲁文公之世,孔子"显斥季氏"的"八佾舞于庭孰不可忍"之事,而隐含了对鲁文公的批评:

文公敢薄先王之制,敢乱继统之法,荒谬惑乱而为君,是之谓不仁。……季氏于是时出,而僭天子之礼乐,所谓礼乐征伐自大夫出者,

---

① 宋翔凤:《论语说义》二,第26页。
② 宋翔凤:《论语说义》二,第47页。

由季文子始而起于文公之世。《论语》显斥季氏,而深没文公,是《春秋》之微言也。①

鲁文公之世"继统之法"混乱,"礼乐征伐自大夫出",故而其臣子季氏"僭天子之礼乐"。因此宋翔凤特意指出《论语》"显斥季氏,而深没文公",孔子的批评虽不明说,但实际则隐含了这些微言大义。接着"季氏旅于泰山"一章,宋翔凤指出:

> 《春秋公羊》说曰:"天子有方望之事,无所不通;诸侯山川有不在封内者,则不祭也。"若季氏旅于泰山,则非祭泰山。……季氏专礼乐征伐,妄谓太平之功可以自致,因而为旅,几于新莽之受命,充其僭天子之量,又何所不至?《春秋》之作,乌可已乎?②

宋翔凤根据《春秋公羊传》而强调季氏为"旅",不可称为"祭",不过以季氏的狂妄,"旅于泰山"也是僭越之举动。将《春秋》与《论语》互证,在《论语说义》一书中极为普遍,就《八佾》等篇来看,确实将《论语》之义理说得更为明白了。由此二章可知,宋翔凤对于《论语》的解释,建立在《春秋公羊传》以及《白虎通义》等今文家著作的研究的基础上,从春秋历史、政治出发,把握了孔子师生问答的语境,故而其发掘《论语》之微言,也就更能言之成理了。

在《论语说义》一书中,《春秋》大义确实是随处可见的,贯穿全书。先来看其书之首末,都围绕《论语》之微言而展开论述。开篇《论语·学而》"学而时习之"章,宋翔凤说:

《孝经》与《四书》——宋明儒学的意涵新辟

---

① 宋翔凤:《论语说义》二,第33页。
② 宋翔凤:《论语说义》二,第34、36页。

    先王既没,明堂之政湮,太学之教废,孝弟忠信不修,孔子受命作《春秋》,其微言备于《论语》。遂首言立学之义,曰:"学而时习之,不亦乐乎?""时习",即瞽宗上庠教士之法;"有朋自远方来",谓有师有弟子,即秦汉博士相传之法;"人不知而不愠",谓当时君臣皆不知孔子,而天自知孔子,使受命当素王,则又何愠于人?……《礼运》记以禹、汤、文、武、成王、周公为六君子,以素王当之,亦继君子之号。先王兴学以治人情,圣人设教以维世,故作君作师,统绪若一也。①

在他看来,孔子虽受命作《春秋》,但其本人的微言则存于《论语》之中。由于体例限制《春秋》以记事为主,故许多微言只得寄托于《论语》。其首章"时习"之义就是上古之学校教导士人的方法;"有朋自远方来"则是说为学必当有老师、有弟子,后来秦汉时期的博士相互传习也是如此;最后"人不知而不愠"则是指孔子"设教以维世","作君作师",然而只有"天"知道孔子与禹、汤、文、武、成王、周公这六位君子一样,"受命当素王"而继续"君子之号",春秋之君臣则无法知道孔子之"受命当素王",然而孔子又会"何愠于人"呢?另外,到了最后的《论语·尧曰》一篇,宋翔凤先是联系《论语·雍也》"子曰:中庸之为德也,其至矣乎!民鲜久矣"章,对孔子之微言,联系公羊家的"通三统"之义,加以重新诠释:

    此孔子微言也。……是中庸之为德,乃自古圣王相传之大法,而莫之可改,此其所以为至也。文、武既远,斯理绝续,五德之运,将归素王,故孔子叹为"民鲜久矣",而己当应其时也。②

---

① 宋翔凤:《论语说义》一,第4页。
② 宋翔凤:《论语说义》三,第108页。

"中庸"之德,作为古来圣王相传的大法,自然普通小民无法知晓,周文王、武王之后,此德归于素王孔子,而孔子以及后学则将之记载于《论语》与《中庸》之中了。接着宋翔凤又说:

> 故《尧曰》一篇,叙尧、舜、禹、汤及周,而继之以"子张问从政",言"尊五美,屏四恶",皆本执中之义而用之。复继之曰:"不知命,无以为君子。"命者,天命,知天命之所与,而受之,见素王之成功,遂发之于此,则孔子受命之事显然可知矣。……《为政篇》曰:"子张问:十世可知也。子曰:殷因于夏,所损益可知也;周因于殷礼,所损益可知也;其或继周者,虽百世可知也。"此明三统之义,故举夏、殷、周而不及虞。《春秋》于三正并冠以"春""王",盖知其所损益,则三代之理自见,其或继周者,孔子之《春秋》也,故成《春秋》之法而不合于《周礼》。礼,今文家所传具在,惟知礼而后可以作《春秋》,以为后世有天下者之则,故圣人所以为百世师也,终之曰:"不知言,无以知人也。"可以见《论语》一书,皆圣人微言之所存。①

"尧曰"章的核心思想,在宋翔凤看来就是"执中之义二用之",也即"中庸"之道;最后"不知命"章,则是在讲述孔子受命为素王之事。于是他又联系《论语·为政》"子张问十世可知"章,说此即"明三统之义"——夏、殷、周三代所传之理,记录于《春秋》。关于子张之问,宋翔凤另外还说:

> 素王受命之时,子张能知之,故问受命作《春秋》之后,其法可以十世乎?十世,谓三百年也。孔子为言损益三代之礼,成《春秋》之制,将百十世而不易,何止十世也?……子贡曰:"见其礼而知其政,闻其

① 宋翔凤:《论语说义》十,第217~218页。

乐而知其德，由百世之后，等百世之王，莫之能违也。"盖以春秋继周，而损益之故遂定，虽百世而远，孰能违离孔子之道，变易《春秋》之法乎？①

孔子受命为素王，子张已知，故而才问"十世"，孔子则回答如何损益三代之礼；子贡也已知，所以说通过损益三代之礼、乐，知其政、德，孔子将之记于《春秋》，指引后世则不止十世、百世，世世代代都不能违背了。所以说《春秋》之外，就是《论语》一书记载圣人微言最多，特别是"礼"学。《论语》最后说"不知命，无以为君子也；不知礼，无以立也"之后又说"不知言，无以知人"，这一句不仅在说君子之道，还表明《论语》所存之圣人微言。故在《论语说义》全书最后，宋翔凤说：

　　赵岐说曰："从孔子后百世上推，等其德于前百世之圣王，无能违离孔子道者。"其说与继周之义相为发明，吾故曰：仲尼没而微言未绝，七十子丧而大义未乖。盖其命义备于传记，千百世而不泯者，是固好学深思者之所任也。②

因为赵岐也说《论语》末章，在讲孔子之德等于"前百世之圣王"，所以宋翔凤进一步推论，说孔子"继周之义"，也即承继周代之德而为素王，故《论语》全书，都是记述作为素王的孔圣人之微言大义。孔子去世之后其微言并未断绝，七十子去世之后大义也未消亡，因为他们讨论"性与天道"等微言大义都被记载于《论语》之中，历经千百世而没有泯灭，于是真正需要好学而深思的，也就是《论语》一书了。

　　关于宋翔凤经学的特色，有学者总结为在今文《公羊》学的基本取向

---

①　宋翔凤：《论语说义》一，第24页。
②　宋翔凤：《论语说义》十，第219页。

之外，还杂采古今、汉宋，又以孔老同源说而援道入儒，偶有杂引谶纬牵强附会。①其实章太炎早就指出：

> 长州宋翔凤最善傅会，牵引饰说，或采翼奉诸家，而杂以谶纬神秘之辞。翔凤尝语人曰："《说文》始一而终亥，即古之《归藏》也。"其义瑰玮而文特华妙，与治朴学者异术，故文士尤利之。②

若就《论语说义》一书之整体而言，诸如推论黄帝《归藏》之《易》为孔、老之源等，偶有牵强附会之说，然还是不多的。此书而能以《春秋》公羊学为主，又通过群经互证，从而将《论语》理解为一系统的士大夫之学，即便偶有推论过度的尝试，然整体而论当是《论语》学的一大贡献。

三、从汉学转出新义理学

清代中后期，还有一些学者一开始也从事汉学，并在小学训诂上颇有建树，但是他们对乾嘉汉学之风并不满意，认为"饾饤琐屑、支离破碎"，对于宋学则依旧多持批判态度，最终从汉学而转出，从而开创了"由故训以明理义"的新义理学。

新义理学的典范学者为戴震，其标志性著作则为《孟子字义疏证》，受到戴震影响的有焦循，其代表作则为《论语通释》与《孟子正义》，特别是后者，成为《孟子》学的集大成之作。后来还有阮元的《孟子论仁论》与《论语论仁论》《论语一贯说》《大学格物说》等篇，都与戴震相似，分别从《四书》的各书之中的某一重要词语的训诂出发，进行一番重新诠释，发掘新的义理。类似的著作则还有刘宝楠《论语正义》，以及凌廷堪《论语礼后说》，等

---

① 黄开国：《宋翔凤〈论语〉学的特点》，《哲学研究》，2007年第1期。
② 章太炎：《訄书详注》，徐复注，上海古籍出版社，2017年，第156页。

等。因为他们的着眼点已经不是《四书》整体上服务于科举、时文，故而他们的著作也不以《四书》体系的面目出现。此处则以戴震、焦循为代表，重点讨论他们对《孟子》的诠释特色。

（一）戴震及其《孟子字义疏证》

戴震（1724—1777），字东原，又字慎修，安徽休宁人。乾隆二十七年（1762）举人，后宦游于京师，然屡次落第；乾隆三十八年（1773）召为《四库全书》纂修，两年后特命参加殿试，赐同进士出身。早年就学于同郡的江永，后游学于惠栋，治学广博，于天文、历算、史地、音韵、文字等均有建树，而终成其独特的新义理之学。著有《原善》《孟子字义疏证》《中庸补注》《毛郑诗考正》《考工记图》《勾股割圜记》《声韵考》《声类表》《方言疏证》《戴氏水经注》《屈原赋注》等数十种，后人辑为《戴氏遗书》。

《孟子字义疏证》批判程朱理学，对晚清以来的学术思想产生了深远的影响，比如章太炎、梁启超、胡适等，都称颂此书"反理学"思想的启蒙意义，而其实则为超越宋明而回归先秦，从而提出了一种新的义理学。《孟子字义疏证》上卷专门说理十五条，中卷说天道四条、性九条，下卷说才三条、道四条、仁义理智二条、诚二条、权二条，所谓条举字义，为之疏通。《续修四库全书总目提要》著录了戴震的《孟子字义疏证》，其中就说：

> 又以宋儒言性理、言道、言才、言明、言权，言仁义礼智，言智仁勇，皆非《六经》、孔孟之言，而以异学之旨糅之，故就《孟子》字义开示。……盖宋儒谈理，每不免杂以二氏之说，所谓阳儒阴释之学，圣道几为之乱。是书大旨，借理学以攻理学。①

---

① 《续修四库全书总目提要》经部·四书类，中华书局，1993年，第923页。

戴震著此书,是对宋儒之《孟子》诠释,特别是对性理等观念的不满,认为其中夹杂了佛、道二氏之异学,将儒学化为阳儒阴释之学,于是圣人之道为之而乱。故而需要从回归孔孟,以文字训诂辨析其本来字义,发明孔、孟真义。戴震曾有书信,回顾其为学之经历与方法之反思:

> 仆少时家贫,不获亲师,闻圣人之中有孔子者,定《六经》示后之人,求其一经,启而读之,茫茫然无觉。寻思之久,计于心曰:"经之至者道也,所以明道者其词也,所以成词者字也。由字以通其词,由词以通其道,必有渐。"求所谓字,考诸篆书,得许氏《说文解字》,三年知其节目,渐睹古圣人制作本始。又疑许氏于故训未能尽,从友人假《十三经注疏》读之,则知一字之义,当贯群经、本六书,然后为定。①

戴震强调研读经书,其目的在于求经中之"道",字、词则是通向"道"的依据,既然直接读经书"茫茫然无觉",则改读许慎《说文解字》,认识字、词之后再读《十三经注疏》就能够明白了,于是得出"贯群经、本六书"的经学方法论。也就是说,读懂一经之方法有二,一是贯通群经,一是本于字词训诂。关于戴震之方法,黄俊杰先生认为是将诠释学问题转化成训诂学问题。戴震还说:

> 治经先考文字,次通文理,志存闻道,必空所依傍。汉儒故训有师承,亦有时傅会;晋人傅会凿空益多;宋人则恃胸臆为断,故其袭取者多谬,而不谬者在其所弃。我辈读书,原非与后儒竞立说,宜平心体会经文,有一字非其解,则于所言之意必差,而道从此失。……宋以来儒者,以己之见,硬坐为古贤圣立言之意,而语言文字实未之知;其于

---

① 戴震:《戴震文集》卷九《与是仲明论学书》,第140页。

天下之事也,以己所谓理强断行之,而事情原委隐曲实未能得,是以大道失而行事乖。①

从文字到文理,逐步接近圣人之道,在戴震看来这是唯一的路径。故而汉儒之学因为其师承而傅会少,晋人则傅会较多,到了宋人则多有"恃胸臆为断",终于铸成许多谬误。但是这并非刻意与宋儒立异,而是"平心体会经文"的结果,因为"有一字非其的解,则于所言之意必差",也就是说字义之解释,关系所载之道。至于宋儒,往往"以己之见,硬坐为古贤圣立言之意","以己所谓理强断行之",最终导致的是"大道失而行事乖"。戴震的看法不无道理,而其根据则是汉学的方法,发明"六经"本义。他在《题惠定宇先生授经图》中说:

> 然病夫《六经》微言,后人以歧趋而失之也。言者辄曰:"有汉儒经学,有宋儒经学,一主于故训,一主于理义。"此诚震之大不解也者。夫所谓理义,苟可以舍经而空凭胸臆,将人人凿空得之,奚有于经学之云乎哉? 惟空凭胸臆之卒无当于贤人、圣人之理义,然后求之古经;求之古经而遗文垂绝、今古悬隔也,然后求之故训。故训明则古经明,古经明则贤人、圣人之理义明,而我心之所同然者,乃因之而明。贤人、圣人之理义非它,存乎典章制度者是也。②

戴震不赞同当时学者所谓汉学、宋学,"一主于故训,一主于理义",各有所长的观点,反而认为"六经"的微言大义,因为后人的诠释引入歧路而迷失了。他认为"六经"以及孔、孟等贤人、圣人的理义,不可以"舍经而空凭胸臆",必须有本于经学,从"故训明"到"古经明",再到"贤人、圣人之理义

① 戴震:《与某书》,载《孟子字义疏证》,何文光点校,中华书局,1982 年,第 173 页。
② 戴震:《题惠定宇先生授经图》,《戴震文集》卷十一,第 168 页。

明"，关键就是重新诠释"六经"，理解其中的典章制度。这一思想，其实与清初顾炎武"经学即理学"也是一致的。

至于《孟子字义疏证》一书，其中最为突出的是对于"理"与"欲"等字义的辨析，通过考据的方法，重新解释了理欲之辨。戴震首先辨析的是"理"的含义：

> 天地、人物、事为，不闻无可言之理者也。《诗》曰"有物有则"是也。物者，指其实体、实事之名；则者，称其纯粹中正之名。实体实事，罔非自然，而归于必然，天地、人物、事为之理得矣。

> 举凡天地、人物、事为，求其必然之不可易，理至明显也。从而尊大之，不徒曰天地、人物、事为之理，而转其语曰"理无不在"，视之"如有物焉"，将使学者皓首茫然，求其物不得。①

以《诗经》"有物有则"为例，戴震认为"物"包括了天地、人物、事为，具体而言指"实体、实事"；而"则"指"纯粹中正"，也就是"实体、实事"之中的"必然之不可易"的法则就是"理"。只要有"实体、实事"也就有其中的"理"，故理是无处不在的。接着需要明白"理"与"事"的关系，戴震认为：

> 是故就事物言，非事物之外别有理义也。有物必有则，以其则正其物，如是而已矣。就人心言，非别有理以予之而具于心也。心之神明，于事物咸足以知其不易之则。譬有光皆能照，而中理者，乃其光盛其照不谬也。②

---

① 戴震：《孟子字义疏证》卷上《理》，第12、13页。
② 戴震：《孟子字义疏证》卷上《理》，第7页。

也就是说，"理"为事物、人心之"不易之则"，并不在事物、人心之外，此处戴震实际上强调了理气不二，理与事物、人心也是不二的。他接着说"理"，当从"条理"来理解：

> 理者，察之而几微，必区以别之名也，是故谓之分理。在物之质，曰肌理，曰腠理，曰文理，得其分则有条而不紊，谓之条理。①

此处考证"理"字本义，"察之而几微"，则包括了"肌理、腠理、文理"等，而贯穿其中的意思则为"条理"，即"有条而不紊"。"条理"最为核心的含义，进一步则可以推出礼、义与道、德等，戴震说：

> 道，犹行也；气化流行，生生不息，是故谓之道。《易》曰：一阴一阳之谓道。《洪范》："五行，一曰水，二曰火，三曰木，四曰金，五曰土。"行亦道之通称。②
>
> 仁者，生生之德也。"民之质矣，日用饮食"，无非人道所以生生者。一人遂其生，推之而与天下共遂其生，仁也。……自人道溯之天道，自人之德性溯之天德，则气化流行，生生不息，仁也。由其生生，有自然之条理，观于条理之秩然有序，可以知礼矣；观于条理之截然不可乱，可以知义矣。在天为气化之生生，在人为其生生之心，是乃仁之为德也；在天为气化推行之条理，在人为其心知之通乎条理而不紊，是乃智之为德也。惟条理，是以生生；调理苟失，则生生之道绝。凡仁义对文及智仁对文，皆兼生生、条理而言之者也。③

---

① 戴震：《孟子字义疏证》卷上《理》，第1页。
② 戴震：《孟子字义疏证》卷上《天道》，第21页。
③ 戴震：《孟子字义疏证》卷下《仁义礼智》，第48页。

"仁"为"生生之德","气化流行,生生不息"的气,天地万物的流行,顺其"天德",就是"仁"。其中的"生生"之"理"也就是"条理",而条理的"秩然有序"就是"礼",条理的"截然不可乱"就是"义"。所以说,"理"为"自然之条理",而其中又包括了"礼"与"义"。在人心则为"仁德"与"智德";在天地之间则为"道",都是从生生不息的气化流行出发,从"条理"的含义出发来解释"理"的。

戴震进一步分析"理"与"情"的关系,他说:"理也者,情之不爽失也;未有情不得而理得者也。"①"理"就是"情"的恰到好处,他进一步指出:

> 在己与人皆谓之情,无过情、无不及之情谓理。②
>
> 凡有所施于人,反躬而静思之:人以此施于我,能受之乎? 凡有所责于人,反躬而静思之:人以此责于我,能尽之乎? 以我絜之人,则理明。天理云者,言乎自然之分理也;自然之分理,以我之情絜人之情,而无不得其平是也。③

在己、在人都可以有"情",只是需要把握"不爽失"这个原则,也就是"无过情、无不及之情",这就符合"理"了。那么如何道德实践?戴震认为需要"反躬而静思之",验证其中是否有过或不及,从而"理明"。这里说的"天理",就是来自自然的"分理",也即"条理",只是需要人心去体会,把握其中的"节"。故还涉及"理"与"义"的辨析,戴震说:

> 心之所同然始谓之理、谓之义,则未至于同然,存乎其人之意见,非理也、非义也。凡一人以为然,天下万世皆曰"是不可易也",此之谓

① 戴震:《孟子字义疏证》卷上《理》,第1页。
② 戴震:《孟子字义疏证》卷上《理》,第2页。
③ 戴震:《孟子字义疏证》卷上《理》,第1~2页。

《孝经》与《四书》——宋明儒学的意涵新辟

同然。举理，以见心能区分；举义，以见心能裁断。分之，各有其不易之则，名曰理；如斯而宜，名曰义。是故明理者，明其区分也；精义者，精其裁断也。①

人心"同然"的是理、是义，不能"同然"的是"意见"，也即不能符合理、义。进一步则"同然"并非"一人以为然"，而是"天下万世"都认为"同然"，这样的原则才能叫作"理"，其中得宜与否则叫作"义"。关于"性"，戴震也有辨析：

性者，分于阴阳五行以为血气、心知、品物，区以别焉。举凡既生以后所有之事，所具之能，所全之德，咸以是为基本，故《易》曰"成之者性也"。气化生人生物以后，各以类滋生久矣；然类之区别，千古如是也，循其故而已矣。②

性一而已矣。……人物之生，分于阴阳气化，据其限以所分谓之命，据其为人物之本始谓之性。后儒求其说而不得，于是创言理气之辨，其于天道也，先歧而二之。苟知阴阳气化之为天道，则知性矣。③

戴震将"性"理解为阴阳五行一气之流行，然后为血气、心知、品物，为人生之后的各种事为、才能、品德的基本，气化而生人、生物，其中所循之"故"、所据之"本始"就是"性"。在天为"道"，在人为"性"，其实都只是一个"理"而已。宋明之儒所谓"理气之辨"，在戴震看来就是"先歧而二之"，至于气质之性、义理之性的区分就更是走上了歧路。当然也有一些儒者反对"理气之辨"，强调理是气之理，与戴震思想是较为接近的。戴震说："《六经》、

① 戴震：《孟子字义疏证》卷上《理》，第3页。
② 戴震：《孟子字义疏证》卷上《理》，第25页。
③ 戴震：《孟子私淑录》卷上，载《孟子字义疏证》，第129页。

孔孟之书,岂尝以理为如有物焉,外乎人之性之发为情欲者,而强制之也哉!"①他所反对的关键就是将"理"或"性"视为外在于"气"或"情",然后强制作用,比如天理、人性对人之情欲的控制,达到了对立的程度,则是真正的歧路了。

至于戴震最著名的观点,也即对"天理"与"人欲",作出了新的解释。他说:

> 天理者,节其欲而不穷人欲也。是故欲不可穷,非不可有;有而节之,使无过情、无不及情,可谓非天理乎? ②

在戴震看来,"欲"原本应当"有",故不必"灭人欲",再者"欲"可"节"而不可"穷"。而所谓"节",就是"欲"而无过于情,无不及于情,也就是说"理"与"情"恰到好处就是节欲了。故过于强调"理",其实并非真正的"理",戴震说:

> 一启口而曰"理",似今人胜昔人。吾谓昔人之胜今人正在此。盖昔人斥之为意见,今人以不出于私即谓之"理"。由是以意见杀人,咸自信为理矣! ③
>
> 启天下后世人人凭在己之意见,而执之曰理,以祸斯民。更淆以无欲之说,于得理益远,于执其意见益坚,而祸斯民益烈。岂理祸斯民哉? 不自知为意见也。④

① 戴震:《孟子字义疏证》卷上《理》,第10页。
② 戴震:《孟子字义疏证》卷上《理》,第11页。
③ 戴震:《与段若膺论理书》,载《孟子字义疏证》,第185页。
④ 戴震:《答彭进士允初书》,载《孟子字义疏证》,第169页。

宋明理学之后的士人，往往认为此观点"不出于私"就是"理"，而其实都只是个人的"意见"，将个人的"意见"固执为"理"，最后就是祸害了人民。"意见"之中最为牢固不破的就是"无欲之说"，也即"存天理灭人欲"。于是，戴震深刻批判了"以理杀人"，他说：

> 尊者以理责卑，长者以理责幼，贵者以理责贱，虽失，谓之顺；卑者、幼者、贱者以理争之，虽得，谓之逆。于是下之人不能以天下之同情、天下所同欲达于上；上以理责其下，而在下之罪，人人不胜指数。人死于法，犹有怜之者，死于理，其谁怜之？①

在戴震看来，尊者、长者、贵者，以"理"来责备卑者、幼者、贱者，其实都是自己的一种"意见"而已。这种"意见"被冠之"理"的名义，天下之人就不能将同情、同欲传达上去，"意见"阻隔了"情"与"理"，最终导致的就是"人死于理"，还得不到他人的怜悯。戴震还说：

> 后儒不知情之纤微至于无憾，是谓理；而其所谓理者，同于酷吏之所谓法。酷吏以法杀人，后儒以理杀人，浸浸乎舍法而论理，死矣，更无可救矣！……后儒冥心求理，其绳于理，严于商韩之法，故学成而民情不知。天下自此多迂儒，及其责民也，民莫能辨。彼方自以为理得，而天下受其害者众也。②

进一步比较"理"与"法"，则"理"比"法"更加严酷，因为宋明以来的儒者"冥心求理"，也即将"意见"当作"理"，又以此"理"杀人。因为"理"比"法"更加无情，"人死于理"则比"法"更难辨明，故而受害的人也就更多了。戴

---

① 戴震：《孟子字义疏证》卷上《理》，第 10 页。
② 戴震：《与某书》，《孟子字义疏证》，第 174 页。

震说：

> 后儒以理欲相对，实杂老氏无欲之说。其视理欲也，仅仅为邪正之别；其言存理也，又仅仅为敬肆之别。不知必敬必正，而理犹未得。①

将理欲对立起来的思想，与道家"无欲之说"有关，至于将理、欲看作正、邪的对立，则更加严重；将"存理"看作"敬肆之别"也是如此。故戴震认为即使做到了所谓的敬、正，也不符合真正的"理"。事实上，佛、道二家有讲求无欲的修养工夫，其实与儒家的天理、人欲之辨本是不同的，儒家讲遏制人欲，其实是遏制私欲，强调欲望的恰当合理，这一点其实戴震也并未讲明白。

于是戴震提出"理欲统一"的论点："人伦日用，圣人以通天下之情，遂天下之欲，权之而分理不爽，是为理。"②理，就是对于"欲"的一种"权"。戴震进一步指出：

> 宋以来儒者，盖以理说之。其辨乎理欲，犹之执中无权；举凡饥寒愁怨、饮食男女、常情隐曲之感，则名之曰"人欲"，故终其身见欲之难制。其所谓"存理"，空有理之名，究不过绝情欲之感耳。③

宋儒以来的理欲之辨，貌似"执中"而缺少了"权"，因此而发生将"饥寒愁怨、饮食男女、常情隐曲"都认为是"人欲"的情况，于是他们所谓的"理"成了"空名"，"欲"则成了"绝欲"。他还说：

① 戴震：《与段若膺论理书》，《孟子字义疏证》，第 184 页。
② 戴震：《孟子字义疏证》卷下《权》，第 54 页。
③ 戴震：《孟子字义疏证》卷下《权》，第 57~58 页。

《孝经》与《四书》——宋明儒学的意涵新辟

凡事为皆有于欲，无欲则无为矣。有欲而后有为，有为而归于至当不可易之谓理；无欲无为又焉有理？老、庄、释氏主于无欲无为，故不言理；圣人务在有欲有为之咸得理。是故君子亦无私而已矣，不贵无欲。君子使欲出于正，不出于邪，不必无饥寒愁怨、饮食男女、常情隐曲之感，于是谗说诬辞，反得刻议君子而罪之，此理欲之辨使君子无完行者，为祸如是也。以无欲然后君子，而小人之为小人也，依然行其贪邪；独执此以为君子者，谓"不出于理则出于欲，不出于欲则出于理"，其言理也，"如有物焉，得于天而具于心"，于是未有不以意见为理之君子。①

任何事为都是因为有"欲"，"无欲"就无事无为；"有欲"之后才有所作为，而其作为"至当"就是"理"。那么"无欲无为"怎么会有"理"呢？戴震认为，"无欲无为"是老、庄或释氏的思想，儒家的圣人之学必然是"有欲有为"，因而也是有"理"的了。自宋儒以来，理欲之辨过于"刻议"，于是"君子无完行"，"无欲"才能为君子，则几乎没有君子，最后导致的是"以意见为理"的所谓君子到处都是，于是小人就更加"贪邪"了。故真正的"理欲统一"，是把握"欲"的正与邪，把握"欲"的"权"，将"欲"加以分理、分疏。

戴震的这些思想，在当时似乎影响并不大，但是到了五四运动时，则发挥了巨大的潜力，于是戴震也被胡适等尊为"反理学"的思想家，只是经过戴震，二程、朱熹"天理"与"人欲"的原来意思，就被误解了；至于"存天理而灭人欲"，本不是理学家的原话，也被硬安在理学家身上了。

---

① 戴震：《孟子字义疏证》卷下《权》，第58页。

（二）焦循及其《孟子正义》

焦循（1763—1820），字理堂，一字里堂，江苏扬州人，因考举人却屡试不第，退而奉母家居，筑雕菰楼并著书数百卷，主要则有《孟子正义》《论语通释》《易通释》《易图略》《易章句》《六经补疏》《古文尚书辨》《毛诗物名释》以及《雕菰集》等。

焦循佩服戴震之学，曾说："循读东原戴氏之书，最心服其《孟子字义疏证》。说者分别汉学、宋学，以义理归之宋，宋之义理诚详于汉，然训故明乃能识羲、文、周、孔之义理。宋之义理，仍当以孔之义理衡之，未容以宋之义理，即定为孔子之义理也。"①此处说训诂明，才能识伏羲、文王、周公、孔子之义理，而宋人之义理虽精，但当以孔子原书之义理重新衡量，切不可以宋人为准，这些观点确实传之戴震。

对于《论语》的诠释，焦循所著的《论语通释》，其体例明显是对戴震《孟子字义疏证》的模仿。全书共十五篇，分别解释《论语》之中的重要"字义"：一贯忠恕、异端、仁、圣、大、学、多、知、能、权、义、礼、仕、据、君子小人。该书将"忠恕"或"仁恕"，作为《论语》的主旨放在最前，值得特别注意。至于其诠释特点，焦循在《论语何氏集解补疏》的自序中曾说：

　　余幼时读《毛诗》讫，即读《论语》，已而学为科举文，习高头讲章。凡《存疑》《蒙引》等不下数十家，愈求之愈不得其要。即见《注疏》，遂舍去讲章旧说，仍不能豁然也。自学《易》以来，于圣人之道稍有所窥，乃知《论语》一书，所以发明伏羲、文王、周公之旨，盖《易》隐言之，《论语》显言之。其文简奥，惟《孟子》阐发最详、最乮。

　　以《孟子》释《论语》，即以《论语》释《周易》，无不了然明白，无容

《孝经》与《四书》——宋明儒学的意涵新辟

---

① 焦循：《雕菰集》卷十三《寄朱休承学士书》，《焦循诗文集》，刘建臻点校，广陵书社，2009年，第236页。

别置一辞。至《论语》一书之中，参伍错综，引申触类，其互相发明之处，亦与《易》例同。①

可见焦循一开始与清代的其他士人一样，读《论语》是为了科举，并从传统的《四书存疑》《四书蒙引》以及《论语注疏》等书出发求《论语》之解，然而终究不得要领，这一经历与戴震也极为相似。后来则是研习《周易》，体悟圣人之道，于是认为《周易》为圣人之道之"隐言"，而《论语》则为"显言"。于是著《论语通释》，通过《易》与《论语》，以及《孟子》与《论语》的相互诠释，最终目的则在于发明伏羲、文王、周公以及孔子、孟子之大道。这与戴震"贯群经、本六书"的路径相同。焦循另外还说：

> 读《论语》而未得其旨，则孔子之道不著。孔子之道所以不著者，以未尝以孔子之言参孔子之言也。循尝善东原戴氏作《孟子字义疏证》，于理道、性情、天命之名，揭而明之如天日，而惜其于孔子"一贯""仁恕"之说，未及畅。十数年来，每以孔子之言参孔子之言；且私淑孔子而得其旨者，莫如孟子，复以孟子之言参之。既佐以《易》《诗》《春秋》《礼记》之书，或旁及荀卿、董仲舒、扬雄、班固之说，而知圣人之道，惟在"仁恕"。②

焦循孔、孟互证的依据是孟子私淑孔子，孟子深得孔子之要旨，故最能理解孔子；至于《易》，则与《诗经》《春秋》《礼记》等同重要，甚至与荀子、董仲舒等一样，都可以作为发明《论语》之佐证。认为解释《论语》必须重新分析"理道""性情""天命"等"字义"，自然是受了戴震的影响，以《孟子》诠释《论语》也与戴震相关；然而认为《论语》的核心思想为"仁恕"，强调《周易》

①　焦循：《雕菰集》卷十六《群经补疏自序》之《论语何氏集解》，《焦循诗文集》，第308页。
②　焦循：《雕菰集》卷十五《论语通释自序》，《焦循诗文集》，第301页。

诠释《论语》等,则是焦循个人的认识。

比较而言,则焦循在《孟子》一书上投入更多,可以说是终身致力于《孟子》的诠释,其《孟子正义》也成为清代《孟子》学的代表作。焦循自己说:"循传家教,弱冠即好孟子书,立志为《正义》,以学他经,辍而不为,兹越三十许年。"①遗憾的是,此书在焦循生前只完成了资料长编以及初稿三十卷,正稿只完成了十二卷,后由其子、弟续录完成。所谓弱冠就励志作书,而在正式写作之前又作了"资料长编",可见其确实是将此书视为毕生的事业。《孟子正义》虽说也是对戴震《孟子字义疏证》的继承与发展,然又对传统经学又多有回归。此书的表面形式为对赵岐《孟子章句》进行"疏证",但并不遵循"疏不破注"的成规,在博采戴震等清人注解的基础上,一方面阐发赵注义理,并为后人对赵注的质疑作了辩护;另一方面则对赵注的典章制度、历史事实等方面的错误加以修正。故该书总体而言,则为名物训诂与义理阐发二者的结合,其目标则为《孟子》学之集大成。

赵岐《孟子题辞》云:"于是乃述己所闻,证以经传,为之章句,具载本文,章别其旨。"焦循说:

> 盖经各有义,注各有体。赵氏于《孟子》,既分其章,又依句敷衍而发明之,所谓"章句"也;章有其旨,则总括于每章之末,是为"章指"也。迭诂训于语句之中,绘本义于错综之内,于当时诸家,实为精密而条畅。②

由此可知,他对赵岐所创的"章句"体例非常认可,分章、依句的发明,以及章末总结的"章指",将字词的训诂、本义的阐述结合起来,"实为精密而条畅",评价极高。赵岐《孟子题辞》说孟子"师孔子之孙子思,治儒术之道,通

① 焦循:《孟子正义》卷三十《孟子篇叙》,第1132~1133页。
② 焦循:《孟子正义》卷一,第28页。

《五经》，尤长于《诗》《书》"，焦循说：

> 赵氏以为"通《五经》"，七篇中言《书》凡二十九，言《诗》凡三十
> 五。《史记列传》云"序《诗》《书》，述仲尼之意"，故以为"尤长于《诗》
> 《书》"。然孟子于《春秋》独标"乱臣贼子惧"，为深知孔子作《春秋》之
> 旨。至于道性善，称尧舜，则于通德类情，变通神化，已洞然于伏羲、神
> 农、尧、舜、文王、周公、孔子之道，独《诗》《书》云乎哉？①

赵岐指出孟子本人精通"五经"，尤其擅长《诗经》《尚书》，焦循则直接指出
《孟子》一书引《诗》《书》的条数，再举《史记》之孟子传，然后特别强调了孟
子对于《春秋》的精通，至于《孟子》书中的要旨，则来自伏羲、神农直至周
公、孔子一贯的圣人之道。一方面强调注释《孟子》必须联系各类儒家经
典，与各家的学说相互发明，而不止《诗》《书》，这一点近于汉学家的考据；
另一方面则强化了儒家的道统学说，这一点则与宋学家多有相似。类似的
还有《滕文公章句上》"孟子道性善，言必称尧舜"章，焦循说：

> 太史公以孟子、荀子合传，乃孟子道性善，荀子则言性恶；孟子称
> 尧舜，荀子则法后王。……孟子之学，述孔子者也；孔子之学，述伏羲、
> 神农、尧、舜、文王、周公者也。
>
> 故孟子之道性善，由读书好古，能贯通乎伏羲、神农、尧、舜、文
> 王、周公、孔子之道，而后言之者也。非荀子所知也。②

此章焦循反复比较孟子、荀子二人之学，并指出《荀子》一书驳斥、讥讽孟
子的多处，从而最终肯定只有孟子为圣人之道的传人，而荀子则不是，故

---

① 焦循：《孟子正义》卷一，第8~9页。
② 焦循：《孟子正义》卷十，第340~341、342页。

在焦循的道统论中，孔、孟是一体的。再如焦循说："至于通变神化，而集义之功，极于精义，求心之要，妙于先心，此伏羲、神农、尧、舜、文王、周公相传之教，孔子备之，而孟子传之。"①也是在表明孔、孟道统说，甚至还有传心的意味在。故《孟子正义》在学术方法上也是"汉宋兼采"，而又以发明新义理学为其真正旨归。

《孟子正义》比较突出的两个特点，一是以《周易》解《孟子》，一是对戴震之新义理学的继承，特别是在人性论上的新诠释。先看前者，比如"滕小国也"章，孟子说："昔者大王居邠，狄人侵之。……邠人曰：'仁人也，不可失也。'从之者如归市。或曰：'世守也，非身之所能为也。效死勿去。'君请择于斯二者。"赵岐注："太王去邠，权也。效死而守业，义也。义、权不并，故曰择而处之也。"赵岐以"经权"说作解释，"义"则对应"经"，于是强调"义、权不并"。焦循则说：

> 《梁惠王》上下篇，至此二十二章，皆对时君之言，而结之以"君请择于斯二者"，赵氏以"权"解之，是也。权之义，孟子自申明之。圣人通变神化之用，必要归于"巽"之行权。请择者，行权之要也。孟子深于《易》，七篇之作，所以发明伏羲、神农、黄帝、尧、舜之道，疏述文王、周公、孔子之言，端在于此。儒者未达其指，犹沾沾于井田、封建，而不知变通，岂知孟子者哉！②

赵岐以"权"解"君请择于斯二者"，焦循表示认同，然后又引《周易》之"巽"卦，强调"圣人通变神化之用"，认为孟子是因为深通《周易》故而懂得"行权之要"，而后世儒者不懂《周易》便会对孟子之说"未达其指"，于是只在井田、封建上反复申言。再如《孟子·离娄章句上》"故曰徒善不足以为政，

---

① 焦循：《孟子正义》卷六，第 237 页。
② 焦循：《孟子正义》卷五，第 181~182 页。

徒法不能以自行"章,焦循说:

> 行仁政必有法,徒有仁心而无法,不可用为政也。有法而不以仁
> 心施之,仍与无法等。……《易·系辞传》云:"制而用之谓之法,利用出
> 入、民咸用之谓之神。"非法,无以为通变神化之用也。①

此条则引《易传》来说明"法"对于"行仁政"的重要性,徒有仁心而没有法,
则不足以行仁政;有法而无仁心来施行此法,同样不足以行仁政。《易传》
强调的则是如何用"法",也即如何把握"通变神化之用",因为把握了《易》
学,此处的诠释则含义更为圆通了。类似的还有《孟子·告子章句上》"仁内
义外"句,焦循说:"《易·文言传》云:'义以方外。'告子所云义外,或同此
意,故诘之。"②"仁内义外"与"义以方外"结合起来理解,则更能说明儒家
之"义"的丰富含义。陈居渊先生认为焦循以《易》学的通变理论来观照孟
子思想,具有重要开辟理论远景的意义。③因此,《孟子正义》中的《易》学,
可以理解为,焦循从《易》学出发,系统地重新诠释了《孟子》一书。

接下来重点来看焦循对于戴震人性论的发展,其主要表现则在对于
孟子"性善"之旨以及"性""情"等概念,进行了更为细密的梳理。《孟子·告
子章句上》"乃若其情则可以为善"章,赵岐注:"若,顺也。性与情,相为表
里,性善胜情,情则从之。"焦循则有一大段按语,其中说:

> 孟子性善之说,全本于孔子之赞《易》。伏羲画卦,观象以通神明
> 之德,以类万物之情,俾天下万世,无论上智下愚,人人知有君臣、父
> 子、夫妇,此性善之指也。孔子赞之则云:利贞者,性情也。六爻发挥,

---

① 焦循:《孟子正义》卷十四,第 521 页。
② 焦循:《孟子正义》卷二十二,第 797~798 页。
③ 陈居渊:《论焦循〈孟子正义〉的易学诠释》,《孔子研究》,2000 年第 1 期。

旁通情也。禽兽之情，不能旁通，即不能利贞，故不可以为善。情不可以为善，此性所以不善。人之情则能旁通，即能利贞，故可以为善；情可以为善，此性所以善。禽兽之情何以不可为善，以其无神明之德也；人之情何以可以为善，以其有神明之德也。神明之德在性，则情可旁通，情可旁通，则情可以为善。于情之可以为善，知其性之神明。性之神明，性之善也。孟子于此，明揭"性善"之旨，在其情则可以为善，此融会乎伏羲、神农、黄帝、尧、舜、文王、周公、孔子之言，而得其要者也。①

　　此处焦循的阐发依旧在会通《周易》的基础上进行，从而比戴震解析得更为深入。他认为人人知道君臣、父子、夫妇之人伦，就是"性善之指"；然而为善则需要"利贞"，这就取决于人之性。"利贞"又与人情之"旁通"相关，而"旁通"只有人的性情才能实现，禽兽则不能。进一步则强调人的为善，"旁通"的能力来自"神明之德"，"性之神明"为"性善"的根本，然后才是"情可旁通""即能利贞"而实现为善。接着焦循还说：

　　孔子以旁通言情，以利贞言性，情利者，变而通之也。以己之情，通乎人之情；以己之欲，通乎人之欲。己欲立而立人，己欲达而达人，己所不欲，勿施于人。因己之好货，而使居者有积仓，行者有裹粮；因己之好色，而使内无怨女，外无旷夫。如是则情通，情通则情之阴已受治于性之阳，是性之神明有以运旋乎情欲，而使之善，此情之可以为善也。故以情之可以为善，而决其性之神明也。②

　　"利贞"为人性，而人情则"变而通"，此处与戴震的思想相似，所谓"以

　　① 焦循：《孟子正义》卷二十二，第 811~812 页。
　　② 焦循：《孟子正义》卷二十二，第 811~812 页。

己之情，通乎人之情；以己之欲，通乎人之欲"，等等，是对孔子思想的发挥，强调"情通"则是对戴震的发挥，认为"性至神明"具体的运用则关系到"情欲"，而"情欲"的运用则又需要推己及人，这就是焦循所说的"情通"，也即"旁通"。再看焦循对《孟子·滕文公上》"孟子道性善，言必称尧舜"章的诠释，也是在分析人禽之辨：

> 禽兽不知，则禽兽之性不善；人知之，则人之性善矣。圣人何以知人性之善也？以己之性推之也。己之性既能觉于善，则人之性亦能觉于善，第无有开之者耳。使己之性不善，则不能觉；己能觉，则己之性善。己与人同此性，则人之性亦善，故知人性之善也。①

人性之善，唯有善人能知，则是因为圣人懂得推己及人，普通人对于推己及人则往往把握不当。能够推己就能"觉于善"，然后表现为"性善"；认识到"己与人同"则能知晓"人性之善"了。类似的还有《孟子·告子章句上》"性，犹杞柳也"章，焦循说：

> 盖人性所以有仁义者，正以其能变通，异乎物之性也。以己之心，通乎人之心，则仁也；知其不宜，变而之乎宜，则义也。仁义由于能变通，人能变通，故性善；物不能变通，故性不善，岂可以草木之性比人之性？……人有所知，异于草木，且人有所知而能变通，异乎禽兽，故顺其能变者而变通之，即能仁义也。②

他认为人性之中最为重要的就是"仁义"，这也是人与物、人与禽兽的差别所在，而"仁义"其实在于"能变通"。换言之，人懂得推己及人，故而能变

---

① 焦循：《孟子正义》卷十，第341~342页。
② 焦循：《孟子正义》卷二十二，第789页。

通,而禽兽则不能,所以人性善、禽兽则性不善。"以己之心,通乎人之心"就是"仁","知其不宜,变而之乎宜"就是"义",于是焦循进一步强调了人性之"善",也即"仁义",而其运用则在于变通。

《孟子正义》之中引用戴震极多,其中也有对戴震的补充与纠偏。《孟子·告子章句上》"告子曰性无善无不善"章,焦循的按语说:

> 《礼记·乐记》云:"好恶无节于内,知诱于外,不能反躬,天理灭矣。"注云:"理,犹性也。"以性为理,自郑氏已言之,非起于宋儒也。理之言分也。《大戴记·本命篇》云:"分于道之谓命。"性由于命,即分于道。性之犹理,亦犹其分也。惟其分,故有不同;亦惟其分,故性即指气质而言。性不妨归诸理,而理则非真宰、真空耳。①

如何认识宋儒非常重视的"理",焦循认同戴震并进一步指出,将"理"解释为"性"在郑玄的《乐记》之注中就已经说过,故不是宋儒的发明。而《礼记》之《本命篇》又指出"分于道",故"性"又为"理"之"分"。焦循在"心之所同然者"章中说:

> 理者,分也。义者,宜也。其不可通行者,非道矣。可行矣,乃道之达于四方者,各有分焉,即各有宜焉。趋燕者行乎南,趋齐者行乎西,行焉而弗宜矣。弗宜则非义,即非理。故道之分有理,理之得有义。唯分,故有宜有不宜,理分于道,即命分于道,故穷理尽性以致于命。后儒言理,或不得乎孔孟之旨,故戴氏详为阐说,是也。说者或并理而斥言之,则亦茫乎未闻道矣。②

---

① 焦循:《孟子正义》卷二十二,第807~808页。
② 焦循:《孟子正义》卷二十二,第830页。

理为道之分,落实于实践则为"义",即处事之得宜,故不必说得太高。"穷理尽性以至于命",也只是从"理"之"分"、各事各物"各有分""各有宜"、如何才能得宜这个角度来理解,所以焦循认为宋儒并未得乎孔孟之旨,而戴震相关的阐说则比宋儒更为高明。

此外,焦循对于赵岐之注的纠偏,也值得关注。比如《孟子·梁惠王章句上》"《汤誓》曰:'时日害丧,予及汝偕亡。'"一句,赵岐:"言桀为无道,百姓皆欲与汤共伐之。汤临士众而誓之,言是日桀当大丧亡,我及女俱往亡之。"焦循在补充了《尚书》相关的文献之后,又在按语中对赵注加以纠正:

> 《孟子》引《诗》称文王之德,全在而民劝乐之。引《书》言桀之失德,全在民欲与之皆亡。若作汤谕民往亡桀之辞,无以见桀之失德矣。赵氏之旨,既殊《孟子》,亦违伏、郑,未知所本。①

若以赵岐之注,则商汤的号召极为关键。焦循则强调夏桀的"失德",使得民不聊生,认为这才是当时历史发展的根本,因为夏桀"失德"商汤才能加以号召,才有《汤誓》一文,故赵岐的注与伏生、郑玄以及孟子都有不合,至于其中的原因则在于,何者为真正的历史事实。由此可知,焦循的《孟子》诠释还是从学术的严谨性出发的,并不盲从赵岐,也未盲从戴震。

钱穆指出:"统观里堂成就,阐述性理近东原,平章学术似实斋,东原、实斋乃乾、嘉最高两大师,里堂继起,能综汇两家之长,自树一帜,信可敬矣。"②认为焦循集戴震、章学诚二家之大成,然后自树一帜,所以能够成为乾嘉时代的又一位大师,而其《孟子正义》等对于《四书》的诠释,也就成为清代的学术高峰。

---

① 焦循:《孟子正义》卷二,第52~53页。
② 钱穆:《中国近三百年学术史》,第525页。

第七章　黄道周《孝经集传》的宋学特色

　　黄道周的《孝经》学著作非常丰富,有《孝经集传》四卷,《孝经辨义》一卷,《孝经本赞》一卷,《孝经颂》一卷。此外,黄道周在白云库狱中所书《孝经定本》一百二十本,虽然主要是书写《孝经》的经文,但黄道周往往在文后增加跋语,其中包含的信息也非常丰富,值得留心。[1]笔者在《晚明〈孝经〉学研究》一书第二章中已对黄道周的《孝经》改本情况做过讨论。此处主要以黄道周的《孝经集传》为研究对象,结合其相关著述,一方面分析黄道周如何推阐《孝经》之微义,另一方面则通过此揭示黄道周的政治生涯与其《孝经》学之关联。民国大哲刘咸炘曾谓黄道周之学思经术"当分为二,一为《易》《诗》《春秋》之讲数,一为《孝经》《礼记》之讲理。"[2]据此,探究其《孝经》学当于了解其思想是极为关键的。

　　就目前研究状况而言,学界对于黄道周的整体研究已经日益丰富起

---

①　如笔者所见到的第二十八本,文后便有七百余字的跋语。

②　刘咸炘:《刘咸炘学术论集·子学编》,黄曙辉整理,广西师范大学出版社,2007年,第573页。

来①,亦有以黄道周的《孝经》学为选题者②,还有以黄道周的《孝经》学与其《孝经》书法作研究者③。郑晨寅已就黄道周发表了数篇文章,其中关于黄道周的孝论及《孝经》者为《黄道周与〈孝经〉的历史遇合》④《黄道周孝悌行实考》⑤。于浴贤有《论黄道周孝道观的民本意义》⑥,还有吕妙芬《作为仪式性文本的〈孝经〉:明清士人〈孝经〉实践的个案研究》⑦,将黄道周在狱中书写《孝经》一百二十本的事迹作为晚明士人实践《孝经》的一个个案。

　　黄道周之《孝经集传》,以《孝经》为经,以《礼记》《仪礼》《孟子》中的相关内容为大传,又在经文、大传以下加以己注,作为小传。这种注释方法,与吕维祺的《孝经大全》极为相似。不同之处在于,吕维祺是将包含了先秦至当时的经史子书以及宋明儒者之说都纳入了自己的注释中。吕维祺对《孝经》的注释是通过分层注释来容纳不学派的思想,并阐发和扩展《孝经》义理。而黄道周的分大传和小传的做法也正是另一种的分重注释法,亦极大地扩展了《孝经》的义理。更重要的是,由于黄道周以《孝经》为"六经"之总会,以《孝经》与《春秋》相表里,所以他认同《孝经》为孔子所作,且

---

　　① 重要的研究专著,翟奎凤:《以〈易〉测天——黄道周易学思想研究》,中国社会科学出版社,2012 年;杨毓团:《天人秩序视野下的晚明儒学重建——黄道周思想研究》,中国社会科学出版社,2013 年;许卉:《黄道周哲学思想研究》,中国社会科学出版社,2016 年;陈良武:《黄道周学术思想与文学研究》,人民出版社,2015 年。翟奎凤与郑晨寅则整理出版了《黄道周集》,中华书局,2017 年。

　　② 杨智任:《黄道周〈孝经集传〉研究》,高雄师范大学硕士论文,2004 年。笔者未能得见此文。

　　③ 赖晓云:《从黄道周书〈孝经〉论其书法艺术》,台湾大学艺术史研究所硕士论文,2004 年。

　　④ 与汤云珠合著,载《孝感学院学报》,2010 年第 5 期。

　　⑤ 郑晨寅:《黄道周孝悌行实考》,《闽台文化交流》,2010 年第 2 期。

　　⑥ 于浴贤:《论黄道周孝道观的民本意义》,《泉州师范学院学报》(社会科学版),2010 年第 3 期。

　　⑦ 吕妙芬:《做为仪式性文本的〈孝经〉:明清士人〈孝经〉实践的个案研究》,《"中央研究院"近代史研究所集刊》,2008 年第 6 期。

目的都是为后世立法。这一态度显然与今文《春秋》学的立场一致。这一点从他以《孟子》为《孝经》之传的做法也可体现出来。从今文经学的立场来看,《孝经》也必然如《春秋》一样,隐藏了孔子作经之微言大义。

第一节　孔子作《孝经》与《孝经》五微义

黄道周在《书古文孝经后》中言及《孝经》有三微义、五著义:

> 《孝经》有三微五著,何谓三微? 因性作教,使天下之言教者皆归于性,一微也。因严教敬,使畎亩父子皆有君臣之义,二微也。因亲事天,使士庶人皆有享祀明堂之意,三微也。何谓五著? 臣子不敢毁伤其身,天子不敢毁伤天下人之身,一著也。天子不以名与人,臣子不敢取当世之名,亦不能终辞后世之名,二著也。臣子聚后世之欢心以事其亲,天子聚天下之欢心以事其亲,三著也。显亲在于身后,安亲在于生前,四著也。君亲不恤其天下,则臣子不恤其肤体,以义成仁,以敬教爱,五著也。至如著非孝之法,绝杨墨之学,炳如日星,不待绅绎可与天下共悟矣。①

显然,三微五著之说,正是效法《汉书·艺文志》"微言大义"一语,"著"即是"大"。由此可见其受汉儒经学之影响。汉儒言微言大义多是以《春秋》为据,而《纬书》又言"子曰:吾志在《春秋》,行在《孝经》"。黄道周正是吸收了这一说法。他在与弟子论学中即谈及此说,认为《春秋》和《孝经》俱为夫子晚年所作,故《论语》虽言"兴于诗,立于礼,成于乐"以及"诗、书、执礼",但

---

① 《黄漳浦文集》,国际华文出版社,2006年,第334页。

并未提及此二经。①以《孝经》为夫子晚年所作，此正是郑玄之说。黄道周转而阐发"行在《孝经》"之义，谓：

> 夫子自云"吾无隐乎尔，吾无行而不与二三子者"。又云"躬行君子，则吾未之有得"，他日又云"吾之行事在于《孝经》"，诸如此等，岂在言述。大畜之卦曰"多识前言往行"，此是言述之本，反卦便是无妄，曰"先王以茂对时，育万物"，此是无言有述之本。②

他将《论语》之"天何言哉，四时行焉，百物生焉"与《周易》大畜、无妄二卦结合起来，以此论证《论语》之所以不言《孝经》之由。同时，也等于为汉儒所言"行在《孝经》"找到了《易》学的根据。

在《孝经集传》中，黄道周将三微义扩展成了五微义，黄道周在《孝经集传》"序"中即言：

> 臣绎《孝经》微义有五，著义十二。微义五者：因性明教一也，追文反质二也，贵道德而贱兵刑三也，定辟异端四也，韦布而享祀五也。此五者，皆先圣所未著，而夫子独著之，其文甚微。十二著者：郊庙、明堂、释奠、齿胄、养老、耕耤、冠、昏、朝聘、丧、祭、乡饮酒是也。著是十七者以治天下，选士不与焉，而士出其中矣。天下休明，圣主尊经，循是而行之，五帝三王之治犹可以复也。③

五微义中包含了《书古文孝经后》中所谓"著非孝之法，绝杨墨之学"的"定

① 见《榕坛问业》（四库全书本）卷十一黄道周与戴仍朴的对话。
② 《榕坛问业》卷九。
③ 黄道周：《孝经集传》，《文渊阁四库全书》第182册，台湾商务印书馆，1986年，第157页。

辟异端"，又多出了"追文反质""贵道德而贱兵刑"。其中，"贵道德而贱兵刑"与"因性明教"实则是紧密相关的。而《书古文孝经后》中的"因性作教，使天下之言教者皆归于性"，"因严教敬，使畎亩父子皆有君臣之义"二者也是紧密相关的。所以在五微义中真正多出来的是"追文反质"和"定辟异端"二者。①在黄道周看来，五微义是孔子著于《孝经》中的内容，而孔子之前的古代圣人皆未能揭示出此五微义，黄道周尊孔子崇《孝经》之意甚明。依照他的看法，《孝经》也是"辞微而旨远"，而其《集传》又将此五微义阐发出来，其目的并非单纯为解释《孝经》的内容，而是有着经世致用的现实目的。通过对《孝经集传》与黄道周生平经历的结合分析，我们会发现，《孝经集传》是黄道周以生命内在精神所凝聚、以时代精神所贯注而成的。

"因性明教"为第一微义。与"因性明教"相关者，即"因心成治"，黄道周常将二者合而论之。这二者是《孝经》的主旨。因性明教，本蕴含在先秦儒家思想中。如《中庸》言："天命之谓性，率性之谓道，修道之谓教"，此即包含因性明教、本性立教之义。而"因心成治"亦是儒家义理。先秦儒家如孟子所言"以不忍人之心行不忍人之政"的"仁政""天视自我民视，天听自我民听"的说法，皆是主张统治者理应顺应天下百姓之心以为政。

黄道周解释《孝经》首章"先王有至德要道以顺天下，民用和睦，上下无怨，汝知之乎"，即言："顺天下者，顺其心而已。天下之心顺，则天下皆顺矣。因心而立教，谓之德。得其本则曰至德。因心而成治，谓之道，得其本则曰要道。道德之本，皆生于天。因天所命，以诱其民，非有强于民也。夫子见世之立教者不反其本，将以天治之，故发端于此焉。"其解释"孝，德之本也，教之所由生也"，"本者，性也。教者，道也。本立则道生，道生则教立，

《孝经》与《四书》——宋明儒学的意涵新辟

---

① 就写作时间上来说，《书古文孝经后》当作于崇祯十三年(1640)左右，《孝经集传》则写成于崇祯十一年(1638)。虽然前者的成书要晚于后者，但是黄道周对于《孝经》的思考却由来已久。所以五微义和十二著义的说法，显然更能代表其对《孝经》的全面认识和思考。

先王以孝治天下,本诸身而徵诸民,礼乐教化于是出焉"。①此即显然意识到了《孝经》首章与《论语·学而》第二章有子之言的关联。《榕坛问业》即记载黄道周言"孝能生仁""敬能生仁"是《论语》中常谈也"。②

因性立教,本心成治,为《孝经》之主旨,故开端孔子便发论之。与前人不同,黄道周并未直接指出"至德""要道"是什么。郑玄注"至德"为孝悌,"要道"为礼乐。而《孔安国传》解释则以"至德要道"为孝悌。由于《孝经》以言孝为宗,故后世之解多以"至德要道"为孝悌,从唐玄宗至明代,几乎众口一说。而黄道周则认为,德是因心而立教,至德便是因心立教且得其本。道是因心而成治,要道便是因心成治且得其本。之所以要得其本,是因为在他看来,"道德之本皆生于天",所以不论是"立教"还是"成治"皆是因天所命,而非拂逆民性也。故不论是因心而立教,还是因心以成治,其要得其本,这便是"以天治之"。黄道周于《孝经》首章注释中便引入了"天""天治"的概念,这成为其解释《孝经》的一个重要思想概念。其解释"敬",便产生了"敬身以敬亲,敬亲以敬天"③的说法,都与此有关。

就首章而言,"天"与"本"处在对应的位置上。故而实质内容就落在此关键的"本"字上。黄道周说,"本"即是"性",即是孝。他引用《论语·学而》有子之言"孝悌也者,其为人之本欤?君子务本,本立而道生"以作解。而"教"即是道,即是礼乐教化。他在《广要道章》注中就说:"孝悌者,礼乐之所从出也。孝悌之谓性,礼乐之谓教。因性明教,本其自然。"④也就是说,得其本而立教,也就是要本孝而立教,礼乐教化皆从性出,即皆从孝出。故而本性立教、因心成治,也就是以孝治天下了。这一解释也就与"礼有三本:天地君亲师"的论说相合,天为礼之大本。细查黄道周的意思,他是将

① 黄道周:《孝经集传》,第157页。
② 《榕坛问业》卷五。
③ 黄道周:《孝经集传》,第158页。
④ 黄道周:《孝经集传》,第219页。

"德、道"解释为"礼乐教化","至德要道"为本孝而成的"礼乐教化"。此解与郑玄有相似处。①而其密切关注孝与礼之关联,也显然是受郑玄思想的影响。比如他写作《坊记集传》,认为《坊记》是"端源于礼制,障流于淫欲,先之以敬让,衷之以孝悌,终始于富而不骄、贵而不淫,以为君臣、父子、夫妇、昆弟、朋友之所由正"②。此说正是基于郑玄。总而言之,黄道周对首章的解释其实结合了《大学》《中庸》《论语》之言,而其解释从始至终都关注了礼制的精神。

与宋明理学家之论孝不同。二程、朱熹解释"孝悌也者,其为仁之本欤",将"孝悌"解为"行仁"之本,而非"仁"之本。因为就性而言,"仁"才是本,性中只有仁义礼智,何尝有孝悌,而仁是兼德、全德,所以仁才是真正的本,仁才是性。孝悌仅仅是行仁之本,即行仁之始的意思。此说亦为王阳明及其弟子所继承。观黄道周之意,显然与此有着差异。《孝经》言"孝,德之本",而黄道周解"本"为"性",此便是以孝为性了。黄氏曾言:"陆象山论学以孩提爱敬,可废六经,虽有激扬已进之论,其大指不失于立身终始、明堂享帝之说。"③此可见其对孝的理解更偏向于心学,而非理学。民国刘咸炘已见及此,谓:

> 《朱陆刊疑》谓二人之争皆不是,主于调和。又《子静直指》盛推象山,独拈爱敬之精。《格物证》一篇以顿渐殊候调和广狭二说。《王文成公碑》谓"其学被于天下,争辨四五十年,要于原本所以得此未之知也",《书碑后》解之曰:"文成自家从践履来,后儒都说从妙悟来,所以差了。"《王文成公集序》则谓"陆、王得伊尹、孟子之传,朱学孔而不能

《孝经》与《四书》——宋明儒学的意涵新辟

三一〇

① 就黄道周《孝经集传》及其他著作而言,他对《孝经》的注释应当并未参考郑玄注。因为郑玄注已佚,仅在唐明皇注、邢昺疏的《孝经注疏》中存留,这也是晚明儒者所能见到的最早的完整的《孝经》注本。但唐明皇注是将"至德要道"皆解为"孝"的,并未采用郑玄之说。
② 《黄道周集》,翟奎凤等整理,中华书局,2017年,第858页。
③ 《黄道周集》,翟奎凤等整理,第861页。

逾程,王学孟而近于伊。"……盖其与诸儒无所专主,而己亦未有以自立门庭。①

《孝经·三才章》讲:"先王见教之可以化民也,是故先之以博爱而民莫遗其亲,陈之以德义而民兴行,身之以敬让而民不争,道之以礼乐而民和睦,示之以好恶而民知禁。"黄道周解释:"孝而可以化民,则严肃之治何所用乎。孝,教也。教以因道,道以因性,行其至顺而先王无事焉。"②以孝治,则"其教不肃而成,其政不严而治"。而所谓"严肃之治",即指刑法之治。他引用《礼记·缁衣》"子曰:夫民教之以德,齐之以礼……甫刑云:'苗民匪用明,制以刑,惟作五虐之刑曰法',是以民有恶德,而遂绝其世也"作解,孝治或礼乐教化之治的反面就是"严刑肃法"之治,黄道周谓:"严刑肃法之不可以治也,五虐之去五教也远矣。……孟子曰:'人性之善也,犹水之就下,人无有不善,水无有不下。'"所以在他看来,既然人性善,故本性立教,即应当施行仁政德治,礼乐教化,而非制定严刑峻法,施行残虐之治。人性善,故苗民之以恶德闻名,绝非苗民之本性,而是因为在上者之失教。"德教失于上,严刑束于下,从之不可,乃有遁心。"上不行德教,百姓便有遁心。与此相反的是,"禹立三年,天下遂仁"以及"成王之孚,天下之式"的情况。③以此见本性立教,施行德政之重要性。

由此便进至于《孝经》的另一微义——"贵道德而贱兵刑"。黄道周解释《五刑章》即言:"兵用而后法,法用而后刑,兵刑杂用而道德乃衰矣。"④在他看来,名法之术用,则孝弟之义即衰。他论证说,虽然四时有阴阳,草木有荣枯,政治有赏罚,"春视赏而秋视罚","草木霜露顺其阴阳,刑威中

① 刘咸炘:《刘咸炘学术论集·子学编》,第572页。
② 黄道周:《孝经集传》,第183页。
③ 黄道周:《孝经集传》,第184页。
④ 黄道周:《孝经集传》,第214页。

于理义,故神明之意得而四海之心服也。然则治理天下之要在于赏罚也",但是"圣人不以赏罚为义而以孝弟为义",这是因为孝弟与名法二者的本末先后关系,"孝弟明而名法出矣",虽然依循孝弟之道而施政,其目的并不是以刑名法术治国,但却在客观上能够使赏罚分明。而如果以刑名法术治国的话,其目的则必然不在于孝弟,而且也必然不可能实现天下人皆孝弟的目的,反而会导致"赏罚明则孝弟衰"的结果。① 法家以信赏必罚为标准来治国,其结果只能是瓦解了人与人之间孝弟忠信的关联。所以圣人尚孝弟。所以,黄道周对《孝经》"贵道德而贱兵刑"的阐发,实际上含有对于法家思想的批评,这就关涉到了《孝经》所含的另一微义——"定辟异端"。

黄道周在《五刑章》的注释中,亦同时阐发了《孝经》"定辟异端"之微义。在他看来,孔子虽然主张以孝治天下,贵道德而贱兵刑,但是还要写《五刑章》,讲究刑罚,这是有复杂原因的。"夫子之言盖为墨氏而发也。"他解释说:"夫子逆知后世之治礼乐,必入于墨氏。墨氏之徒,必有要君非圣非孝之说以燀乱天下,使圣人不得行其礼,人主不得行其刑,刑衰礼息而爱敬不生,爱敬不生而无父无君者始得肆志于天下,故夫子特著而豫防之,辞简而旨微,忧深而虑远矣。"② 所以制定刑法是圣人不得已而为之,因为"侮圣人之言则必侮礼,侮礼则必兴乱,兴乱则刑敝,刑敝则兵敝"。为了防止这样的情况发生,防止礼之敝,以刑防之,使"礼刑相维"。他引用了孟子对于杨、墨二家的批评"杨氏为我,是无君也。墨氏兼爱,是无父也。无父无君,是禽兽也"。并解释说,因为墨氏无父,此为《孝经》中说的"非孝无亲",杨氏无君,则是属于"要君非上"一类,前者为不孝,后者为不忠,移孝方为忠,所以墨氏之罪更重,且墨家尚节薄葬、非乐非礼,而一旦礼废,则"臣弃其君,子弃其父",虽然不是篡弑,但却有甚于篡父者。正因为如此,《孝经》才说"罪莫大于不孝"。既然如此,那么便可以说:"墨氏者,五刑之

---

① 黄道周:《孝经集传》,第 240 页。
② 黄道周:《孝经集传》,第 214 页。

首也。"①

　　以上之批评杨墨是就大体上的非孝非忠而言。具体来说，黄道周又进一步指出墨家之非礼，实悖人之性，并以此将佛老与墨家联系起来，指出三者的同质性。首先是丧礼，他引用《论语》中孔子与宰我谈论三年之丧一段话，指出在冠昏丧祭四礼中，后二者的重要性，正如孟子所言："生不足以当大事，死之为大事也。"丧祭之礼放在《孝经》的末章中，也表明了孔子之重视，"《孝经》之大存于丧祭"②。黄道周批评"宰我冒不仁之名"以及后世之丧礼之短，此是"使战国之习得以乱后世，佛老之教得以混冠裳"。而汉文帝之时，由于重兴黄老之术，故曾短暂实行短丧制度，故而黄道周说："墨氏之与佛老，其究同趣。"其次是葬礼，"上古不葬，厚衣以薪，葬于中野，非不葬也。……而后世庶人衣之以火，则是墨氏之教也，非古人之意也"。批评后世崇信佛教，施行火葬，此与墨家之教同。火葬起源于佛教，中土本无此制，故此是将佛教同于墨家之教，即佛氏与墨氏同道也。黄道周进一步引用《礼记·三年问》之言说："何以三年也……上取象于天，下取法于地，中取则于人，人之所以群居和一之理尽矣。故三年之丧，人道之至文者也。"三年之丧的礼制有所由来，并非单纯的人为，而道家言"礼者，忠信之华而乱之首"，如此废弃礼制，正是不知礼之所由来也。归根言之，礼是取法于天地，根于人之本性而制。道家之废礼与墨家之爱无差等，亦是同道。③

　　黄道周对《孝经》孝治义旨的理解，主要从他对《孝经》"追文反质"微义的阐发中表现出来。"追文反质"，并不是说完全回复到"质"的状态，而是要纠正文过盛，甚至彻底丢弃质的弊端，通过以质救文，实现文质彬彬的理想状态。他在"感应章"注中指出："神明之道始于太素，父母之道始于

_____

①　黄道周：《孝经集传》，第214页。
②　黄道周：《孝经集传》，第215页。
③　黄道周：《孝经集传》，第216页。

太质，天地之道始于太朴。此三始者，孝弟之本义也。有其质而后文生焉，天子之始存于世子，世子之始存于孩提。……《孝经》之意在于反质，反质追本，不忘其初。《春秋》之严，《孝经》之质，皆溯朔于天地，明于父母，所以致其素朴、交于神明之道也。"①汉代时，有"太易""太初""太始""太素""太极"的说法，但这是就宇宙生成论而言。而黄道周所说的"太素""太质""太朴"三者显然皆非就宇宙生成而言，而是就文明的形成和发生而言。三者皆成了"孝弟"的代称，同时，也是以"孝弟"和天地、神明相配，具有汉代思想中天人相符的色彩。而人之取则于天地，也有着生成论的根据，他在"士章"注中说："父则天也，母则地也，君则日也。受气于天，受形于地，取精于日，此三者，人之所由生也。地亦受气于天，日亦取精于天。此二者，人之所原始反本也。"②正因为此，人世之治要取法天地。而治理社会，又莫过于礼乐，而"礼乐者，孝之文也"③。所以先王制礼作乐，治理天下皆是本于孝，这就与因性明教、本心为治的说法连贯起来了。依黄道周之解释，孝弟是"天之经，地之义，民之行"，孝弟是人之本性。所以追文反质，其实质就是本性立教。他引用了《礼记·礼运》"夫礼必本于太一，分而为天地""圣人作则，必以天地未本"的说法，以论证在理想的治世时代，"君子本于天地，端于阴阳，柄于四时，皆以治本也。四时为柄，故有生有成。……五行为质，故反始明报。礼义为器，故言行有物。人情为田，故不失其实。四灵为畜，故中和可得。是十者，皆孝也。非孝则民无所则"④。他认为这是"伏羲之事，神农黄帝尧舜之志""文王之事，周公之志"的体现。也就是说，上古圣人治理天下的时代就是文质中和、以孝弟治天下的时代。黄道周的这段论述吸收了大量汉代天人相符的思想，他在此之后又引用了大量董仲舒的论述。⑤

① 黄道周：《孝经集传》卷四，第240页。
② 黄道周：《孝经集传》卷一，第173页。
③ 黄道周：《孝经集传》卷二，第183页。
④ 黄道周：《孝经集传》卷二，第185页。
⑤ 黄道周：《孝经集传》卷二，第185~186页。

黄道周正是基于汉儒董仲舒的天人相应的理论,论证了孝的普遍性。黄道周对于孝之普遍性的论述,并未以宋明理学的天理论为依据,反而是以汉儒的天人相符、人符天数论为依据,这在很大程度上与他学术研究的广博视野有关,尤其是与他以历数之学与《易经》研究相沟通的取径相关。既然从根本上来说,孝源于天,根于性,是普遍的,那么人之事亲就皆可以事父以配天。此即黄道周所要阐发的《孝经》另一微义——"韦布而享祀",也就是他在《书古文孝经后》中说的"因亲事天,使士庶人皆有享祀明堂之意"①。他解释"感应章"说:"为天子而以神明待天下,天下亦以神明奉天子。传曰:'天之所覆,地之所载,日月所照,霜露所坠,凡有血气者莫不尊亲。故曰配天。'故《孝经》者,周公之志也。"②依照黄道周对"天地""神明"的解释,"神明之道始于太素,父母之道始于太质,天地之道始于太朴。此三始者,孝弟之本义也"。"为天子而以神明待天下"的意思就是说,天子要以孝弟待天下,这样天下也会以孝弟奉天子,这正是以孝治天下。正如同说《春秋》为"经世先王之志"一样,黄道周认为《孝经》为周公之志,孔子之行。此处"天之所覆,地之所载,日月所照,霜露所坠,凡有血气者莫不尊亲,故曰配天"一段引自《中庸》。联系《孝经》"圣治章"来看,周公之志,欲"郊祀后稷以配天,宗祀文王于明堂以配上帝"。黄道周遵循了程颐的看法,天与上帝,其实一也。③所以宗祀文王以配上帝,是周公尊其亲文王以配天。

但是黄道周对于"严父配天"的解释,并非纯粹从礼制的角度来论述的。正如上文所言,他的论述是以汉代的天人相符论为依据的。此处亦不例外,他解释"圣治章"说:"古之圣人,本天立教,因父立师,故曰资爱事

---

①　《黄漳浦文集》,第 334 页。

②　黄道周:《孝经集传》卷四,第 236 页。

③　黄道周:《孝经集传》卷二,第 197 页。

母,资敬事君,敬爱之源皆出于父。故天、父、君、师死者,立教之等也。""君之于父,父之于师,师之于天,其本一也。"①也就是说,天、父、君、师在本源的意义上是同一的,皆本于天。既然都是同一的,天与父等,当然可以说"以父配天"了。而孝又是人人都具有的,所以可以说"韦布而享祀"。他接着解释"父子之道,天性也,君臣之义也。父母生之,续莫大焉。君亲临之,厚莫重焉"一段,说:"性者,道也。教者,义也。……圣人教人事父以配天,事父以配君,天言大生,君言大临。"认为这段话是"言父之上配于天,下配于君,非圣人则不得其义也"。②他在解释中,加入了"以父配君",这有取于《周易·家人》"家人有严君焉,父母之谓也"的说法。但是只有圣人如周公才能了知父可上配于天、下配于君之义。圣人设教以此教天下人,使天下人皆知以父配天,以父配君。其目的是使"仁人孝子必谨于礼,谨礼而后可以敬身,敬身而后可以事天","敬亲如天,则亦配天矣"。③此下,他又引董仲舒之言,总结说:"严父者,事天事君之要义也。"

　　客观来说,黄道周对"严父配天"的注解并未如汉儒那样依文训义,仍然是以义理演绎为主,从而将天、父、君同一。若从礼制上来看,"敬亲如天",是无论如何都不能等同于"尊亲以配天"的。因为士、庶人根本就不能僭越,以天子所行礼来尊崇自己的父亲。"以父配君"的说法,显然突显了忠君的主题。而将事天收归于敬身,则又显然是针对士君子之修身行孝来说了。其中教化世人之意,体现甚明。更为重要的是,黄道周"韦布而享祀"的说法,反映了明代中后期士庶祭祀始祖的礼仪风气。④所以,他认为"士而可以显亲,虽韦布亦可以显亲也"⑤。《孝经》中说:"孝无终始而患不及

　　① 黄道周:《孝经集传》卷二,第196、197页。
　　② 黄道周:《孝经集传》卷二,第197页。
　　③ 黄道周:《孝经集传》卷二,第198页。
　　④ 赵克生:《明朝嘉靖时期国家祭礼改制》,第206页。
　　⑤ 黄道周:《孝经集传》卷一,第175页。

者,未之有也。"故孝本是彻上彻下之道。黄道周强调"韦布而享祀",正是在说,上自天子,下至庶人,不因禄位之异,都可以显亲尽孝。①

第二节　黄道周的生命体验与《孝经》诠释特色

　　《孝经集传》对《孝经》的注解,并非纯粹针对《孝经》文本而作注释,毋宁说,《孝经集传》就是黄道周生命体验的体现,是他将亲身经历与感受付诸文字。"西伯拘而演《周易》;仲尼厄而作《春秋》;屈原放逐,乃赋《离骚》;左丘失明,厥有《国语》……此人皆意有所郁结,不得通其道也,故述往事,思来者。"黄道周作《孝经集传》与此有着相似处。其弟子洪思述及此书的写作动机:"子为经筵讲官,请《易》《诗》《书》《礼》二十篇,为太子讲读,未及《孝经》,已,念是经为'六经'之本,今此经不讲,遂使人心至此,杨嗣昌、陈新甲皆争夺情而起,无父无君之言满天下,大可忧,乃退述是经,以补讲筵之阙。"②《孝经集传》的写作,始于崇祯十一年(1638)秋,当时黄道周任经筵日讲官,完成于崇祯十六年(1643)。黄道周于崇祯十一年夏连上三书,弹劾杨嗣昌、陈新甲和方一藻。因此事,而连贬六秩。《孝经集传》作于是年之秋,正是在此之后。洪思所述正指出了当时黄道周所身处的政治形势。崇祯十三年(1640),在魏党的诬言下,黄道周以朋党之罪被逮系狱并受杖打,在狱中书写《孝经》一百二十本。崇祯十四年(1641),作《孝经颂》《孝经赞义》。崇祯十五年(1642),始出狱,道周托疾归家,修订《孝经集传》,终于在次年完成。③故,《孝经集传》的写作正是在黄道周受杖入狱前后,亦可谓其发愤郁结之作。发愤者,怒魏党之煽炽,杨嗣昌等人之败坏朝廷风气。郁

---

　　① 黄道周:《孝经集传》卷一,第178页。
　　② 《孝经大传序》,载《黄漳浦文集》,第275页。
　　③ 赖晓云:《从黄道周书〈孝经〉论其书法艺术》,第29页。

结者，悲国家之危机重重，心怀经世之志，却不为皇帝所理解，反遭大难。①黄道周在狱中除了书写《孝经》，便是研读《易经》，写作《易象正》。狱中研《易》在中国文化史上，无疑具有极为典型的象征意义。而书写《孝经》，则是表征其一片忠心、为自己辩白的行为。就后者而言，书写《孝经》并作《孝经集传》，就有着传承孔子之志的意味。所以，《孝经集传》采用了公羊学微言大义的解经方法，将《孝经》视为孔子的孝治经典，阐发《孝经》五微义，这不仅是将孔子隐含于《孝经》中的旨意揭示出来，也是黄道周重新解释自己过去的行为和想法，并将自己对国家时局的深思熟虑付诸文字。这就构成了"明道"与"行道"的二重意义。

一、仁义与功利

根据上文的分析可知，五微义中的"因性明教"是核心与主导，其他四微义皆因其而起，此正体现孔子"一以贯之"之义。他对尧舜之治、孔子之道的理解，就是以此为核心的，一言以蔽之，就是明人伦。黄道周撰有《三代之学皆以明人伦论》，其中谓："道不足以立人，则圣人不以立教，非圣人不以立教，天固制之，圣人亦不能违也。何也？圣人亦人也。……夏道尊命，殷道尊神，周道尊礼，未渎神而强民，夫人神之间，天道存焉。然而，古之圣人以为是足以施化，不足以立教，故一本其道而归之人伦。人伦者，天下治乱之所大归，而圣贤帝王精神之所萃也。……《易》之首乾坤，《诗》之首关雎，《春秋》之首天王，君臣、夫子、夫妇之瑞，其义一也。"故，"舍君臣父子夫妇昆弟朋友之伦"则无以寻"三代以上经世立教之旨"。②三代之学本天

---

① 黄道周多次言及所遭难，如《与兄书》："自古文臣遭此者，唯某为最甚。""在北寺五月余，拷打讯问四五次，备极惨毒，然于吾德业上无所亏损，汉宋来仅见一人。"《黄漳浦文集》卷十九，第255、256页。从中不能难读出黄道周的言外之意，他是以儒家之道的担当者自任的。

② 《黄漳浦文集》卷十四，第170页。

道而归于人伦以立教,故"五经"皆是明人伦之典。在《孝经集传》中,黄道周为这个"道"寻找到了更精确的代称,那就是"孝"。五经皆以明人伦,那么作为"五经"之根本的《孝经》自然也不例外。

对于如何治理天下,他主张以周、孔之术治国。这正与《孝经集传》五微义中的"追文反质""贵道德而贱兵刑"相应。他在《放门陈事疏》中说:"盖陛下有大君之实,而小人怀干命之心。臣入以来,所见诸大臣皆无远猷,动寻苛细。治朝宁者以督责为要谈,治边疆者以姑息为上策。序仁义道德,则以为迂昧而不经;奉刀笔簿书,则以为通达而知务。……彼小人见事……乱视荧听,浸淫相欺,驯之极坏,不可复挽,臣窃危之……凡人主之学,一以天道为师,则万物之情可照。人主断事,一以圣贤为法,则天下之材具服。自二年以来,以察去蔽而蔽愈多,以刑树威而威愈殚,是亦反申、商以归周、孔,捐苛细而振纮纲之秋也。"[1]在他看来,专务机心小才,那是重末而遗本,本即仁义道德,这才是治理国家的大经大法。所以他劝谏崇祯帝应以圣贤为法,以周孔儒家之术以治国,由以刑名法术为重的申商之学转归于儒家的仁义之学。据此可见,《孝经集传》中所说的"贵道德而贱兵刑"绝非无由而发。

正因为要以仁义礼乐治国,所以他极为强调"纲常伦理"的重要性。在弹劾杨嗣昌之疏上呈崇祯帝后,黄道周回答崇祯帝说:"臣三疏皆为国家纲常。""惟孝弟之人始能经纶天下,发育万物。不孝不弟者,根本既无,安有枝叶。"[2]坚持德行为先的原则,认为"人心邪则行径皆邪"[3],弹劾杨嗣昌临丧不守制,批评崇祯帝准其夺情起复。"人心邪则行径皆邪"的说法,当可溯源于《孟子》。如《孟子·公孙丑上》:"生于其心,害于其政;发于其政,害于其事。"孟子非常重视心的修养,提出了"存心""求放心""养心"诸说。

---

① 《放门陈事疏》,《黄漳浦文集》卷二,第10页。
② 《明史·列传第一百四十三》,第6597页。
③ 《明史·列传第一百四十三》,第6598页。

黄道周《孝经集传》以《孟子》为《孝经》之传,对其心说也未忽视,在"诸侯章"注中,他说:"君子之所异于人者,以其存心也。君子以仁存心,以礼存心。仁者爱人,有礼者敬人,是亦天子之志也。……是亦孝子之事也。……贵德而尊士,贤者在位,能者在职,国家闲暇,及是时,明其政刑,虽大国必畏之矣。贵德尊士,谓不恶慢于人者也。不恶慢于人而后能尊贤,而后能使能。《孝经》之义未至官人也,以谓不爱不敬,虽官人而有恶慢者存焉。"①在他看来,《孝经》虽未论及君主如何任官,但是爱敬之义已经涉及这个问题。君主应当"存心",爱人敬人,这样才能做到选贤任能。

儒家强调仁义功利之辨,尤其是宋明理学尤重纲常名教,如朱熹与陆九渊皆严辨君子与小人,他们所主张是尽去小人,使朝廷所立者皆为善人的君子政治。黄道周继承了这一点,在他看来,三代之治以明人伦为重,孔子所宪章发明者也正是此学。所以,他上疏崇祯皇帝以仁义治天下。他在崇祯四年(1631)所上的《辩仁义功利疏》中说:"臣观仁义者天地之权衡、万物之纲纪也。孔孟衰而仁义之谈绝。……每见士大夫垂殁,必有一部文集,除举业套外,有通本无仁义两字者。臣至浙闽,以治天下必先立志发论,见士子皆未有谈仁义者,乃私引古今,折衷孔孟,归本仁义,以治志气。其大指以为行仁义者,即不谈功利可以收功利之实;谈功利者,即不丑仁义亦已灭仁义之教。又推广之,以为仁义修而成德礼,尧、舜、周、孔皆由此出,朝廷得之以为朝廷,边疆得之以为边疆。仁义废而尚刑名,非、斯、桑、孔皆从此出,水旱因之以为水旱,盗贼因之以为盗贼。"②他批评当时士大夫绝口不谈仁义,以仁义道德为迂腐的现象,主张归本孔孟之仁义,行孔孟之行,法尧舜之法,选用仁义之臣,才能兴起尧舜之治。这一主张在黄道周那里是一以贯之的,所以在崇祯十一年(1638)弹劾杨嗣昌时,他所奏疏中也是在说杨嗣昌非仁义之臣。

---

① 黄道周:《孝经集传》卷一,第 169 页。
② 《辩仁义功利疏》,《黄漳浦文集》卷一,第 7 页。

二、儒行与儒道

以仁义治国，关键是要有仁义之学术，而仁义之学术，则源于仁义之人才。天下之兴衰，其关键皆在人才之有无。黄道周哀叹"今上有尧舜之君，而下无仁义之臣"的状况，说："天下衰弊生于人才，原于学术，决不在簿书刀笔之际。士慕古、喜行仁义，则慷慨之士出，致身而效忠者多。士趋时、喜营爵禄，则猥鄙之士出，致身而效忠者少。"①敦行仁义之士，方可以兴道。所以黄道周非常强调士之德行。这尤其体现在他对《孝经·士章》的注释上。

儒者以行道为己任，"仁以为己任"（《论语·里仁》），"道二，仁与不仁而已"（《孟子·离娄上》），德行是儒者之所先，故黄道周主张以仁义兴道，而非以才兴道。因为有专图富贵者，亦以兴道自称。他在"士章"注中说：

> 兴道之士……其意不过以为富贵也，而人主以为兴道。使去其富贵，而反于贫贱，则一无耻之士而已。无耻之士，不足与于仁义，则不足与于礼乐，而曰以才兴道，吾不信也。②

他对"以才兴道"的批评，似乎正是针对崇祯皇帝之任用夺情起复的杨嗣昌、陈新甲而言。二人夺情起复，这样出仕，正是"出仕不以道"的表现。"士章"注中说："古之人未尝不欲仕也，又恶不由其道，不由其道而往者，与钻穴隙之类也。体父母之意，以道称仕，其惟儒者乎。"③士之出仕，必由其道。此正如《论语·里仁》所记孔子之言："富与贵是人之所欲也，不以其道得

---

① 《辩仁义功利疏》，同上。
② 黄道周：《孝经集传》卷一，第177页。
③ 黄道周：《孝经集传》卷一，第176页。

之,不处也;贫与贱是人之所恶也,不以其道得之,不去也。君子去仁,恶乎成名?君子无终食之间违仁,造次必于是,颠沛必于是。"士之出仕为官,是为行道,非为富贵也。不论行道还是富贵,都不能违背仁,违仁则不能兴道。

这也正与《孝经》所说"夫孝,始于事亲,中于事君,终于立身""立身行道,扬名于后世,以显父母,孝之终也"相通。在黄道周看来,行道以立身为基,名声之得、富贵之获,皆不能违背立身之德。黄道周在"士章"注中就对士之立身修德做了详细的阐述,可分为四个层面:首先,引《礼记·曲礼》以说明士须为孝子。其次,引《礼记·曲礼》和《仪礼·士相见礼》具体说明有关士的各个具体的礼仪节目,包括执器礼、丧祭礼、去国之礼、士与大夫及士相见之礼。再次,引《论语·子路》《孟子·尽心》《大戴礼记·曾子制言》中的论述士的文字,来说明士所应当具有的品格——行己有耻、不辱君命、孝弟、志于仁义之道、富贵贫贱皆不离其道。[①]最后,他又引用了《礼记·儒行》作总结,对士之立身行道做了总结。

黄道周对《礼记·儒行》极为重视,这一点尤富深意。黄道周在崇祯十年(1637)经筵讲官时,就曾上《申明掌故疏》,建言皇帝将《礼记》中的《王制》《儒行》《月令》等篇,与四书错行,令讲官学习讲论。[②]崇祯十一年(1638),在与崇祯帝当庭对峙后,被连降六级,黄道周又上疏进呈所作《儒行集传》等书以备览,[③]可见他对《礼记·儒行》的重视。林庆彰注意到了这一点,他认为黄道周这样做,除了进呈皇上作为匡正皇帝知人用人的指导原则外,也与当时的君臣关系有关,更重要的是,也与黄道周奏劾杨嗣昌等人一事有关,也就是说,与黄道周本人的遭遇有密切关系。大致成书于战国时代的《儒行》,其主旨是为儒者之行为立下规范,"提倡行己有耻、激励志节、

---

① 黄道周:《孝经集传》卷一,第174~177页。
② 《申明掌故疏》,《黄漳浦文集》卷二,第20页。
③ 庄起俦:《漳浦黄先生年谱》,《黄漳浦文集》,第73页。

奖励狂狷。这是在那变动艰苦的时代,提升儒者形象,扩大儒者影响力,所不得不然的措施"①。而黄道周在明室将倾的末季将《儒行》从《礼记》中提出来,列为单篇以作传,并上呈备览,正是在当时情况下,所做出的不得不如此的选择。相较于此,《孝经集传》的写作时间要远比《儒行集传》长,且成书时间晚于《儒行集传》。他在《孝经集传》中将《儒行》作为《孝经》之大传的做法,无疑再次将《儒行》中的主题彰显出来,以引起当时人的注意。

在《儒行集传》中,黄道周将原本并不分章的《儒行》分为了十八章,其中有"近人章第五""备豫章第四""忧思章第十""举贤章第十二""特立独行章第十四""规为章第十五"。在《孝经集传》"士章"注中最后所引的六段话即分别来自《儒行集传》的这六章。此外,黄道周在对《孝经集传》引《儒行》"特立独行"一段的注中,又引了《儒行》中关于"自立"的内容,这又属于《儒行集传》的"自立章第二"。但黄道周《孝经集传》"士章"注对《儒行》的解释与《儒行集传》并不相同。《儒行集传》多从君臣关系角度来论述,将十六种儒行分为两种:一为人臣事君的规范,一为人君取臣的规范。②而《孝经集传》对所引《儒行》文字的解释,则是从论士之孝出发,然后言及士之出仕当如何、事君当如何,故其所论述的内容仍然涉及君臣关系,但其重点却是在孝与忠合一,立身与行道合一。换言之,作为对"士章"的注,他所论述的重点是在士之行,从这个角度讲,孝与忠都属于士之行。他又将士之行归结于孔孟的仁义之道。故黄道周论述的重心就在于士如何尊行儒家之道以立身和行道、孝亲和事君。

结合《孝经·士章》的内容来看,"士章"言:

> 资于事父以事母而爱同,资于事父以事君而敬同。故母取其爱,而君取其敬,兼之者父也。故以孝事君则忠,以敬事长则顺。忠顺不

---

① 林庆彰:《黄道周的〈儒行集传〉及其时代意义》,第 415 页。
② 林庆彰:《黄道周的〈儒行集传〉及其时代意义》,第 421~422 页。

失,以事其上,然后能保其禄位,而守其祭祀。盖士之孝也。《诗》云:"夙兴夜寐,无忝尔所生。"

这正是在讲移孝作忠。黄道周《孝经集传》对所引《儒行》文字的解释正与此相符。如其解释"备豫"一段话说:"养其亲则敬其身,敬其身则爱其死,故道由不死于其名,臣有不死于其君。君以道死则死之,不以道死则不死也。中道而止。"①就是从论孝,言及敬身以守道,进而至于以道事君。《孝经·士章》中说道"忠顺不失",与此对应的是,黄道周引《儒行》"子言之,儒有澡身而浴德,陈言而伏,静而正之,上弗知也,粗而翘之,又不急为也……其特立独行有如此者"一段来作为其大传,然后在小传中说:

> 若此,则可谓忠顺者矣。以此之为而犹为祭祀禄位者乎。《儒行》所言"自立"者五,强学力行一也;见死不更二也;戴仁抱义三也;虽危竟伸四也;推贤忘报五也。而陈伏静正者,犹为特独,故圣人所言忠顺,非世之所谓忠顺者也。世之所为忠顺者,犹资爱于其保姆也。②

这正是在强调士之"特立独行",士之"自立",士之能自立其身,方可谓之忠顺。他所批评的是当时朝廷上的为官者,身为士,却不识"忠顺"之实,以保姆之道事君,认为这就是忠顺,实则完全违背儒家忠顺之说。"陈伏静正"的意思是说,士之出仕为官,要进言献策,而又俯伏听从君命,内心平静而谨守正道。若君上不理解,便在旁启发,但又不急于为此。这显然正与《孝经·谏诤章》所言"谏诤"一致。"资爱于保姆"的说法当是发挥孟子之意。《孟子·滕文公下》中言及"妾妇之道":"以顺为正者,妾妇之道也。居天下之广居,立天下之正位,行天下之大道。得志,与民由之;不得志,独行其

① 黄道周:《孝经集传》卷一,第177页。
② 黄道周:《孝经集传》卷一,第178页。

《孝经》与《四书》——宋明儒学的意涵新辟

道。富贵不能淫,贫贱不能移,威武不能屈,此之谓大丈夫。"《儒行》中所言"陈伏静正""戴仁而行,抱义而处"的"特立独行"之士正是孔子所说的"狂狷之士",也就是孟子此处所讲的居仁由义的"大丈夫"。

黄道周解释至此,必然要引及孟子所说"居仁由义"。他在"士章"的大传中所引最后一段便是《儒行》关于"规为"一段话:"子言之,儒有上不臣天子,下不事诸侯,慎静而尚宽,强毅以与人,博学以知服,近文章,砥厉廉隅;虽分国如锱铢,不臣不仕。其规为有如此者。"黄道周在对这段话的注释也即小传中说:

> 不臣不仕,可以为士,亦可以为孝子乎? 士有尊于诸侯,士有贵于卿大夫,立身行道,则其自与也。……立其所能,远其所不能,无失所守,亦可以终身也。孟子曰:"居仁由义,大人之事备矣。"夫孝子之于天下,何不备之有。①

《儒行》为儒者之行为规范,故黄道周在"士章"注的最后结之以"规为"一段话。这段话一是强调了儒者之"博学",正与上一段话中所说的"强学力行"相应,与黄道周对"士章"经文"诗云:夙兴夜寐,无忝尔所生"的解释前后呼应。他对经文这句话的注释是:"盖言学也。孝不待学,而非学则无以孝,无以孝亦无以教也。……君子知欲化民成俗,其必由学乎。夙兴夜寐,盖言学也,非学为从政而已也。"②与前人之注相比,郑玄解释为:"士为孝,当早起夜卧,无辱其父母也。"③唐明皇亦遵从此说。而黄道周的解释则认为,这句话是在讲士之为学,而非单论孝。当然,在他看来,孝与学是紧密相关的。所以士贵在知学,而所学即是儒家之道,而从政仅是学之一端而

---

① 黄道周:《孝经集传》卷一,第 178 页。
② 黄道周:《孝经集传》卷一,第 174 页。
③ 陈铁凡:《孝经郑注校证》,第 64 页。

已。学是为守道和行道,而非为从政。士有尊于诸侯、有贵于卿大夫,皆在于士是道的担当者,道尊则士尊。正因此,黄道周以"立身"为儒行十六种规范之首。①这就将《孝经》的"立身行道"之孝与儒家的"志于道""守道""行道"之说完美地结合起来了。

三、谏诤与忠孝

"居庙堂之高,则忧其君""君臣之义无所逃于天地之间",对黄道周而言,令他最受伤、感触最深的便是君臣关系一伦。他尽忠报国,忧国忧民,既不结党,亦不阿附。在东林党和阉党相争之际,他持守正节,为东林士人辩护,却遭囹圄之难。这使他对于当时朝廷政治与士风的状况有着更为深刻的观察。他将对君臣关系、忠孝关系的理解,以及对时局的思考贯注于对《孝经》之"谏诤章"和"事君章"的理解中。在《孝经》中,涉及君臣关系者,主要是这两章。黄道周认为"事君章"旨在"恶夫爱其君之不若爱其父,敬其君之不若敬其父者也"。他说:

> 生我者莫如父,爱我者莫若父,其父有过而犹且谏之,谏之不听而号泣以随之。至于君,则曰非独吾君也。是爱敬其君不若其父之至也。且以父为得罪于州里乡党,不惮劳身以成父之名,至于君而独不然者,宁使君取咎于天下万世,不欲当吾身失其禄位,则是以身之禄位重于君之社稷也。孟子曰:"小弁之怨,亲亲也。亲亲,仁也。""亲之过小而怨,是不可矶也。亲之过大而不怨,是愈疏也。不可矶,不孝也。愈疏,亦不孝也。"夫以怨而犹谓之孝,以尽忠匡救而谓之不忠,则君臣上下亦泮乎如道路人而已。《诗》曰:"不属于毛,不离于里",言夫上

---

① 《儒行集传》:"儒行十六,而自立为首。"

下之不相亲也,不相亲而亲之,莫如以忠与上,以过自与,以美救恶,以恶匡美,是仲尼所以取讽也。

爱,资母者也。敬,资父者也。敬则不敢谏,爱则不敢不谏。爱敬相摩而忠言进出矣。故为子而忘其亲,为臣而忘其君,臣子之大戒也。然则忠孝之义并与?……忠者,孝之推也,……孝之于经义,莫得而并也……故忠者,孝中之务也,以孝作忠,其忠不穷。《诗》曰:"王事孔棘,不能艺黍稷,父母何食",言夫孝之穷于忠也。[1]

依黄道周之意,忠孝一体,忠为孝之推,是孝中之一事。所以,"事君章"的内容与事亲之法正相合:首先,正如为子者要谏诤于父,为臣者要谏诤于君,其次,为子者要显亲扬名,为臣者也要以善美归于君,以过归于己。所以,黄道周批评那种认为"君非独吾君"而逃避谏诤于君的做法。"亲之过大而不怨,是愈疏也。"子对父而言如此,臣对君来说亦如此。在他看来,若臣子不能谏诤于君, 便是将己身之禄位看得比国家社稷更重要。这就是说,国君一身而关涉天下万世,关系国家社稷甚重,所以臣下如果爱君敬君,即当谏诤,以忠于上。这才是上下相亲之道。若遇君有过,而不谏诤,则是君臣陌路,上下相忘。且其责任主要在于为臣者一方。黄道周"以孝作忠,其忠不穷"的说法,正是要为忠君而谏诤设定前提,即孝亲,即当忠君,也唯有孝亲,才能真正做到忠君。

黄道周对臣子要谏诤于君的强调,是有针对性的。首先,这是黄道周的一种自我辩护。在崇祯十一年(1638)对崇祯帝之责问时,黄道周就体现出了诤臣的儒士形象,《明史》记载:

帝曰:"少正卯当时亦称闻人。心逆而险,行僻而坚,言伪而辨,顺

---

① 黄道周:《孝经集传》卷四,第242页。

非而泽,记丑而博,不免圣人之诛。今人多类此。"道周曰:"少正卯心术不正,臣心正无一毫之私。"帝怒。有间,命出候旨。道周曰:"臣今日不尽言,臣负陛下;陛下今日杀臣,陛下负臣。"帝曰:"尔一生学问,止成佞耳。"叱之退,道周叩首起,复跪奏:"臣敢将忠佞二字剖析言之。夫人在君父前,独立敢言为佞,岂在君父前谀谄面谀为忠耶?忠佞不别,邪正淆矣,何以致治?"①

黄道周直言谏诤,分辨忠佞。忠为敢于谏诤者,而佞则是阿谀逢迎者。崇祯帝谓道周为佞,这定然是他所不能接受的。故黄道周亦直斥崇祯帝"忠佞不别,邪正混淆"。更何况,在上疏弹劾杨嗣昌三人之前的崇祯四年,魏党群小之辈即谋翻案,崇祯帝偏听偏信,罢黜主定魏党逆案的首辅钱龙锡,黄道周当时即为钱龙锡求情。崇祯一朝,朝廷内部的正邪之争非常激烈,的确需要黄道周这样的谏诤之臣。他在"事君章"注中所说"以尽忠匡救而谓之不忠",当与崇祯帝谓其为"佞"正相对应。

其次,这是黄道周对晚明政风、士风的批评。黄道周多次言及当时群臣之无人敢于劝谏,悲痛之情,难以言表。崇祯四年(1631),钱龙锡遭阉党诬陷,言其与袁崇焕为党,钱龙锡因此被议定大辟之罪。②黄道周上《救钱龙锡疏》,怒斥廷臣之不敢谏言的现象:

> 旧史称台省诸臣,自刘瑾摧折而后,不敢言事者一十四年。然而大礼议起,百僚廷争,不避鼎镬,虽人无灼见,而梗攀概顿挫,各自可观,未有一往莫违,大小收声,共托默容至于今日者也。臣素泥古,初出山不知世上经权何似,不知群臣值明主媕阿何故。窃观比来逮系旧辅钱龙锡,搴梏银铛,对簿法庭,抢首狱吏,群臣相视,哑无一言,此自

① 《明史·列传第一百四十三》卷二百五十五,第 6598 页。
② 《明史·列传第一百三十九》卷二百五十一,第 6486 页。

《孝经》与《四书》——宋明儒学的意涵新辟

书传以来所未经见也。①

又如他在崇祯十年(1637)奏疏中言及:

> 观自古忠尽之臣,竭力致身,有怀必尽,未有自欺其心以欺其君……
> 然观边围洊惊,寇攘式内,廉耻道衰,人心尽丧,……未闻有一臣敬申
> 一疏者,又安望其勘乱除凶、蠲冤解网、赞浩荡之恩、成霖雨之业乎?
> 以陛下宽仁,优容言路,犹且如此,盖自三百载、十三宗以来,未有士
> 气不扬、随风茅靡至于今日者矣。……君子之喜怒皆以拨乱,故争于
> 其大,不争于其细。今大犹不争,细故是竞。……大小臣工犹结舌不
> 语,使陛下焦劳于上,百姓展转于下,而诸臣括囊其间,稍有人心,宜
> 不至此也。臣非言官,默不违道,然受特恩,起自草莽,虽不以言自居,
> 天下犹以言责臣。②

朝廷无敢言之臣,即使是言官犹且如此,何况其他。人臣不尽言,即是自欺
其心以欺其君,即是不忠。于是,黄道周以言谏自居。正是因为敢于进言、
敢于谏诤的重要性,黄道周才说"谏诤之外无人才":

> 以臣区区,则谓敢谏之外必无人才,诚正之外必无学术,知言之
> 外必无治法,生为人臣,遭逢圣主,遇是非邪正之会,不敢一动其舌,
> 安望折冲万里之外乎?③

当然,他所说的谏诤有着具体规定。在"谏诤章"注中,黄道周考察"五经"

---

① 《黄漳浦文集》卷一,第1页。
② 《慎喜怒以回天疏》,《黄漳浦文集》卷二,第13页。
③ 《遵旨回奏疏》,《黄漳浦文集》卷三,第24页。

中的相关内容,认为"古皆无谏诤之礼"。然后指出,孟子所言"有故而去,反复而不听则去",近于谏诤之礼。而汉代贾谊所说的"太子既冠成人,免于保傅之严,则有司过之史,撤膳之宰。天子有过,史必书之",则可谓谏诤之礼。然后黄道周指出,自己所认同的是孔子所谓"讽谏",也即刘向在《说苑·正谏》中所说:"人臣所蹇,蹇为难,而谏其君者非为身也,将欲以匡君之过,矫君之失也。君有过世危亡之萌也,见君之过失而不谏,是轻君之危亡也。轻君之危亡,忠臣不忍为也。三谏不用则取,不去则身亡。身亡者,仁人所不为也。是故,谏有五……五曰讽谏。孔子曰:吾其从讽谏矣乎。夫不谏则危君,谏则危身,与其危君宁危身,危身而不用,则谏亦无功矣。智者度君权时,调其缓急,而处其宜,上不以危君,下不以危身,故在国而国不危,在身而身不殆。"①讽谏之说,正与《孝经》所说谏诤一致。正如子从父命,不可谓孝,臣从君命,也不可谓忠。黄道周在"事君章"的注释中说"宁使君取咎于天下万世,不欲当吾身失其禄位,则是以身之禄位重于君之社稷也",显然也是本于刘向《说苑》。正如孝子因爱亲而爱身,人臣爱君亦应爱身。正如"孝子之谏,达善而不敢争辩,争辩者,作乱之由兴也","(臣子)谏则近于犯上,谏而争辩则近于作乱",故臣子亦不争辩。②正如子之争于父,是思贻父母令名,臣子之争于君,也应当是为成君之名,以国家社稷为重,而不应当是为了自己之名。归根言之,臣子之争于君,是因为其自身担当着仁义之道。③黄道周屡屡强调忠臣孝子之谏诤,非为名,非为富贵,非为功利,也正是出于此原因。

这也是有着现实背景作为映衬的。崇祯十三年(1640),朝廷下旨逮系黄道周,道周作诗言:"生离死别不可知,友道君恩已如此。"在身陷囹圄时,未曾与其谋面的叶廷秀毅然上疏救援。《漳浦黄先生年谱》记载:

---

① 黄道周:《孝经集传》卷四,第233~234页。

② 黄道周:《孝经集传》卷四,第235页。

③ 黄道周:《孝经集传》卷四,第233页。

闻先生就逮，号于曹署曰："吾辈称冠进贤冠，今名贤罹厄，忍复坐视耶？"呼一曹不应，又呼一曹，呼已继之以骂，又复骂，又复呼。如此遍呼六曹毕，无一人应者。叶公乃挺身上疏，请自代先生。[1]

眼看着如钱龙锡等正人君子身临危境，大小廷臣哑口无言，自己的谏言又不为皇帝所用。而当自己上疏奏劾杨嗣昌、陈新甲夺情起复时，其谏言亦未被崇祯帝采纳，反扣上了"佞"的帽子。此后身陷危境，面临同样的群臣无言的境况，黄道周定然感触颇深，悲愤郁积。由于黄道周上疏弹劾杨嗣昌时，正是杨嗣昌入阁之时，本来黄道周为众望所归，东林人士甚至认为其定然能入阁，但最后崇祯帝任用了杨嗣昌，而非黄道周。所以在黄道周上疏弹劾杨嗣昌后，崇祯帝言："凡无所为而为者，谓之天理；有所为而为者，谓之人欲。尔三疏适当廷推不用时，果无所为乎？"黄道周对言："臣三疏皆为国家纲常，自信无所为。"[2]黄道周被定罪，说明崇祯皇帝当时还是认为黄道周是因为未为阁臣而有所怨忿。崇祯之意即是说，黄道周逞一己之私欲，而非顺应天理而为。对此，黄道周在拘于白云库时在手书《孝经定本》正文之后即言：

孝子忠臣，不忍毁伤其身，以伤君亲之心，居平将顺，上下相亲，有道无名，是极好事。大不已，宁毁伤一身不忍毁伤天下，当时隐忍，

---

① 《漳浦黄先生年谱》，《黄漳浦文集》，第73页。

② 《明史》卷二百五十五，第6597页。关于黄道周上疏弹劾杨嗣昌及其入狱始末，《明史》已有述，但仍不详备。辛德勇《记南明刻本西曹秋思——并发黄道周弹劾杨嗣昌事件之覆》（载《燕京学报》第18期，2005年5月），对这件事情的来龙去脉有详细叙述。从中可见，这一事件的大背景就是晚明东林党和魏党的斗争。就晚明《孝经》学对于杨嗣昌夺情起复的评价而言，吕维祺很可能与黄道周不同。吕维祺在《三陈表章孝经疏》中言："我皇上笃念宗亲，备极优渥，而顷有允阁臣杨嗣昌之奏，申检谆切，加以敕奖诫谕，可谓仁之至、义之尽。"以此劝谏崇祯帝颁布《孝经》，实行孝治。载吕维祺《孝经大全》卷二十，第474页。

负愿引罪,无开口处,直至后世,始有怜其苦心,白其行道者。故夫子两说扬名,皆在后世,明臣子当时实无邀名之心,君父当日能修身慎行,听其谏诤,聚天下之欢心以萃和平之福,则名归于君父,君父之心亦安,君父之名亦显矣。故篇中仲尼说"显亲",曾子只说"安亲"。曾子所云安亲者,盖指聚顺集欢、生安祭享而言,而不陷亲于不义,以保天下社稷,备见于此,凡人都说曾子省身,临深履薄。看"弘毅"一章,说出"仁以为己任,死而后已",于此道中如何担承,此书若无《谏诤》一篇,便是乐正子春、沈麟士、王祥、刘殷四族家训也。……如曾子学力,实实有享帝格庙,保全天下万世底意思。①

　　依《孝经》之意,本不该毁伤己身,但是若为天下故,则可隐忍毁伤。其弟子即曾疑虑为何尽忠以谏的臣子"苦口尽言反来摈逐,岂是道有未尽,抑有命存与?"黄道周回答说"对臣子言自然是道有未尽"②。从反躬自省的角度谈论臣子之尽忠孝之道。这其中已含"以身殉道"之意。为天下计,身灭而名在,此亦是孝。这段文字表露出了黄道周的心迹,既是自白之言,也是在劝谏崇祯帝。其意是说,自己的上疏谏诤,皆是为国家社稷计,为皇上计,为仁义之道计,并非为邀名,并非"有所为而为"。他对"谏诤章"的重视,正是因应着对于自身和时代遭际的深刻认识。从这个角度讲,黄道周对于"谏诤章"义旨的阐发,最能体现其《孝经》学之特色。

　　综上所论,黄道周以大传、小传的方式,对《孝经》进行注释,极大地扩充了《孝经》的义理内涵。但综观《孝经集传》一书,从未有明确引及理学家言者,不论是二程、朱熹,还是陆九渊、王阳明,都没有引及。反倒是能够看到黄道周多次引及董仲舒、贾谊之言,并称二人为"董生""贾生",由此可

《孝经》与《四书》——宋明儒学的意涵新辟

---

　　① 崇祯辛巳年,即崇祯十四年,黄道周于白云库(为刑部狱)手书《孝经》第二十八本。笔者所见此书题名为《黄忠端小楷孝经》,嘉庆年间朱咏斋所藏本。无页码。

　　② 《榕坛问业》卷五。

见黄道周受汉儒影响颇大。盖如刘咸炘之所言："公生于闽而好西汉诸儒之学，故其风务深而不广。"[①]如他对"贵道德而贱兵刑"的阐发，是受董仲舒之影响；对"谏诤章"的理解，则颇受贾谊、刘向影响。宋明理学诸儒擅长义理，而汉儒如董仲舒、贾谊、刘向则相对来说更擅长于阐发治国安邦之论。黄道周《孝经集传》中蕴含着丰富的经世情怀，其目的正在于治国安邦，故于汉儒之论多有所取，是必然的。而且他解释《孝经》所采取的近乎今文经学的方式，也使他能上接汉儒之学。而他将自己的生命体验，将对晚明时局的思考、对君臣关系的理解，都纳入对于《孝经》的解释中，透过《孝经集传》的字里行间，我们似乎能够清晰地看到黄道周的嬉笑怒骂：对于士风不振的批评，对于崇祯用人不当的悲愤，如此等等。这种种末世迹象，在他对于《孝经》所含儒家仁义之道的阐发和对比中都显现得无比清晰。执古之道以御今，通经以致用，这尤能体现晚明经学重躬行践履的精神。饶宗颐即透过黄道周而论明代经学之精神。他说：

> 元、明人治经，最重要还是实践工夫。……薛瑄说："考亭以还，斯道大明，无须著作，只须躬行耳。刘宗周献祈天永命说，南都亡，绝食死，自言："独不当与土为存亡乎？"黄道周举义旗而死，自言："此与高皇帝陵寝近，可死矣。"凡此皆正学、正气之所寄，明儒为贯彻义理，在实际行动上表现可歌可泣的牺牲精神……明人所殉的道，确实是从经学孕育出来，是经学与理学熏陶下放射出的"人格光辉"，在人类史上写出悲壮的一页。[②]

观黄道周之《孝经集传》，联系其生平所历，即可知这一评说是极为恰当的。黄道周之学行在后世流传不绝，正如其所自期，"名立于后世"。清初帝

---

① 刘咸炘：《刘咸炘学术论集·子学编》，第 574 页。
② 饶宗颐：《明代经学的发展路向及其渊源》，载《明代经学国际研讨会论文集》，第 22 页。

王表彰其为"忠孝完人",贺长龄亦推阐其《孝经》学;民国大儒马一浮对黄道周评价颇高,认为"自来说《孝经》,未有过于黄氏者"①。刘咸炘评价其《孝经》学则更为公允,谓:"其说《孝经》《礼记》则颇精审,敷衍推畅,虽或伤于凿,而贯穿之功多矣。吾谓世称公之经学当称其《孝经》,而不当称其《易》《诗》《春秋》。"②黄道周之思与行俱灌注于《孝经》之中,刘氏之言可谓切中肯綮。

① 马一浮:《复性书院讲录》,山东人民出版社,1998 年,第 109 页。
② 刘咸炘:《刘咸炘学术论集·子学编》,第 575 页。

第八章　马一浮"六艺论"
与《孝经》《四书》的意涵新辟

马一浮的"六艺论",包括了"六艺统摄于一心""六艺该摄一切学术""西来学术亦统于六艺"三大论点,马一浮试图取消古今中西一切学术分科,重建以"六艺"为标准的新学术体系,希望以"六艺"引领人类文化的未来。有学者指出,马一浮通过对以"六艺"为中心的儒学传统经典体系的重建,实现自己对传统儒学的基本精神和价值理想的回归。[①]若是具体考察其核心论点"六艺统摄于一心"则能发现,在"心—《孝经》—《论语》—'六艺'"独特的儒学该摄结构之中,也包括了对宋儒理学的回归。

学界对于马一浮"六艺论"的研究,大多集中于"六艺"如何"该摄"一切学术相关的解释,至于"心"是如何在"六艺"的结构之中发挥作用,则研究极少。[②]而其中的关键在于马一浮对《论语》与《孝经》二书的独特认识,目前只有郑国岱先生有部分涉及,他指出当前学术界还没有注意到"六艺"与"心"之间其实还有一个由《孝经》《四书》组成的该摄构造,然而正是

---

①　朱晓鹏:《论马一浮对六艺论儒学经典体系的重建》,《浙江社会科学》,2021 年第 3 期。

②　关于马一浮"六艺论"的"该摄"问题的主要著作有许宁《六艺圆融:马一浮文化哲学研究》(中国社会科学出版社,2008 年)、邓新文《马一浮六艺一心论研究》(上海古籍出版社,2009年)、刘乐恒《马一浮六艺论新诠》(上海古籍出版社,2015 年)等。

因为有了《孝经》与《四书》这一最高层的构造,才使得"六艺该摄诸学"有了一个坚实的学理支撑。①事实上,"心"与"六艺"之间的纽带实为《孝经》与《四书》中的《论语》,正是这两部经典该摄了"六艺",再由"六艺"去该摄其他的"诸学",这是关涉马一浮"六艺论"结构特点及其判教方法的关键,故而极有必要对这种"该摄"具体的结构及其背后所受宋儒理学的影响等问题,展开深入的研究。

第一节 《孝经》与《四书》该摄"六艺"

关于《四书》与《孝经》这两种重要的儒家经典,马一浮指出:"六艺之道,散在《论语》,总在《孝经》。"②"《孝经》总摄,《论语》散见。"③也即《孝经》与《论语》虽说都是"六艺"之"该摄",然而《孝经》为"总摄",更为简约;《论语》则为"散见",因其论及"六艺"之处分散而广博。马一浮另外还曾补充说:"匡衡上成帝疏谓'《论语》《孝经》,圣人言行之要',此以言为《论语》,行为《孝经》。"④也就是说《论语》其实与"六艺"一样,总体而言还是记述圣人之"言"多一些,而《孝经》则落实于"行",故极为难得。

对朱熹所创立的《四书》学,马一浮推崇备至,他说:"为学必先治经,治经必先《四书》,《四书》必以朱子《章句集注》为主。""经义如日月,朱注

《孝经》与《四书》——宋明儒学的意涵新辟

———————

① 郑国岱:《马一浮四书学的该摄系统探析》,《重庆文理学院学报》(社会科学版),2015年第3期。该文只是简要地讨论了以《论语》为《四书》学的根本、以《孝经》辅翼《论语》、以"六艺"该摄国学、以"六艺"该摄西来学术四个问题,但对于对《孝经》与《论语》如何"该摄""六艺",以及其中的结构与义理特点等问题则并未展开讨论。

② 马一浮:《论六艺该摄一切学术》,《泰和宜山会语》,《马一浮全集》第一册上,第13页。

③ 马一浮:《论孝经大义序说》,《马一浮全集》第一册下,第585页。

④ 马一浮:《孝经大义·略辨今古文疑义》,《复性书院讲录》卷三,《马一浮全集》第一册上,第181页。

如江河。"①在朱熹那里，虽然强调了"先读《大学》以定其规模"，然而接着便说"次读《论语》以立其根本"。②可见《论语》在朱子学体系之中的重要性，而马一浮对于《论语》的重视也与朱子一脉相承。关于《四书》与"六艺"的关系，他说：

> 据《论语》以说六艺，庶几能得其旨。孟子、荀卿皆身通六艺，然荀卿蔽于修而不知性。唯孟子道性善、言王政，为足以继《论语》。先儒取戴记《大学》《中庸》二篇以益之，谓之"四书"，万世不可易矣。朱注字字称量而出，深得圣人之用心。故谓治群经必先求之四书，治四书必先求之朱注。③

也即在《四书》系统之中，《论语》是必然的统领，以为孔门后学之中荀子"蔽于修而不知性"，也即在内圣的修身上的不足，故而不足以辅助《论语》，那么"身通六艺"的后学也就只能孟子了。《孟子》一书正好是"道性善"与"言王政"，内圣外王的结合正好补充《论语》。再加之《大学》与《中庸》，于是《四书》便成了"万世不可易"的经典组合，而朱子的注则"字字称量"，在马一浮看来可以得"圣人之用心"。他还说："《论语》之言简，《孟子》便详。""《论语》较《孟子》为简，孟子之时，固自有其不得已处。……《礼记》出七十子后学之手，《中庸》《大学》最好。"④《论语》与《孟子》的关系，其实只是"简"与"详"的关系，孟子所处时代与孔子不同，故而详尽论说。至于《大学》与《中庸》则为马一浮特别重视的《礼记》中最为重要的篇目。所以说，有了《孟子》《大学》《中庸》的辅翼，《论语》对"六艺"完全该摄，这也就

---

① 马一浮：《四书纂疏札记跋》，《马一浮全集》第二册上，第74页。
② 《朱子语类》卷十四，第249页。
③ 马一浮：《论语首末二章义》，《泰和宜山会语》，《马一浮全集》第一册上，第23页。
④ 马一浮：《六艺编》，《语录类编》，《马一浮全集》第一册下，第583、586页。

是《四书》对"六艺"的该摄。进一步,则《四书》起到了"判教"的作用:

> 《论语》"子所雅言,《诗》《书》执礼","兴于《诗》,立于礼,成于乐"。
> 如曰"可与言《诗》""卒以学《易》","不学《诗》,无以言""不学礼,无以立",
> "《诗》可以兴、观、群、怨""事父""事君"。《孟子》引孔子言"知我罪我,其
> 唯《春秋》","其义则吾窃取"。此见于《论》《孟》者,即判教之旨也。①

《论语》之中对于《诗》教、《书》教与《礼》《乐》教,以及《易教》与《春秋》之教,都作了系统的阐发,而《孟子》则引申孔子之言,作了一些补充,故而可以作为"六艺"的"判教之旨"。

马一浮系统讲述《孝经》与《四书》对于"六艺"的该摄作用,则是在《复性书院讲录》之中。《复性书院讲录》共分六卷,为其"六艺"论最为系统的讲述。卷一为《读书法》,卷二为《群经大义总说》与《论语大义》,卷三则为《孝经大义》,卷四卷为《诗教绪论》与《礼教绪论》,卷五为《洪范约义》,卷六为《观象卮言》。

卷一之《读书法》包括《通治群经必读诸书举要》一篇,其第一、二类即为《四书》与《孝经》,然而为《诗》《书》《礼》《乐》《易》《春秋》以及群经总义、子部、史部、诗文等类,亦可见其以《孝经》《四书》该摄"六艺"之意。

卷二之《论语大义》共计十篇:《诗教》《书教》《礼乐教上》《礼乐教中》《礼乐教下》《易教上》《易教下》《春秋教上》《春秋教中》《春秋教下》。分别阐述了《论语》之中的孔门弟子的讲论所对应的"六艺"具体方面,分别都是如何"该摄",已经做了非常具体阐述。

卷三之《孝经大义》共有七篇:《序说》《略辨今古文疑义》《释至德要道》《释五孝》《释三才》《释明堂》《原刑》。由于《孝经》篇幅较短,故讲稿相

---

① 马一浮:《群经大义总说》,《复性书院讲录》卷一,《马一浮全集》第一册上,第128页。

《孝经》与《四书》——宋明儒学的意涵新辟

三三八

当于高屋建瓴地将《孝经》完整阐述了一遍。

讲完《论语大义》续讲《孝经大义》，基本已经阐明"六艺"之道，故而后面几卷对于"六艺"的讲解，其实只是选讲相关篇目而已。卷四为"诗教"与"礼乐教"，包括《诗教绪论》与《礼教绪论》，前者又包括"序说"与《孔子闲居》释义"；后者又包括"序说""《仲尼燕居》释义"，值得注意的是马一浮未选讲《诗经》或"三礼"之篇目，而是从《礼记》之中选出了《孔子闲居》《仲尼燕居》两篇，分别用来阐述"诗教"与"礼教"之大义。

卷五为"书教"，仅收《洪范约义》，马一浮选讲《尚书·洪范》一篇，因《洪范》最难而历代注疏相对较少的缘故。

同样，卷六为"易教"，仅收《观象卮言》，马一浮认为从观象入手去把握"易教"之大义，推而广之则自可悟入。

整部《讲录》，其实体现的就是"六艺之道，散在《论语》，总在《孝经》"①的观点，故而在重点阐明《论语大义》，以《论语》贯通六艺之后，接着阐明《孝经大义》，也以《孝经》贯通六艺，而后阐明诗教与礼教则较为简明，也即所谓"绪论"，最后书教、易教则选择其中的枢纽之问题而加以阐发。

除了《复性书院讲录》，还有《尔雅台答问》之中《答张立民》，对于《四书》与《孝经》的重要性有一个说明，而其最为的就是《孝经》。其中说：

> "《论语》《孝经》，圣人言行之要。"乃匡衡上成帝疏中语。行在《孝经》《春秋》《纬钩命决》中，可信之言。《纬书》有精语。但凡近谶候者，不可信耳。汉人最重此经，特立博士。其文与《礼记》诸篇相类，如《孔子燕居》《仲尼闲居》，皆有某某侍之文。必出于七十子后学所记无疑。其中大义，孟子发挥最切。黄石斋作《集传》，立五微义、十二著义之说，亦能见其大。

---

① 马一浮：《论六艺该摄一切学术》，《泰和宜山会语》，《马一浮全集》第一册上，第13页。

《论语》与《孝经》都是圣人言行之最为紧要的文本,故而汉代的匡衡非常重视,且立为博士。特别是《孝经》,更是指导行为的重要参照。还有《礼记》之中的《孔子燕居》与《仲尼闲居》这两篇,也即《复性书院讲录》之中进行释义的两篇,则也是与《孝经》类似的。故而总的一个观念也就是上文提及的"六艺之道,散在《论语》,总在《孝经》"。马先生还说:

> 今欲直指人心,令其见性,必重此经,方可提持向上。人只是被习气私欲缠缚,故天理不得流行。若能于疾则致其忧,丧则致其哀之时,认得此心,当其哀痛迫切,但知有亲,不知有身,此时乃纯然天理,必无一毫人欲。阳明所谓致良知,如何致起?《孝经》所谓五致,此致字最亲切,大好体验。故为上而骄则亡,为下而乱则刑,在丑而争则兵,三者皆为不孝。今天下之患,约而言之,患亡、患乱、患兵而已。故凡有计较功利之私,皆不孝也,而可以为教乎?

此处所谓《孝经》"五致",也即"孝子之事亲,居则致其敬,养则致其乐,病则致其忧,丧则致其哀,祭则致其严",马一浮认为"致"字最额外亲切,讲出了其中的体验。"患亡、患乱、患兵",则为当时天下最大的祸患,然究其原因则都是"不孝"而引起,"计较功利之私"也是因为"不孝",所以马一浮反复强调了《孝经》作为"六艺之道"的总持意义。因为《孝经》"直指人心,令其见性",通过此经可以使人"提持向上"。因为个人的习气,私欲的缠绕、束缚,使得天理无法正常流行,于是必须要讲究孝道实行之中的一个"致"字,也即"五致"之道,从而"认得此心",从而"纯然天理"。

另外,马一浮此处还讲到了张载、程颐之理学,也对于《孝经》大义之阐发有重要意义。他说:"昔尝以《西铭》为《孝经》宗论,此义将来当于书院讲之。伊川作《明道行状》二语,尤其吃紧得力处。"所谓《西铭》可以成为《孝经》的"宗论",当指其中"民胞物与"的精神,而程颐的《明道先生行状》之中则有"知尽性至命,必本于孝弟"一句,确实可以作为理解《孝经》大义的"吃紧得力处"。可见马一浮对于《孝经》大义的认识,当是基于宋明儒学的再出发。

"六艺"之教的相互该摄,《论语》《孝经》可以该摄"六艺"等思路,马一浮亦非首创,比如程颐说:"学者当以《论语》《孟子》为本。《论语》《孟子》既治,则六经可不治而明矣。"①这句话当是启发马一浮以《论语》该摄"六艺"的关键。此外,如论及《春秋》教之时,他自己就多有说明:

> 胡文定曰:"《春秋》公好恶则发乎《诗》之情,酌古今则贯乎《书》之事,兴常典则体乎《礼》之经,本忠恕则导乎《乐》之和,著权制则尽乎《易》之变。百王之法度,万世之准绳,皆在此书。故五经之有《春秋》,犹法律之有断例也。"此言深为得之。所以言学《春秋》为穷理之要,不但不明《易》不能明《春秋》,不明《诗》《书》《礼》《乐》,又焉能明《春秋》? 得其旨者,知《春秋》即《易》也,亦即《诗》《书》《礼》《乐》也。……故《易》与《春秋》并为圣人末后之教,然其义旨即可于《论语》见之,引伸触类,不可胜穷。②

胡安国认为《春秋》好恶之公、古今之事、常典之经、忠恕之和、权制之变,本于《诗》《书》《礼》《乐》《易》,有了《春秋》一经,就有了"万世之准绳"。马一浮认为胡安国这段话深有所得,故而《春秋》为"穷理之要",明《春秋》之教,便能明《易》教,以及《诗》《书》《礼》《乐》四教。至于《易》与《春秋》之相互关系,马一浮所发展的是董仲舒的观点:

> 董生云:"不明乎《易》,不能明《春秋》。"《易》本隐以之显,《春秋》推见至隐;《易》以天道下济人事,《春秋》以人事反之天道:实则隐显

不二，天人一理。故《易》与《春秋》者，圣人之全体大用也。……今谓《春秋》大义当求之《论语》。《论语》无一章显说《春秋》，而圣人作《春秋》之旨全在其中。①

由此亦可知，马一浮的"六艺"相互该摄之论，亦是有原有本的，如胡安国等人的说法，正是其引申发挥的依据，可见马一浮之"六艺论"，正是宋儒之学的意涵新辟。

第二节 《论语》为"六艺"之纲领

马一浮既然楷定"六艺"即孔子之教，故而记录孔子言行的《论语》便自然地成为该摄"六艺"的总纲。所以他说："今当略举《论语》大义，无往而非六艺之要。"②"通治群经，当先求之《论语》，六艺之教，于《论语》中可得其纲领。"③《论语》对于"六艺"之教的"纲领"意义，马一浮也有反复说明：

六艺皆孔氏之遗书，七十子后学所传。欲明其微言大义，当先求之《论语》，以其皆孔门问答之词也。④

今当略举《论语》大义，无往而非六艺之要，若夫举一反三，是在善学。如闻《诗》而知《礼》，闻《礼》而知《乐》，是谓告往知来，闻一知二。⑤

《孝经》与《四书》——宋明儒学的意涵新辟

———

① 马一浮：《论语大义·易教下》，《复性书院讲录》卷二，《马一浮全集》第一册上，第160页。
② 马一浮：《论语大义·诗教》，《复性书院讲录》卷二，《马一浮全集》第一册上，第134页。
③ 马一浮：《论孝经大义序说》，《马一浮全集》第一册下，第569页。
④ 马一浮：《通治群经必读诸书举要》，《复性书院讲录》卷一，《马一浮全集》第一册上，第112页。
⑤ 马一浮：《论语大义·诗教》，《复性书院讲录》卷二，《马一浮全集》第一册上，第134页。

在马一浮看来，虽说"六艺"都是孔子之学，但毕竟是七十子、孔氏后学所传，于是便存在两个问题。其一，并非皆是孔子之亲传；其二，也正因为其间夹杂后学之传论，故而择焉不精。所以想要把握孔子思想之精髓，把握"微言大义"，还是要先求之于《论语》一书，因为其中记录都是孔门问答的精华。于是《论语》的地位，自然也就超越于"六艺"之上了。

"《论语》记孔子及诸弟子之言，随举一章，皆可以见六艺之旨"[1]，所谓的"随举一章"，先举两个例子。其一，马一浮按《论语》首章、二章之顺序而指点：

> 《论语》首章"说"与"乐"是《乐》教，……第二章"不好犯上而好作乱"云云是《春秋》教。依此说去，《论语》章章皆六艺之教，可发前贤所未发。[2]

此处说"《论语》章章皆六艺之教"，确实也是脉络分明。其二以《论语》首章、末章"六艺"始终之教、一贯之理：

> 首章曰"学而时习之，不亦说乎？有朋自远方来，不亦乐乎？"……悦意深微而乐意宽广，此即兼有《礼》《乐》二教义也；"人不知而不愠"……此是《易》教义也。
>
> 末章"不知命，无以为君子也"是《易》教义；"不知礼，无以立"是《礼》教义；"不知言，无以知人"是《诗》教义。[3]

关于马一浮对《论语》首末章的诠释，有学者认为是受到佛教华严宗的影

---

① 马一浮：《论语首末二章义》，《泰和宜山会语》，《马一浮全集》第一册上，第23页。
② 马一浮：《六艺编》，《语录类编》，《泰和宜山会语》，《马一浮全集》第一册下，第582页。
③ 马一浮：《论语首末二章义》，《马一浮全集》第一册上，第24、26页。

响,马一浮对华严宗范畴的运用,将《论语》理解成有始有终、统摄"六艺"的完整体系,最大限度地提升了《论语》的理论品格。①确实如此,《论语大义》之中也明确说了"义当求之《华严》而实具于《论语》"②。

至于《论语》如何贯通"六艺",则又分为两个层次:

> 故曰:"子所雅言,《诗》《书》,执礼,皆雅言也。""兴于《诗》,立于《礼》,成于乐。"言执礼不及乐者,礼主于行,重在执守,行而乐之即乐,以礼统乐也。言兴《诗》不及《书》者,《书》以道事,即指政事,《诗》通于政,以《诗》统《书》也。《易》为礼乐之原,言礼乐,则《易》在其中,故曰"明则有礼乐,幽则有鬼神"也。《春秋》为《诗》《书》之用,言《诗》《书》,则《春秋》在其中,故曰"《诗》亡然后《春秋》作"也。……故四教配四德,四德配四方,四方配四时,莫非《易》也,莫非《春秋》也。以六德言之即为六艺,《易》配中,《春秋》配和,四德皆统于中和,故四教亦统于《易》《春秋》。《易》以天道下济人事,《春秋》以人事反之天道,天人一也。③

《诗》《书》之教原本需要"执礼"而行,而《礼》与《乐》又密不可分,"以礼统乐";又以《诗》统"书",因为《诗》涉及《书》,从而《诗》可以通于政事;而《易》则为《礼》《乐》之原,《春秋》则为《诗》《书》之用,故而《诗》《书》与《礼》《乐》四教"亦统于《易》《春秋》",正好又是"《易》以天道下济人事,《春秋》以人事反之天道,天人一也"④。

有学者指出,马一浮强调"六艺"之教"散在《论语》",展现了两个向

《孝经》与《四书》——宋明儒学的意涵新辟

---

① 韩焕忠:《马一浮对〈论语〉的佛学解读》,《苏州大学学报》,2011 年第 1 期,第 64~67 页。
② 马一浮:《论语大义·春秋教下》,《复性书院讲录》卷二,《马一浮全集》第一册上,第 176 页。
③ 马一浮:《论语大义·诗教》,《复性书院讲录》卷二,《马一浮全集》第一册上,第 134~135 页。
④ 马一浮:《论语大义·诗教》,《复性书院讲录》卷二,《马一浮全集》第一册上,第 135 页。

度：一方面，究极"六艺"之根源在心性，而《论语》包含了"六艺"的心性根据，故有诠释的可能；另一方面，六艺是分散在《论语》中，孔门师生问答皆从不同方面体现了"六艺"之旨，故而有诠释的必要。①比如论《诗》《书》《礼》《乐》之教，确实涉及《论语》孔门师生不同的问答，也正好体现了"六艺"之教的多个方面，然而"六艺"之根源又在于心性，无论《诗》教，还是《易》与《春秋》之教，心性天道的展开才是其中相互该摄的关键所在。

一、《论语》与《诗》《书》《礼》《乐》之教

当然，《论语》的纲领意义，关键在于对于"六艺"之教的精神阐发，首先来看《论语》与《诗》教、《书》教以及《礼》《乐》教的关系。马一浮说：

> 《论语》有三大问目：一问仁，一问政，一问孝。凡答问仁者，皆《诗》教义也；答问政者，皆《书》教义也；答问孝者，皆《礼》《乐》义也。②

第一，《论语》与《诗》教。

马一浮认为《论语》之中凡是答问仁，皆是《诗》教。当然《论语》中的核心观念便是仁，而《诗》教则正是"令人感发起兴"，故可以"验仁"：

> 仁是心之全德，……故圣人始教，以《诗》为先。《诗》以感为体，令人感发兴起，必假言说，故一切言语之以感人者皆诗也。此心之所以能感者便是仁，故《诗》教主仁。说者、闻者同时俱感于此，便可验仁。

---

① 许宁：《马一浮对〈论语〉的现代诠释》，《浙江社会科学》，2017年第10期，第121~126页。
② 马一浮：《论语大义·诗教》，《复性书院讲录》卷二，《马一浮全集》第一册上，第134页。

"仁"作为"心之全德",而"六艺"之教则以《诗》为先,因为《诗》令人"感发兴起",甚至凡是可以令人感发的言语皆是诗,故《诗》教不局限于《诗》本身。

《论语》之中孔门高弟之问仁,孔子也常常以《诗》来启发他们:

> 学者第一事便要识仁,故孔门问仁者最多,而孔子一一随机而答,咸具四种悉檀,此是《诗》教妙义。如樊迟问仁,……仲弓问仁,孔子告以"敬恕"。仲弓亦一力担荷,此皆是兴之榜样。不如此,不足以为兴也。又如曾子闻"一贯"之言,直应曰"唯",及门人问,则告之曰:"夫子之道,忠恕而已矣。"此是自解作活计,如此方是"兴于《诗》",以其感而遂通,全不滞在言语边,而能得其旨也。子曰:"苟志于仁矣,无恶也。"又曰:"唯仁者好人,能恶人。"……自非见得端的,好恶安能如是之切。此皆《诗》教之义也。又问仁而告以"复礼",告以"敬恕",告以"能近取譬",此并是《诗》教。①

孔门弟子问学,最多的便是问仁,而孔子则因材施教随机而答,在马一浮看来正好与佛学所讲的"四种悉檀"相符,也即分别有不同的方法。具体而言,如樊迟、子贡、颜渊以及仲弓、曾子等高弟之问仁,答以"复礼""敬恕"等,各不相同,然又有一贯之道。如此方才是真正的"兴于诗",也即这种问答方式,不滞于言语,"感而遂通",都是《诗》教之义。马一浮还在指出孔子论仁之时,多有引《诗》以阐发:

> "仁速乎哉? 我欲仁,斯仁至矣。"引《诗》曰:"岂不尔思,室是远而。"为之说曰:"来之思也,夫何速之有?""绵蛮黄鸟,止于丘隅。"为之说曰:"于止,知其所止,可以人而不如鸟乎?"孺子之歌:"沧浪之水

① 马一浮:《论语大义·诗教》,《复性书院讲录》卷二,《马一浮全集》第一册上,第137页。

清兮，可以濯我缨；沧浪之水浊兮，可以濯我足。"子闻之曰："小子识之，清斯濯缨，浊斯濯足矣。"

引《诗》，以及不被收入《诗》的《孺子歌》(《沧浪歌》)，在马一浮看来，圣人说《诗》则都是一种"感物起兴"，"贵乎神解，其味无穷"：

> 诗人感物起兴，言在此而意在彼，故贵乎神解，其味无穷。圣人说《诗》皆是引申触类，活泼泼地。其言之感人深者，固莫非《诗》也。"天地感而万物化生"，仁之功也；"圣人感人心而天下和平"，诗之效也。满腔都是生意，满腔都是恻隐，斯可与识仁，可与言《诗》也。凡《论语》问仁处，当作如此会。①

《诗》的感兴，其实都是仁之所发，故而"活泼泼地"，满腔子都是"生意"，都是"恻隐"，故而可以"识仁"。天地、万物之生生不息，圣人言《诗》以"识仁"，故《论语》常常在答问仁之时引《诗》，《论语》也就可以作为体会《诗》教大义的关键了。

第二，《论语》与《书》教。

马一浮认为《论语》凡是答问政，皆是《书》教之义。至于《书》教之大义，则又可归结为"本"与"迹"之关系。他说：

> 《书》以道政事，尧、舜、禹、汤、文、武、周公所以治天下之道在是焉。孔子"祖述尧舜，宪章文武"，梦见周公，告颜渊以四代之礼乐，答子张以殷周损益"百世可知"，皆明从本垂迹，由迹显本之大端。政是其迹，心是其本。二帝三王，应迹不同，其心是一。

---

① 马一浮：《论语大义·诗教》，《复性书院讲录》卷二，《马一浮全集》第一册上，第137页。

今观《论语》记孔子论政之言，以德为主，则于本迹之说可以无疑也。尧、舜、禹、汤、文、武、周公、孔子之心，一也；有以得其用心，则施于有政，迹虽不同，不害其本，一也。后世言政事者，每规规于制度文为之末，舍本而言迹，非孔子《书》教之旨矣。《论语》"为政以德"一章，是书教要义。德是政之本，政是德之迹。"大哉！尧之为君，惟天为大，惟尧则之。""无为而治者，其舜也欤。"此皆略迹而言本。……《书》教之旨，以德为本明矣；而孔子之论政，皆原本于德，何莫非《书》教之义乎。

所谓"本迹之说"，也即马一浮认为《书》教之把握当有两个层面，一是迹，即制度、政事具体如何措施；另一是本，即制度、政事背后的道德观念。

《论语》之中讨论孔子"以德为本"之论政极多，马一浮举例有"哀公问何为则民服"，以及多则"季康子问政"，还说《尧曰》一篇，约尧、舜、禹、汤、武之言，皆修德责己之事，与此同旨"，从而强调了"孔子之告之，皆就其用心处直下针锤，可使一变至道。故曰《书》教之旨也"①。也就是说，《论语》之中讨论二帝三王之心，也即以德为政之本，如此方是《书》教之大义。换言之，尧、舜、禹、汤、文、武的治国之道本在修德，故马一浮说"从本垂迹，由迹显本。为《书》教之大义"：

> 学者必由迹以观本，而不徒滞其迹以求之，乃可以得圣人之用心。然后于"应迹不同，其致一也"之旨无惑也。如是乃可与言《书》，可与论政矣。

而《尚书》之《洪范》一篇，则代表了《书》教"为政以德"思想，于是马一浮《复性书院讲录》专门讲述了《洪范约义》。

《孝经》与《四书》——宋明儒学的意涵新辟

---

① 马一浮：《论语大义·书教》，《复性书院讲录》卷二，《马一浮全集》第一册上，第139~140页。

马一浮还从《论语》"道之以德，齐之以礼"，引申出"当知《书》教之旨，即是立于礼"，也即认为《书》《礼》二教相通：

> 伊尹之告太甲，傅说之告高宗，周公之告成王，其言又为如何？《礼运》曰禹、汤、文、武、成王、周公，此六君子者，未有不谨于礼者也。学至圣人，也只是个"谨于礼"，才有不谨，即便放倒，如何能立？故曰立身、曰立事、曰立政，皆谓确乎不拔，不为外物之所摇动，必有刚大之气，乃可语于立。子有"未见刚者"之叹。如曾子在孔门，可谓刚者，观其言可见，而曾子最谨于礼；仲弓宽弘简重，亦谨于礼者，许其可使南面。学者渐濡于《书》教之久，必能有见于此，而后知"立于礼"之言，与《书》教相通也。①

《论语》所论及的圣贤，其实与《礼记》之《礼运》提的"六君子"一样，都是从"立于礼""谨于礼"出发，然后才能实现其政事。而"刚大之气"则又需要《书》教之熏陶，孔门弟子如曾子、仲弓其实已经体现出《书》《礼》二教相通的重要影响。马一浮还说："二《戴记》中，七十子后学之徒记孔子论政之言，不可殚举，以《论语》准之，莫非《书》教义。"也即以《论语》为准绳，则大、小戴之《礼记》中记录孔子论政的话，也都可通于《书》教。所以当从《论语》出发，再到《礼记》，方能更好地体会孔子之《书》教。可见《论语》一书，对于指引《书》教当有重要的意义。

第三，《论语》与《礼》《乐》教。

马一浮认为《论语》中凡是答问孝者皆属于《礼》《乐》之教，他说："礼者，天地之序。乐者，天地之和。……五教之目，皆因其秉彝之所固有而导之，使亲睦逊顺，天性呈露，不能自已，则是和之至也。""礼乐之义，孰有大于此者乎？而行之必自孝弟始。"五教，也即父子有亲、君臣有义、夫妇有

---

① 马一浮：《论语大义·书教》，《复性书院讲录》卷二，《马一浮全集》第一册上，第142页。

别、长幼有序、朋友有信,礼乐之用在于人伦之和,故孝悌与礼乐之教密切相关。马一浮引程颐的话说:

> 伊川作《明道行状》云:"知尽性至命必本于孝弟,穷神知化由通于礼乐。"此以孝弟与礼乐合言,性命与神化并举。行孝弟,则礼乐由此生,性命由此至,神化由此出;离孝弟,则礼乐无所施,性命无所丽,神化无所行。故知孝弟则通礼乐矣,尽孝弟则尽性命矣,尽性命则穷神化矣。离此而言礼乐,则礼乐为作伪也;离此而言性命,则性命为虚诞也;离此而言神化,则神化为幻妄也。①

程颐已经将孝悌与礼乐合起来论说,故"行孝弟"则礼乐生,性命、神化皆由此而出,所以说孝悌可以通于礼乐。礼乐不可作伪,若礼乐作伪则性命、神化都会化幻妄,也即以孝悌为本,礼乐则为孝悌之施展,所以说:"孝弟之心,实万化之根原,至道之归极。"②接着马一浮又说:"礼乐之兴,皆孝弟之达也。继天立极,为事亲之终也;尽性至命,即孝子之成身也;穷神知化,即天道之不已也:礼乐之义,孰大于是?"由此可知,马一浮认为礼乐之兴,必然要有孝悌生发,事亲之道,也即孝子成身、天道不已之道,可见《礼》《乐》之大义,与《论语》论孝悌,以及《孝经》,都有着密切的关系。

关于孝悌为根本,马一浮还引《论语》而说:

> 有子曰:"君子务本,本立而道生。孝弟也者,其为仁之本欤?"孟子曰:"仁之实,事亲是也;义之实,从兄是也;知之实,知斯二者弗去是也;礼之实,节文斯二者是也;乐之实,乐斯二者,乐则生矣,生则恶

① 马一浮:《论语大义·礼乐教上》,《复性书院讲录》卷二,《马一浮全集》第一册上,第143~144页。
② 马一浮:《论语大义·礼乐教上》,《复性书院讲录》卷二,《马一浮全集》第一册上,第144页。

可已也。"有子、孟子之言,皆至精本实,皆直指本心之体。一切大用皆从此流出,故曰生。但有子单约行仁言,孟子则兼举四德而终之以乐,其义尤为该备。

《论语》与《孟子》二书正好相辅相成,有子的话只是讲明了"行仁"之根本在于孝弟,而孟子则从仁、义、知、礼四德来讲了孝悌之实,即"礼之实""乐之实"。故马一浮说他们"直指本心之体",礼乐之"生",皆从孝悌而流出,此即为"尽性知命""穷神知化"。

然而《论语》答问孝之中,马一浮又特别重视丧礼之要义:

> "宰我问三年之丧期已久矣"一章,是圣人吃紧为人处,即丧礼之要义也。"于汝安乎",先令反求诸心;"汝安,则为之",绝之严、责之深矣。及宰我出,子曰:"予之不仁也!子生三年,然后免于父母之怀。夫三年之丧,天下之通丧也,子也有三年之爱于其父母乎?"故非孝者无亲,为短丧之说者皆不仁之甚,圣人之所绝也。《礼记》"三年问"一篇,即明此章之义。①

"三年之丧"章,当为"圣人吃紧为人处",孔子虽也说到了心安与否,然更为看重的还是孝与仁,《礼记》"三年问"则是孔门后学进一步讲明《论语》此章之大义。此外马一浮还指出诸如《檀弓》《曲礼》《礼运》《乐记》等篇,也都在讨论丧祭之礼对于"系人心、合离散"的重要意义,他还说:"故厚于礼则治,薄于礼则乱,孝弟薄而丧祭之礼废,则倍死忘生者众。教民不倍,则必自重丧祭始矣。"可见孝悌与丧祭之礼极为重要,"三年之丧"章,以及《论语》"事死如事生""祭如在"等章,也都非常重要。

---

① 马一浮:《论语大义·礼乐教下》,《复性书院讲录》卷二,《马一浮全集》第一册上,第151页。

丧祭之礼,与教化民众密切相关,故礼乐与政事的关系,也是《论语》讨论的重要内容,马一浮亦由此而强调了"礼乐之原":

　　　　子夏问:"何如斯可谓民之父母?"孔子答以"必达于礼乐之原"。孝弟者,即礼乐之原也。《礼运》曰:"夫礼,必本于天,殽于地,列于鬼神,达于丧祭、射乡、冠昏、朝聘。"……由报本反始推之,极于天地;由仁民爱物推之,极于禽兽、草木:使各得其理,各遂其生。故伐一木、杀一兽不以其时,非孝也。斧斤以时入山林,网罟以时入川泽。仁政之行,必推致其极,然后可以充此心之量,尽礼乐之用也。①

　　孔子回答子夏,就是强调了礼乐对于政事的教化意义,这也与《礼记·礼运》所讲的礼乐与政事的关系是一致的。故"报本反始""仁民爱物",则天地、万物之生生不息,亦由孝弟之本出发。马一浮还说:"《论语》中凡言'不争'者,皆《礼》教义;凡言'无怨'者,皆《乐》教义。"②《乐记》也说:"乐至则无怨,礼至则不争。"所以说,《礼》《乐》之教,最为关键的就是"仁政之行",而孝弟则为"礼乐之原",由《论语》中的答问孝,再至于答问礼乐,便可明《礼》《乐》教义。

二、《论语》与《易》教、《春秋》教

　　马一浮说:"六艺实统摄一心,即是一心之全体大用也。《易》本隐以之显,即是从体起用;《春秋》推见至隐,即是摄用归体。故《易》是全体,《春

《孝经》与《四书》——宋明儒学的意涵新辟

---

　　① 马一浮:《论语大义·礼乐教下》,《复性书院讲录》卷二,《马一浮全集》第一册上,第150页。
　　② 马一浮:《论语大义·礼乐教下》,《复性书院讲录》卷二,《马一浮全集》第一册上,第153页。

秋》是大用。"①作为"六艺"之教的"全体大用"之关键,则《易》教、《春秋》教在马一浮"六艺"学之中有着特别重要的地位。

马一浮据《论语》说《易》教大义,具体则以《论语》之中"五十以学易""朝闻夕死""子在川上""予欲无言"四章,"使学者知圣人吃紧为人处,方识的学《易》当如何用力"②,展现学《易》吃紧用力之处,以及《易》教深广精微之处。

先来看《易教上》所举的前两句,马一浮认为正好说明了学《易》的工夫与效验:

> 今欲说《易》,先举一例,乃是绝好榜样。子曰:"加我数年,卒以学《易》,可以无大过矣。"又曰:"朝闻道,夕死可矣。"上句是指工夫,下句是指效验。此是何等语!……是时孔子年将七十,犹有"可无大过"之言。此是何等气象!"五十而知天命,六十而耳顺,七十而从心所欲,不逾矩",此必是七十以后之言。可知"无大过"与"不逾矩",是同是别,正好会取。"朝闻夕死",虽不知何时所言,然语脉却与此章一例,亦非早年之说可知也。圣人到七十之年,尚自居学地,其言如此,学者其可轻言已学已闻邪?③

"五十以学易"与"朝闻夕死",在马一浮看来上句指工夫,下句指效验。《史记》也记载孔子晚年好易,韦编三绝,"无大过"与"不逾矩"都是七十岁左右的气象,而"朝闻夕死"其语脉也当为七十岁,然而即便是圣人到了七十,也依旧"自居学地",故不可轻言"已学已闻"。马一浮接着还联系《系辞传》说"欲知学《易》之道,当求之'十翼'",诸如"惧以终始,其要无咎"等

---

① 马一浮:《论六艺统摄于一心》,《泰和宜山会语》,《马一浮全集》第一册上,第16页。
② 马一浮:《论语大义·易教下》,《复性书院讲录》卷二,《马一浮全集》第一册上,第160页。
③ 马一浮:《论语大义·易教上》,《复性书院讲录》卷二,《马一浮全集》第一册上,第154~155页。

等,体会与《论语》"可以无大过"之深意。关于"朝闻夕死",马一浮还从"死生之故"来阐发《易》教大义:

何以举"朝闻夕死"一章为《易》义?以欲明死生之故,必当求之于《易》。凡民皆以死生为一大事而不暇致思。求生而恶死,生不能全其理,死亦近于桎梏而非正命,此谓虚生浪死;唯闻道者则生顺而没宁,乃是死生之正。孟子所谓"尽其道而死者,正命也",《易》"穷理尽性以至于命",乃此所谓道也。闻非口耳之事,乃是冥符默证,澈法源底圆悟真常,在佛氏谓之了生脱死。"朝""夕"极言其时之近。闻道之人,胸中更无馀疑,性体毫无亏欠,则死生一也,岂复尚留遗憾?故谓生死如门开相似,若有一毫微细所知愚未断者,终无自由分,"朝闻"之事,岂易言哉!①

世人皆求生而恶死,却不能理会生之理,其死也多"近与桎梏",也就是所谓"虚生浪死",唯有闻道者才能如张载《西铭》所谓"生顺没宁",得死生之正,此即孟子说的"尽其道而死者,正命也",《周易》"穷理尽性以至于命"。马一浮还强调,闻道,不是口耳之间的知识,而是"冥符默证";"朝夕"则言其时间之近,闻道之人将死生看作一例,故不留遗憾。他还将《论语》"朝闻夕死"章,与《系辞传》"原始反终,故知死生之说"以及佛学之《楞伽经》等结合,从而阐明《易》教之大义。

再看马一浮在《易教下》中则阐发《易》教不可拘泥于象数、占筮,而当求之日用之间:"言《易》者,往往舍近而求诸远,遂以为神秘,以为幽玄,泥于象数,拘于占筮,终身不得其旨,而不知日用之间,无往而非易也。"②这一要义,具体则体现为常与变、言与意之辨析,亦可从《论语》中加以把握:

① 马一浮:《论语大义·易教上》,《复性书院讲录》卷二,《马一浮全集》第一册上,第156页。
② 马一浮:《论语大义·易教下》,《复性书院讲录》卷二,《马一浮全集》第一册上,第157页。

今举"子在川上"章略显此理，此即于迁流中见不迁，于变易中见不易也。逝者如斯夫，是法、喻并举。"逝"言一切法不住也，"斯"指川流相。一切有为诸法，生灭行相，逝而无住，故非常；大化无为，流而不息，不舍昼夜，故非断。法尔双离断常，乃显真常不易之实理。①

以佛学会通《论语》"逝者如斯夫"章，则可明变与常之理。"于迁流中见不迁，于变易中见不易"，"逝"指一切现象不停留，"斯"则指川流，故非常、非断，只有"双离断常"，才能显现"真常不易之实理"，这也就是《易》之大义：

再举"予欲无言"一章，以显性体本寂而神用不穷。离于言说，会者当下即是，不会者只在言语边取。如子贡曰："子如不言，则小子何述焉?"孔子不惜眉毛，即就现前与之点破，可惜子贡无后语，故谓"夫子之言性与天道，不可得而闻"。不知"四时行""百物生"，即此全是天道，岂别有一个性与天道?又岂假言说方显邪?……明明示人简易，不待言说，而人自不荐，圣人亦未如之何。故曰："书不尽言，言不尽意。"……以《系辞传》与"无言"章对勘，而后圣人之意可知也。知《易》是最后之教，此章亦是圣人最后之言。②

马一浮又将"予欲无言"章与《周易·系辞传》之"无言"章加以对勘，从而揭示《易》教之言意之辨，并以此章为"圣人最后之言"。然而子贡不解孔子所言之简易，才说"夫子之言性与天道，不可得而闻"，实则"四时行""百物生"即"全是天道，岂别有一个性与天道"。换言之，《易》教"示人简易"，不可拘泥于言语，从《论语》"予欲无言"章可知，日用之间全是天道，全是

① 马一浮：《论语大义·易教下》，《复性书院讲录》卷二，《马一浮全集》第一册上，第158页。
② 马一浮：《论语大义·易教下》，《复性书院讲录》卷二，《马一浮全集》第一册上，第159页。

《易》教，并非"假言说方显"。

　　至于如何可据《论语》略明《春秋》义，马一浮说：

　　　　今谓《春秋》大义当求之《论语》。《论语》无一章显说《春秋》，而圣
人作《春秋》之旨全在其中。①

《春秋》原本为孔子晚年所编定，故《论语》之中没有明确讨论《春秋》一书
的章节，但是所谓《春秋》"书法"，则在《论语》之中都有所体现，也即孔子
作《春秋》之旨意所在，应当从《论语》之中体会。然而马一浮也强调了孟子
对孔子《春秋》大义的概括，他说：

　　　　今先引《孟子》"公都子问好辨"章。孟子言："天下之生久矣，一治
一乱。"从禹抑洪水，周公兼夷狄，驱猛兽，说到孔子作《春秋》，以《春
秋》为天子之事；又从"人之所以异于禽兽者几希，庶民去之，君子存
之"，因言舜"明于庶物，察于人伦"，历叙禹、汤、文、武、周公之德，说
到《诗》亡而后《春秋》作。所谓"其义则丘窃取之"者，意以孔子作《春
秋》乃所以继诸圣，《春秋》之义，即诸圣之道也。其言之郑重分明如
此，非孟子孰能及之？《公羊》《繁露》虽有精到处，未有闳深博大如此
者也。学者须先明孟子之言，然后可以求《春秋》之义，于《论语》、于
《易》，皆可触类而引申之。孟子引孔子曰："道二，仁与不仁而已矣。"
仁是君子之道，不仁是小人之道。凡圣之辨，义利之辨，夷夏之辨，治
乱之辨，王霸之辨，人禽之辨，皆于是乎分途。②

关于《春秋》大义，则《孟子》一书正好可以继述《论语》，特别是在"公都子

①　马一浮：《论语大义·春秋教上》，《复性书院讲录》卷二，《马一浮全集》第一册上，第160页。
②　马一浮：《论语大义·春秋教上》，《复性书院讲录》卷二，《马一浮全集》第一册上，第161页。

《孝经》与《四书》——宋明儒学的意涵新辟

问好辨"章,对孔子之所以作《春秋》有较多讨论。所谓"《诗》亡而后《春秋》作",孔子也是不得已,以《春秋》继禹、汤、文、武、周公诸圣,《春秋》大义也即诸圣之道。具体而言,《春秋》大义就在于君子、小人之道,以及义利之辨、夷夏之辨、人禽之辨等。这些确实都在《论语》之中曾有讲述,而《孟子》则继续,故把握《论语》以及《孟子》与《易》的会通,则能更好地把握《春秋》大义。

关于《春秋》与"六艺"的关系,马一浮引申胡安国之意,亦有明确的说明:

> 胡文定曰:"《春秋》公好恶则发乎《诗》之情,酌古今则贯乎《书》之事,兴常典则体乎《礼》之经,本忠恕则导乎《乐》之和,著权制则尽乎《易》之变。百王之法度,万世之准绳,皆在此书。故五经之有《春秋》,犹法律之有断例也。"此言深为得之。所以言学《春秋》为穷理之要,不但不明《易》不能明《春秋》,不明《诗》《书》《礼》《乐》,又焉能明《春秋》?得其旨者,知《春秋》即《易》也,亦即《诗》《书》《礼》《乐》也。知不学法律,焉能断案?故《易》与《春秋》并为圣人末后之教,然其义旨即可于《论语》见之,引伸触类,不可胜穷。今特举一端,以助寻绎而已。①

胡安国认为《春秋》一经,包括了公好恶、酌古今、兴常典、本忠恕、著权制,分别发明了《诗》《书》《礼》《乐》《易》之义理,故《春秋》非常重要。马一浮非常认同胡安国,明《春秋》之义旨,也就必须明《易》以及《诗》《书》《礼》《乐》,特别是《易》与《春秋》合为"全体大用",则在"六艺"之中尤其重要。至于《春秋》三传,马一浮认为各有特点,"自以《公羊传》为主,《谷梁》次之,《左氏》述事,同于《国语》而已。自杜预独尊《左氏》而《春秋》之义益晦。

---

① 马一浮:《论语大义·春秋教中》,《复性书院讲录》卷二,《马一浮全集》第一册上,第164~165页。

至啖、赵始非杜氏,兼用三传,得伊川、胡文定而后复明"①。也即《公羊传》最精,《谷梁传》次之,至于《左传》则详于事而疏于理,到了宋代的程颐及其后学胡安国,则重新讲明《春秋》大义,事实上则马一浮对董仲舒、胡安国等人的《春秋》学都非常看重:"今谓《公羊》遗义,当求之《繁露》,'弃周之文,反殷之质',准以《论语》'吾从先进''十世损益''四代礼乐'义可推知。……学者且宜熟玩《公》《谷》《胡传》,须使义精仁熟,乃有以得圣人之用心。"②然而《春秋》义旨,还得从《论语》去引伸触类。

马一浮指出,《春秋》之义旨,皆已隐含在《论语》之中:

> 约而言之,《春秋》之大用在于夷夏进退、文质损益、刑德贵贱、经权予夺,而其要则正名而已矣。"必也正名"一语,实《春秋》之要义。③

《春秋》一书的"大用",也就是《论语》已经讲明的夷夏之辨等问题,而最核心的要义则为"正名",这些确实是孔子在《论语》中反复申明的,故而以《论语》相关篇章之义理来读《春秋》则不至于为史实所迷失。接着,马一浮便"依《论语》略说《春秋》义",具体列举《论语》相关章节,分别从夷夏进退义、文质损益义、刑德贵贱义、经权予夺义来加以讲述,并指出从这四门,"以一反三,可至无尽"。比如"夷夏、进退义"这门,马一浮先举例《论语》,而后再结合董仲舒《春秋繁露》以及《公羊传》等来阐明:

> 《论语》曰:"夷狄之有君,不如诸夏之无也。"此在正名,大义有二科:一正夷夏之名,一正君之名。《春秋》不予夷狄为礼,是以无礼为夷狄也。

① 马一浮:《论语大义·春秋教上》,《复性书院讲录》卷二,《马一浮全集》第一册上,第160页。

② 马一浮:《通治群经必读诸书举要》,《复性书院讲录》卷一,《马一浮全集》第一册上,第119页。

③ 马一浮:《论语大义·春秋教下》,《复性书院讲录》卷二,《马一浮全集》第一册上,第176页。

故晋伐鲜虞则狄之，恶其伐同姓也。郑伐许则狄之，恶其伐丧叛盟也。……《繁露》曰："晋变而为夷狄，楚变而为君子，故移其辞以从其事。"

伯莒之战，《公羊》曰："吴何以称子？夷狄也，而忧中国"。及"吴入楚，何以不称子？反夷狄也。"其进退之速如此。且楚为文王师鬻熊之后，吴为仲雍之后，固神明之胄也，何以夷之？此见诸夏与夷狄之辨，以有礼义与无礼义为断，而非以种族国土为别，明矣。《公羊》立七等进退之义，准此可知。①

在马一浮看来，《春秋》诸夏、夷狄之辨，就在于"有礼义与无礼义"，而非"种族国土为别"，这也是他特别重视《春秋繁露》与《公羊传》的原因所在。

接着的"文质损益义"，马一浮指出"此义在《论语》甚显，而后儒说《春秋》者多为曲说"②。他认为关键在于"礼乐"与"文质"的关系，故举例《论语》来重新论证《春秋》大义。"刑德贵贱义""经权予夺义"这两门也是如此，申明《论语》中孔子之本义，从而明晰《春秋》大义，此理路确实是《春秋》学所应当深切体会的。

第三节　《孝经》为"六艺"之总会

在马一浮看来，《孝经》对"六艺"的该摄意义极为重要："《孝经》一篇，实六艺之总归，所以谓之至德要道，以顺天下也。"③加之上面提及的"总会"或"总归""总摄"，都在强调《孝经》之"总"的该摄性，具体而言则《孝

---

① 马一浮：《论语大义·春秋教中》，《复性书院讲录》卷二，《马一浮全集》第一册上，第167~168页。
② 马一浮：《论语大义·春秋教下》，《复性书院讲录》卷二，《马一浮全集》第一册上，第169页。
③ 马一浮：《论语大义·礼乐教上》，《复性书院讲录》卷二，《马一浮全集》第一册上，第143页。

经》的重要性，一在文本的简约，一在专门讲述儒家"行仁之道"的践行，这正是"六艺"所缺失的。

先来看后者，《孝经》所讲践行与"六艺"之关系，马一浮说：

> 《孝经》始揭父子之性，在《诗》曰"秉彝"，在《书》曰"降衷"，在《易》曰"各正性命"，在《中庸》曰"天命之谓性"。孟子曰："尽其心者，知其性也；知性则知天矣。"此而不知，故于率性之道、修道之教皆莫知其原，遂以万事万物尽为爱恶攻取之现象，而昧其当然之则，……如或患之，盍亦反其本邪？曷为反其本？由六艺之道，明乎自性而已矣。曷由而明之？ 求之《孝经》斯可明矣。①

《孝经》从揭示父子之天性开始，而这种天性在《诗》《书》《易》《中庸》《孟子》等典籍之中也都有涉及，只是表述各有不同，若需要探求其本原，反归其本，则还在于讲明《孝经》之大义。由此可知，马一浮所倡导的"六艺之道"，其落脚点在于"明乎自性"，故而必须落实在《孝经》之上，他还说："吾人性德本自具足，本无纤毫过患，唯在当人自肯体认。与其广陈名相，不若直抉根原。故博说则有六艺，约说则有《孝经》。"②人之德性"本自具足"，故而关键在于自己去体认，"六艺"说得太博，所谓"广陈名相"，反而不如由博返约，从《孝经》之中去"直抉根原"。于是马一浮在说明《孝经》为"六艺"之"总会"的同时，其实还在强调《孝经》作为"行道"之践履的一面，也即"六艺"论及"德性"说得"博"，然而关键还在于"行"之"约"，故必须重视《孝经》：

> 六艺皆以明性道、陈德行，而《孝经》实为之总会。德性是内征属

① 马一浮：《孝经大义·序说》，《复性书院讲录》卷三，《马一浮全集》第一册上，第178页。
② 马一浮：《孝经大义·序说》，《复性书院讲录》卷三，《马一浮全集》第一册上，第178页。

知,行道是践履属行。知为行之质,行是知之验。德性至博,而行之则至约。当其行时全知是行,亦无行相可得。故可以行摄知,以德摄德,以约摄博。如耳目口体,并是心摄;视听言貌,并是思摄;制度文为,并是礼摄;家国天下,并是身摄。明此则知《诗》《书》之用,《礼》《乐》之原,《易》《春秋》之旨,并为《孝经》所摄,义无可疑。①

马一浮还认为《孝经》对"六艺"的"总摄",细分包括了三个方面:"以行摄知""以德摄德""以约摄博"。他又指出"《诗》《书》之用,《礼》《乐》之原,《易》《春秋》之旨",从"六艺"之发用、本原、要旨三者来强调,故而说《孝经》能"该摄""六艺"之教。马一浮另外还说:

> 《孝经》之文甚约而义至大。一言而可该性德之全者曰仁,一言而可该行仁之道者曰孝。故有子曰:"君子务本,本立而道生。孝弟也者,其为仁之本欤!"孟子曰:"尧舜之道,孝弟而已矣。"举本该末,摄用归体,于《孝经》见之。《孝经钩命决》引孔子曰:吾"志在《春秋》,行在《孝经》。"明一切行门皆从孝起,大用无尽,会其宗趣,皆摄归于孝也。《尚书》叙尧德"首亲九族",舜"克谐以孝"。《诗》教之旨在"事父事君"。《易》显天地人之道,有父子然后有君臣上下,礼义有所错。《春秋》经世大法在诛乱臣贼子。至礼乐之实,孟子之言最为直抉根源,本此以求礼意,无不贯洽。故郑氏以《孝经》为六艺总会之说,实为得之。《六艺论》云:"孔子以六艺题目不同,指意殊别,恐道离散,后世莫知根源,故作《孝经》以总会之。"②

---

① 马一浮:《孝经大义·序说》,《复性书院讲录》卷三,《马一浮全集》第一册上,第178页。

② 马一浮:《孝经大义·略辨今古文疑义》,《复性书院讲录》卷三,《马一浮全集》第一册上,第179~180页。

《孝经》文字"甚约"，其大义则可以该摄"性德之全"也即"仁"，可以该摄"行仁之道"也即"孝"，这就是马一浮反复说的践行仁德必从孝悌之道开始，如此才能"举本该末，摄用归体"。《论语》"君子务本"一句，与《孟子》"尧舜之道，孝弟而已矣"等，都说明了孝悌的重要性，《孝经》亦可作为《春秋》之"志"落实于"行"的关键文本。

再者，一切践行"皆从孝起"，体会其中的"宗趣"，则又当结合"六艺"，在马一浮看来则《尚书》论尧、舜，《诗》教"事父事君"，《易》教从"天地人之道"到"父子""君臣"之礼义，《春秋》说的"诛乱臣贼子"，都说明了《孝经》作为"六艺"之"总会"的重要地位。马一浮又引了郑玄《六艺论》的话，强调孔子担忧"六艺"之道离散而失根源故作《孝经》，也即作为"总会"的《孝经》在儒家典籍之中起到了最为重要的该摄作用。所以马一浮还说：

> 故曰："孝，德之本也。"举本而言，则摄一切德。"人之行，莫大乎孝"，则摄一切行。"教之所由生"，则摄一切教。"其教不肃而成，其政不严而治"，则摄一切政。五等之孝，无患不及，则摄一切人。"通于神明，光于四海，无所不通"，则摄一切处。大哉！《孝经》之义，三代之英，大道之行，六艺之宗，无有过于此者。故曰："圣人之德，又何以加于孝乎？"①

将《孝经》称作"三代之英"与"六艺之宗"，地位确实是无以复加了。马一浮还指出，自从汉代以来，《孝经》与《论语》并称，也就成为儒家最为重要的经典，上文已经提及《论语》"散"而"博"，而《孝经》则"总"而"约"，也正因为其过于"约"，故马一浮认为需要更为全面地阐发其中的"根本大义"：

---

① 马一浮：《孝经大义·序说》，《复性书院讲录》卷三，《马一浮全集》第一册上，第179页。

自汉以来,皆与《论语》并称,先儒虽有疏释,其于根本大义,似犹有引而未发,郁而未宣者。故今继《论语》之后略说此经,此为向上提持之要,使学者知六艺之教,约归于行,而后于时人诬罔之说,可昭然无惑也。①

他明确指出《孝经》的特点是"约",《论语》的特点是"博",《孝经》的特点就是偏向于"行",故而相对《论语》则为"约"。将《〈孝经〉大义》与《〈论语〉大义》二者结合起来,便可明白在马一浮那里,《论语》可以直接而全面地该摄"六艺",而《孝经》则是由博返约,起到"向上提持"的作用。

除了《复性书院讲录》,《尔雅台答问》之中《答张立民》,对于《孝经》的重要性还有一个说法可以作为补充。其中说:"'《论语》《孝经》,圣人言行之要'乃匡衡上成帝疏中语。行在《孝经》,《孝经纬钩命决》中可信之言,必出于七十子后学所记无疑。"②《论语》与《孝经》都是圣人言行之最为紧要的文本,故而汉代的匡衡非常重视,且立为博士。特别是《孝经》,更是指导行为的重要参照。还有《礼记》之中的《孔子燕居》与《仲尼闲居》这两篇,也即《复性书院讲录》之中进行释义的两篇,则也是与《孝经》类似的。还提及被他编入《群经统类》黄道周《孝经集传》,将之作为《孝经》诠释类的代表,则是因为其中的五微义、十二著义发挥《孝经》之义"能见其大"。故而总的一个观念也就是上文提及的"六艺之道,散在《论语》,总在《孝经》"。此处还说:

今欲直指人心,令其见性,必重此经,方可提持向上。人只是被习气私欲缠缚,故天理不得流行。若能于"病则致其忧,丧则致其哀"之

---

① 马一浮:《孝经大义·序说》,《复性书院讲录》卷三,《马一浮全集》第一册上,第179页。

② 马一浮:《答张立民》,《尔雅台答问》,《马一浮全集》第一册下,第397~398页。

时认得此心,当其哀痛迫切,但知有亲,不知有身,此时乃纯然天理,必无一毫人欲。阳明所谓致良知,如何致起?《孝经》所谓五致,此致字最亲切,大好体验。故"居上而骄则亡,为下而乱则刑,在丑而争则兵"三者皆为不孝。今天下之患,约而言之,患亡、患乱、患兵而已。故凡有计较功利之私,皆不孝也,而可以为教乎?

此处所谓《孝经》"五致",也即"孝子之事亲,居则致其敬,养则致其乐,病则致其忧,丧则致其哀,祭则致其严",马一浮认为"致"字最额外亲切,讲出了其中的体验。"患亡、患乱、患兵",则为当时天下最大的祸患,然究其原因则都是由"不孝"而引起,"计较功利之私"则也是因为"不孝",所以马一浮反复强调了《孝经》作为"六艺之道"的总持意义。因为《孝经》"直指人心,令其见性",通过此经则可以使人"提持向上"。因为个人的习气,私欲的缠绕、束缚,使得天理无法正常流行,于是必须要讲究孝道实行之中的一个"致"字,也即"五致"之道,从而"认得此心"之"纯然天理"。

第四节　余　论

至于《论语》《孝经》可以该摄"六艺",以及"六艺"之教的相互该摄等思路,亦非马一浮凭空独创。比如程颐说:"学者当以《论语》《孟子》为本。《论语》《孟子》既治,则六经可不治而明矣。"[1]这句话当是启发马一浮以《论语》该摄"六艺"的关键。关于《孝经》,马一浮先生曾在《与张立民书》中提到了张载、程颐之理学,对其《孝经》大义之阐发有重要意义。他说:"昔尝以《西铭》为《孝经》宗论,此义将来当于书院讲之。伊川作《明道行状》二

---

① 程颐:《明道先生行状》,《河南程氏文集》卷第十一,《二程集》,第638页。

语,尤其吃紧得力处。"①所谓《西铭》可以成为《孝经》的"宗论",当指其中"民胞物与"的精神,而程颐的《明道先生行状》之中则有"知尽性至命必本于孝弟,穷神知化由通于礼乐"②二句,确实可以作为理解《孝经》大义的"吃紧得力处"。

关于《春秋》与"六艺"的关系,马一浮其实是引申了胡安国之意,因为胡安国认为《春秋》好恶之公、古今之事、常典之经、忠恕之和、权制之变,本于《诗》《书》《礼》《乐》《易》之义理,故有了《春秋》一经,就有了"万世之准绳"。马一浮认为胡安国这段话深有所得,故而《春秋》为"穷理之要",明《春秋》之教,便能明《易》教,以及《诗》《书》《礼》《乐》四教。③然欲明《春秋》之义旨,也就必须明《易》以及《诗》《书》《礼》《乐》,特别是《易》与《春秋》合为"全体大用",则在"六艺"之中尤其重要。至于《春秋》三传,马一浮认为各有特点:"自以《公羊传》为主,《谷梁》次之,《左氏》述事,同于《国语》而已。自杜预独尊《左氏》而春秋之义益晦。至啖、赵始非杜氏,兼用三传,得伊川、胡文定而后复明。"④也即《公羊传》最精,《谷梁传》次之,至于《左传》则详于事而疏于理,到了宋代的程颐及其后学胡安国,则重新讲明《春秋》大义。至于《易》与《春秋》之相互关系,马一浮发展的是董仲舒的观点:

董生云:"不明乎《易》,不能明《春秋》。"《易》本隐以之显,《春秋》推见至隐;《易》以天道下济人事,《春秋》以人事反之天道:实则隐显不二,天人一理。故《易》与《春秋》者,圣人之全体大用也。……今谓《春秋》大义当求之《论语》。《论语》无一章显说《春秋》,而圣人作《春

① 马一浮:《答张立民》,《尔雅台答问》,《马一浮全集》第一册下,第397~398页。
② 程颢、程颐:《二程遗书》卷二十五,《二程集》,第328页。
③ 马一浮:《论语大义·春秋教中》,《复性书院讲录》卷二,《马一浮全集》第一册上,第164~165页。
④ 马一浮:《论语大义·春秋教上》,《复性书院讲录》卷二,《马一浮全集》第一册上,第160页。

秋》之旨全在其中。①

由此亦可知，马一浮的"六艺"相互该摄之论，亦是有原有本的，特别是胡安国的说法，正是其引申发挥的依据，再由胡安国而上溯到董仲舒。可见马一浮之"六艺论"，正是宋儒理学的意涵新辟。

综上所述，马一浮对于《孝经》与《论语》以及《四书》对于"六艺"的种种该摄作用的理解，虽然也有佛教华严宗的影响，但更多则是来自宋儒张载、程颐、胡安国以及朱熹的《四书》学，故而他的"六艺一心论"，倡导"言为《论语》，行为《孝经》"，将《孝经》与《论语》视为联结"心"与"六艺"的纽带，从而建构"心—《孝经》—《论语》—'六艺'"独特的儒学该摄结构，由此结构为核心的"六艺一心论"，其实就是基于宋儒理学的再出发。

《孝经》与《四书》——宋明儒学的意涵新辟

① 马一浮：《论语大义·春秋教上》，《复性书院讲录》卷二，《马一浮全集》第一册上，第160页。

参考文献

一、典　籍

1.班固:《汉书》,中华书局,1962 年。

2.卞僧慧:《吕留良年谱长编》,中华书局,2003 年。

3.陈澧:《陈澧集》,上海古籍出版社,2008 年。

4.陈寿:《三国志》,中华书局,1982 年。

5.陈埴:《木钟集》,《文渊阁四库全书》第 703 册,台湾商务印书馆,1986 年。

6.程颢、程颐:《二程集》,王孝鱼点校,中华书局,1981 年。

7.戴望:《戴氏注论语》,《续修四库全书》第 157 册,上海古籍出版社,2003 年。

8.戴望:《颜氏学记》,刘公纯标点,中华书局,1958 年。

9.戴震:《戴震文集》,中华书局,1980 年。

10.戴震:《孟子字义疏证》,何文光点校,中华书局,1982 年。

11.房玄龄:《晋书》,中华书局,1974 年。

12.顾炎武:《顾炎武全集》,上海古籍出版社,2011 年。

13.郭嵩焘:《郭嵩焘全集》,岳麓书社,2018 年。

14.韩愈:《韩昌黎文集》,上海古籍出版社,2014 年。

15.何良俊:《四友斋丛说》,中华书局,1959 年。

16.胡炳文:《四书通》,《文渊阁四库全书》第 203 册,台湾商务印书馆, 1986 年。

17.胡广、金幼孜、杨荣祥纂修:《四书大全校注》,周群、王玉琴校注,武汉大学出版社,2009 年。

18.皇侃:《论语义疏》,高尚榘点校,中华书局,2013 年。

19.黄道周:《黄道周集》,翟奎凤等点校,中华书局,2017 年。

20.黄道周:《孝经集传》,《文渊阁四库全书》第 182 册,台湾商务印书馆,1986 年。

21.黄溍:《黄溍全集》,天津古籍出版社,2008 年。

22.黄宗羲:《黄宗羲全集》,沈善洪主编、吴光执行主编,浙江古籍出版社,2005 年。

23.黄宗羲、全祖望:《宋元学案》,中华书局,1986 年。

24.黄宗炎:《周易象辞》,《景印文渊阁四库全书》第 40 册,台湾商务印书馆,1986 年。

25.惠栋:《九经古义》,《景印文渊阁四库全书》第 191 册,台湾商务印书馆,1986 年。

26.嵇康:《嵇康集校注》,戴明扬校注,中华书局,2014 年。

27.江藩:《国朝汉学师承记》,中华书局,1983 年。

28.江永:《四书典林》,《续修四库全书》第 166 册,上海古籍出版社,2003 年。

29.焦循:《焦循诗文集》,刘建臻点校,广陵书社,2009 年。

30.焦循:《孟子正义》,沈文倬点校,中华书局,2017 年。

31.李翱:《李文公集》,上海古籍出版社,1993 年。

32.李国祥、杨昶主编:《明实录类纂》文教科技卷,武汉出版社,1992年。

33.凌廷堪:《校礼堂文集》,中华书局,1998年。

34.刘逢禄:《论语述何》,《皇清经解》,上海书店,1988年。

35.柳宗元:《柳宗元集》,中华书局,1979年。

36.龙文彬:《明会要》,中华书局,1956年。

37.陆陇其:《陆陇其全集》,张天杰主编,中华书局,2020年。

38.吕留良:《吕留良全集》,俞国林编,中华书局,2015年。

39.马端临:《文献通考》,中华书局,1986年。

40.马一浮:《马一浮全集》,吴光主编,浙江古籍出版社,2013年。

41.毛奇龄:《论语稽求篇》,《景印文渊阁四库全书》第210册,台湾商务印书馆,1986年。

42.毛奇龄:《四书改错》,黄春丽点校,华东师范大学出版社,2015年。

43.毛奇龄:《四书剩言》,《景印文渊阁四库全书》第210册,台湾商务印书馆,1986年。

44.全祖望:《全祖望集汇校集注》,朱铸禹汇校集注,上海古籍出版社,2000年。

45.阮元校刻:《十三经注疏》,影印清嘉庆刊本,中华书局,2009年。

46.阮元:《揅经室集》,中华书局,1993年。

47.司马迁:《史记》,中华书局,1982年。

48.宋翔凤:《论语说义》,杨希校注,华夏出版社,2018年。

49.孙希旦:《礼记集解》,中华书局,1989年。

50.脱脱:《宋史》,中华书局,1977年。

51.汪中:《新编汪中集》,田汉雲编校,广陵书社,2005年。

52.王柏:《鲁斋集》,丛书集成初编本,中华书局,1985年。

53.魏裔介:《兼济堂文集》,中华书局,2007年。

54.吴光酉、郭麟、周梁:《陆陇其年谱》,中华书局,1993年。

55.颜元:《颜元集》,中华书局,1987年。

56.杨时:《杨时集》,林海权校理,中华书局,2018年。

57.永瑢:《四库全书总目》,《景印文渊阁四库全书》第1册,台湾商务印书馆,1986年。

58.曾国藩:《曾国藩全集》,岳麓书社,1985年。

59.张廷玉等:《明史》,中华书局,1974年。

60.张载:《张载集》,中华书局,1978年。

61.章太炎:《訄书详注》,徐复注,上海古籍出版社,2017年。

62.赵尔巽:《清史稿》,中华书局,1977年。

63.中国科学院图书馆:《续修四库全书总目提要》经部,中华书局,1993年。

64.朱熹:《四书章句集注》,中华书局,1983年。

65.朱熹:《朱子全书》,朱杰人等主编,上海古籍出版社、安徽教育出版社,2010年。

66.朱熹:《朱子语类》,黎靖德编,中华书局,1986年。

67.朱彝尊:《经义考新校》,林庆彰等主编,上海古籍出版社,2010年。

二、现代论著

1.蔡汝堃:《孝经通考》,商务印书馆,1937年。

2.陈寅恪:《金明丛稿初编》,生活·读书·新知三联书店,2001年。

3.成中英、梁涛:《极高明而道中庸:四书的思想世界》,中国社会科学出版社,2016年。

4.邓新文:《马一浮六艺一心论研究》,上海古籍出版社,2009年。

5.冯友兰:《中国哲学史》,中华书局,1947年。

6.郭沫若:《十批判书》,东方出版社,1996年。

7.胡适:《胡适全集》,安徽教育出版社,2003年。

8.黄俊杰:《孟学思想史论》,台湾"中央研究院"中国文哲研究所筹备处,1997年。

9.黄侃:《黄侃论学杂著》,上海古籍出版社,1980年。

10.江日新:《清代经学国际研讨会论文集》,台湾"中央研究院"中国文哲研究所筹备处,1994年。

11.梁启超:《中国近三百年学术史》,商务印书馆,2011年。

12.林庆彰、蒋秋华主编:《明代经学国际研讨会论文集》,台湾"中央研究院"中国文哲研究所筹备处,1996年。

13.刘乐恒:《马一浮六艺论新诠》,上海古籍出版社,2015年。

14.刘咸炘:《刘咸炘学术论集》,黄曙辉整理,广西师范大学出版社,2007年。

15.马宗霍:《中国经学史》,商务印书馆,1998年。

16.皮锡瑞:《经学历史》,中华书局,2004年。

17.钱穆:《中国近三百年学术史》,商务印书馆,1997年。

18.钱穆:《中国学术思想史论丛》,九州出版社,2011年。

19.乔秀岩:《义疏学衰亡史论》,生活·读书·新知三联书店,2017年。

20.邱汉生:《四书集注简论》,中国社会科学出版社,1980年。

21.宋钢:《六朝论语学研究》,中华书局,2007年。

22.宋育仁:《宋育仁文集》,国家图书馆出版社,2016年。

23.汤用彤:《汤用彤学术论文集》,中华书局,1983年。

24.汤用彤:《魏晋玄学论稿》,上海人民出版社,2015年。

25.王素:《唐写本论语郑氏注及其研究》,文物出版社,1991年。

26.杨儒宾:《从〈五经〉到〈新五经〉》,上海古籍出版社,2019年。

27.伊东贵之:《中国近世的思想典范》,台湾大学出版社,2015年。

28.周春健:《元代四书学研究》,华东师范大学出版社,2008年。

29.朱汉民、肖永明:《宋代〈四书〉学与理学》,中华书局,2009年。

30.朱汉民:《玄学与理学的学术思想理路研究》,中国社会科学出版社,2012年。

31.朱鸿林:《中国近世儒学实质的思辨与习学》,北京大学出版社,2005年。

三、论　文

1.陈居渊:《论焦循〈孟子正义〉的易学诠释》,《孔子研究》,2000年第1期。

2.陈鹏鸣:《宋翔凤经学思想研究》,《中华文化论坛》,2001年第4期。

3.陈维昭:《日藏稀见八股文集〈一隅集〉考论》,《复旦学报》(社会科学版),2017年第5期。

4.高华平:《〈论语集解〉的版本源流述略》,《中国典籍与文化》,2008年第2期。

5.郭沂:《〈中庸〉成书辨正》,《孔子研究》,1995年第4期。

6.韩焕忠:《马一浮对〈论语〉的佛学解读》,《苏州大学学报》,2011年第1期。

7.何俊:《程朱理学的话语型塑:以〈论孟精义〉为中心》,《学术界》,2020年第6期。

8.黄开国:《宋翔凤〈论语〉学的特点》,《哲学研究》,2007年第1期。

9.李学勤:《从简帛佚籍〈五行〉谈到〈大学〉》,《孔子研究》,1998年第3期。

10.彭林:《子思作〈孝经〉说新论》,《中国哲学史》,2000年第3期。

11.乔秀岩:《郑、何注〈论语〉的比较分析》,《北京大学学报》,2009年第2期。

12.束景南、王晓华:《四书升格运动与宋代四书学的兴起——汉学向宋学转型的经典诠释历程》,《历史研究》,2007年第5期。

13.唐明贵:《戴溪〈石鼓论语答问〉的诠释特色》,《浙江社会科学》,2017 年第 5 期。

14.徐望驾、曹秀华:《试论皇侃〈论语集解义疏〉》,《古汉语研究》,2003年第 2 期。

15.许宁:《马一浮对〈论语〉的现代诠释》,《浙江社会科学》,2017 年第10 期。

16.郑国岱:《马一浮四书学的该摄系统探析》,《重庆文理学院学报》(社会科学版),2015 年第 3 期。

17.朱晓鹏:《论马一浮对六艺论儒学经典体系的重建》,《浙江社会科学》,2021 年第 3 期。

后 记

　　本书作为何俊教授主持的国家社科基金重大项目"'群经统类'文献整理与宋明儒学研究"的最终成果之一。我们在研究过程之中，努力贯彻对于《孝经》与《四书》的研究，主要基于较大型的宋明儒学经部文献整理，也即马一浮先生的"群经统类"所选择的相关文献，在研究的过程之中，充分关注《孝经》与《四书》共同的社会政治与义理指向，从魏晋南北朝经学的玄学化到宋元明清《四书》《孝经》诠释与宋学演进，以及马一浮"六艺"与"心"之间的《孝经》《四书》该摄说。

　　因为马先生"群经统类"的选目较少，还是很难完整呈现《孝经》与《四书》如何在宋明时代进行意涵的新辟。比如《四书》类，以皇侃《论语义疏》、朱熹《论孟精义》、赵顺孙《四书纂疏》三书为线索，大体可以关涉到《四书》的发展历史，但还是遗漏不少，我们在遵循马先生理路的同时作了适当增补——《四书大全》以及吕留良、毛奇龄等人数种著作，从而可以基本说明元明清三代《四书》诠释相关问题。再如《孝经》类，马一浮先生仅列黄道周《孝经集传》一种，其理路不够明晰，我们未再增补书目，而是充分围绕黄道周的《孝经》诠释特色，说明该经典背后丰富的价值意涵。

　　本书的主体部分由杭州师范大学国学院的张天杰、申绪璐完成，具体分工如下：张天杰负责引言、第一章第一节、第二章、第六章、第八章；申绪璐负责第三章、第四章、第五章第一节。此外还有中国人民大学刘增光负责第一章第二节与第七章，浙江社科院王宇负责第五章第二节。

　　宋明儒学的研究，想要突破以往的以人物、学派为对象的研究范式，转而进行以经典为对象，分析经典的诠释来梳理与探明宋明儒学的完型与展开，有相当的难度。至于探讨马一浮以"群经统类"等经典为中心所构建的宋明儒学的理论系统的性质、特点及其独特意义，则又有了文献自身的束缚。故本书只能算作在此方向上努力的阶段性成果，其中一定存在许多不足之处，恳请专家们批评指正。

　　　　　　　　　　　　　　　　　　　　　　张天杰

　　　　　　　　　　　　　　　　　　　2023 年 3 月 3 日